你一定爱读的中国战争史

中国战争史

南宋

公子弃疾 著

民主与建设出版社

·北京·

图书在版编目（CIP）数据

你一定爱读的中国战争史．南宋 / 公子弃疾著．——
北京：民主与建设出版社，2022.3
　ISBN 978-7-5139-3354-4

　Ⅰ．①你… Ⅱ．①公… Ⅲ．①战争史 – 中国 – 南宋 –
通俗读物 Ⅳ．① E291-49

中国版本图书馆 CIP 数据核字 (2022) 第 010740 号

你一定爱读的中国战争史：南宋
NI YIDING AI DU DE ZHONGGUO ZHANZHENGSHI NANSONG

著　　者	公子弃疾	
责任编辑	彭　现	
封面设计	周　杰	
出版发行	民主与建设出版社有限责任公司	
电　　话	（010）59417747　59419778	
社　　址	北京市海淀区西三环中路 10 号望海楼 E 座 7 层	
邮　　编	100142	
印　　刷	重庆市联谊印务有限公司	
版　　次	2022 年 3 月第 1 版	
印　　次	2022 年 5 月第 1 次印刷	
开　　本	787 毫米 × 1092 毫米　1/16	
印　　张	24.5	
字　　数	300 千字	
书　　号	ISBN 978-7-5139-3354-4	
定　　价	109.80 元	

注：如有印、装质量问题，请与出版社联系。

目录

目录

目录

目录

目 录

目录

第一章

烽烟再起：

金国第一、第二次南侵

康王登基

赵构端坐在一张略显陈旧的龙椅上，深深地吸了一口气，应天府（今河南商丘）的空气沁人心脾，大元帅府虽然简陋，却是自己的地盘，自己在这里一言九鼎。"我再也不是东京皇宫中那个姥姥不疼、舅舅不爱的藩王了，再也不是金营中那个胆战心惊、朝不保夕的人质了，我现在是大宋天子！"赵构的内心暗暗呐喊着。百感交集下，思绪飘然回到了一年前。

当时，金国人第一次兵临开封（今河南开封）城下，刚刚即位的新君赵桓惊慌失措，在主和派大臣的劝说下，决定与金军议和。按照金军的要求，议和，就要派亲王为人质。当时的人质候选人有两个：康王赵构、肃王赵枢。危难关头，康王赵构展示了一定的气节，主动请缨赴金营为质。这一去，就走进了金军的龙潭虎穴；这一去，赵构就没打算活着回来，但神奇的是，赵构居然很快就回来了。

来到金营后，赵构侃侃而谈，毫不怯场，金军统帅斡离不（完颜宗望）暗暗称奇：久闻赵宋皇族都是贪生怕死之辈，可这小伙子毫不畏惧，怕不是个假亲王吧？于是，斡离不派人向宋廷交涉，要求重新换一位亲王为质。赵桓别无他法，只能派赵枢去金营，换出了赵构，这可真是造化弄人啊！赵构就这样脱离了龙潭虎穴，大宋王朝也有了延续下去的希望，但赵构的命运依然不会一帆风顺，半年后，他就遇到了人生中的第二次危机。

当时，金军在粘罕（完颜宗翰）、斡离不的率领下，兵分两路合攻开封，宋钦宗被吓得屁滚尿流，连忙再次向金人求和。这一次，赵构被任命为议和使者，出使金营。看起来，赵构的命运将再次遭受严峻的考验，但幸运女神再一次垂青了赵构。

赵构走到磁州（今河北磁县）时，被知州宗泽拦住了，宗泽劝道："殿下不宜去金营，金人狡诈而不讲信用，当年肃王去了金营，一去就杳无音信。殿下不能再重蹈覆辙，枉送性命！"这时候，很多百姓围了上来，都好奇地望着赵构，想看看大宋的亲王到底长什么样子。赵构的副使王云却在此时耍起了官威，朝老百姓大喊大叫："你们这帮草民赶紧让开，不要耽误了康王殿下的行程！"百姓中当场就有人认出了王云，喊道："这不是王尚书吗？就是因为这个奸贼，我们的房子才被拆了！"

原来，当初金人入侵时，刑部尚书王云正留守磁州，他命当地守将拆掉民居、搬走粮食，用坚壁清野的战术对付金军。百姓房子被拆，对王云这个始作俑者当然是恨之入骨，此时王云被认了出来，他的麻烦可就大了。

"打他丫的！"不知道是谁先喊了一声，于是百姓们不由分说便一拥而上，七手八脚地打死了王云。此情此景，让赵构目瞪口呆，这些老百姓，动不动就使用暴力，真是太可怕了！从此，他的心里就埋下了一颗忌惮的种子，对这些老百姓，他再也不敢信任了。

副使被打死，再加上宗泽苦苦相留，赵构就决定暂时留在磁州。当时，金军攻城日紧，开封岌岌可危，于是宋钦宗任命赵构为天下兵马大元帅，开府于相州（今河南安阳）；任命知中山府（今河北定州）陈遘（gòu）为元帅，知相州汪伯彦、知磁州宗泽为副元帅，率领天下兵马共同勤王，大元帅府迅速在相州成立。

凭借大元帅的头衔和亲王的身份，赵构振臂一呼，附近兵马纷纷来投，很快就集结起了一支五万多人的队伍。此时，宋钦宗的密诏传来了，命令赵构按兵不动，不要妨碍自己与金人议和。这道诏令一下，赵构自然是无法勤王了，而宋钦宗也失去了最后翻盘的机会。

赵构本就不想去开封送死，自然乐得顺水推舟。他亲自领军来到东平府

（今山东东平），在山东地区积蓄力量。此时，金军已经攻破开封，掳走了宋徽宗、宋钦宗二帝。在北返前，金军还扶植张邦昌为傀儡皇帝，以控制中原地区。张邦昌不堪压力，很快就宣布退位，并将前宋哲宗皇后孟氏（元祐太后）推出来执掌权力。宗泽看到机会，于是马上劝赵构赴南京应天府，伺机即位称帝。

一切准备就绪后，靖康二年（1127年）五月一日，赵构在南京应天府设坛遥拜徽、钦二帝。在坛前，赵构痛哭流涕，发誓一定要夺回父兄，与金人血战到底。随后，赵构在祭坛前正式称帝，改元建炎，昭告天下，封赏百官。至此，北宋王朝彻底成为历史，南宋王朝拉开了序幕。

赵构昭告天下，令各地之前因种种原因未能抵达开封的勤王军队，齐赴应天府会合，共图大事。韩世忠、张俊、王渊、刘光世、苗傅、刘正彦等将领纷纷率军来投，赵构一时间兵强马壮，不由得踌躇满志。他起用主战派的李纲为相，开始策划对金军的反攻。

李纲担任宰相后，整肃军队、积蓄粮草，以图收复被金人攻占的土地。在李纲的举荐下，张所、傅亮分别被任命为河北路招抚使、河东路经制副使，准备招抚两河地区的各路义军，收复两河地区的沦陷州县。但张所还未出发，就遭到主和派的诋毁。在黄潜善、汪伯彦等人的暗中指使下，河北路转运副使张益谦上书弹劾张所："张所胡作非为，扰乱地方，搞得河北路境内盗贼蜂起，一片狼藉，还请陛下撤销这个招抚司！"

得知张益谦的弹劾，李纲当场就笑出了声，他进奏道："张所还在应天府，尚未出发，如何能扰乱河北？"赵构心里明镜似的，当即同意李纲所奏，并令张所即刻赴大名府（今河北大名县东南部）上任。但对于此事的幕后主使人黄潜善，赵构却不予处理，毕竟他老黄，是皇帝的贴心人嘛！

主和派一计不成，再生一计。诬陷张所的计策失败后，黄、汪二人又将目标对准了傅亮。当时，傅亮刚抵达陕州（今河南三门峡），正派人招抚河东路境内的各地义军，打算集结队伍，渡河攻打金军。还没等傅亮集结完军队，主和派就开始行动了。

黄、汪等人上书赵构,弹劾傅亮"畏敌如虎,逗留不前",赵构心说这次可不能再驳了贴心人的面子,于是大笔一挥就将傅亮罢免了。李纲攻略河东路的计划就这样胎死腹中,不由得大怒:"老夫一门心思收复失地,营救二圣(即徽、钦二帝),你们倒好,畏金如虎,只想着偏安一隅,频频破坏老夫的破金大计,简直岂有此理!"于是,李纲上书赵构,谴责黄潜善、汪伯彦等人,指出他们对张所、傅亮的攻讦是在破坏自己的抗金大计。"如果陛下继续放任此二人胡作非为,那微臣只有请辞了!"李纲最后悲愤地说。面对李纲的摊牌,赵构内心犹豫不决。

此时,黄潜善、汪伯彦出手了,他们频频在赵构面前控诉李纲的不是,并指使他们的爪牙——殿中侍御史张浚上书弹劾李纲。在主和派的连番攻势下,赵构本就不坚定的抗金立场开始动摇,于是他罢免李纲,任命黄潜善、汪伯彦分别担任左右丞相,开始策划与金人议和一事,并准备放弃应天府南逃。

就这样,主战派名臣李纲,仅在拜相七十五天后就被罢免,黄潜善、汪伯彦为首的主和派大臣,完全控制了宋廷的朝政大权。没有了李纲,受命招抚河北的张所也坚持不下去了,很快就被罢免,河北路招抚司也被撤除,宋廷收复两河地区的计划完全化为泡影。

张所被免职时,他部下的一支军队共七千人,在都统制王彦的率领下,正渡过黄河,向被金国占领的新乡(今河南新乡)发起进攻。面对金军的防守,王彦命所部在新乡城外的石门山扎营,伺机寻找金军的破绽。统制岳飞对王彦大为不满:"我们应当一鼓作气,击溃敌人,迎回二圣!将军如此畏缩不前,是想投靠金国人吗?"

岳飞,字鹏举,出身于相州汤阴县(今河南汤阴县)一个农民家庭。岳飞自幼熟读兵书,苦练武艺,学成了一身好本领。宣和北伐时,岳飞应募入军,参加了对北辽的作战,不久,因为父亲病逝,岳飞回家守孝。靖康之变时,岳飞在相州再次应募参军,随上司刘浩赴应天府,投奔受命在此开府的康王赵构。

岳飞骁勇善战，弓马娴熟，很快就由一名普通士兵升到了秉义郎（武官第四十六阶）。赵构登基后，岳飞上书进谏，劝赵构北上抗金，迎回二帝，结果被冠以"越职言事"的罪名夺职，就这样，岳飞再次成了一名白身。一心报国的岳飞并不气馁，他北上大名府，投奔河北路招抚使张所，受到张所赏识，被任命为中军统领，与王彦一起，北上抗金。张所被夺官后，岳飞便跟随王彦进攻新乡。

王彦行军颇为谨慎，在新乡遇敌后并没有马上发动进攻。见王彦按兵不动，岳飞急了，直接向上司开炮，阐述自己的主张。王彦一脸蒙，正准备向岳飞解释自己的战术，却见岳飞已经率所部数百人主动出击了。宋军单刀直入，一举击溃金军，收复了新乡，之后，岳飞又在太行山连续击败金军，生擒金将拓跋耶乌，斩杀黑风大王，一时风头无两。金军大惊，急调大军围剿岳飞、王彦所部，由于寡不敌众，宋军被打散。王彦率余部七百多人，依托太行山的地形优势，与金军展开周旋。在战斗中，王彦所部多次重创金军，实力逐渐发展壮大。

为了展现与金军战斗到底的决心，将士们在自己的脸上刺上"赤心报国、誓杀金贼"八个字，于是，这支队伍就被人们称为"八字军"。此时，河东、河北地区的义军听闻王彦之名，纷纷来投，八字军声势越来越大，逐渐发展成了一支十万人的庞大队伍。王彦率八字军在太行山上安营扎寨，频频击退金军的进攻。金军多次进剿无功，也只能徒唤奈何。王彦率八字军在太行山上风光无限，那么与王彦分道扬镳的岳飞下落如何呢？

宗泽抗金

被金军打散后，岳飞纠集残部南下汴京（即开封），投奔驻守此地的东京留守宗泽。当初，赵构即位后，因为宗泽天天在赵构耳边唠叨要北上抗金，所以赵构并不待见有拥立大功的宗泽，再加上主和派黄潜善等人的排挤，于是宗泽被派往南方，担任襄阳知府。

赶走了宗泽，赵构内心一阵舒畅：终于不用再听这老家伙天天唠叨要北上了！岂料好景不长，不久，主战派李纲拜相，再次向赵构举荐宗泽。赵构虽然内心不情愿，但也不愿驳了新任宰相的面子，宗泽于是被任命为东京留守，知开封府，奉命在汴京旧都收拾残局。

当时，汴京地区经过金军的劫掠后，物资奇缺，一片萧条，人们缺衣少食，饿死、冻死的不计其数。为了生计，很多百姓被迫沦为盗贼，此时的汴京，可以说是一个烂摊子。宗泽来到汴京后，招抚流民、发展生产、操练军队，将汴京治理得井井有条，形势也日益稳定。此时，山东、河北地区的义军，河东路、陕西路的宋军余部，纷纷联络宗泽，表示愿意听从宗泽的领导，共图抗金大计。

宗泽踌躇满志，他上书赵构，指责黄潜善、汪伯彦等人的投降主张，建议赵构重新定都汴京，亲自领导河北地区的抗金斗争。接到宗泽的上书后，赵构内心犹豫不决：要是北上定都汴京，虽然可以稳定形势，但若是金军打来，汴京无险可守，自己的处境将会非常危险，搞不好会重新步父兄的后尘；若是南逃，又怕凉了河北地区抗金将士的心。怎么办呢？赵构犹豫不决之际，金军打来了。

宋高宗建炎元年（金太宗天会五年，1127 年）十月，金国大军兵分两路，再次大举侵宋。西路军在完颜宗翰的指挥下从云州（今山西大同）南下，一路攻克河东路境内的解州（今山西运城）、隰州（今山西隰县，隰音 xí）、绛州（今山西新绛）、慈州（今陕西大荔县）等地；东路军在完颜宗辅（此时完颜宗望已去世）的指挥下，连续攻占河北路境内的河间（今河北河间市）、莫州（今河北任丘）、雄州（今河北雄县）、保州（今河北保定）、祁州（今河北安国）等地，金军再次将兵锋对准了汴京。

得知金军大举进犯的消息，赵构吓得肝胆俱裂，哪里还敢考虑迁都汴京之事，在主和派大臣的建议下，赵构惶惶如丧家之犬般一路向南，逃往扬州。

刚做出进攻的姿态，赵构就仓皇逃跑，完颜宗翰乐得合不拢嘴，他迅速做出调整，令金军兵分三路，向宋境展开狂风暴雨般的攻势。东路军由完颜宗辅、完颜宗弼（兀术）率领，从沧州（今河北沧州）渡过黄河，进攻宋朝的山东地区；西路军由完颜娄室率领，自隰州、慈州出发，进攻宋朝的陕西路；完颜宗翰亲自率领中路军，从河阳（今河南孟州）南下，进攻宋朝的河南地区。金国三路大军分军合击，欲将黄河流域完全纳入版图。

这年十二月，金军开始大举南下。完颜娄室的西路军自慈州南下，试图从蒲州（今山西永济）渡过黄河南下，却遭遇对岸宋军的顽强阻击。金军遂掉头西进，连续攻克韩城（今陕西韩城）、同州、陕州、秦州（今甘肃天水）、巩州（今甘肃陇西）等地。完颜娄室率金军在陕西路纵横驰骋，如入无人之境，不由志得意满地说道："待荡平陕西路全境，我即可南下会合粘罕，一起攻略河南，将赵宋朝廷连根拔起！"完颜娄室开始骄傲了，人一旦骄傲，就容易轻敌；轻敌，就会付出代价。

此时，一个人登高一呼，挽救了宋朝的陕西路，也将完颜娄室的黄粱美梦击得粉碎，这个人叫作王庶，时任鄜（fū）延路经略使。王庶本是一名文官，因为种（chóng）师道的推荐，得以在鄜延路担此重任。种师道不愧是西军名将，有一双识人的慧眼。事实证明，王庶是一个了不起的人，完全能够承担得起这个重任。

面对来势汹汹的完颜娄室，王庶勇敢地站了出来。他登高一呼，号召陕西路境内各路义军团结起来，与金国侵略者坚决斗争。各地义军从者如云，纷纷联合起来阻击金军，众志成城的宋军将士，很快就让完颜娄室尝到了失利的滋味。他在遣军进攻巩州附近的熟羊城时，被早已埋伏在半路的宋军击败。完颜娄室大怒，正欲将这股宋军连根拔起，一个不利的消息传来了：一支宋军义军在李彦仙的率领下，收复了金军刚刚占领的陕州。

完颜娄室大惊，陕州失守，自己南下会合完颜宗翰的计划将胎死腹中。此时，各地义军风起云涌，在李进、李彦仙等首领的率领下到处收复失地，抄掠金军后方，金军已经陷入人民战争的汪洋大海之中了。完颜娄室倒真是一条好汉，但是好汉不吃眼前亏，于是他传下军令，率金军仓皇撤退，金国西路军的攻势就此结束。

宋朝在西路顶住了金国的攻势，其余两路可就没有这么好运了。中路的完颜宗翰在连续攻占洛阳（今河南洛阳）、郑州后，又派遣完颜银术可顺着汉水南下，一路攻占汝州（今河南汝州）、邓州（今河南邓州）、均州（今湖北丹江口）、襄阳（今湖北襄阳）、房州（今湖北房县）、陈州（今河南淮阳）、颍昌（今河南许昌）等地，切断了汴京与南方的联系，汴京的形势因此变得非常严峻。

正所谓"屋漏偏逢连夜雨"，此时，东路的金军也开始威胁汴京了。在完颜宗辅的指挥下，东路金军兵分两路，一路由完颜宗弼率领，攻略山东地区；一路由完颜宗辅率领，准备在攻占滑州（今河南滑县）后顺道南下，与中路军一起合攻汴京。

完颜宗弼率部势如破竹，先后击败宋军李成部，占领了青州（今山东青州益都镇）、潍州（今山东潍坊）。山东各路义军自发组织起来，联合宋军的败兵，誓死抵御金军。金军虽然战斗力强劲，却是孤军深入，颇有后顾之忧。在多次遭遇义军的骚扰后，完颜宗弼不敢恋战，遂率金军放弃青、潍二州退走，山东地区算是暂时安全了。虽然完颜宗弼、完颜娄室两部金军被击退，但此时，完颜宗翰、完颜宗辅率领的金国中路、东路军主力，已经风驰电掣般突进到汴京附近，对汴京形成了合围之势，汴京城中的宋朝军民该如何应对呢？

此时，汴京城中张灯结彩，正在庆祝元宵佳节呢！得知金军即将来犯的消息，东京留守宗泽毫不惊慌，他在汴京苦心经营一年多，为的正是今日！宗泽颁下将令，命汴京城中的百姓不要惊慌，继续庆祝元宵佳节，自己则率军出城，迎击金军。

宗泽率宋军迅速收复郑州，给了金军一个下马威。为了阻止两路金军完成合兵，宗泽做出了分兵抵御的决定：由王宣率军北上，截击完颜宗辅部；自己率主力继续西进，攻打洛阳。王宣率宋军风尘仆仆赶到滑州时，正遇上东路金军的先头部队。没等金军站稳脚跟，王宣即率宋军挥戈直击，金军被打得措手不及，顿时兵败如山倒，金军主帅几乎是光着屁股，惶惶如丧家之犬般向北窜去。

得知宗泽来犯，洛阳金军迅速出城，一路东进，迎击宋军。双方在龙门、福昌等地先后发生激战，金军连遭败绩，被迫退守洛阳。双方你来我往，大打出手，在河南、河北地区展开了拉锯战。各地义军听闻金军进犯，纷纷救援汴京，形势对宋军大为有利。此时，完颜宗翰有点害怕了，再继续打下去，就要被宗泽"包饺子"了。好汉不吃眼前亏，不如暂时退兵，再图后举。于是完颜宗翰传下将令，命令已经深入淮西地区的完颜银术可部，劫掠各州百姓北上。与自己会合后，完颜宗翰与完颜宗辅率两路金军火线撤军北返。

至此，南宋立国后，金军的首次大规模南侵就此结束。在这场战役中，南宋军民在宗泽的率领下英勇抵抗，完全挡住了金军的攻势，若不是完颜宗翰审时度势及时退走，金军将遭遇灭顶之灾。但是，纵使有宗泽这样优秀的将领，赵构仍然不敢待在北方，一听到金军进犯的消息，就吓得魂飞魄散，仓皇逃往扬州。赵构的无能、无耻，体现得淋漓尽致。

汴京失守

成功击退金军、守住了汴京后，宗泽一时间信心倍增、踌躇满志。他上书赵构，请求赵构还都汴京坐镇指挥，由自己组织各地抗金力量北上收复失地。可惜，理想很丰满，现实很骨感。宗泽在汴京满腔热血地策划北伐，赵构却在扬州谋划与金国的议和事宜。

在黄潜善、汪伯彦的策划下，赵构派遣宇文虚中为使者，北上赴金国议和。宗泽连上数道奏章，均未得到赵构回应，于是派八字军首领王彦前往扬州，当面向赵构陈述抗金的主张，结果遭到黄、汪二人阻挠。王彦几番求见赵构，皆被黄、汪二人压下，一气之下称病辞官。此举正中主和派下怀，在他们的鼓动下，赵构顺水推舟将王彦免职，并将八字军收归御营。

可怜王彦一腔热血，全部打了水漂，王彦气得浑身发抖，却也无可奈何。宗泽连上二十四道奏章，全部泥牛入海，杳无音讯，又气又急之下，他病倒了。宗泽已经是七十岁的人了，自担任东都留守以来，他日夜操劳，身体早已不堪重负。宋高宗建炎二年（金太宗天会六年，1128 年）七月，宗泽在汴京与世长辞，弥留之际，还连声呼喊"过河！过河！"，可谓是死不瞑目。

得到宗泽去世的消息后，赵构乐得合不拢嘴，因为终于无人能阻挡他的议和大计了！赵构派主和派大臣杜充前往汴京，担任东京留守。杜充来到汴京后，按照赵构的旨意，排挤深受汴京军民爱戴的宗颖（宗泽之子），在各路义军中挑拨离间，制造矛盾，同时，杜充还严厉约束山东、河南各地义军，命令他们不准渡河对金作战。

在杜充的"努力"下，宗颖心灰意冷，离开了汴京。各路义军与杜充离心离德，也纷纷离开汴京，散落各地，重新做起了盗贼。汴京的防御力量因此完全被破坏，宗泽一年多的努力全部付诸东流。此时，金国正策划对南宋的第二次征讨，汴京的陷落，已是不可避免。

建炎二年八月，在完颜娄室、完颜宗翰、完颜宗辅等人的指挥下，金军兵分两路，再次南下侵宋。完颜娄室是金初最杰出的将领之一，他曾经鏖战奉圣州，生擒耶律大石；他曾经雪夜追击，让辽天祚帝身陷囹圄；他曾经运筹帷幄，击溃夏国的数万大军，让夏将李良辅颜面扫地。这一次，完颜娄室终于再次获得了独当一面的机会，他将成为赵宋西北防线的噩梦。

完颜娄室马不停蹄地率领金国的西路军在西北大地纵横驰骋。半年时间内，金军先后攻占华州、蒲州、同州、延州（今陕西延安）、鄜州（今陕西富县）、坊州等地区，宋朝的西北防线瞬间土崩瓦解。完颜娄室踌躇满志：待完全扫平西北，我将挥军入蜀，顺流而下，则我大金一统天下，将指日可待！

完颜宗翰和完颜宗辅分别率领金国河东、河北两地军队，渡河南下，在濮州（今河南范县）城外会师。攻克濮州后，金军并不急于南下攻打汴京，转而向东，攻略山东地区，企图切断汴京城的东面援军，以免再次陷入孤军深入的困境。

金军势如破竹，先后攻克相州、大名府、德州、东平府后，却在济南府遭到了宋军的顽强抵抗。虽然济南知府刘豫是个无能之辈，但济南守将关胜骁勇善战。关胜与刘豫之子刘麟指挥济南军民奋勇抵抗，金军几次攻城均无功而返，一时之间，双方形成了均势。

完颜宗翰见硬的不行，于是来软的。他派使者入城面见刘豫，对刘豫许以高官厚禄，试图诱降刘豫。刘豫非常识时务，他想：宋朝的皇帝都逃跑了，还想叫我刘豫鞠躬尽瘁死而后已？没门儿！所以金军使者刚一开口，他就忙不迭地一口答应了。

建炎二年冬，刘豫突然发难，一刀砍下关胜的脑袋。扫平了投降的障碍后，刘豫打开城门，迎接金军入城。可怜关胜奋勇杀敌，却稀里糊涂地被上司砍掉了脑袋，遇到刘豫这种专门坑队友的，关胜真是倒了大霉。攻下济南府后，金军继续南下，攻克了战略要地徐州，然后一路向西，直扑汴京。此时，汴京城的右翼完全被金国折断，汴京守将杜充该如何应对呢？杜充的应对很简单——逃跑。

建炎三年（金天会七年，1129 年）七月，杜充将守卫汴京的任务交给部下郭仲荀，自己则偷偷率部溜出城门逃往建康（今江苏南京）。郭仲荀在心里问候了杜充的祖宗十八代后，又派部下程昌寓留守城池，自己则溜出城门逃往蔡州（今河南汝南），郭仲荀心道：你杜充怕死，我郭仲荀可不想给你当替死鬼！郭仲荀的想法很有道理，程昌寓深以为然，于是他有样学样，派部下上官悟守卫城池，自己一溜烟逃得无影无踪。

程昌寓逃走后，上官悟自然也不想坐以待毙，他收拾行囊，溜出城门，撒腿就跑。只可惜晚了一步，此时，金军正好赶到汴京，上官悟逃跑未遂，做了金军的刀下之鬼，金军不费吹灰之力再次占领了汴京。至此，金军已经完全占领了宋朝的中原地区，随后，他们将进攻的目标对准了正在扬州醉生梦死的赵构。

在金军攻略中原之时，身在扬州的赵构惶惶不可终日，他多次派出使者前往金国求和。面对赵构的卑躬屈膝，金太宗完颜吴乞买嗤之以鼻。在多次拒绝赵构的求和后，金太宗向前线的金国将士做出了指示：无论赵构逃到什么地方，你们一定要尾随追击，直到将他活捉为止。完颜宗翰等人接到金太宗的诏令后，迅速率军南下，欲将赵构的流浪小朝廷连根拔起。

早在金军攻打徐州之时，户部尚书叶梦得就劝赵构逃往江南，依托长江天险，与金军对抗。赵构不以为意，他将政事全盘交给奸相黄潜善、汪伯彦二人，自己则躲进深宫终日与美酒、女人为伴，过起了醉生梦死的神仙日子。"有黄潜善、汪伯彦两位贴心人主持对金议和，朕必然可以高枕无忧了！"赵构美滋滋地想着。殊不知此时危险已经离赵构越来越近了。金国将领耶律马五、完颜拔离速等人率领的五百人金国先锋部队，迅速攻克扬州城北百里的天长军（今安徽天长），距离扬州城仅一步之遥！

夜，死一般地寂静，赵构的内心却是热血沸腾，他正沉醉在深宫的温柔乡里。朕的贴心人黄潜善已经打点好了一切，朕很快就能和金国达成协议，做自己的太平天子了！只要能继续做天子，朕就还能日日与美酒为伴，美人在怀，朕依旧能美滋滋地享受生活！

突然，一声大喊，打破了深夜的沉寂。"启禀陛下，不好了，金军攻破天长军，扬州危矣！"赵构的床上动作戛然而止，他胡乱披上一件衣服，拔腿就跑到江边，大臣王渊、张浚、宦官康履等人急匆匆地赶来护驾。赵构一行数人乘一叶扁舟渡过长江，惶惶如丧家之犬般向南逃往镇江，只留下扬州城中一片哭喊连天。经此一吓，赵构的心理有了障碍，从此丧失了行夫妻之事的能力。赵构啊赵构，想不到你竟然胆小若斯！

第二天早晨，黄潜善、汪伯彦等人遍寻赵构不得，才知道天子已经跑了，二人顿时相顾愕然。黄潜善很快反应过来，拔腿就往城外跑去，汪伯彦自然不甘落后，两人迅速窜出城外，仓皇渡江南逃。城中军民眼看天子、宰相全部逃走，顿时乱了套。大家一股脑跑出城，涌到江边准备渡江，只可惜已经来不及了。耶律马五、完颜拔离速率领的五百金国骑兵，已风驰电掣般追击而来，金军眼见赵构已经逃走，勃然大怒，遂迁怒于还未来得及渡江的宋朝军民身上。他们挥舞屠刀，疯狂砍杀宋朝军民，直杀得尸横遍野、血流成河，长江边上，顿时成了人间地狱。杀饱抢足后，耶律马五、完颜拔离速率军返回徐州，与完颜宗翰会合。

虽然没抓到赵构，但此次攻宋，完颜娄室扫荡陕西路，完颜宗翰、完颜宗辅则横扫山东、中原乃至江淮，可谓是战果辉煌。完颜宗翰自然是心满意足，乐得合不拢嘴，他颁下将令，率领金军班师。金国对南宋的第二次全面进攻，至此结束。

苗刘兵变

虽然金军已经撤退，但赵构被吓破了胆，他觉得镇江仍然不安全，于是一路东逃至杭州，方才惊魂稍定。黄潜善、汪伯彦作为宰相，却对金人屈膝求和，没有做任何战前准备，导致扬州城外成了人间地狱，二人的所作所为引起了公愤，众大臣纷纷上书赵构，要求问责黄、汪二人。迫于压力，赵构只得罢免了二人的相位，起用朱胜非为左相。

朱胜非也是主和派的人物，他多次在朝堂之上力主对金议和。赵构换汤不换药，任他为相，不过是为了堵住悠悠众口而已。安排好这一切，赵构长呼了一口气：终于可以高枕无忧躲在杭州城中做自己的"太平天子"了！殊不知就在此时，一场危机正悄悄向赵构逼近。

当日，赵构从扬州仓皇逃走，都统制王渊、宦官康履等人因追随赵构渡江，"护驾"有功，从此飞黄腾达。王渊被赵构任命为枢密使，坐上了军界一把手的宝座；康履则成为赵构面前的头号红人，与王渊相互勾结，作威作福。

王渊是个爱财如命的人。当初赵构从镇江逃往杭州时，负责殿后的他将搜刮来的金银财宝装在战船上，运往杭州，激起了军中将士的不满。统制官苗傅、刘正彦乘机煽动将士道："如今国难当头，陛下尚要受颠沛流离之苦，王渊竟然搜刮了这么多民脂民膏，还动用战船运送，简直岂有此理！"苗傅的部下张逵马上随声附和道："王渊与康履狼狈为奸，害得我们流离失所，只有杀死他们，我们才能过上好日子！此二人恶贯满盈，杀他们乃是为民除害，陛下不会怪罪我们的！"宋军将士连日来被金军追得狼狈不堪，早已是怨声载道，经张逵这么一煽动，将士们的怒火一下子就被点燃，一场变乱已不可避免了。

建炎三年三月，苗傅、刘正彦率军埋伏在王渊上朝的必经之路上，一刀砍下他的脑袋，可怜王渊还没来得及享受自己搜刮来的金银财宝，就命丧黄泉。苗刘二人提着王渊的脑袋，大声宣布了王渊勾结宦官、祸国殃民的犯罪事实，并将罪魁祸首指向了康履、蓝珪、曾择三名宦官。"这三个太监勾结王渊，在陛下身边屡进谗言，只有斩杀他们，方能平息我大宋军民的怒火！"随后，苗刘二人便率乱军在杭州城中到处搜捕，见到没胡子的男人就杀，无数宦官身首异处，却始终没有找到康履、蓝珪、曾择三名元凶。

原来，康履等人得知变乱的消息，心知事情不妙，早已躲进了赵构的行宫中。有了天子充当保护伞，康履等人觉得自己已经安全了，忐忑不安的心情逐渐平复下来。苗刘乱军遍寻不到康履等人，心中的怒火越来越盛，得知康履等人就藏在赵构的行宫中后，决定铤而走险，攻打赵构的行宫。

在护卫宫门的中军统制吴湛的接应下，乱军兵不血刃地杀入行宫，一边高喊为民除害，一边向赵构的寝宫逼近。赵构大惊失色，心想：朕在建康被女真人追杀就罢了，想不到在这杭州城中竟然也能被追杀，朕可真是命苦啊！赵构急中生智，率领文武百官登上城楼，居高临下与叛军对峙。

赵构凭栏下眺，"含情脉脉"地望着乱军，并用亲切的语气询问道："苗爱卿，刘爱卿，尔等不请自来，所为何事？"苗傅拍马向前，向赵构施礼后答道："陛下重用奸佞，宠信宦官，使得这帮奸贼互相勾结，霸占高位却又不作为，搞得朝堂上下一片乌烟瘴气。我等忠义之士，就是因为不结交宦官，搞得现在立了功勋却得不到升迁，只能做一个小小的团练。陛下如此赏罚不明，何以安天下？如今王渊已经被我等就地正法，烦请陛下杀了康履、蓝珪、曾择三名元凶以谢天下！"

赵构微微一笑，打起了马虎眼："爱卿们的忠心朕自然知道，朕即刻任命你二人为御营正副统制，其余将士一律无罪，今天的事就此结束吧！"看到赵构始终不愿交出康履，乱军的怨气越来越大，将士怒气冲冲，开始聒噪起来。看到事情发展越来越不妙，赵构磨蹭半天，还是被迫交出了康履，乱军将康履拦腰砍成两段，总算是出了一口恶气。

虽然杀了康履，但由于赵构的拖延磨蹭，此时乱军的情绪已经到了临界点，杀一个小小的康履，已经难以满足他们的心愿了！所以在杀死康履后，苗刘二人又联袂出马，向着城楼上的赵构喊话："陛下得位不正，如果徽、钦二帝归来，如何安排？还是请陛下退位谢罪吧！"到了此时，赵构才明白事态的严重性。宰相朱胜非主动请缨，来到城墙下与乱军展开谈判，经过一番讨价还价，最终达成了议和条件：赵构退位，年仅三岁的太子赵旉（fū）即位为帝，隆祐太后垂帘听政，代替小皇帝处理政务。

面对这个苛刻的条件，朝臣们展开了激烈的争论。虽然赵构昏庸，但好歹也是成年天子，如果让三岁的赵旉登基，隆祐太后执政，幼子宫妇，如何能抵挡金国的进攻？争论半天，朝臣们始终不同意这个决议，而隆祐太后也不是傻子，知道自己垂帘听政后，势必成为苗刘二人手中的提线木偶，自然也是拒不就任。

　　苗刘二人软硬兼施，对隆祐太后展开一番心理攻势，隆祐太后倒是颇有骨气，死活不从。就在局面僵持不下时，赵构主动认怂了，长期这么耗下去，难保乱军不会对自己用强，如果那样，局面将更加糟糕，审时度势，赵构主动答应退位。

　　退位前，赵构与乱军约法三章：自己退位后，要得到当年宋徽宗禅位那样的待遇，乱军各回各营，不得劫掠百姓。只要赵构能退位，其他条件都不是事儿，苗刘二人几乎是不假思索就答应了赵构的条件。就这样，赵构逊位为太上皇，避居显忠寺，年仅三岁的太子赵旉登基，隆祐太后垂帘听政，苗刘二人掌控乱军，控制了朝政大权。苗刘二人控制朝政后，正做着自己的权臣梦呢，却不知道，他们的末日即将到来——一位书生击碎了他们的美梦。

　　这名书生叫作张浚。张浚，字德远，汉州绵竹（今四川绵竹市）人，宋徽宗政和八年（1118 年）进士及第。通过科举入仕后，张浚先后做过主簿、参军之类的小官，表现并不起眼。靖康之变后，金人扶植张邦昌，在开封城中建立伪楚政权，不愿效力伪政权的张浚逃出开封，前往应天府投奔赵构。在赵构南逃的过程中，张浚一路追随，多次进献良策，逐渐得到了赵构的赏识。赵构逃往杭州时，张浚被留在吴江，协助朱胜非一起抵御金军。朱胜非入朝为相后，张浚获得了独当一面的机会，他在当地招抚散兵、储备粮草，将军政打理得井井有条。

　　苗刘兵变发生时，张浚正在平江府，得到赵构退位的消息后，他马上感知到了事情的异常，派人几番打探之下，最终知道了苗刘二人叛乱的来龙去脉。张浚遂联络江宁知府吕颐浩，共同举起了讨伐苗刘的大旗，此举也得到了手下将官张俊、韩世忠、刘光世的支持。在张浚的号召下，吕颐浩、张俊、韩世忠、刘光世等人齐聚平江府，传檄天下，讨伐苗刘乱军。

　　韩世忠、张俊率领的前锋部队风驰电掣般杀往杭州。苗刘乱军欺负赵构手下的虾兵蟹将还可以，面对韩世忠、张俊这样的百战骁将，可就相形见绌了。叛军节节败退，被迫重新请赵构复位，想以此换得自己保命的免死铁券。

谁知道，虽然赵构已经复位，但勤王军依然不依不饶地攻向杭州城，在杭州城外的临平，韩世忠部先锋将领陈思恭率军大破苗刘叛军主力。

躲在杭州城中的苗刘二人吓得魂不附体，看来免死铁券也不好使了。二人怀揣着免死铁券，带着两千亲兵溜出杭州城，灰溜溜地逃走了。张浚、吕颐浩、韩世忠、刘光世等人率军浩浩荡荡进入杭州城，赵构亲自出宫门迎接自己的救星们。握着韩世忠的手，赵构放声大哭，这一场噩梦，终于结束了。

安抚好赵构以及文武百官后，张浚、吕颐浩等人留在城中善后，韩世忠则率军出杭州城，继续追杀苗刘余党。面对韩世忠的追杀，苗刘二人如丧家之犬一般到处流窜，彻底沦落为劫掠地方的土匪武装。浦城一战，韩世忠生擒刘正彦，叛军彻底丧胆。苗傅几乎是光着屁股跑路，他改名换姓，到处流窜，最终在逃跑途中被抓获。

韩世忠押着苗刘二人前往建康府（即江宁府，此时赵构已经从杭州来到江宁府，并改江宁为建康），在闹市中将二人斩首示众，以警示世人。行刑时，苗傅被吓得如筛糠一般乱抖，完全没有了以前的威风。刘正彦倒是颇有骨气，临死之际依然面不改色，口中不停地痛骂苗傅，抱怨他不听自己的妙计，才导致失败。刘正彦啊刘正彦，你是不是韩世忠、张浚的对手，自己没点数吗？如果你们在杀死康履后就主动撤军，还可以得个诛杀奸贼的好名声，也不至于最后命丧黄泉。人啊，最重要的还是要有自知之明！

苗刘兵变，南宋开国初年的这场大变乱，就此彻底被平息。在这场变乱中，张浚、吕颐浩、韩世忠、刘光世、张俊等人起兵平叛，救赵构于水深火热中，避免了南宋政权内部的互相攻杀，使得赵构重登九五之位。立下了如此盖世奇功，张浚等人的职位自然也是水涨船高，纷纷进入赵宋政权的权力中枢，身居高位。而面对金军即将发动的再一次大规模南侵，他们又有着怎样的表现呢？

第二章
长江大决战：
宋金黄天荡之战

弃淮守江

苗刘兵变平息后，赵构在众大臣的建议下，前往江宁府。随后，赵构改江宁府为建康府，摆出了一副坐镇建康、构筑江淮防线的姿态，而如何应对金军随时可能发动的南侵，南宋朝廷内部分成了两派：守江派和守淮派。守淮派认为应该经营淮南，在淮河流域阻止金军的推进；守江派则认为应该放弃淮南，将防线收缩到长江一线，凭借长江天险与敌人抗衡。

面对争论，和州防御使马扩提出了上中下三条计策供赵构选择。上策：迁都蜀地，经营陕西，同时派重臣坐镇淮南，招抚流亡，两面固守，与金人寸土必争。中策：定都武昌，控制荆湖一线，经营淮南，窥视河南，与金人展开南北对抗。下策：定都建康府，依托长江防线，利用天险阻击金军。

对于马扩的建议，赵构毫不犹豫地选择了下策，他想：去川蜀或武昌，那多危险啊！建康有长江天险，一旦情况不妙还可以东撤杭州、南逃温州，进退无忧。不得不说，赵构不愧是一位逃跑专家，金军影子都还没见到一个，他就已经把逃跑路线想好了。

自古道"守江必守淮"，赵构啊赵构，你放弃了物产丰饶的淮南，畏缩在长江一线，注定没有大的成就。对于赵构的这个决策，主和派自然是举双手赞同，主战派却纷纷垂头丧气，敢怒不敢言。就在此时，一个坚毅的声音响起："陛下，陕西方面我军尚有大军二十万，互不统属，军心涣散，就让微臣前往陕西统领他们，与金军在陕西较量一番吧！"

赵构循着声音望过去，发现说话的正是张浚。张浚在苗刘兵变中审时度势，救赵构出火坑，早已获得了赵构的信任。面对自己这位救命恩人的请求，赵构不好驳了他的面子，只好神情凝重地点了点头。就这样，张浚被任命为川陕宣抚处置使，前往陕西主持事务去了。长江防线、陕西防线构筑完毕，赵构心里依然没有底。他在等一个人，在赵构看来，这个人对他说的每一句话，都比长江防线重要百倍，这个人就是赵构派往金国的使者。

赵构刚来到建康时，即派遣使者前往徐州，向坐镇此地的金国元帅完颜宗翰求和，并递上了自己的亲笔信。赵构在信中说道："粘罕元帅，某（赵构谦称）现在先后放弃了河北、河南、淮南，躲在这个蛮荒之地，穷困潦倒，苟延残喘，何须上国大军亲自讨伐？上国已经在北面平定了辽国，南下攻取了中原，就饶了我这个困居蛮荒的可怜人吧！"赵构在信中极尽谦卑之能事，自称"某"，却又尊称金国为"上国"，可以说完全不顾礼义廉耻了。为了能偏安一隅做个太平天子，赵构把祖宗八代的脸面都丢尽了，饶是如此，赵构依然没有获得金人的原谅。

使者出发后，赵构日日如坐针毡，忐忑不安地等待着使者的消息，可惜使者带来的消息让他失望了。听到完颜宗翰拒绝议和的消息后，赵构顿时呆若木鸡：粘罕啊粘罕，朕已经如此谦卑了，你为什么还是不能原谅我？就在赵构满腹委屈，忙着抚平自己受伤的小心灵时，一个晴天霹雳到来了：金军又来了！

建炎三年七月，金国大军兵分三路，再次发动对南宋的入侵。而金军此次南侵的作战目标，更是让赵构肝胆俱裂，那就是活捉赵构，彻底灭亡赵宋小朝廷。

负责捉拿赵构的是金国的中路军，由完颜宗弼指挥，从应天府出发，兵锋指向江南，直接将矛头对准了建康城中的赵构；西路军由战神完颜娄室率领，攻略陕西诸路军队，以切断陕西宋军与江南宋军之间的联系；东路军由完颜昌指挥，辅以刘豫的伪军，坐控河南、山东，以保护完颜宗弼的侧翼，同时负责保障金军的后勤供应。调兵遣将完毕后，金军的三路大军，以风卷残云之势攻入宋境，大战一触即发。

面对金军的攻势，赵构的应对干脆利落——逃！赵构任命韩世忠为浙西处置使，驻守镇江（今江苏镇江）；刘光世为江东宣抚使，驻守江州（今江西九江）。为了统一指挥诸路宋军，他又安排杜充担任右相、江淮宣抚使，驻守建康，节制刘光世、韩世忠诸军。安排好防线后，赵构任命张俊、辛企宗率领禁军为护卫，在张俊等人的护卫下，赵构一溜烟地逃往杭州，将杭州改为临安府，做好了在此长期苟安的打算。

杜充就任建康后，遭到了建康守军的抵制。杜充从开封逃跑之事早已全军尽知，一个人能够丢下自己的部队偷偷溜走，将士们怎敢将性命托付于他？刚到建康，杜充就在调兵遣将时处处受阻，众将士对其不予理睬。至于镇江的韩世忠和江州的刘光世，更是完全不把杜充放在眼里：老子拼死拼活，靠着平定苗刘的救驾之功才坐到了如今的位置，现在竟然要受你这个怕死鬼的指挥，简直是滑天下之大稽！威信扫地，又没有能力，杜充在建康城中可谓是寸步难行。

为了改变局面，树立自己的威望，杜充想出了一个"天才"的法子：杀人立威。将士们本来就看不起杜充，又见他向自己人挥起了屠刀，对其更是切齿痛恨，众将领纷纷扎紧篱笆，与杜充划清界限。杜充实在毫无办法了，只好日夜躲在府中饮酒作乐，大门不出二门不迈，完全将军情当成了耳旁风。就在建康城中一地鸡毛之时，金国大军杀来了。

这年十月，兀术率领的中路金军攻克寿春（今安徽寿县）。在这里，兀术得到了隆祐太后在洪州（今江西南昌）的消息，喜出望外，遂做出了分兵的决策，另遣耶律马五、完颜拔离速、完颜赥（gòu）英率军进攻黄州（今湖北黄冈）、江州、洪州，意欲活捉隆祐太后，攻略荆湖。完颜宗弼本人则率金军主力进攻和州（今安徽和县），直逼建康。

完颜拔离速、完颜赥英等人率领的金国偏师迅速攻克黄州，直扑江州。江州守将刘光世正在城中饮酒作乐，完全没料到金军会来。等到金军即将兵临城下的消息传来时，刘光世不慌不忙，迅速召集守城部队，发出了自己在江州城的最后一个命令："弟兄们，跟我来！"话音刚落，刘光世就一马当先，率领将士冲出城门，一路向南逃得无影无踪了。金军就这样兵不血刃地占领了江州城，完颜拔离速等人在城中大肆劫掠了一番，抢得心满意足后直取洪州。

洪州城中的隆祐太后吓得魂飞魄散，在亲军的护卫下，匆匆逃往虔州（今江西赣州）。由于金人追得太紧，隆祐太后手底下的卫士四散逃走，隆祐太后几乎成了"光杆司令"。这位老太太真不愧是赵家的人，祖传的逃跑技术令人叹为观止。在卫士们四散逃走的情况下，她居然能摆脱追兵，成功逃到虔州。逃到虔州后，隆祐太后觉得不安全，又一路南下，向福建狂奔而去。

完颜拔离速、完颜夐英、耶律马五率领金军在荆湖地区纵横驰骋，如入无人之境，从洪州打下袁州（今江西袁州）、潭州（今湖南长沙）后，又一路北上，攻占岳州（今湖南岳阳）、荆门（今湖北荆门）后从荆门北返。金军行进到宝丰（今河南宝丰）宋村时，当地一支义军在首领牛皋的率领下突袭金军，生擒了耶律马五，总算为大宋朝廷挽回了一点颜面。与此同时，兀术率领的金军主力也开始了他们的表演。

十一月，金军攻占和州，随后又占领无为军（今安徽无为）、真州（今江苏仪征），从建康西南的马家渡口渡过长江，直扑建康城。此时的杜充由于之前乱杀人，在军中早已成了孤家寡人。听说金军大举来袭的消息，他既不敢前往军营组织抵抗，又因为害怕被宋军将士趁乱杀死，不敢独自逃跑，所以只能向金军屈膝投降。

此时，建康城中尚有六万将士，因为杜充的胡作非为，竟然未向金军发出一箭就不战而降了，这真是一个巨大的耻辱！建康陷落，临安府的赵构感受到了巨大的威胁：金军的骑兵数日之内就可以抵达临安府，威胁我的人身安全，怎么办呢？啥也不说了，逃吧！

搜山检海

杜充献出建康投降时，一位不愿投降的将领带着自己的部下退出了建康城，撤往宜兴（今江苏宜兴），为兀术的金军埋下了一颗定时炸弹，这位将领就是岳飞。当年，岳飞随宗泽驻守开封时，就已经见识到了杜充的厚颜无耻，这次杜充来到建康，岳飞曾经向杜充进献良策，却未被采纳，因此，岳飞对其早已不抱任何希望了。杜充投降后，岳飞不愿与其为伍，就率所部全员撤往宜兴，他很快就会给完颜宗弼制造麻烦。

完颜宗弼占领建康后，驻守镇江的韩世忠为了保存实力，率军撤往江阴。在江阴，韩世忠厉兵秣马、操练军队、储备粮草，做好了随时迎战金军的准备。岳飞也好，韩世忠也罢，在此时的完颜宗弼眼里，都是无足轻重的小角色而已，但完颜宗弼不知道的是，这两个小角色马上就会给他制造麻烦，并将在日后成为他一生的敌人。

得到金军攻占建康的消息后，赵构哪里还敢待在临安府，他再次发挥了作为逃跑专家的特长，率文武百官逃往越州（今浙江绍兴）。此时的完颜宗弼并不知道赵构已经逃走的消息，他令旗一挥，金军经常州、平江府直取临安。金军经过宜兴时，一队宋军频繁出击，利用地形优势屡次袭扰金军，令完颜宗弼苦不堪言。这队宋军的主帅正是岳飞，他从建康撤往宜兴，正好堵在了金军前往临安的必经之路上。完颜宗弼只想快点抓住赵构，不愿把时间浪费在跟岳飞的缠斗上，于是只好改变进军路线，绕道广德军，逼近临安。

完颜宗弼率金军一路向南，直取临安府。到了临安西北，一处险峻的关隘挡在了金军面前，正是独松关。独松关位于临安城西北面，依山而建，易守难攻，正是一处兵家必争之地，即使完颜宗弼身经百战，也颇为小心谨慎。抵达独松关时，他命令队伍停止前进，并派出探马打探，以查清宋军在独松关的伏兵情况。

不一会儿，探马即来汇报："大王明鉴，此处并无伏兵。"完颜宗弼简直不敢相信自己的耳朵，如此险峻的关隘，正是临安府的北面屏障，怎么可能没有守军，莫非其中有诈？

完颜宗弼派探马多次打探，甚至亲自率军小心翼翼地发起试探性的攻击，结果连宋军的影子都没见到，不由得哑然失笑："看来是本王高看赵构了，如此军事重地，竟然无人把守，南朝可谓无人也！如果派出几百军士把守此关，本王岂能轻易攻破？"

完颜宗弼率军顺利通过独松关后，临安府已经近在眼前了。完颜宗弼跨坐在一匹高头大马上，心情万分激动。临安的陷落已经是举手之间的事，活捉赵构，亦是易如反掌，千秋功业，就在眼前，怎能不令人心潮澎湃？岂料，攻入临安府后，金军却扑了个空，赵构早已率文武百官逃走！完颜宗弼大怒，在临安府大肆劫掠一番后，挥军杀往越州。

此时，身在越州的赵构完全慌了手脚，金军穷追不舍，自己如何才能甩掉追兵呢？彷徨失措之下，赵构问计于宰相吕颐浩。吕颐浩，这位苗刘兵变中的救驾功臣，此时已经身居宰相高位了，升迁速度可不是一般的迅速。吕颐浩不愧是赵构的贴心人，救驾需要他，逃跑依然需要他。

面对急得团团转的赵构，吕颐浩微微一笑，计上心来，说道："陛下无须惊慌，打不过他们，我们还躲不起吗？女真人以骑兵为主，骑兵奔跑再迅捷，也无法入海呀！我们只需退往海上，待来年天气转热，金军自会退走。如此这般，敌人来了我们上船，敌人退走我们再回来，可保万无一失。"听完此话，赵构乐得合不拢嘴，连称妙计，心想：吕爱卿，你可真是朕的贴心人啊！

事不宜迟，赵构迅速打点行装，率领文武百官直奔明州（今浙江宁波）。在明州，赵构派张俊留下驻守，以延缓金军的行军速度，自己则一路向东，赶往定海（今浙江定海）。赵构君臣自定海乘船入海，一路南下直达章安（今浙江台州）、温州（今浙江温州）一带海面，过起了海贼王一般的逍遥生活。面对茫茫大海，赵构长舒了一口气：总算彻底摆脱金国的追兵了！赵构啊赵构，你高兴得太早了点！女真人很快就会告诉你，海上，依然不安全！

建炎四年（金天会八年，1130年）正月，完颜宗弼在攻占越州后，率金军直扑明州，对赵构穷追不舍。乌延蒲卢浑、斜卯阿里率领的金军前锋犹如脱缰的野马，风驰电掣般来到明州城下。自南侵以来，金军百战百胜，沿途的宋军一触即溃，几乎没遇到什么抵抗，要拿下一个小小的明州城，自然轻而易举，但乌延蒲卢浑他们这次可想错了。

在明州，金军遇到了宋军的顽强抵抗，由于完颜宗弼的大部队尚未到来，轻敌大意的乌延蒲卢浑和斜卯阿里连续向明州城发起数次攻击，均无功而返。张俊率宋军将士顽强抵抗，在明州给了金军一次重创，这就是南宋中兴十三处战功中的"明州大捷"。其实，张俊只是率军在明州击败了金军的先头部队，远远谈不上什么大捷。当完颜宗弼率领的金军主力赶到后，强弱之势顿时逆转，张俊审时度势，率军撤出明州城，沿着四明山东麓的谷地一路南逃，退往台州（今浙江临海）。

完颜宗弼对张俊并不感兴趣，因为他的目标是赵宋天子赵构！攻占明州后，完颜宗弼令旗一挥，金军直扑定海。得知赵构乘船入海的消息后，完颜宗弼做出了一个惊人的决定：他派出数千金军，弃马登船入海，从海上追击赵构。得到金军来袭的消息，正在温州一带海面逍遥快活的赵构吓得肝胆俱裂，说好的金国人不会乘船呢？吕爱卿，朕现在该怎么办啊？

正所谓"天无绝人之路"，就在赵构上天无路入地无门之时，一场突如其来的大雨救了他一命。由于本身就不习水性，勉强乘船追击的金国骑兵在暴风雨的袭击下稍显慌乱，宋军的枢密院提领海船张公裕看到机会，迅速率部冲击金军，金军的海船被冲得七零八落，不成阵形，被迫撤退。饶是如此，宋军依然不敢追击，金军大摇大摆撤往明州，在浙东大肆劫掠一番后，满载着战利品北返，准备结束这次南侵行动。金军不知道的是，一名宋军将领已经在他们的归途中布下天罗地网，等候他们多时了，这位宋军将领就是先前从镇江退走的韩世忠。

擂鼓战金山

完颜宗弼占领建康时，为了保存实力，韩世忠自镇江退往江阴，厉兵秣马，操练军队，做好了与金军长期对抗的打算。在韩世忠的努力下，宋军练出了一支八千人的水军部队，这支队伍配备有体形庞大的战船，号为"艨艟舰"，在水面上疾走如飞，横冲直撞，有着强大的战斗力。完颜宗弼自明州北返，由临安乘船一路西进，打算从镇江渡过长江，前往西北战场与西路的完颜娄室部会合。提前得知消息后，韩世忠审时度势，决定在镇江拦截金军，给完颜宗弼当头一棒。

建炎四年正月十五日，韩世忠在秀州（今浙江嘉兴）张灯结彩，庆祝元宵佳节，以迷惑金军，使得金军放松了警惕。庆祝完元宵佳节后，韩世忠迅速出动，亲率八千水军赶赴镇江，成功赶在金军之前抵达。凭借一百余艘艨艟巨舰，韩世忠布下了天罗地网，专心等待着金军到来。

镇江位于长江与大运河交汇之处，附近的焦山、金山两座山峰矗立在长江边上，宛如两条巨大的臂膀，是控制镇江的两处战略要地。韩世忠抢先占据了两处要地，就逼得金军只能在水面与其决战。以己之长攻敌之短，韩世忠牢牢掌握了战场的主动权。韩世忠对完颜宗弼的作战风格极为了解，预计他抵达镇江后，必将先派出斥候前往运河口的银山上观察宋军的阵形，于是他提前安排了两百名伏兵，埋伏在银山上的龙王庙中，等待着金军斥候的到来。

夜，死一般地沉寂，在这万籁俱寂的深夜中，五名黑衣人蹑手蹑脚地溜上了银山，他们攀上一座山，看见了一座庙，正是银山上的龙王庙。五名黑衣人借着夜色的掩护，轻手轻脚地推开庙门，鱼贯而入。突然，杀声震天，伏兵四起，一队伏兵斜刺里杀出，欲将五人生擒，为首的黑衣人反应最为迅捷，飞檐走壁、闪转腾挪，带领两名随从迅速逃走，剩下的两名随从逃跑未及，就此做了俘虏。伏兵将两名黑衣人五花大绑，押到了宋军主帅韩世忠的营帐中。

原来，这队伏兵正是宋军主帅韩世忠安排的，而五名黑衣人，正是金军主帅完颜宗弼的探子。在审讯了两名金国探子后，韩世忠大为懊恼，原来逃走的三名黑衣人中，竟然有一位是完颜宗弼本人！这位金国王爷行事大胆，居然亲自前往刺探军情，早知如此，自己就该多派些人手埋伏在山下，肯定能将其一举抓获！唉，可惜呀可惜！虽然没有抓到完颜宗弼，但韩世忠已经控制了金山和焦山，并调集百余艘战船封锁了长江水面。金军如果想过江，除了与韩世忠在水面决战外，别无他法。

差点儿在龙王庙被韩世忠活捉，如此惊心动魄的遭遇让完颜宗弼倒吸了一口凉气：好你个韩世忠，果然是个人物！早知如此，两个月前在镇江，本王就应该"宜将剩勇追穷寇"，将你一举歼灭！想不到，当时的自己一时手软，竟给今日的自己留下一个心腹大患！

金山脚下，战舰林立，盔甲耀眼；长江岸边，战鼓擂起，号角声咽，宋金双方的一场生死较量一触即发。宋军主帅韩世忠站立在一艘艨艟巨舰的船头，对着完颜宗弼厉声斥责："兀术小儿，你犯我河山、逐我君王、掳我百姓，今日之战，就是你的死期，快快束手就擒吧！"完颜宗弼哈哈大笑："韩五啊韩五，当日被你在镇江侥幸逃脱，今日竟敢在两军阵前口出狂言，看本王如何教训你！"完颜宗弼令旗一挥，金军将领斜卯阿里、韩常率领数千金军，乘坐抢来的船只，杀入长江中直取韩世忠。

双方一交手，斜卯阿里不由得暗暗叫苦：宋军的战舰都是庞然大物，自己的破船与之相比体积差距悬殊，在宋军的冲击下完全抵挡不住，很快就被冲得支离破碎。这时候，韩世忠的夫人梁氏在金山脚下亲自擂起了战鼓。看到主帅夫人亲自擂鼓，宋军将士士气大增，无不以一当十，杀得金军丢盔弃甲，溃不成军，就连完颜宗弼的女婿龙虎大王，也成了宋军的刀下之鬼。完颜宗弼见势不妙，匆忙鸣金收兵，金军退往南岸，扎紧了篱笆，与宋军展开对峙。

望着宋军井然有序的阵形，完颜宗弼陷入了沉思：本王自去年秋季率军南下以来，攻无不克、战无不胜，所向披靡，就连赵宋天子赵构，都被我追得上天无路入地无门，如丧家犬般流亡海上，本王建立的功业，已足够彪炳史册了。想不到，本王大风大浪都经过了，却在这小小的金山下翻了船，败在那名不见经传的韩世忠手下。宋军的水军占据着绝对的优势，而我军要想过江，必须战胜宋朝的水军。我军虽然兵强马壮，却不习水战，对对方艨艟巨舰的冲击束手无策，一着不慎，本王不仅一世英名毁于一旦，而且有可能葬身于此，该如何是好呢？

突然，完颜宗弼灵机一动，计上心来：千里做官只为财，自己劫掠了无数金银财宝，那就借花献佛，把它们送给韩世忠，令其高抬贵手，网开一面，让开一条道让我军过江。这样，他得了财宝，我军得以过江，岂不是两全其美之策？

念及此，完颜宗弼一面派人赶往山东，向金军的东路军主帅完颜昌求援，一面派遣使者面见韩世忠，以赠送大量金银财宝为条件，并送完颜宗弼乘坐的宝马一匹，求韩世忠网开一面，放金军过江。韩世忠微微一笑，对金国使者道："尔等若想过江，只有一条路，即归还二圣，复我疆土，则可以放尔等一条生路，其余一切免谈！"被韩世忠拒绝后，完颜宗弼气得暴跳如雷："好你个泼皮韩五，本王堂堂大金王爷，放下身段向你求和，你竟然如此不识抬举！既然如此，就让你尝尝我大金精锐的厉害吧！"完颜宗弼集结军队，再次向宋军发起了冲锋。

有了上次失利的教训，完颜宗弼不敢托大，他将船队聚拢在一起，互相协调，构筑起了一个严密的阵形，向宋军战舰发起了推土机式进攻。韩世忠微微一笑，令旗一挥，宋军分成两队，分别从两翼迎战金军。宋军将士用提前准备好的大铁锚抛向金军船只，一下子就将金人的小船钩得灰飞烟灭。连折数船后，金军顶不住了，呈现出败军之象。"此战已是我军最后的机会，如果再次退往南岸，我军势必会被困在这金山脚下，所以绝对不能退！"完颜宗弼大急，他传下将令，金军掉头向西，沿着长江溯流而上，准备寻找过江的突破口。

　　宋军如影随形，沿着长江一路向西，紧随金军的脚步。就这样，宋金双方在长江两边，沿江而上，犹如两条平行线一般疾走。其间，金军多次发起进攻，均无功而返，自己的船只反而又被宋军钩沉了几只。完颜宗弼心急如焚，内心开始焦躁起来。人一焦躁，就容易犯错，完颜宗弼也不例外。在遭到韩世忠的连番打击后，头昏脑胀的金军慌不择路，驶入了黄天荡中。

　　黄天荡，位于建康城东北数十里，是长江水位上涨时形成的一处水泊，黄天荡的北面水面与长江相连，其他三面却无出口。金军误入黄天荡后，韩世忠当即率宋军封锁了由黄天荡入长江的水面，将金军围困于荡中。此时的金军，无异于陷入了绝境，若想脱困，就必须先设法突出黄天荡，进入长江中。金军在长江上交战尚且不是宋军对手，如今被宋军卡住了脖子，陷入这死水荡中，又如何是宋军的对手？

　　完颜宗弼木然站立在一艘小船上，望着一船船的金银财宝发呆。突然，完颜宗弼抓起一把珠宝，用力掷入水中，大叫道："珠宝啊珠宝，如今我要你何用！""大王，珠宝有用，很有用！"一名谋士凑到完颜宗弼身边，说话的语气颇为兴奋。"哦？有何用？能助我们脱困不成？""是的，大王！正所谓'取之于民用于民'，不如用这些财宝悬赏，招募当地百姓，也许可以招到助我们脱困的人呢！""只好如此了。"

　　完颜宗弼倒是不指望此计能起什么作用，但如今已是上天无路入地无门，只好抱着试一试的心态，死马当活马医了。正所谓"重赏之下必有勇夫"，在金军的金钱攻势下，还真有不少百姓前来献计。老百姓鱼龙混杂，献上的计策也大多异想天开，不怎么靠谱。但其中两名百姓献上的计策，却让完颜宗弼兴奋异常。

　　这两名百姓在历史上并没有留下名字，为了行文方便，我们就以宋民某甲和宋民某乙代替他们吧！宋民某甲说道："大王可知，江南地区春季正是多风之季，贵军的船只太小，风一吹难免颠簸，而宋军的船只体积庞大，反而可以借助风力疾行，此消彼长，贵军自然挡不住宋军巨舰的冲击。贵军如果在船舱里装满泥土，泥土上面铺上木板，重量增加后，宋军的巨舰队和铁钩对贵军的威胁就会大大降低。"

宋民某乙则说道："大王有所不知，这个水泊叫作黄天荡，除了荡口，原本还有一条老鹳河与长江相通，由于水位降低，这条河已经淤塞多年。大王如果疏通老鹳河，从河中出去可以直接出现在宋军背后，攻其不备，必能一举擒拿韩世忠！"

完颜宗弼听后乐得合不拢嘴，心想：果然是高手在民间啊，想不到自己侵宋深陷绝境之中时，却要由大宋百姓来拯救。正所谓好事成双，找到克敌制胜的法门之后，完颜宗弼又收到了一个好消息：东路军主帅完颜昌派遣的援军，在移剌古、乌林答泰欲的率领下，已经赶到了建康！

敌在黄天荡

完颜宗弼当即与移剌古约定了作战计划。在一个夜黑风高的夜晚，借着夜色的掩护，完颜宗弼率金军偷偷挖开了老鹳河故道，于第二天凌晨进入长江。移剌古率领的援军则从建康东进，与完颜宗弼形成合击之势，将韩世忠包围在中间。

完颜宗弼傲然站立在一艘小船上，对着韩世忠哈哈大笑道："韩五啊韩五，天堂有路你不走，地狱无门你偏进来！本王对你好言相劝，赠金赐马，你却不识好歹，一门心思与本王作对，今天，你的死期到了！"看到金军突然出现在自己背后，韩世忠虽然颇为吃惊，但他心中毫不慌张，胸有成竹，自己的艨艟巨舰有着巨大的优势，你金兀术纵有三头六臂，又能奈我何？

韩世忠微微一笑，道："金兀术，你侥幸逃出黄天荡，如今却自己前来送死，既然你一门心思想死，本将军今日就成全你！"韩世忠令旗一挥，宋军的艨艟巨舰浩浩荡荡地向金军掩杀过去，想故技重施，将金军阵形冲散。完颜宗弼与移剌古率领金军，分成两队，乘坐装满泥沙的小船杀入宋军阵中。金军的船只重量增加后，不再脆弱，双方你来我往，战作一团，杀得难分难解。

就在局面僵持之际，完颜宗弼再出杀招。他命令数百名擅射的士兵，乘坐轻舟杀入宋军阵中，在己方船队的掩护下，这些轻舟在宋军的艨艟巨舰阵中来回穿梭，将提前准备好的火箭射入宋军船中，宋军船只中燃起了熊熊大火，宋军顿时阵脚大乱，败象初现。

利用宋军船只着火的机会，完颜宗弼与移剌古、乌林答泰欲等人率金军向宋军发起了总攻。在金军的攻势下，宋军大败，溃不成军，韩世忠的部将严允吉、孙世询等人战死。韩世忠见势不妙，弃舟登岸，骑上一匹高头大马，一路向北逃去。韩世忠啊韩世忠，上次在镇江放你一马，才导致本王在此地陷入困境，如今你再想逃，可就没那么容易了！完颜宗弼令旗一挥，亲率精锐部队追击韩世忠。

韩世忠一路狂奔，一直逃了七十余里，来到了长芦（今安徽六合西南），此时他已经是筋疲力尽、穷途末路了。但是完颜宗弼率领的金国追兵越来越近，眼见自己无力再逃，韩世忠长叹一口气，闭目待死：想不到俺老韩英雄一世，今日却要葬身于此！就在此时，斜刺里杀出一队人马，挡在了金军和韩世忠面前。

完颜宗弼定睛一看，这队人马着装乱七八糟，并不是什么正规军，但人数着实不少，为首一人身穿僧袍，竟是一名和尚！他想：自己与宋军鏖战半日，这次追击韩世忠又仅仅带了数十人，与对方交战并无胜算。好汉不吃眼前亏，我已经全歼了韩世忠的水军，不如见好就收，就此收手吧！就这样，完颜宗弼率军返回，与移剌古一起还军建康。由于在建康遭到以岳飞为首的多支宋军武装的攻击，完颜宗弼遂率金军渡过长江，前往陕西与完颜娄室会合。而韩世忠，也就此绝处逢生，保住了性命。

韩世忠危难关头遇救星，喜不自胜，但回想起自己水军的惨败，又悲从中来，不由得大洒英雄泪。这名救韩世忠的和尚叫作普伦，是附近崇福寺的一名和尚，与韩世忠颇有交情。金人南下兵荒马乱之际，普伦带领附近乡民组织武装队伍，进行自保；得知韩世忠在黄天荡战败后，他又马上率人前来接应，于危急关头救了韩世忠的性命。黄天荡战败后，韩世忠返回镇江，他将再次组织军队，与金人继续厮杀。完颜宗弼，本将军这次输给了你，日后定会让你血债血偿！

黄天荡之战，是完颜宗弼率领的中路主力在这次南侵过程中遇到的一次最顽强的阻击。韩世忠率领的八千水军，将金军困在黄天荡四十余天，大大提高了赵宋军民的作战信心。此战对完颜宗弼造成的阴影也非常大，完颜宗弼回到北方后，每次提起黄天荡的恶战依然心有余悸。

虽然黄天荡之战给金军造成了很大的杀伤，但此战是宋军一场实际意义上的败仗，宋军的水师全军覆没，主帅韩世忠"仅以身免"，所以，赵宋御用文人们将此战吹嘘成所谓的"黄天荡大捷"，不符合历史事实。

关于黄天荡之战双方的兵力对比，宋史记载韩世忠为八千人，完颜宗弼则有十万人，而金史并没有记载双方兵力。宋史对于韩世忠的兵力记载，基本符合历史事实，而对于完颜宗弼的兵力，则有明显的夸大成分。根据富平之战时完颜宗弼所部有两万人推算，他这次南下的总兵力差不多也是这个数。而完颜宗弼在渡江前做出了分兵，如果完颜拔离速和耶律马五所部只有五千人，那么完颜宗弼在黄天荡的总兵力也就是万余人，甚至更少，所以双方在兵力上的差距，绝没有八千和十万这么悬殊。

完颜宗弼北返后，移剌古部返回东路军，在完颜昌的指挥下，攻打江淮地区，结果在楚州（今江苏淮安）遭到了宋军将士的顽强抵抗。在守将赵立的指挥下，宋朝将士众志成城，多次打退金军的进攻，坚守城池四十余日。守城期间，赵立多次派人前往扬州求援，无奈扬州守将郭仲威畏敌如虎，始终未发一兵一卒救援楚州，最终，楚州陷落，赵立英勇殉国。攻陷楚州后，完颜昌率金军在江淮地区攻城略地、耀武扬威，宋军各地义军遭受了巨大的损失，郭仲威胆小如鼠，率军放弃扬州逃跑，宋军的形势变得异常严峻。

正当完颜昌志得意满之际，却阴沟里翻船了。利用完颜昌连战连胜后的骄傲情绪，梁山泊水军头领张荣率部在缩头湖（今江苏兴化东）设下伏兵，利用诱敌深入之计击败了金军。遭遇败绩后，完颜昌也不敢恋战，率军北返。西路军的完颜娄室先是攻破陕州，击杀宋将李彦仙，随后又于彭原店击败宋将吴玠。宋军主帅曲端不敢应战，从邠州（今陕西彬州，邠音 bīn）仓皇退走。完颜娄室兵不血刃攻占了邠州，在放了一把火将邠州夷为平地后即撤军回朝，金军的三路攻宋行动至此结束。

完颜宗弼的这次渡江作战，虽然将赵构追得颇为狼狈，但由于韩世忠、岳飞、牛皋等将士的顽强抵抗，金军的实际战果并不大。由于江南气候炎热，金军难以适应，无法消化攻下的土地，金军撤走后又被宋军夺回，基本算做了无用功。有鉴于此，在完颜宗翰的建议下，金太宗完颜吴乞买决定改变对宋的战争策略。在东面战场，扶植宋朝降将刘豫建立伪齐政权，驱使伪齐政权与宋军作战，自己坐收渔翁之利，将重点的进攻目标瞄向西北。宋金双方在川陕地区调兵遣将，西北大地上，一场大兵团决战即将上演。

第三章

兵败西北：

宋金富平之战

张浚请缨

秋风劲吹，马蹄疾驰，在汉中官道上，一支队伍正在行军。为首一人三十岁左右，白面微须，双目炯炯有神，跨坐在一匹高头大马上，面部表情颇为凝重。与之并骑而行的，是一位四十多岁的中年汉子，一张饱经风霜的脸，却焕发着逼人的光彩。在他们身后，是一支两千余人的军队，这支军队鸦雀无声，跟随两位长官奔驰在黄沙滚滚的官道上。只见他们全身披挂，盔明甲亮，与一般的军队并无二致，唯一不同的是他们的脸庞。在他们的脸上，赫然刺着八个字：赤心报国，誓杀金贼。没错，他们就是八字军。为首的白面微须者，即是赵宋朝廷的川陕经略使张浚。

张浚当初主动向赵构请缨，主持陕西战场的事务，在出发前，他向赵构要了八字军与其同行，并请出已辞官归隐两年的八字军首领王彦辅佐自己。对于张浚这位救命恩人的请求，赵构自然是有求必应。一切安排妥当后，张浚即率领八字军将士奔赴川陕前线。建炎三年十月，张浚抵达汉中兴元府（今陕西安康），他让八字军分别驻守在金州（今陕西安康）、均州、商州（今陕西商县）等地，扼守要地，以防备金军随时发动的入侵。

在兴元府，张浚整顿军备、积蓄粮草，做好了应对金军入侵的准备。张浚的战略眼光还是非常准确的。在完颜宗弼的搜山检海行动收效甚微之后，完颜吴乞买、完颜宗翰等金国统治者果然将目光对准了川陕地区。在完颜宗翰的运筹帷幄下，金军由完颜娄室、完颜宗弼分率精兵数万，将进攻的矛头指向了川陕地区。

　　为了应对金人的入侵，张浚在搞好后勤之际，还要选拔人才、整顿队伍。张浚在西北的人才选拔上，做得相当不错，他亲自提拔刘子羽担任自己的参议。刘子羽是在开封陷落时殉国的宋军将领刘鞈（gé）之子，深通韬略，颇具战略眼光。刚见到张浚，刘子羽就提出了坚守川陕为天下之本的策略，因此深得张浚赏识。除此之外，刘子羽还向张浚推荐了一对兄弟：吴玠、吴璘。吴氏兄弟出身于西军行伍之中，身经百战，深谙兵法，日后，他们都将成为赵宋政权的护国柱石，但现在，他们还无法独当一面。此时摆在他们面前的是一座"大山"——曲端。

　　曲端是西北土著，又是西军中的著名将领，在宋朝的对夏作战中颇有战功，在陕西路有着极高的威望。宗泽留守开封时，为了统一指挥西北各路宋军，于是上书赵构，任命王庶为鄜延路经略使，节制西北各路军队，曲端则被任命为泾原路统制，受王庶的节制。

　　王庶虽然在西北战场颇有战功，但资历比起曲端来还是有所不及，曲端自认为功勋卓著，所以完全不把王庶放在眼里，对他的命令也是阳奉阴违。完颜娄室探知了曲端与王庶的矛盾后，采用声东击西之计，假意进攻延州，却突然掉头，攻占了丹州（今陕西宜川）。王庶被完颜娄室搞得晕头转向，疲于奔命，于是派人前往泾原路向曲端求救。本来就对王庶非常轻视的曲端，完全不顾大局，始终未发兵救援。就这样，王庶在鄜延路内连战连败，丹州、延州先后失守，王庶只率领一百余将士突围，前往泾原路投奔曲端。

　　得知王庶即将前来的消息，曲端乐得合不拢嘴。他设下陷阱，在军帐中接待王庶。王庶每进一扇门，身边的士兵就被留下一半，等见到曲端时，已经是个光杆司令了。王庶本欲责问曲端拒不发兵之过，却不料曲端恶人先告状，来了个先发制人。曲端端坐在中军大帐中，一拍桌子，对着王庶厉声呵斥道："王大人，天子对你委以重任，你却如此无能！你贪生怕死，畏敌如虎，如今自己逃回来了，天子交给你的延州城呢？你该当何罪？！"

　　王庶顿时惊呆了，心说：你这苍髯老贼，竟然颠倒黑白，我从未见过如此厚颜无耻之人！王庶对曲端横眉冷对，冷冷道："曲大人，你颠倒黑白的本事真是高明啊！明明是你畏敌如虎，怕死不敢来救援我，还违抗我的军令，现在却来反咬我一口？到底是谁贪生怕死？"曲端一时语塞，却也不想跟王庶多费口舌，于是他夺了王庶的印绶，将王庶囚禁了起来。恰在此时，朝廷下诏让王庶回京任职，曲端就顺水推舟送走王庶，独揽陕西诸路的军政大权。

王庶回京后，曲端扣押王庶的事情败露。赵构对曲端起了疑心，认为他心怀叵测，有暗中投降金国的企图，遂打算将其换掉，张浚内心却另有打算。曲端在西军中有着极高的威望，此时又掌握着陕西诸路的军队，如果这时动他，无异于将他逼到金国的阵营中，这对宋朝的川陕地区，将会是灾难性的打击。

为了安定西北的局面，同时也为了收拢曲端为自己所用，于是张浚上书赵构，以全家性命担保曲端并无二心，并保举他担任泾原路经略安抚使，以节制陕西诸路西军。就这样，曲端抗令并扣押王庶之事不仅被压了下来，反而还让他获得了高升，坐上了西北军界的头把交椅。

张浚满以为自己对曲端有大恩，曲端一定会对自己言听计从，但他看走眼了。曲端连身经百战的王庶都不放在眼里，何况张浚这个白面书生。每次看到张浚在自己面前指手画脚，做出一副上司的姿态，曲端内心就忍不住一阵冷笑：张浚啊张浚，你这个只会夸夸其谈的小白脸，有何资格在俺老曲面前指手画脚？就这样，对于张浚的命令，曲端与对待王庶并无二致，一样的不理不睬，一样的阳奉阴违。曲端啊曲端，你可真是小看张浚了，张浚可不是王庶，你将为你的所作所为，付出惨重的代价！

作死的曲端

建炎三年，金军兵分三路，大举进攻南宋。十二月，完颜娄室率军攻打陕州，遭到了宋陕州守将李彦仙的顽强抵抗。李彦仙，字少严，宁州彭原（今甘肃宁县）人，家境殷实。东京保卫战时，李彦仙毁家纾难，招兵买马，集结了一支三千人的队伍驰援开封，却因为上书弹劾李纲而被通缉，不得不隐姓埋名，暂隐民间。虽然付出一腔热血却让自己变成了通缉犯，但是李彦仙并不气馁。北宋灭亡后，他凭借积累起来的威望，在陕州再次集结了一支队伍，与金人展开周旋。李彦仙熟知兵法，智勇兼备，在对金作战中战果不俗，他的队伍也逐渐发展壮大。

建炎二年三月，李彦仙采用里应外合之计，成功攻下了金人占据的陕州城。随后，他以陕州为根据地，渡过黄河与金人作战，多次击败金国部队，收复了不少失地。一时间，李彦仙的威望达到了顶点，西北地区的义军首领翟兴、邵云等人纷纷来投，李彦仙的实力滚雪球一般发展壮大。

赵构听说了李彦仙的事迹后，大为赞赏，于是亲自下诏，封李彦仙为宁州观察使、同虢二州制置使。李彦仙以陕州为中心，纵横秦晋之间，在与金军的交战中连战连捷，成为西北金军的巨大威胁。李彦仙一腔热血奋力杀敌，但他不知道的是，他的无限风光，却招来了曲端的嫉妒，这也导致了他日后的悲惨结局。

完颜娄室侵宋时，将驻军陕州的李彦仙视为眼中钉，于是挥军攻打陕州，欲除之而后快。面对敌人的来犯，李彦仙毫不惊慌。不仅如此，他还在城墙上摆下宴席，饮酒作乐，使得金军放松了警惕，暗中却命人从城中挖掘地道，通到了金军的大营。到了晚上，连续攻城的金军身心俱疲，正在被窝里呼呼大睡之时，李彦仙就率城中将士从地道中杀入金军大营，手持大刀向睡梦中的金军猛砍，直杀得金军鬼哭狼嚎，血流成河。为了避其锋芒，完颜娄室令金军后退数里，重新扎营，做好了与李彦仙长期对抗的打算。

就这样，金军用尽了各种方法，却始终无法攻克陕州城。如此相持月余后，陕州城中逐渐物资匮乏，粮食短缺，处境越发困难。李彦仙派出使者，趁夜溜出城门，向川陕宣抚使张浚告急。得知陕州的军情后，张浚不敢怠慢，一边令人押运粮草送往陕州，一边给驻守泾原路的曲端传下命令，令他即刻出兵，救援李彦仙。曲端却把张浚的命令完全当成了耳旁风，他一贯对张浚的命令阳奉阴违，又对李彦仙的威望和战功充满了嫉妒，于是他按兵不动，始终未发一兵一卒救援陕州。

建炎四年正月下旬，坚守了五十多天的陕州城终于陷落，陕州守军在李彦仙的指挥下，奋起余勇，与金军展开巷战，最终全部壮烈牺牲。李彦仙虽然在战斗中被砍断了一条手臂，却也杀出一条血路，渡过黄河成功逃脱。

完颜娄室在陕州城下顿足不前，鏖战近两个月，损兵折将，不由得怒火中烧。在他的命令下，金军在陕州进行了惨无人道的屠杀，城中百姓被杀死大半，血流成河。已经成功逃脱险境的李彦仙在听到金军屠城的消息后，泪如雨下："因为我坚守不降，金人才屠杀城中的百姓，百姓因我而死，我如何能够苟且偷生呢？"随后，李彦仙便纵身一跃，跳入了滚滚黄河之中，就此结束了自己波澜壮阔的一生。

闻听李彦仙殉国的消息后，张浚大怒："曲端啊曲端，你居然如此不顾大局，抗命不遵。李彦仙一死，陕州一丢，整个西北战场都将陷入被动局面，真是将你千刀万剐也难抵其罪！"此时，张浚对曲端已经动了杀心，但完颜娄室大兵压境，大敌当前，张浚也不敢与曲端撕破脸皮，于是事情就此暂时揭过。

本以为李彦仙的死足够引起曲端的反省了，但这个老兵痞作威作福惯了，对此事并无任何愧疚之心，反而在坑队友的路上越走越远，最终彻底葬送了自己的性命。

夺取陕州后，完颜娄室挥军攻克潼关，一路西进逼近泾原路。张浚不敢怠慢，急令统制官吴玠率军迎战，同时令曲端率军增援。吴玠率领的宋军在彭原与金国先锋完颜撒离喝遭遇，一番激战之下，完颜撒离喝不敌，大败而走。此时，完颜娄室率领的金军主力马上就要来了，吴玠左等右等，始终等不到曲端的援军，心急如焚。

曲端在接到命令后，就率军从泾州出发，然而走到邠州就停下了，按兵不动，坐观吴玠成败。吴玠纵使再骁勇善战，也难敌完颜娄室的数万大军，最终被打得大败。看到吴玠战败，曲端干脆引军返回泾州，继续当自己的草头大王去了。完颜娄室就这样兵不血刃地占领了邠州，然后放了一把火，将邠州烧了，率军班师。

在这次战役中，手握重兵的曲端完全扮演了卧底的角色，他先坑李彦仙，再坑吴玠，给完颜娄室连续送上了两重厚礼。邠州被金军焚毁后，曲端故技重施，将战败的责任推到了吴玠身上，并将吴玠降职处分，吴玠对曲端恨得牙痒痒，却也无可奈何。

张浚对曲端已经忍无可忍了，但此时的他正踌躇满志，以收复失地为目标，准备在西北向金军发起反攻。张浚此举甚为激进，吴玠、刘子羽等人纷纷劝张浚采取守势，不要冒险。曲端见张浚被部下反驳，乐得合不拢嘴，赶紧跳出来指点江山："要对付金军嘛，容易得很！不用跟他打，咱们只需要扎紧篱笆，偶尔派出小股部队在农耕时节侵扰他们，影响他们的耕种，让他们无粮可收，过个两三年，他们自然就灭亡了。"

此时，王庶已经被张浚重新起用，听到曲端这种废话连篇的言论，立即出来指责他，并称其早有反心。张浚本来想借重曲端反攻金军，如今见他公然与自己唱反调，就知道此人已经不能再留了，于是当即追究曲端在彭原、邠州的罪责，将其免职。富平之战后，张浚与吴玠密谋，以谋反的罪名将曲端关押起来，以酷刑处死。曲端屡次坑害队友，最后终于自食其果了。

虽然曲端谋反的证据是张浚和吴玠捏造的，属于诬陷，但曲端屡次抗命不遵，先坑王庶，又坑李彦仙，再坑吴玠，最后还当众顶撞张浚，大唱反调，做下如此不光彩之事，他的死也没什么好冤的。可笑的是后来张浚倒台，赵宋朝廷本着对人不对事的原则，竟然堂而皇之地给曲端平反，御用文人在史书中还将其塑造为一个忠义之士，直到今天，依然有一些读书不求甚解的人将曲端视为忠良之士，可真是令人大跌眼镜啊！

张浚的致命失误

搬掉了曲端这个绊脚石后，张浚长舒了一口气：终于可以放手大干一场了！张浚调兵遣将，集结泾原路、环庆路、熙河路、秦凤路、永兴军共五路人马，在刘锡、刘锜（qí）、赵哲、吴玠、孙渥等将领的指挥下，挥师东进，向金军发起进攻。

虽然大战一触即发，但是咱们还是先来认识一下宋军的诸位将领吧！刘锡，秦州成纪人，时任熙河路经略使。刘锡出身将门，其父刘仲武曾任泸川军节度使，是一名颇有战功的骁将。刘锡与弟弟刘锜，从小就熟读兵书，弓马娴熟，战场素质颇高。南宋建立后，刘锡兄弟受到宋高宗的提拔，在西军中屡立战功，逐渐声名鹊起。张浚就任川陕经略使后，对刘锡、刘锜兄弟的才干颇为欣赏，于是提拔刘锡为熙河路经略使、刘锜为泾原路经略使，兄弟二人同心协力，成为张浚的亲信将领。

然而，刘锡和刘锜虽然是一个爹妈生的，履历也差不多，但正所谓"龙生九子各个不同"。就作为将领的战场能力来说，刘锡是不合格的，他目光短浅，又容易轻敌，这些都是战场上的大忌。而作为弟弟的刘锜，却是一位杰出的将领，在日后，他将成为金国人的噩梦，但此时的刘锜还无法得到张浚青睐。张浚把战场的指挥大权交到了刘锡手里，这实在是一个无比大的失误，很快，他将为这个失误付出惨重的代价。

被张浚亲自提拔重用的吴玠，则是一位战场奇才，在整个南宋开国阶段，吴玠的军事能力处于坐二望一的水平，能与他一较长短的只有一个人——岳飞。但纵使吴玠有通天之才，此时的他也只能位居五位将领的末席，他的绝世才华，并没有太多施展的机会。

除了吴玠和刘氏兄弟外，秦凤路经略使孙渥是文官出身，并不具备在战场独当一面的能力；环庆路经略使赵哲则是个胆小鬼，在不久后的战争中，他将成为宋军的致命弱点。

张浚摩拳擦掌，筹划对金国的进攻。巧合的是，此时的金国，也将进攻的重点转向了西北战场，同样准备向陕西的宋军发起进攻。在完颜宗翰的策划下，金太宗派尚在江淮的完颜宗弼即刻率军赶赴西北，与完颜娄室一起，兵分两路向西进发。同时，金太宗还派遣完颜宗辅赶赴西北，统一指挥完颜娄室、完颜宗弼两路人马，誓要一举荡平西北地区，进占四川，进而顺流而下消灭赵构小朝廷。

宋军共有步骑十七八万，兵强马壮，张浚信心满满，亲自坐镇邠州指挥，而以熙河路经略使刘锡担任都统制，负责战场上的统一指挥。刘锡率领宋军虚张声势，号称大军四十万，浩浩荡荡一路向东，直取金军。最终在富平（今陕西富平北）与完颜宗弼部金军遭遇，一场大战一触即发。

由于完颜娄室尚未抵达战场，此时的完颜宗弼只有两万余人，仅仅是宋军的十分之一。众寡悬殊，完颜宗弼万万不是宋军的对手，但又不能临阵脱逃，丧失战机，怎么办呢？完颜宗弼灵机一动，计上心来。

完颜宗弼主动派人面见张浚，表示愿意与宋军约期会战。宋军摩拳擦掌，做好了迎战的准备，但到了约定交战的日子，完颜宗弼却又关闭军营，坚守不战，这样反复几次，搞得宋军莫名其妙。"金兀术这个胆小鬼，几个月前在黄天荡被韩世忠将军打得落荒而逃，他一定是被我们吓住了！"宋军将士愈发自信，对完颜宗弼极其鄙视。

虽然宋军轻敌，但以当时的情况，宋军近二十万大军一拥而上，完颜宗弼的两万人即使能够以一当十，也难以自保，此时正是宋军取胜的最佳时机。宋军将士们请示张浚，询问是否可以不顾与兀术的约定日期，提前出战，却遭到了张浚的反对："我们大宋乃是礼仪之邦，岂能不顾信义，在约定的日期之前出战呢？如此，倒教金人把我们看低了。"张浚啊张浚，战场是非生即死的较量，你居然如此迂腐，错失良机，焉能不败？

就这样，完颜宗弼采用拖延战术，频频与宋军约期交战，等到了约定期限却又闭门不战，如此反复拖延，终于等来了完颜娄室所部。失去了先发制人的良机，宋军的处境已经非常凶险了。

建炎四年九月底，完颜娄室抵达战场，双方约定，于二十四日举行会战。由于此前完颜宗弼多次背约避战，宋军诸将纷纷滋生了骄傲情绪，认为金人胆小如鼠，不过尔尔，连张浚本人也是这个看法。他派人拿着一件女人的衣服，赠送给完颜娄室，嘲笑金军像妇人一样胆怯。张浚的内心已经无比膨胀了，他张贴告示，宣布宋军中如果有人能活捉完颜娄室，就将节度使之职授予他，并赏白银万两、绢帛万匹。面对张浚的自信，完颜娄室倒是颇有幽默感，他也有样学样张贴告示，宣布活捉张浚者，赏赐一头毛驴、一匹布。张浚这位宋朝的西北头号大员，在完颜娄室的眼里，也就相当于一头驴而已。

当时，宋军驻扎在一片芦苇之中，在商定战略战术时，吴玠提出了一个建议。他认为宋军在芦苇丛中阵形不易展开，而大军驻扎在低洼之地，也不利于组织防守，应该改到高地扎营，以遏制金国骑兵的冲击。吴玠的计策应该说是非常合理的，步兵迎战骑兵，占据高地居高临下，对于遏制敌人的骑兵，的确是最有效的方法。在吴玠日后的军事生涯中，这一招也成了他屡试不爽的破敌良策。但此时，轻敌情绪已经在宋军之中蔓延，吴玠的良策当场遭到了刘锡的反对。

刘锡背负着双手，迈着七平八稳的步子，在军营中踱来踱去，侃侃而谈："金人胆怯怕死，不过尔尔，我军接近二十万，是金军的数倍，消灭敌人轻而易举，何须多此一举呢？况且我军驻扎在芦苇丛中，芦苇底下的淤泥，对金军的骑兵是一道天然的羁绊，岂能轻易放弃此有利地带？"

众将纷纷点头，支持刘锡的决定，就这样，宋军将领们再次拒绝了正确建议，第二次让机会从战场上溜走。错过机会是要受到惩罚的，如今宋军三番两次错过机会，等待他们的，将是金国铁骑的无情重击。

决战富平

建炎四年九月二十四日，宋金双方在富平展开对峙，大战一触即发。虽然完颜宗弼的屡屡避战让宋军鄙视，宋军诸将也认为自己稳操胜券，但宋军主帅刘锡还是展现了自己谨慎小心的作战风格。他先派出一支千余人的突击队，向金军左翼的完颜娄室发起小规模袭扰，以试探对方的实力。

双方甫一交战，金军马上显出败象，迅速后撤。刘锡顿时心花怒放，乐得合不拢嘴：我方兵力数倍于金军，金军前面屡次约战均不敢出战，这次看来也是同样的结果。娄室奸贼，你屡次犯我疆土、掳我百姓，今天本将军就让你血债血偿！刘锡令旗一挥：追！宋军千人突击队以排山倒海之势向金军掩杀过去。金军一路退，宋军一路追，直至进入一处险要的地带。突然，一声大喊，一队金军自背后杀出，截住了宋军突击队的退路，原先后退的金军也掉转马头，杀向宋军。两队金军前后夹击，将这股宋军围在了中间。

完颜娄室令旗一挥，发出了一阵狞笑，给这队宋军下了催命符：杀无赦！两队金军前后夹击，砍瓜切菜般就将宋军的千人突击队全部歼灭，直杀得宋军尸横遍野，血流成河。刘锡懊恼得直拍大腿：完颜娄室果然老奸巨猾，他主动示弱于我，一路后退，却在我军追击路上埋下伏兵，自己一时失察，竟中了此贼的奸计，可真是阴沟里翻了船。看来对手并非易与之辈，我必须打起十二分精神小心应对了。

一上来就吃了大亏，刘锡也不敢贸然出击了。他指挥军队稳扎稳打，稳住阵脚，与金军对峙。金军几次发起冲击，都被芦苇丛底的淤泥阻挡，一时之间也是毫无办法，双方就这样隔着芦苇丛对峙。刘锡率宋军结成方阵，借着芦苇丛的掩护采取守势，决不轻易越雷池半步，做好了打持久战的准备。如此对峙到中午，完颜娄室经过苦苦思索，想到了一条进取之策：他挑选三千名精锐骑兵，在大将完颜折合的率领下，身背土囊，一边前进，一边将土囊抛入芦苇丛中，铺出了一条进军之路。

完颜折合率三千女真铁骑踏着土囊越过芦苇丛，却没有直接攻击宋军，而是攻打了宋军外围的乡民聚居点。乡民们被从天而降的金军袭击，吓得慌不择路，像无头苍蝇一般向宋军阵中逃去，宋军将士面对这种突发状况，束手无策，只能听任乡民涌入队中。宋军阵形顿时大乱，各个方阵之间也被隔离开来。在前线督战的金军主帅完颜宗辅看到了战机，令旗一挥，两翼金军分别由完颜娄室、完颜宗弼率领，风驰电掣般杀向宋军阵中。此时的宋军陷入一片混乱中，无法统一指挥，五路人马各自为战，毫无章法。

泾原路经略使刘锜鼓足勇气，指挥所部兵马直取完颜宗弼。完颜宗弼微微一笑：何方小儿，竟敢在本王头上撒野！他令旗一挥，骁将赤盏晖率领数千精锐骑兵，挥军迎战刘锜。赤盏晖手下部队乃是完颜宗弼所部精锐，骁勇无匹，刘锜不敢怠慢，率领宋军且战且退，将金军引入一处泥潭中。赤盏晖见刘锜节节败退，正欲挥军向前，却一时不察全军陷入泥潭中。刘锜哈哈大笑："金贼，你们的死期到了！"说完就挥军直取赤盏晖。赤盏晖几乎是光着屁股逃回阵中的，陷入泥沼的金国骑兵被斩无数，伤亡惨重。

携着战胜赤盏晖的余威，刘锜率泾源军挥戈直进，包围了完颜宗弼的右翼军。完颜宗弼大惊：前面在黄天荡遇到韩世忠，今天在富平又遇到这小子，宋军什么时候出了这么多能战之将？其实，不是宋军的将士不能战，只是他们的当权者无能，无法发挥他们的战斗力而已。今天在这里，刘锜成了完颜宗弼的噩梦，十年后，他将会让完颜宗弼再次尝到惨败的滋味。

当然了，目前的完颜宗弼还无暇考虑十年之后的事，如何杀出刘锜的包围圈，摆脱困境，才是当务之急。关键时刻，完颜宗弼手下的猛将韩常一马当先率部冲击宋军，宋军的弓箭手万箭齐发，韩常只顾冲锋陷阵了，对宋军的弓箭疏于防范，只听得他一声惨叫，一支箭不偏不倚，正射中他的眼睛。韩常忍住剧痛，依然死战不退，金军将士的士气受到鼓舞，在完颜宗弼的指挥下奋勇冲杀，终于杀出一条血路，突围而出。看到煮熟的鸭子飞走，刘锜也只能徒唤奈何。步兵的机动能力与骑兵相去甚远，想要全歼完颜宗弼，谈何容易？完颜宗弼重整队伍，与完颜娄室合军一处，再次与宋军战作一团，此时已是傍晚时分，双方激战了一个白天，早已人困马乏。

完颜娄室纵马跳出战阵，冷静地观察着战场的形势，他发现其中一路宋军阵形散乱，不成章法，遂断定此路宋军是对方的弱点。于是完颜娄室迅速集结所部兵马，身先士卒向这队宋军杀去，部将蒲察胡盏、夹谷吾里补紧随其后。

完颜娄室的预判完全正确，这队宋军，正是赵哲指挥的环庆军。环庆军身经百战，是赵宋西军中的精锐之师，可惜主帅赵哲却是个怕死鬼，在战场上唯唯诺诺，军事水平也是宋军诸将中最差劲的。

完颜娄室亲率金军冲击环庆军，赵哲起初还能勉力抵抗，但在金军骑兵的反复冲击之下，赵哲害怕了。望着敌人杀红的双眼，以及战场上横七竖八的尸体，赵哲的内心无比恐惧。原来，战场并不是"醉卧沙场君莫笑"般潇洒，更不是"匣里金刀血未干"般浪漫，战场只是一场赤裸裸的死亡游戏，是一场你死我活的生死相搏。赵哲的内心痛苦挣扎，最终做出了一个影响全局的决定：他丢下全军不顾，临阵脱逃了！主帅逃走，环庆军没了主心骨，顿时兵败如山倒。

完颜娄室率金军纵横驰骋，砍瓜切菜般杀戮着环庆军的将士。这支身经百战的精锐部队，大部分成了金国人的刀下之鬼。环庆军失利，战场的天平就完全向金军倾斜了。完颜娄室与完颜宗弼率金军在宋军阵中来回冲杀，如入无人之境，直杀得宋军尸横遍野、血流成河。宋军丢下无数辎重粮草，惶惶如丧家之犬般向西撤退。经历了一天的恶战，金军已经筋疲力尽，损失也不小。完颜宗辅见好就收，满载着战利品鸣金收兵。

富平战败后，张浚退保秦州，开始了战后的问责工作：环庆路经略使赵哲临阵脱逃，罪无可赦，将其斩首示众；都统制刘锡指挥无方，屡失良机，罢免一切职务，流放合州（今重庆合川）。其实，富平之战失败，张浚本人要负最大的责任，他用人不明，重用刘锡、赵哲等人，造成了指挥上的混乱，在指挥作战时迂腐不堪，一定要等到与完颜宗弼约定的日子再出战，拒绝了下属们的正确建议，让宋军失去了趁完颜宗弼孤军深入时，枪打出头鸟的好机会，可谓是这次战役失败的罪魁祸首。

张浚刚做完富平之败的问责工作，金军就大张旗鼓地来了。此时，完颜娄室已经病死，金军以部将完颜阿鲁代替娄室统军，与完颜宗弼兵分两路，再次攻入宋境。泾州、渭州等城池纷纷望风而降，张浚无力再组织抵抗，一路退至兴州，陕西大部分地区被金军收入囊中，西北震恐。川蜀之地对金军来说已是唾手可得，如果宋军丢掉川蜀，让金军沿长江顺流而下，来个"楼船下益州"，那偏安一隅的赵宋小朝廷，可就真的是"王气黯然收"了。就在这危急关头，一位将领收集残兵，以微弱的兵力守住了川蜀，为摇摇欲坠的赵宋王朝成功续命，他就是吴玠。

第四章

护国柱石：

吴玠守蜀

激战和尚原

富平之战后，赵宋朝廷在陕西的统治基本上土崩瓦解。完颜宗弼、完颜宗辅等人率金军在西北大地纵横驰骋，当者披靡，无数城池望风而降，而被张浚杀死的曲端、赵哲等人的亲信部将，也纷纷投靠了金军，充当了金军侵宋的急先锋。

有了这些"二鬼子"的相助，完颜宗弼等人如虎添翼，而赵宋主持西北方面军务的头号人物张浚，先退秦州，后退兴州，完全成了缩头乌龟。宋朝西北的溃兵们纷纷南逃入蜀地，川陕防线眼看就要土崩瓦解了，就在这全军溃退的大潮流中，一位将军反其道而行之。他收拢数千名溃退的残兵败将，驻扎在大散关东面的和尚原，挡住了金国人的进攻路线，他就是吴玠。

吴玠，字晋卿，德顺军陇干（今甘肃静宁）人。吴玠出身于宋朝的西军，与弟弟吴璘一起，长期参与对西夏的作战，兄弟二人在军中皆有勇名。张浚主持川陕军务时，吴玠兄弟得到刘子羽的推荐，被张浚提拔为统制官，成了张浚手下的亲信将领。富平之战时，吴玠提出了据守高地、遏制骑兵的正确意见，可惜未被宋军主将刘锡采纳，宋军也因此在富平之战中一败涂地，二十万大军土崩瓦解。富平之战失败后，张浚在逃跑途中，承制授予吴玠都统制之职，赋予他全权处置前线军务的权力。当时，宋军兵败如山倒，毫无战力，张浚在这时把这个烂摊子扔给吴玠，其实是不太厚道的。

吴玠受命后，并没有像张浚一样逃走，而是收拢败退下来的残兵败将，与弟弟吴璘一起，据守在和尚原。在这里，吴玠、吴璘兄弟操练将士、积蓄粮草、修缮工事，做好了与敌人决一死战的准备。张浚坐拥二十万大军尚且不是金军的对手，吴玠以区区几千人就想守住和尚原，他一定是疯了！对于吴玠的决定，大家不是很理解，有人劝吴玠放弃和尚原，退守汉中，吴玠斩钉截铁地说："有我在和尚原，敌人就无法越过我前进，只有这样，才能保住蜀地！"国难当头，吴玠已经做好了与和尚原共存亡的打算。

附近的百姓听说吴玠在和尚原，便自发向和尚原运送粮草，资助吴玠。金军得到消息后大怒，不仅派人半路截杀运粮的百姓，还制定了连坐法，严惩运粮给吴玠的百姓。但此举收效甚微，老百姓冒着杀头的危险，依然络绎不绝地将粮草输送到吴玠军中，吴玠感激涕零。有了百姓的支持，吴玠兄弟在和尚原的备战工作十分顺利，军队的面貌很快就焕然一新。因为这支战斗力强悍的队伍，完全是吴玠、吴璘兄弟一手操练出来的，所以就被人们称为"吴家军"。

崛起的吴家军成了金人的眼中钉，为了拔掉这颗钉子，扫除攻蜀的障碍，宋高宗绍兴元年（1131年）五月，完颜宗弼派遣手下骁将没立、折合统率数万骑兵，进攻和尚原。敌人统军数万，吴玠手下却只有数千人马，形势对宋军极为不利。危难关头，吴玠将宋军分成两队，率其中一队宋军死守在和尚原的险峻高地上，将另一队宋军当作后备的生力军。没立、折合根本不把吴玠的几千人马放在眼里，他们集结兵力，耀武扬威地向和尚原发起进攻。吴玠指挥宋军将士奋勇死战，一时间与敌人杀得难分难解。没立和折合大吃一惊：想不到，这队宋军竟然如此厉害！

双方激战半日，未分胜负，吴玠见时机差不多了，令旗一挥，手下的生力军及时投入战场，战场形势顿时逆转。吴玠指挥宋军将士奋勇冲杀，将金军驱赶到山谷中，金国骑兵无法施展，只能下马步战，金军的失败已经无法避免了。没立、折合损兵折将后，率领残兵败将狼狈退走。宋军将士兴奋异常，终于报了富平惨败的仇了！面对全军将士的一片兴奋之情，吴玠的神色却十分凝重。他知道，没立和折合只是小角色，更大的考验还在后头。是的，没立和折合确实没什么大不了的，很快，完颜宗弼率领的金军十万主力大军，浩浩荡荡地往和尚原杀来了，誓要替没立和折合报仇。

听到完颜宗弼入侵的消息后，宋军将士一片哗然。吴玠将部下们召集起来，慷慨陈词，虽然史书并没有记载吴玠说了什么，但我们可以从将士的反应中了解到吴玠这番话的效果：诸将感泣（感动哭了），愿效死力（愿意以死效力于吴玠）！

吴玠很快就做出了三点部署：第一，命令吴璘率领一队骑兵，迅速赶往和尚原北面的神岔沟设伏，吴玠叮嘱吴璘："无论金军有多少人经过，都不要轻举妄动，数日之后，金人自会退至此地，到时候，你就可以痛打落水狗了！"第二，其余将士据守和尚原，弓箭手们备好床子弩，等待应敌；第三，派一小队将士绕到金军后方，截断金军的粮道。布置完毕后，吴玠亲自坐镇和尚原，厉兵秣马，等待着金军的到来。绍兴元年十月，完颜宗弼亲率十万大军，浩浩荡荡杀到和尚原，一场惨烈的搏杀即将展开。

战斗开始后，面对金国骑兵的冲锋，吴玠令旗一挥，宋军箭如雨下，弓箭手们用床子弩将箭羽一拨又一拨地射入金军阵中，金军将士纷纷中箭落马，损失惨重。双方激战数日，完颜宗弼费了九牛二虎之力，始终难以攻上和尚原，自己却损兵折将，不由得焦躁起来。就在此时，一个不利的消息传来了：金军的粮道已被吴玠派人截断了！自己无法攻上和尚原，粮道又被截断，完颜宗弼心里明白，再打下去，恐怕凶多吉少。审时度势，完颜宗弼令旗一挥，率领金军退兵。完颜宗弼对和尚原的失利愤愤不平，他不知道的是，还有更大的失利在等着他呢！

完颜宗弼率军退到神岔沟时，已是深夜，在此等候多时的宋军，在吴璘的率领下，趁着夜色向金军发动突袭，金军顿时一片大乱，溃不成军。完颜宗弼被流矢射中，血染战袍，眼看就要成为宋军的俘虏，危难关头，完颜宗弼展现了自己作为名将的"重要素质"——逃跑。为了防止被宋军认出，他剃掉胡子，变换服装，惶惶如丧家之犬一般逃出神岔沟，就此保住了一条老命。虽然完颜宗弼的命是保住了，但是他手下的金军将士可就没那么幸运了。吴璘率宋军纵马驰骋于神岔沟，来回冲杀，直杀得金军哀鸿遍野、血流成河，神岔沟就此成了金军的地狱，宋金和尚原之战就此结束。

在这场战役中，吴玠、吴璘兄弟利用和尚原易守难攻的地理优势和床子弩的巨大杀伤力，用"守高地、断粮道、设伏兵"的三部曲战法，痛击完颜宗弼率领的金军主力，使得金军快速进军川蜀的计划流产，为偏安一隅的赵构小朝廷赢得了喘息之机。

血战饶凤关

和尚原之战后，吴玠留吴璘驻守和尚原，自己则率军前往河池、仙人关（今甘肃徽县东南）驻守，兄弟俩两相呼应，以防备金军的入侵。经过和尚原的惨败后，完颜宗弼心灰意冷，身心俱伤，决定回朝休整，留下部将完颜撒离喝驻守凤翔（今陕西凤翔），主持对宋作战。

完颜撒离喝吸取完颜宗弼失利的教训，决定绕过吴氏兄弟，转而攻略商州、金州，威逼兴元府，以攻略汉中和川北为作战目标。绍兴二年（1132 年）十二月，完颜撒离喝亲率大军进攻商州，据守此地的八字军在王彦的率领下奋勇抵抗。

战前，兴元府知府刘子羽派人告诫王彦："王将军，金人惯用骑兵冲锋，你只需坚守城池，用强弓硬弩与其对抗，便可拒之。"刘子羽的建议当然是正确的，但八字军擅长陷阵搏杀，强弓硬弩并非其所长，所以，金人来攻时，王彦放弃了凭险据守的策略，直接率军出城与金人肉搏，此举正中完颜撒离喝下怀。

虽然王彦率八字军浴血搏杀，但最终还是在金国铁骑的冲击下败下阵来，金军连克商州、金州，进逼兴元府。兴元府若是丢失，川蜀的北面屏障将完全丧失，金军以此为跳板，川蜀之地将不复为宋所有。兴元府危矣！川蜀危矣！大宋危矣！危难关头，兴元知府刘子羽不敢怠慢，一边派统制官田晟率军坚守饶凤关（今陕西西乡县北），一边派人火速前往仙人关向吴玠求援。

接到刘子羽的求援后，吴玠不敢怠慢，率军迅速赶往饶凤关。在路上，吴玠与王彦率领的八字军会合，一日急行军三百余里，以迅雷不及掩耳之势赶到了饶凤关。来到饶凤关后，吴玠派人向金军送上柑橘，并带话给完颜撒离喝："将军远来辛苦，吴将军特送柑橘数枚，以供贵军解渴。"完颜撒离喝大吃一惊，用拐杖狠狠地敲打地面："我的天哪，这个吴玠怎么来得这么快！"吴玠来了，宋军就有了主心骨，兴元府，看来是保住了！刘子羽长吁了一口气。

吴玠集结了自己的仙人关守军、饶凤关守将田晟部、八字军王彦部，以及洋州（今陕西洋县）义士共三万余人，占据了饶凤关的制高点，等待着即将到来的金军铁骑。绍兴三年（1133 年）二月初五，完颜撒离喝亲率十万大军来到饶凤关前，一场大战即将爆发。

望着险峻的饶凤关和宋军整齐的军容，关前的完颜撒离喝犹豫了，想不到吴玠竟然来得如此之快，要攻破此关恐怕是难上加难了，但若是就此回军，又心有不甘，怎么办呢？完颜宗弼在和尚原惨败的一幕依然历历在目，用骑兵冲击险关，只能做宋军大弩的靶子，这无异于以己之短攻敌之长，胜算极小，只是徒增伤亡。如何解决这个问题呢？完颜撒离喝冥思苦想，想出了一个好主意：既然骑兵登山困难，那我弃马下地，变骑兵为步兵不就解决了？

完颜撒离喝令旗一挥，将此想法交代了一番，金国骑兵们齐刷刷地下了战马，扛起大刀长矛，雄赳赳气昂昂地杀向饶凤关。关上的吴玠一声令下，宋军万箭齐发，金军被射死者不计其数。完颜撒离喝连续发动两次冲击，均败下阵来。宋军的大弩杀伤力太大，怎么办呢？完颜撒离喝眉头一皱，计上心来。他命令金军披挂重甲，徒步登山，迈着沉重的步伐杀向饶凤关。金军以三人为一小组，一人在前冲锋，两人在后候补，前面的人中箭倒下，后面的人马上递补上，就这样，金军前仆后继，冒着宋军的箭雨，向饶凤关蹒跚而行。

虽然身披重甲是为了抵挡宋军的大弩，但徒步重甲，士兵们不堪重负，行进速度极为缓慢。宋军抓住机会，用大弩对金国重甲兵展开了精准打击，再辅以从关上急滚而下的巨石、檑木，金军行动不便，无法躲闪，成了宋军的活靶子。饶凤关前，传来了一阵阵惨叫声；饶凤关下，躺满了金国士兵的尸体。鏖战六日六夜，金军付出了惨重的代价，依然无法攻上关头。

正所谓"堡垒往往是从内部攻破的"，吴玠正踌躇满志准备反攻金军，宋军内部却出现了变故：一名军校因为触犯军纪，曾经受过吴玠的责罚，所以一直对吴玠怀恨在心，宋金双方在饶凤关前杀得天昏地暗之时，这名军校偷偷溜下关，投降了金军。

军校来到完颜撒离喝面前，满脸堆笑地说道："将军有所不知，在这饶凤关侧翼，有一条小路，自小路越过蝉溪岭，就可以绕到关后，这样，即可让吴玠腹背受敌。"完颜撒离喝激动得直拍大腿："真是天助我也！能击败吴玠，本将军足以名垂青史了，这可是连兀术大王都做不到的事啊！兀术大王做不到的事，俺啼哭郎君（完颜撒离喝曾经在与宋军的作战中被打得惨败后纵声大哭，从而得名"啼哭郎君"）可以！"

在一个月黑风高的深夜，完颜撒离喝派出一队金军，在投降军校的指引下，悄悄从小路越过蝉溪岭，来到了饶凤关后，趁着夜色向宋军后方的郭仲荀部发动袭击。面对金军的天降神兵，宋军毫无防备，乱作一团，被迫弃营退走。见偷袭得手，完颜撒离喝乐得合不拢嘴，他令旗一挥，金军从关前关后同时向饶凤关发动攻击，吴玠腹背受敌，不敢恋战，只得指挥全军撤走。拿下饶凤关后，完颜撒离喝再接再厉，率军直扑兴元府。兴元知府刘子羽派人焚毁粮草、辎重，率部退守三泉（今陕西宁强北）。

从饶凤关撤军后，吴玠率部直奔仙人关，王彦则率八字军撤往达州（今四川达州），做好了与金军打持久战的准备。就在此时，在刘子羽和吴玠之间爆发了一场争论。刘子羽认为吴玠应该放弃仙人关，与自己合力防守三泉。三泉是入川的重要门户，守住这个入川的门户，可以确保川蜀的安全。吴玠却持有不同意见，他认为不能放弃仙人关。

此时的刘子羽身边不满三百人，因为在从兴元撤退时来不及带走粮草、辎重，被迫将其付之一炬，陷入了缺粮的窘境，只能靠吃草根树皮勉强维持。刘子羽派人向吴玠传信，令他前来三泉，与自己会合。吴玠却不想放弃仙人关，踌躇不前。吴玠的部将杨政劝道："将军绝对不可辜负刘待制，如果你辜负了他，我们也会辜负你！"吴玠毕竟是刘子羽亲自向张浚推荐才得以提拔的，深知其中因果，于是，别无他法的吴玠只好亲自前往三泉劝说刘子羽："由我驻守仙人关，金人惧怕我断其退路，绝对不敢深入蜀地，若是丢掉仙人关，金人没了后顾之忧，蜀地就危险了。"刘子羽深以为然，同意了吴玠的主张。

吴玠急回仙人关驻守，刘子羽则退守至谭毒山（今四川广元北）。完颜撒离喝进军至谭毒山时，见此地形势险峻，果然不敢继续进军。而金军长驱直入已达数月，战线拉得太长，粮草也已耗尽，又惧怕吴玠从仙人关背后对其发起突袭，审时度势，完颜撒离喝决定撤军。

得知金军撤退的消息，吴玠迅速率军赶赴武休关（今陕西留坝东南），提前埋下了伏兵。当完颜撒离喝率疲惫不堪的金军到达武休关时，以逸待劳的宋军在吴玠的指挥下，向金军发动突袭，金军猝不及防，被打得惨败。完颜撒离喝惶惶如丧家之犬，丢掉劫掠的物资，率领残兵败将狼狈而逃。在逃跑途中，想到自己鏖战数月依然落得个损兵折将的下场，完颜撒离喝泪流满面。啼哭郎君，你终究还是又啼哭了。随后，宋军乘胜进击，刘子羽收复兴元府，王彦收复商州、金州，完颜撒离喝损兵折将，鏖战数月取得的所有战果，全部付诸东流，宋金双方再次恢复了战前的对峙形势。

宋金饶凤关之战就此结束。在这次战役中，完颜撒离喝的重甲步兵战术，实际上并没有太大效果，反而成了宋军的活靶子。只可惜宋军中出了一个叛徒，指引金军从背后攻破了饶凤关。侥幸攻关得手后的完颜撒离喝并没有收手，而是继续深入宋军腹地，最终在粮尽撤退时遭到吴玠伏击，遭遇了一场惨败，再次被打哭。

仙人关之战

战马、黄沙、盔甲，在阳光的照射下，泛起一道道耀眼的光彩。北风劲吹，吹动将军身上的红色披风，披风迎风招展，衬托得将军更加英姿飒爽。离将军不远的高处关隘，另有一名三十岁左右的将军傲然站立在关上，对披着披风的将军拱手："兀术，远道而来，辛苦你又来送死了。"这位披着披风的将军正是完颜宗弼，他抬眼望着关上的将军，哈哈大笑："吴璘小儿，这次你纵有三头六臂，也难挡本王的铁骑惩罚！"关上的将军正是吴璘，他防守的这道关隘，自然就是和尚原了。

当初，吴玠、吴璘兄弟在和尚原打败完颜宗弼后，吴玠认为和尚原距离后方太过遥远，补给不便，就率领一部分将士退守离川蜀后方更近的仙人关，在此构筑工事，称为"杀金坪"。而留下弟弟吴璘防守和尚原，与自己首尾呼应，并叮嘱弟弟："如若金人大军攻关，可以放弃和尚原，共保仙人关。"

在完颜撒离喝攻宋惨遭失利后，完颜宗弼坐不住了，他再次来到西北前线，主持对宋作战事宜。绍兴三年十一月，完颜宗弼亲率大军攻打和尚原。和尚原没有了吴玠，我看吴璘这个毛头小子如何抵挡本王的攻势！吴璘站立在和尚原关口，对完颜宗弼展开了激将法，完颜宗弼果然大怒，挥军猛攻和尚原。和尚原守军兵力有限，吴璘只象征性地抵抗了一会儿，即率军撤走，退往阶州（今甘肃武都东南），坐观完颜宗弼下一步的行动。

攻下和尚原后，完颜宗弼并未进行下一步的行动，他在等待，等待着未来之人。绍兴四年（1134 年）春，完颜宗弼留部将驻守和尚原，自己前往凤翔府迎接他的帮手，准备发动对宋朝的新一轮攻势。这些帮手除了归他统辖的陕西经略使完颜撒离喝外，还有来自伪齐的四川招抚使刘夔。金军兵强马壮，共计十万大军，在完颜宗弼的统一指挥下，浩浩荡荡地杀往仙人关。

闻听完颜宗弼大军来袭，吴玠不敢怠慢，为了确保万无一失，他派人在杀金坪后再筑一道工事，以应对金国骑兵的冲击。与此同时，吴璘从阶州率军火速赶往仙人关，援助自己的兄长。"兄弟同心，其利断金"，吴氏兄弟很快就做好了迎战准备。

四月二十七日，金军在完颜宗弼的率领下，逢山开道，遇水搭桥，浩浩荡荡杀奔仙人关。纵马屹立在杀金坪前，完颜宗弼不由得思绪万千：三年前，本王在和尚原损兵折将，出尽洋相，费尽九牛二虎之力才逃出生天，如今，我卷土重来，誓要一雪前耻，将吴氏兄弟碎尸万段！

完颜宗弼确实有着自信的理由，他坐拥十万大军，兵强马壮，而吴氏兄弟合兵一处，也仅仅有万余将士，金军十倍于敌人，占据着绝对的兵力优势。而为了应对骑兵仰攻不利的问题，完颜宗弼早已准备了应对之道，他将很快在战场上一一展现。

战争甫一开始，完颜宗弼就派骑兵连续发动冲击，吴玠一声令下，宋军的弩箭犹如暴风骤雨般射向金军。一阵箭雨攻击后，宋军一鼓作气冲入金军阵中，用大刀狠狠砍向对方的马腿。金军想不到宋军竟敢以步兵近身肉搏，一时之间难以招架，节节败退。完颜宗弼见势不妙，赶紧鸣金收兵。骑兵冲击战术难以奏效后，完颜宗弼命金军搬出了几十架投石机，向宋军阵地发起炮击。吴玠见招拆招，针锋相对，一面命人向金军阵地发射炮石，一面派出弓弩手，见缝插针地向冲锋在前的金国士兵发射箭雨，在宋军的双重打击下，金军再次败下阵来。

一计不成，又生一计，完颜宗弼命人架设起三百架云梯，沿着云梯向上攀爬，企图用攻城的方法来攻破关隘。吴玠对此早有应对，命令宋军将士拿出撞杆，向金军架设的云梯撞去，无数云梯被撞倒，跌下关头的金军士兵发出一声声惨叫。对于快要攀上关头的金军士兵，宋军将士则用长枪刺击，那些攀爬得太快的金军"积极分子"，顿时成了宋军的枪下之鬼。双方就这样你来我往，直杀得天昏地暗、日月无光，杀金坪下堆满了金国人的尸体，如人间地狱一般恐怖。杀金坪，果然成了杀戮金人的屏障。

完颜宗弼连续变换方法，用上了所有的器械，杀金坪依旧岿然不动，他有点沉不住气了。冥思苦想之后，完颜宗弼再出奇招：他将金军分作两队，与大将韩常分别统率，二人迂回到杀金坪两侧，从两侧分别进攻，企图将宋军做成夹心饼干。吴玠、吴璘身先士卒，率宋军兵分两队应敌，双方来回冲杀，大打出手。

虽然吴家军骁勇善战，但这种近身肉搏，宋军的骑兵太少，完全处于劣势。激战半日后，吴玠审时度势，率领全军放弃杀金坪，退至第二道防线，扎紧篱笆，凭险据守。

终于攻上了杀金坪，完颜宗弼不由得容光焕发。吴玠啊吴玠，三年了，当年你让本王无地自容，今日本王就把你赶尽杀绝！完颜宗弼令旗一挥，金军直扑宋军第二道防线。

第二道防线地势更为险峻，金军的骑兵完全无法施展，只能下马步战。当年完颜撒离喝攻占饶凤关，用重甲骑兵攻关成功，这次完颜宗弼有样学样，也玩起了重甲攻关的招数。他将金国士兵分作数队，每队成员之间用铁钩相连，迈着沉重的步伐向宋军阵地鱼贯而行。吴玠一声令下，宋军弓弩齐发，箭如雨下，金军伤亡惨重，却将生死置之度外，踏着同伴的尸体蹒跚前行，一百步，五十步，三十步……近了，更近了，距离宋军阵地只有一步之遥了！完颜撒离喝手提大刀，正在攻关队伍身后督战，眼看己方就要攻上宋军阵地，乐得合不拢嘴："成了，成了！拿下了！"完颜撒离喝挥舞着战刀，兴奋异常，他当年在武休关被吴玠打得落荒而逃，今天终于能一雪前耻了！

面对杀红眼的金兵，宋军将士有些惧怕了，有些将士劝吴玠暂时率军退却，吴玠用长刀击地，斩钉截铁地说："退后者，杀无赦！"吴玠手持大刀，屹立在关头亲自督战，宋军将士士气大振，弓弩齐发，长枪疾刺，再次打退了金人的进攻。眼看就要攻关成功，却在最后关头功亏一篑，完颜宗弼、完颜撒离喝气得直跺脚，无可奈何，完颜宗弼只得鸣金收兵，金军再次无功而返。

翌日再战，完颜宗弼派人佯攻关隘正中央，却派一支精锐部队突然掉头，攻打位于宋军阵地侧翼的敌楼。"决不能让敌人占领敌楼这个制高点！"就近指挥作战的宋将姚仲不假思索，率领数名将士登上敌楼阻击金人的进攻。在金军的冲击下，敌楼发生倾斜，摇摇欲坠，姚仲命令楼下将士用绳索将楼拉正，继续与敌人酣战。

突袭敌楼的计策流产，完颜宗弼气得暴跳如雷，他一声令下，金军取来火箭，对着敌楼射去，敌楼瞬间被点燃，姚仲镇定自若，指挥将士将火扑灭，再一次化解了完颜宗弼的招数。看到敌楼的险情后，吴玠急令大将杨政、田晟率军救援，宋军手持长矛，向着敌人的骑兵猛刺，经过一番鏖战，金军再次被击退。连续的鏖战，使得完颜宗弼身心俱疲，晚上鸣金收兵后，完颜宗弼像往常一样，沉沉进入了梦乡，金军将士经过数日的浴血奋战，也早已疲惫不堪了。这一晚，他们睡得特别沉；这一睡，他们当中的很多人，就再也没有醒来。

当完颜宗弼在梦周公时，吴玠正在召开全军紧急动员会。在会上，吴玠挑选出两队能征善战之士兵，组成敢死队，由将领王武、王喜分别统领，趁着夜色掩护悄悄摸入了敌营，跟在他们身后的，是吴玠、吴璘兄弟统率的宋军主力。宋军敢死队摸进金军大营中，向着熟睡中的金国大兵挥起了砍刀，一瞬间，无数金国士兵人头落地，军营中爆发出一阵阵惨叫声，在漆黑的夜里格外瘆人。侥幸未丧命的金国士兵光着屁股跑出军营，四散奔逃。早已守候在军营外面的宋军主力万箭齐发，中箭者纷纷倒地，完颜宗弼光着屁股，惶惶如丧家之犬般骑马遁走。

宋金仙人关之战就此结束。这次战役金国可谓是下了血本，志在必得，除了完颜宗弼、完颜撒离喝率领的西路金军主力，还有刘豫的伪齐军队，皇军伪军齐上阵，结果依然是竹篮打水一场空。仙人关一战后，吴玠乘势率宋军发动反击，收复了秦州、陇州（今陕西陇县）、凤州（今陕西凤县）等地，金军在富平之战后苦心经营多年的战果一朝丧尽。

仙人关之战中，面对完颜宗弼五花八门的攻关方式，吴玠见招拆招，充分利用了各种不同的武器来克制敌人，堪称一部守城战的教科书。至此，吴玠的个人声望也达到了顶点，被任命为川陕宣抚副使、定国军节度使，全权处理西北战线的一切军务。

吴玠治理川蜀近十载，军事上痛击金军，治理地方上也是政绩不俗，深受蜀地百姓的爱戴。但在记载吴玠事迹的《宋史·吴玠传》中，却有吴玠晚年好色、服食丹药等说法，这种说法是否属实呢？

名将之死

自绍兴元年受命驻守和尚原，直至绍兴九年（1139 年）去世，吴玠主持西北军务长达十年的时间。在这十年中，吴玠通过和尚原、饶凤关、仙人关三大战役，大破金军的西路主力部队，使得金军从此不敢窥视川蜀，为赵宋政权稳固了西部防线，对于南宋小朝廷得以偏安半壁江山厥功至伟。

宋朝在富平之战失利后，西军精锐几乎损失殆尽，金军踞凤翔，破秦、凤，窥视汉中，对川蜀之地已是志在必得。当此关头，吴玠收拢了几千从富平败退下来的残兵，勤加操练，修缮工事，最终练出了一支百战百胜的吴家军。吴家军长期镇守赵宋西线防线，多次重创金军，使得金军从西线克巴蜀，然后顺流而下，一路攻占武昌、建康、临安，彻底颠覆赵宋政权的战略意图完全流产。

吴玠在川蜀的建树，不仅仅是军事上，在治理地方上，建树也颇多。为了解决川蜀的军费问题，吴玠在川蜀开展"屯田自养"运动。所谓屯田自养，就是吴家军在战时为兵，农耕时节则垦荒种地，自己动手，丰衣足食。屯田，这个早已被废弃五百年的古老办法，又在特殊时期被吴玠重新捡起，此举对缓解军费开支、减轻川蜀百姓的负担起了非常大的作用。屯田自养是开源，吴玠不仅开源，还会节流。

他以身作则，号召全军将士将家属送到江南后方，以节约前线的开支，减轻川蜀百姓的负担；他还征调士卒，为百姓兴修水利，方便了川蜀百姓的灌溉。吴玠去世后，川蜀百姓自发为他修建生祠，在川陕地区，现存的吴玠祠堂就有六十多处，可见当地百姓对他的爱戴程度。

当年吴玠在和尚原时，凤翔百姓冒着被金人砍头连坐的危险，络绎不绝地为吴家军输送物资，而吴玠在川蜀任上，也是用尽一切办法减轻百姓的负担。在宋代历史中，岳家军"冻死不拆屋、饿死不掳掠"，在百姓心中有口皆碑，吴家军虽然现在的名气不如他们大，但在当时川蜀百姓的心目中，绝对称得上是"人民的军队"了。

这种军民情深的关系，纵观数千年的封建社会历史，也是极为罕见的，吴玠之所以受到人民的爱戴，靠的就是这种心系百姓的做事风格。吴玠在民间口碑爆棚，在南宋统治者心目中，也是一样爆棚。宋高宗赵构亲自评价吴玠说："策足功名之会，腾声关陇之间。"吴玠去世后，宋高宗亲自派人在仙人关为他修建祠堂，来表彰他的杰出贡献。

吴玠当年被张浚提拔，全赖刘子羽的推举，吴玠后来在川陕与刘子羽同心协力，建立了深厚的战场情谊。后来，刘子羽被张浚连累，贬居单州（今山东单县），吴玠多次上表，为张浚、刘子羽求情，并多次请求削夺自己的官职来为刘子羽赎罪。吴玠这种人品，在当时是有口皆碑的。就是这样一位能力、人品、功绩皆无可挑剔的完人，在宋史本传中，却记载着他晚年纵欲、服食丹药等不光彩之事，这是怎么回事呢？

有人说，吴玠自仙人关之战后就无仗可打了，只能纵情声色犬马，聊以度日，以至纵欲弄垮了身体，才导致英年早逝，这种说法是毫无根据的。实际上，在仙人关之战后，吴玠家军依然一直在打仗。岳飞收复襄阳六郡时，吴玠派部将率军配合作战，攻击伪齐军队；绍兴七年（1137 年），吴玠部将马希仲也曾攻打熙州。这些战例都说明，后期的吴玠绝不是无仗可打。而且，吴玠除了打仗，要做的事多得很，兴修水利，组织屯田，这些都是要耗费很大精力的。吴玠直到因病去世前，都还在为治理蜀地穷尽心血，哪里会有时间去纵欲呢？

其实，之所以有吴玠纵欲的记载，是因为野史笔记的以讹传讹，再加上元人在修宋史时又过于粗疏，不辨真伪，才造成了这件历史上的冤假错案。常年的鞍马劳顿，加上在前线饮用了不卫生的水，这才导致吴玠晚年得病。洪迈在撰写志怪小说《夷坚志》时，记载了一个叫卫承务子的人因荒淫好色而得病之事，并在故事最后说吴玠的病情与其相似，造成了后人的穿凿附会。其实，人家洪迈的意思明明只是说，吴玠的发病状况与卫承务子相似，而不是得病原因相似。打个比方，有人因久坐造成肾病，有人因纵欲造成肾病，两者能混为一谈吗？

吴玠守蜀，是南宋政权得以立国的一个重要因素。如果说岳飞的北伐成果是南宋的上限，那么吴玠守蜀则是南宋政权的下限。可以大胆地说，如果没有吴玠守蜀，历史上就没有南宋这个政权。吴玠去世后，他的弟弟吴璘继续镇守蜀地，同样立下了赫赫战功，吴璘的故事我们日后再说，而吴玠的故事，就到此为止了。

第五章

小丑跳梁：

宋伪齐战争

李横伐齐

宋高宗建炎四年（金太宗天会八年）九月，在河北大名府，一位老人头戴皇冠，在文武百官的簇拥下，摇头晃脑地走向一把龙椅，登基称帝，百官山呼万岁，一时间热闹非凡。这个老头儿叫作刘豫，原来是宋朝的济南府知府。完颜昌攻打济南时，刘豫杀死力主抗金的大将关胜，厚颜无耻地投降了金国。完颜昌、完颜宗弼等人南下侵宋时，刘豫坐镇两河，盘剥百姓，为金军提供后勤保障，"很好"地完成了金国安排的任务，得到了完颜宗翰、完颜昌等金国实力派的赏识。

完颜宗弼搜山检海劳而无功后，金国改变对宋战争的策略，将进攻的重点放在了西线战场，重点发动对川蜀地区的进攻。东线方面，金国则扶植忠心的刘豫，建立傀儡政权，由刘豫的傀儡政权发动对宋朝的攻势，自己坐收渔翁之利。

在完颜宗翰、完颜昌的支持下，天会八年九月，刘豫在大名府登基为帝，人模狗样地做起了皇帝。刘豫以宋朝降臣张孝纯为丞相，降将王琼担任汴京留守，定国号为齐，史称"伪齐"。伪齐政权建立后，大量收拢各地的义军组织，频频诱降在宋朝不得志的将领，很快招揽了徐文、孔彦舟、刘忠、李成等将领来投，并收拢了数十万鱼龙混杂的草头队伍，一时间倒也颇为兵强马壮。

有了自己的军队，刘豫一时间踌躇满志，谋士罗诱乘机劝说刘豫侵宋："若是让宋朝先讨伐我们，我们必将一败涂地，不如我们先发制人，'先下手为强，后下手遭殃'嘛！"刘豫深以为然，很快将"国都"迁到汴京，调兵遣将，准备发动对宋朝的战争。

刘豫要侵宋，首先要解决的目标叫作翟兴。翟兴是河南洛阳地区的一支民军武装的首领，长期盘踞在洛阳附近的伊阳寨。伊阳寨犹如一把匕首，抵在伪齐的咽喉上，让刘豫寝食难安。为了解决这个麻烦，刘豫多次派人招降翟兴，都被拒绝了。刘豫是个不走寻常路的人，他并没有用强硬的手段解决翟兴，而是买通翟兴的部下，将翟兴刺死。翟兴死后，他的儿子翟琮重整旗鼓，继续扼守山寨，与伪齐对抗。

父亲遇害，翟琮对刘豫恨之入骨，无时无刻不在寻找复仇的机会，这机会很快就来了。绍兴三年，宋朝的襄阳镇抚使李横派人联络翟琮，共同讨伐伪齐。翟琮大喜，马上派人复信，表示愿意与李横同心协力，共同收复旧山河。赵构闻讯大喜，下诏册封翟琮为孟、汝、唐三州镇抚使，令他与李横兵分两路，共击伪齐。

李横、翟琮都是赵宋政权收编的义军组织，装备落后，战斗力较差，但此时的伪齐军队战斗力更差。战争刚一发动，刘豫收编的地方武装首领牛皋、彭圮（qǐ）、董先等人纷纷向李横、翟琮投降，李横、翟琮的北伐队伍像滚雪球一般迅速壮大。李横军一路攻克颍昌、汝州、信阳（今河南信阳）等地，翟琮军则攻克洛阳西部的广大领土，与李横形成了合攻汴京之势。

刘豫蜷缩在汴京城中一把金光闪闪的龙椅上，瑟瑟发抖：想不到啊想不到，朕还未开始伐宋，就被翟琮打到家门口了，早知如此，又何必去招惹翟兴呢？如果让翟琮攻破汴京，自己全家老小的性命恐怕无一保全，这该如何是好？罗诱啊罗诱，你小子可真是害人不浅哪！刘豫犹如一只热锅上的蚂蚁，急得团团转。

有了！刘豫脑海中突然闪过一道亮光：背靠大树好乘凉，有大金这座坚强的靠山，我有什么好怕的？计议已定，刘豫急忙派人前往金国，乞求援军。得知宋军逼近汴京的消息，完颜宗翰大惊：刘豫啊刘豫，你是吃干饭的吗？连李横、翟琮这样的散兵游勇都打不过，你拿头去和宋朝打啊？"废物！"完颜宗翰恨恨地骂了一声，吓得侍立一旁的伪齐使者直哆嗦。

虽然李横、翟琮的部队是散兵游勇，但完颜宗翰丝毫不敢怠慢。对方已经打到了汴京附近，这一战只许胜不许败！如果己方战败，汴京丢失，金国别说攻略江南了，恐怕连河北都保不住。反复思量之下，完颜宗翰还是派出了金国的王牌战将——完颜宗弼，率军赴援汴京。但是完颜宗弼多次被吴玠打得光屁股跑路，也能称作名将？说实话，完颜宗弼还真称得上是宋金战争中的一员名将，虽然他确实打不过吴玠，但他对战其他人时的战绩还是相当不错的，就连韩世忠，也在黄天荡败在他的手下，所以由他来对付李横、翟琮这样的民军组织，还是绰绰有余的。

绍兴三年三月，完颜宗弼率金国骑兵抵达汴京，在与伪齐大将李成的队伍会合后，金齐联军向宋军发动反击。李横、翟琮等人的队伍鱼龙混杂，军事素养极为差劲，根本不是金国精锐的对手。在汴京附近的羊驰岗，宋军被击败，李横率军南退，翟琮撤往伊阳寨，汴京的危局就这样被完颜宗弼轻而易举地解除了。

击溃李横、翟琮联军后，完颜宗弼火速前往凤翔，他还要统筹川陕全局、指挥陕西金军攻打仙人关呢！留在汴京的李成则在刘豫的命令下，一路南下，正式发动侵宋战争。李成大军南下，伊阳寨的翟琮无力抵挡，只得被迫南撤；李横、董先、牛皋等人的部队，在经过羊驰岗的败仗后，也是元气大伤，战斗力早已大打折扣。在李成的进攻下，李横等人兵败如山倒，一路南撤至江西路境内。

李成率伪齐军队一路势如破竹，连克邓州、随州（今湖北随州）、郢州（今湖北钟祥，郢音 yǐng）、襄阳等地，兵锋推进到了长江流域。襄阳等六郡被占据，南宋的长江防线被切断，临安也面临着巨大的危险。李成派人联络洞庭湖"大圣天王"杨幺率领的义军，双方约好南北夹击，先破荆湖，再取临安，在李成看来，灭亡宋朝已是指日可待了。

此时的赵宋王朝面临着严峻的形势：西线，完颜宗弼率领的十万大军已攻破和尚原，威逼仙人关；东线，伪齐军队与洞庭湖义军前后呼应，随时准备对宋朝重拳出击。如何解决危机呢？临安的赵构急得犹如热锅上的蚂蚁，坐立不安。就在这时，赵构收到了一名将领的上书，他紧皱的眉头总算舒展开了，这名将领就是岳飞。

岳家军出马

自建炎三年冬在宜兴袭扰完颜宗弼立功后，岳飞已经离开我们的视野很久了。当时的岳飞，仅仅是参与防守建康的一支偏师的将领，如今的岳飞，却已经是宋朝的江南四路制置使了，他的手下，也有了一支强大的军队——岳家军。

岳家军在当时的各路军队中特点鲜明，有着"冻死不拆屋，饿死不掳掠"的口号，这与当时各支军纪混乱的军队相比，可谓是独树一帜了。当然，此时的岳家军，只有两万人左右，远没有后来强大，但在岳飞的调教下，也已经粗具规模，还拥有王贵、张宪、庞荣等战将，战斗力不俗。

李成南侵，襄阳等六郡尽失，荆湖危急！江南危急！临安危急！大宋危急！在此危急关头，岳飞主动请缨出战，他给赵构上表道："襄阳等六郡，地势险要，我们若要恢复中原，必先收复六郡。"赵构心说收复中原就算了，但收复六郡大有必要。于是，赵构传下旨意，任命岳飞为江南四路兼舒、蕲（qí）、荆南、鄂、越诸州制置使，统领随李横南下的董先、牛皋等部军队，即刻收复襄阳等六郡。为了配合岳飞作战，赵构还命令淮西宣抚使刘光世陈兵陈、蔡两州，淮东宣抚使韩世忠陈兵泗上，以声援岳飞。

在岳飞出兵前，赵构深恐岳飞收复六郡后会继续北上，破坏自己与大金、伪齐的友好关系，因此特地颁布诏书告诫岳飞："岳飞，你只需收复李横的旧地就可以了，切勿与友邦越界冲突，破坏两国和平友好的关系。如果爱卿越界了，即使立了功，朕也会责罚你！"都被人拿刀架到脖子上了，赵构竟然还忘不了"两国友好"，赵构啊赵构，你到底是叫赵构还是完颜构？

绍兴四年四月，岳飞率岳家军以及董先、牛皋等部共三万余人，浩浩荡荡出发，直扑郢州。郢州守将荆超原是宋将，骁勇善战，岳飞爱惜他的才能，同时也认为他是个可以争取的对象，遂派人对其劝降。岂料荆超铁了心要跟随金国，对着岳飞的使者就破口大骂。使者见荆超不肯投降，也只能摇了摇头，无奈离去。既然你荆超敬酒不吃吃罚酒，那就别怪我不客气了。岳飞一声令下，宋军一拥而上，直扑郢州城。荆超站在城头指挥战斗，对着站在军旗下督战的岳飞怒目而视，岳飞无奈地摇了摇头，心说俺老岳还是第一次见做叛军做得这么理直气壮的，荆超啊荆超，你可真是个天才！

岳飞正全神贯注地指挥战斗，突然，一声巨响，伪齐军打出的炮石落在了岳飞身边，将士们大吃一惊：如果主帅受伤，那可就麻烦了！却见岳飞神色自若，连站立的姿势都没变，而那块炮石呢，不偏不倚，正好落在了他的脚边。主帅不畏死，将士还怕啥？宋军将士士气大振，无不以一当十，向郢州城奋勇冲杀。宋军将士排出人梯，踏着战友的肩头登上了城墙，伪齐军大败，守将荆超自杀。

攻下郢州后，岳飞命令徐庆、张宪等人率军攻打随州，岳飞亲率主力攻打襄阳。襄阳守军全是绣花枕头，一战即溃，随州倒是费了一番力气，徐庆、张宪连续攻打多日，皆未奏效，于是岳飞一拍桌子，决定打出自己的王牌。他派遣牛皋率军赴援，同时命自己的儿子岳云随军前往。岳云是岳家军中的著名骁将，勇冠三军，力大无穷，攻城时他奋勇争先，第一个登上城头，宋军随后一拥而上，拿下了随州城。

李成闻讯大惊，匆忙从各地调集了十万将士，号称三十万，浩浩荡荡杀往襄阳，欲对岳家军重拳出击。面对这些乌合之众，岳家军毫不手软。在岳飞的指挥下，岳家军步骑搭配，虚实结合，直杀得李成的伪军丢盔弃甲，尸横遍野，李成见势不妙，匆忙鸣金收兵。收兵之后，李成越想越觉得咽不下这口气："我李成名声在外，人称'万人敌'，他岳飞不过是个名不见经传的年轻人，输给这种人，叫我如何咽得下这口气？"李成重新调兵遣将，组织队伍，再次发动对岳家军的攻势，双方在襄水边展开对峙。

布阵时，李成将步兵布置在空旷之地，将骑兵布置在襄水边，完全违背了军事常识。看到李成的阵形后，岳飞乐得合不拢嘴：李成啊李成，想不到你名声在外，却是个绣花枕头，哪有将步兵布置在空旷地，将骑兵布置在江边的，这不是自杀行为吗？岳飞令旗一挥，一边派遣牛皋率领骑兵向李成的步兵发起冲击，一边派王贵率领步兵手持长枪，进攻李成的骑兵部队。李成的步兵全部排列在旷野地带，牛皋率骑兵冲入阵中，来回驰骋，直杀得伪军血流成河；王贵的步兵就更爽了，伪齐的骑兵全部布置在河边，战马完全无法奔跑，在宋军的长枪疾刺下，纷纷落水。

面对这场单方面的屠杀，李成内心已经完全崩溃了，他几乎是光着屁股，率领着残兵败将落荒而逃的。逃到邓州附近，李成终于等来了援军。金国大将刘合孛堇（bèi jīn）驰援李成，结果刚赶到邓州，李成就败退了，双方在邓州合兵后，厉兵秣马，安营扎寨，准备在此地阻击岳家军。

刘合孛堇率领的金军，虽然不是完颜宗弼那样的精锐部队，却也不可小觑。这是岳飞军事生涯中第一次独当一面与金国正规军正面作战，岳飞对此极为重视，一直在襄阳休整了一个月，方才挥军北上，进攻邓州。

刘合孛堇与李成的联军在邓州城外扎下了三十里营寨，用以阻击岳家军。岳飞先是派王贵、张宪兵分两路向敌人进攻，宋金双方打得难分难解之时，董先率领骑兵疾驰入阵，一下就将敌人打垮，刘合孛堇和李成光着屁股跑路，岳家军浩浩荡荡开入邓州城，伪齐邓州守臣高仲被活捉。岳家军乘势进击，连克唐州（今河南唐河）、信阳，六郡至此全部收复。收复六郡后，岳飞率领岳家军班师，驻扎在鄂州（今湖北武昌），从此，鄂州成为岳家军的大本营。解决了李成这个外患，岳飞将目光对准了内忧——洞庭湖的大圣天王杨幺。

杨幺，又名杨太，本是洞庭湖义军首领钟相的部下，钟相战死后，杨幺聚拢钟相旧部，自称"大圣天王"，盘踞在洞庭湖，与宋廷展开对抗，成了宋廷的心腹大患。赵构曾经先后派程昌寓、王燮（xiè）等将领攻打杨幺，结果全部无功而返。岳飞在击退李成、收复襄阳等六郡后，即奉命开赴洞庭湖，征讨杨幺。杨幺的水军拥有高达十余丈的庞大战船，岳家军将士却不习水战，很难在水上与之对抗。

为了对付杨幺，岳飞制定了"剿抚并用"的政策，每次发起进攻，都选在农忙时节，毁坏杨幺义军种植的庄稼，同时派人打入义军内部，对杨幺部将黄佐、杨钦等人进行劝降。大量庄稼被毁坏，杨幺义军陷入了缺粮的困境，黄佐、杨钦等人难以坚持，纷纷向岳飞投降，黄佐、杨钦一投降，杨幺就孤立无援了。一个夜黑风高的夜晚，杨幺偷偷潜入水中，打算洑水逃走，结果被早有准备的岳家军将领牛皋擒获，杨幺被斩杀，持续六年多的洞庭湖义军被平定，宋王朝内部的心腹大患被铲除。

大仪镇之战

李成南侵被岳飞打得丢盔弃甲，让刘豫感到了深深的恐惧。于是刘豫遣使赴金国，面见金太宗，请求他发兵助自己攻宋，以洗刷李成失败的耻辱。当时的金国朝廷中，完颜宗翰、完颜宗弼为一派，反对对宋用兵；而完颜昌、完颜宗辅为一派，支持对宋用兵。经过一番争论，最终，完颜宗辅、完颜昌的意见占了上风。意见达成一致后，金太宗遂派遣渤海军、汉儿军共五万余人，由完颜宗弼统领，联合伪齐军队南下伐宋。

绍兴四年九月，完颜宗弼率领大军南下攻宋。完颜宗弼手下除了拥有五万渤海军和汉儿军外，还有伪齐的数万伪军配合作战，共计近十万人。数月前，完颜宗弼刚刚在西线战场被吴玠痛打，这次转战东线，完颜宗弼誓要将失去的场子找回来。

　　四年前，完颜宗弼搜山检海，在这块土地上纵横驰骋，将赵构追得上天无路入地无门，差点就喂了王八，这一次，他还能复制以前的辉煌吗？"我能，无限可能！"完颜宗弼的内心深处发出一声歇斯底里的呐喊。

　　完颜宗弼不愧是一位名将，他率领金齐联军一路势如破竹，连克泗州（今江苏盱眙西北）、滁州（今安徽滁州）、楚州，逼近承州（今江苏高邮），驻守承州的正是他的老熟人韩世忠。四年前，韩世忠在黄天荡成功阻截完颜宗弼的大军四十余日，给了完颜宗弼很大的难堪，但宋军也为此付出了惨重的代价：韩世忠辛苦操练的八千水军损失殆尽。

　　黄天荡战败后，韩世忠以镇江为根据地，重新积蓄力量。在与张俊、刘光世、岳飞等人合力扫平了两淮地区的割据势力后，韩世忠被委任为淮东宣抚使，成了淮东地区的头号军事人物。面对完颜宗弼的南侵，韩世忠坐镇承州，协调指挥淮东各路宋军。完颜宗弼率领的伪齐联军，来势凶猛，谨慎起见，韩世忠选择暂时避其锋芒，他率军从承州退往镇江，徐图后举。

　　韩世忠这一后撤，临安府中的大宋天子赵构可就慌了神。四年前兀术杀来，自己光着屁股逃到海上，差点喂了海王八，这一次，金军势头看起来更为凶猛，连韩世忠都畏敌避战，难道自己这一次又要重蹈覆辙吗？怎么办呢？求和呗。

　　对赵构来说，求和、讨饶在他心中永远是第一位。赵构不敢拖延，慌忙派遣工部侍郎魏良臣为使者，前往金军大营向完颜宗弼求和。虽然以求和为主，但赵构也不是傻子，防备工作依然不能忽视。他给韩世忠下达命令，命韩世忠全军回撤，退到长江一线，组织好防务，一定要抵挡住金兀术。一边求和一边备战，赵构在饱受颠沛流离的逃跑之苦后，可算长了点记性。但是，你把军队全部撤过长江，是想用土地换和平吗？

　　接到赵构的命令后，韩世忠感慨万千："想不到俺老韩战略性撤退，竟然吓到了天子，真是罪过。组织防守的任务，是一定要完成的，但是万万不能将全军撤守到长江。"韩世忠迅速赶赴扬州，召集全军将领开会。在会上，韩世忠发表了慷慨激昂的讲话，并截断了扬州往南的退路，以示与敌人决一死战的决心，众将受到鼓舞，群情激昂。韩世忠趁热打铁，做出了战略部署：由大将解元率部防守承州，韩世忠则率领主力前往扬州以西的大仪镇布防，做好迎击金军的准备。金兀术，放马过来吧！四年前八千子弟兵的血海深仇，是时候让你血债血偿了！

此时，赵构派遣的议和使者魏良臣一行路过扬州，面见韩世忠，韩世忠在接见魏良臣时，故意将撤守长江的命令泄露给魏良臣。魏良臣前往军营时，就将这个命令透露给了完颜宗弼，完颜宗弼闻讯大喜："韩世忠啊韩世忠，你既然撤到了镇江，就准备好再一次光屁股跑路吧！"完颜宗弼很快做出了部署：大将聂儿孛堇率领骑兵速下扬州，自己则率主力进攻承州，完成目标后，合力进攻镇江，活捉韩世忠！

聂儿孛堇率领金军骑兵耀武扬威地直奔扬州，根据情报，韩世忠的主力已经退往镇江，此时，扬州守备空虚，自己不费吹灰之力就可以得手。"唉，我堂堂一个万夫长，竟然要亲自攻打这么一个空城，是不是有点大材小用了？"聂儿孛堇突然感到一阵哀伤，无敌是多么寂寞啊！聂儿孛堇的队伍进至大仪镇时，突然，喊声震天，鼓角齐鸣，一支宋军队伍斜刺里杀出来挡住了他的去路，为首一名中年汉子，相貌堂堂，不怒自威，正是大宋淮东宣抚使韩世忠。

毫无作战准备的金军突然遇敌，全军陷入了一片混乱之中。韩世忠派背嵬（wéi）军手持大斧，朝着敌人马腿上猛砍，一时间，人的惨叫声、马的哀号声，响成一片，回荡在大仪镇的天空中，飘到了几十里外的扬州城。

聂儿孛堇惶惶如丧家之犬一般跑路，他的副手挞也，由于跑路技术还未修炼到家，做了韩世忠的俘虏。大仪镇获胜后，韩世忠预料到金军会转攻承州，遂火速率军赶往援助。在大仪镇受挫后，金军果然转而攻打承州，守将解元设下伏兵，挫败了对方的前锋部队，完颜宗弼大怒，于是亲自整顿队伍，集合全军，会攻承州！

　　承州城外，刀枪并举，战马齐鸣，完颜宗弼率领的金军主力齐聚城外，准备发起对承州城的全面进攻。完颜宗弼纵马伫立在承州城下，心中一股无名火正在熊熊燃烧着：韩五，你这泼皮无赖，竟然跟本王玩阴谋诡计！你谎称撤往镇江，却藏在大仪镇放冷箭，此种行为，并非好汉作为，简直无耻至极！完颜宗弼令旗一挥，先破承州，再破扬州，誓要活捉韩世忠！金齐联军山呼海啸，发动了对承州城的总攻。就在承州城岌岌可危之时，一支生力军犹如神兵天将来到了承州城，为首一将，正是大宋淮东宣抚使韩世忠！

　　韩世忠准确地判断了兀术的进军方向，及时赶到了承州。在击退了金齐联军对承州的进攻后，宋军反客为主，出城逆战，金齐联军溃不成军，一路北逃。韩世忠挥军追击，一直追到了淮河岸边，又是一番砍瓜切菜般的屠杀，金齐联军被杀死的、被水淹死的，不计其数，伤亡惨重。

　　完颜宗弼收集溃军、整顿队伍后，与完颜昌率领的金国后续部队会合，士气重新振作起来。既然淮东不好打，那就改攻淮西吧！淮西宣抚使刘光世是宋军中著名的"长腿将军"，此人除了擅长逃跑以外，别无所长。刘光世听到金军来攻的消息后，充分发挥了"长腿将军"的本色，马上率军逃往建康。

　　金军一路南下，攻占滁州，迫近长江边，宋朝的长江防线受到了严重威胁。宋廷大惊，急调岳飞率岳家军从荆湖防线东进，救援淮西。同时，赵构命令张俊据守常州，韩世忠据守镇江，互相呼应，以确保长江防线的安全。韩世忠、刘光世、张俊三军为掎角之势，完颜宗弼一时倒也不敢轻举妄动。就在双方对峙的局面下，岳家军来了！

　　接到诏令后，岳飞迅速点齐人马，马不停蹄，一路东进。岳飞亲自坐镇庐州（今安徽合肥），前锋部将徐庆、牛皋继续率军东进，徐庆、牛皋连续与金人进行了几次小规模遭遇战，均取得了胜利。此时，金军陷入了极为不利的局面：战线拉得太长，补给不足，粮食已经吃光了，只能被迫杀马充饥，后路又有随时被切断的危险。审时度势，完颜宗弼决定全军撤退，结束了这次对宋朝的进攻。

完颜宗弼亲自指挥的这次南侵行动，再次无功而返。我们可以看到，此时的宋军东线部队，战斗力比起四年前的搜山检海时期，有了长足的进步：韩世忠可以在大仪镇、承州的野战中击败敌军；岳家军在对阵金军时，甚至开始占据上风，这在四年前是不可想象的。当然了，韩世忠在大仪镇遇到的其实是渤海军、汉儿军以及伪齐军队，他们的战斗力与完颜宗弼进军滁州时的部队差距甚远，因为进军滁州时，金军已经有了完颜昌率领的正牌女真骑兵参战。这也是完颜宗弼在承州似乎是一触即溃，而在进攻淮西时却一度势不可当的原因。

藕塘之战

赵构端坐在一张华丽舒服的龙椅上闭目养神。有些人，表面上在闭目养神，实际上却在瞎琢磨，赵构就是这样的人。刘豫这个跳梁小丑，吃着我大宋的俸禄，却吃里爬外投靠金国人。投靠就投靠吧，却沐猴而冠当起了傀儡天子，这还不算，此人三番五次勾结金人南下，搞得朕寝食难安。金人朕惹不起，你这个假天子朕可不怕，不教训教训你，你当朕是病猫呢！

一切准备就绪后，赵构传诏御驾亲征，讨伐伪齐。命岳飞、韩世忠、张俊、刘光世等各大将领分别从防区北上，出击伪齐，赵构本人虽然号称是御驾亲征，但是他不过是前往建康坐镇而已。在建康，赵构该吃吃、该喝喝，坐等韩世忠等人胜利的消息。

看到宋朝玩真格的，刘豫可就慌了神了，他再次派人前往金廷求援。金人是刘豫最可靠的臂膀，每次受了赵宋的暴打，刘豫就像一个受欺负的孩子一样，哭着向金人求助，而金人也不愧是他的好盟友，每次都"仗义"出手，帮刘豫找回场子。刘豫满以为金人一定会再次为他找回场子，但是这次，金人让他失望了。

此时的金廷，已经发生了翻天覆地的变化：金太宗完颜吴乞买驾崩，即位的金熙宗年幼，掌权的完颜宗干、完颜宗翰等人对刘豫并不在意，认为他既不能保境安民，又在对宋战争中频频失利，已经有了废黜伪齐的打算了。所以，金廷接到刘豫的求救后，不理不睬，并没有出兵救援。不仅如此，金廷还派遣完颜宗弼率军进驻黎阳，以监视刘豫的行动，做好了随时废黜刘豫的准备。

眼瞅着自己就要被金国抛弃，刘豫没太多工夫怨天尤人，当前之际，先组织军队，反击赵宋才是王道。此时，赵构在做做样子之后，已经返回了临安；宋军在攻占了几个城池后，也已经班师回朝。毕竟赵构所谓的亲征，也只是吓唬一下刘豫而已，要是真把刘豫逼急了，金国一出手，自己又要坐立不安了。

虽然赵宋方面已经撤军，但刘豫已是箭在弦上不得不发，他已经组织起三十万大军（号称七十万），浩浩荡荡向宋境杀奔而去，准备对赵宋朝廷来个重拳出击。

为了迷惑宋军，伪齐军打出了金军的旗号，兵分三路，向宋境进发。东路军由刘豫之侄刘猊（ní）指挥，将进攻的目标指向了定远（今安徽定远）；中路军由"太子"刘麟指挥，攻打庐州；西路军由刘豫之弟刘复、大将孔彦舟指挥，向六安（今安徽六安）进攻。

为了抵御金军，赵构派遣右相张浚亲自前往前线指挥作战。面对敌人的进犯，张浚很快做出了战略部署：刘光世、张俊率淮西军分别出击，杨沂中则率禁军驰援前线。刘光世虽然是有名的"长腿将军"，但他手底下却有两位虎将：王德、郦琼。王、郦二人骁勇善战，使得刘光世的淮西军依然有着强大的战斗力。当刘麟率领的中路军进至霍邱时，刘光世遣王德、郦琼火线出击，数次挫败伪齐军，击退了对方的攻势。

刘猊率领的东路军在进攻定远不力后，绕道南下，前锋部队与宋军杨沂中部狭路相逢，一番激战后，伪齐军退却。连番进军不力，伪齐军改变策略，刘猊军西进庐州，妄图与中路的刘麟合兵，共同进军，杨沂中率领宋军如影随形，紧咬刘猊。

绍兴六年（1136 年）十月，刘猊率领的伪齐东路军，与杨沂中率领的宋军在定远东南的藕塘镇（今安徽藕塘）狭路相逢。为了显示自己能身居统帅之位不是靠裙带关系，刘猊做出了一个惊人的决定：他令伪齐军背山列阵，做出一副置之死地而后生的架势。

杨沂中鼻子都笑歪了，刘猊啊刘猊，你真当自己是韩信呢？杨沂中指挥宋军分成两队，由部将吴锡率骑兵从正面冲击敌人，自己则率领主力部队绕到侧翼，向对方发动进攻。伪齐军背山列阵，在遭受骑兵的冲击后，无处可退，欲往侧翼移动，又被杨沂中的大部队挤压，一时间陷入一片混乱。此时，张俊派遣的援军也在张宗颜的指挥下抵达战场，宋军三面夹击，伪齐军连溃逃的资格都没有了，被宋军堵在垓心，战斗变成了一场单方面的屠杀。刘猊骑着自己保命的快马，几乎是光着屁股，仓皇地窜出战场，一路向北狼狈而逃。

此役，刘猊率领的伪齐东路军几乎全军覆没，宋军大获全胜，缴获的盔甲、物资不计其数。西路军的孔彦舟、刘复等人在与岳家军的对抗中也是屡战屡败，王贵率领的一万岳家军精锐，在唐州大破刘复的十万大军，逼得刘复光着屁股跑路。孔彦舟见刘复的主力军惨败，不敢恋战，遂灰溜溜地撤回北方。岳家军一路反击，连战连捷，一直推进到蔡州城下，方才胜利班师。得到东西两路军失利的消息，中路的刘麟吓得肝胆俱裂，掉转马头，疯狂向北狂奔而去，只恨爹娘少生了两条腿。

藕塘之战的失利，让伪齐外强中干的真面目暴露无遗，金廷从此对刘豫彻底失望。一年后，完颜昌、完颜宗弼亲临汴京，刘豫在外出迎接时被金军俘获，完颜昌、完颜宗弼当场宣布刘豫的罪状，废黜了刘豫的天子之位，将刘豫父子押送上京。跳梁小丑一般表演了八年的伪齐政权，就此彻底覆灭。

刘豫原本只是宋朝的济南知府，在完颜昌大兵压境之时，不思保家卫国，贪生怕死，害死了大将关胜后投降金国。投降金国后，刘豫甘做鹰犬，为金人的侵宋事业倾尽全力，得到了完颜宗翰和完颜昌的青睐。金人扶植伪政权时，刘豫被册立为帝，统治河北、山东、河东以及河南部分地区。

刘豫在建立伪齐政权后，自不量力，先后三次南下侵宋。第一次南下，刘豫派出的大将李成，一度攻占襄阳等六郡，威胁到了南宋的统治心脏，吓得赵构一度想逃离临安，风头一时无两。危急关头，岳飞力挽狂澜，经过两次会战，大破李成的伪军，进而收复六郡，使得伪齐的第一次南侵劳而无功。

李成虽然被岳飞击溃，但他的战果已经是伪齐军最后的辉煌了。在刘豫此后两次入侵南宋的大仪镇之战、藕塘之战中，伪齐军彻底暴露了自己低下的战斗力，即使有金军的配合，也依然在韩世忠、杨沂中等人手里遭遇惨败，使得金廷彻底失去了对刘豫的信任。最终，完颜昌、完颜宗弼奔赴汴京，刘豫束手就擒，就此结束了自己跳梁小丑一般的皇帝生涯。

第六章

血溅颍水：宋金顺昌之战

天眷和议

刘豫被废黜后，金国的统治阶层内部，主和派完全占据了上风。当时，主战派的领袖人物完颜宗翰、完颜宗弼与主和派的领袖完颜昌、完颜宗磐（金太宗之子），围绕朝政大权展开了激烈的斗争。最终，完颜宗磐等人从完颜宗翰的心腹高庆裔处打开了缺口，以"贪污"的罪名将高庆裔处死。

高庆裔事件，让完颜宗翰的声誉严重受损，性情暴躁的完颜宗翰越想越气，最终气垮了身体，郁郁而终。完颜宗翰是金朝开国的头号名将，他的去世，对于南宋政权来说，无疑是幸运的；对于女真金国，却是一个巨大的损失。当然，在完颜宗磐、完颜昌这些主和派大臣眼里，完颜宗翰之死为他们把持朝政提供了千载难逢的机会。

完颜宗翰去世后，完颜宗弼孤掌难鸣，完颜宗磐、完颜昌在朝中开始只手遮天。对于完颜宗磐和完颜昌来说，完颜宗弼支持的他们就反对，完颜宗弼反对的，他们偏要支持。只有这样，才能彻底压制政敌的声望，稳固自己的统治根基。因为完颜宗弼是坚定的对宋主战派，所以完颜宗磐和完颜昌力主对宋议和。议和，对赵构来说，自然是求之不得的事，在完颜宗磐、完颜昌等人向赵宋朝廷抛出橄榄枝后，一切就水到渠成了。即使宋廷大臣阻力重重，完颜昌也对议和成功有着绝对的信心，因为他早已在宋廷布下了一张王牌。

绍兴七年，完颜昌等人将扣留在金国多年的赵宋使者王伦放回宋朝，让王伦给赵构带话，转达议和的想法。在王伦回国前，金廷先派使者提前赴临安，告知了赵构徽、钦二帝的死讯。王伦回到临安，向赵构转达了金人议和的提议与条件：归还宋徽宗、太上皇后的灵柩以及赵构生母韦氏，并归还河南、陕西，但赵构须对金称臣。只要能偏安一隅做个土皇帝，赵构便心满意足了，更何况还可以迎回父亲的灵柩，迎回自己的母亲。赵构虽然无能，却是个孝子，对于母亲韦氏回国的愿望十分迫切，于是赵构让王伦给完颜昌回话，表示自己愿意接受条件。

王伦返回金廷上报消息后，完颜昌即派遣乌林答赞谋为使者，与王伦一起，前往宋廷正式洽谈议和事宜。赵构将议和的想法在朝廷上提出来后，引起了轩然大波，众大臣纷纷反对，表示向金人称臣，实乃奇耻大辱！就在众人议论纷纷之际，枢密使秦桧力排众议，支持对金议和。秦桧，当初被扣押在金国，早已暗中投靠了完颜昌，后来完颜昌将秦桧放回宋廷，也是为了让他充当奸细，为完颜昌谋福利。所以，完颜昌当初对议和信心满满，也正是因为有秦桧这张王牌。

秦桧虽然支持议和，但他的威望并不足以压服朝臣。此时，有一个人也站出来支持议和，解决了赵构的烦恼，此人正是宰相赵鼎。赵鼎原本是主战派，后来与张浚不合，二人多次明争暗斗，因为张浚在对淮西军的处理上发生了巨大失误，引咎辞相，所以赵鼎才得以继任宰相。

赵鼎任相位后，始终秉承一个原则：张浚支持的，我就反对；张浚反对的，我就支持。既然张浚坚决对金主战，我赵鼎就支持议和。于是赵鼎站出来支持秦桧，并用一句话就堵住了大臣们的反对之音："陛下议和，乃是不得已而为之。本朝以孝立国，陛下议和，正是为了迎回太上皇、太上皇后的灵柩，以及自己的母亲韦太后，以尽孝道，我们岂能阻止陛下尽孝道！"

不孝，在封建社会中是一个巨大的帽子，无人敢触犯。赵鼎不愧是宰相，说话就是有水平，一句话就让和议达成了。赵鼎看着身边低眉顺目的秦桧，和对自己微微颔首的天子，自鸣得意，现在的赵鼎，天子嘉许、属下钦服，政敌张浚也已被贬出朝廷，真正是处在人生巅峰了。但赵鼎不知道的是，秦桧马上就会从背后给他致命一击，并对他赶尽杀绝，让他最终落得个比张浚凄惨百倍的下场。

在议定双方疆界时，赵鼎还是展现了自己的一些原则。虽然他同意议和，却坚持以黄河的旧河道为疆界，反对以新河道为界，因为黄河是向南改道的，如果以旧河道为界，宋朝可以多获得数州之地。同时，赵鼎反对赵构对金称臣，认为双方应该为兄弟之国。这就让赵构对赵鼎开始不满起来：不让称臣，金人岂能答应？这和反对议和有何区别？其实赵鼎本来就不是什么主和派，他之所以愿意议和，只是为了跟张浚唱反调，但在国家大义方面，赵鼎也绝不含糊。

秦桧见有机可乘，于是偷偷面见赵构，进献谗言道："赵鼎这人首鼠两端，陛下无法与他议事。陛下如果真心议和，只要跟俺老秦商量就行了。"赵构大喜。从此，赵鼎失去了赵构的信任，很快就被贬出朝廷，赵鼎被贬后，秦桧依然不依不饶，对其继续迫害。绍兴十七年（1147年），不堪其辱的赵鼎绝食而死。赵鼎是一位颇有才干的文臣，如此结局令人唏嘘不已。

赶走了赵鼎，赵构起用秦桧为相，主持议和事宜。岂料赵鼎罢相后，秦桧的威望并不能服众，反对议和的声音此起彼伏。枢密副使王庶、大将韩世忠等人言辞激烈，纷纷指责秦桧卖国，反对议和，就连已经罢官的前任宰辅李纲、张浚等人也上书赵构，反对向金人屈膝求和。秦桧此时，展现了自己的枭雄手腕：为了打击异己，他无所不用其极。他指派心腹勾龙如渊掌控御史台，堵塞言路，对朝堂上发出不同声音的人进行打击迫害，并将颇具威望的王庶罢官，反对的声音就这么被压了下来。

有了秦桧这个金国奸细完全掌控局面，宋金议和之事自然就水到渠成了。绍兴九年（金熙宗天眷二年），宋金双方达成停战协议。根据协议，金人归还了太上皇、太上皇后的灵柩，送赵构生母韦氏回国，并归还陕西、河南之地给宋朝；宋朝对金称臣，每年须向金缴纳白银二十五万两，绢帛二十五万匹。

协议达成，赵构终于可以高枕无忧了，他端坐在临安府高大的龙椅上，惬意地伸了一个懒腰。只可惜好景不长，很快，主战派的完颜宗弼在激烈的金廷斗争中取得了胜利，完颜宗磐、完颜昌倒台被杀，掌握大权的完颜宗弼马上撕毁和议，向宋廷发起了全面进攻。

兀术出兵

天眷协议达成后，宋高宗、秦桧君臣都认为自己高枕无忧了，于是开始在临安府中夜夜笙歌，过起了逍遥日子，而此时的金国内部，一场政变正在悄然上演。

和议达成后，王伦北上汴京面见完颜宗弼，做河南、陕西诸州的交接工作，完颜宗弼遂离开汴京，返回上京（今黑龙江阿城南白城子）。离开了坐镇三年之久的汴京，放弃了百战得来的陕西、河南土地，完颜宗弼心中不由得一阵剧痛：和尚原、仙人关、大仪镇、黄天荡等地金国将士堆积如山的尸体，依然历历在目，如此花花江山，拱手让给宋人，挞懒（即完颜昌），蒲鲁虎（即完颜宗磐），你们是大金国的罪人！

想到郁郁而终的堂兄完颜宗翰，完颜宗弼心中又有了一丝惊恐：粘罕身经百战，大金开国居功第一，尚且被挞懒、蒲鲁虎等人设计陷害，我兀术如果不反击，就只能坐以待毙。但是挞懒、蒲鲁虎的党羽遍布朝野，我人单势孤，完全无能为力，该如何是好？有了，找斡本！

斡本就是完颜宗干，是金太祖完颜阿骨打的长子，也是金熙宗完颜亶的养父，亦是日后著名君主完颜亮的父亲。完颜宗干性情温和，不愿意参与政治斗争。金熙宗即位后，作为养父的完颜宗干虽然被任命为太傅并领三省事，但因为并没有参与权力的角逐，所以当完颜宗弼被压制、完颜宗翰被斗倒时，完颜宗干能明哲保身，并没有被波及。

作为金太宗长子的完颜宗磐，是个极度膨胀之人，他经常在朝堂上酗酒滋事，对着金熙宗大喊大叫，还曾经因为与完颜宗干发生争执，在朝堂上拔刀，当场就要斩杀完颜宗干。完颜宗磐的跋扈，给金熙宗留下了深深的阴影。而在完颜宗干心中，对完颜宗磐也产生了切齿的仇恨。完颜宗干，正是完颜宗弼可以拉拢的最好盟友。

完颜宗弼回到上京，立即悄悄拜访完颜宗干，二人很快结成同盟，并制订了除掉完颜昌、完颜宗磐的计划。按照既定计划，完颜宗弼密奏金熙宗，说道："挞懒将河南之地白白送给宋廷，必有阴谋。"完颜宗干的亲信、翰林学士韩昉心领神会，也对金熙宗说道："当年唐玄宗任用贤臣姚崇、宋璟得以开创盛世，任用奸相李林甫导致安史之乱，陛下万万不可再重用奸臣了。"

时机已经完全成熟，于是完颜宗干面见金熙宗，定下了诛杀完颜宗磐、完颜昌的计划，为事情确定了最后的基调，完颜宗磐、完颜昌的命运即将走到尽头。

金熙宗召令完颜宗磐、完颜宗隽入朝议事，由完颜宗干率军将其抓捕，当场处死；而对于手握重兵的完颜昌，完颜宗干、完颜宗弼等人不敢逼得太过，只是将其降职。不久，有人告发完颜昌谋反，完颜昌心知肚明，正欲南逃投奔南宋，却被早已恭候多时的完颜宗弼逮个正着，落得个满门抄斩的下场，自此，主战派再次占据了金国的朝政中枢。完颜宗干任太保，执掌朝政；完颜宗弼则被任命为都元帅，执掌军权。

完颜宗干、完颜宗弼掌权后，马上撕毁天眷和议。绍兴十年（金熙宗天眷三年，1140 年）五月，金国大军兵分两路再次伐宋。西路大军由完颜撒离喝指挥，从云中出发，进攻陕西；东路大军由完颜宗弼指挥，进攻汴京，意图收复天眷和议割让给宋朝的陕西、河南之地。

完颜宗弼率领的东路大军，一路势如破竹，连续攻占汴京、应天府、拱州（今河南睢县），由原伪齐大将李成率领的汉儿军则直逼河南府。西路战场，完颜撒离喝在进攻陕西的行动中也是无往不利，攻城略地，所向披靡。当初赵宋政权接收陕西、河南之地时，对各地守将并没有做好安抚工作，一开始说要换掉他们，后来又没有具体动作，使得这些地方的守将诚惶诚恐、忐忑不安。所以，当完颜宗弼、完颜撒离喝的大军到来时，这些守将几乎没有任何抵抗，就打开城门重投金军。自金军发动侵宋战争开始，不到一个月的时间，陕西、河南旧地全部被金国攻占，天眷和议完全成了一张废纸。

赵构正在临安府中花天酒地，听到金国再次入侵的消息后呆若木鸡，他付出真心却被金国彻底伤害了。虽然被伤了心，但赵构还是要硬着头皮迎战。他慌忙颁布诏书，令张俊、韩世忠、岳飞诸将分统各部，迎战完颜宗弼的金军主力。西路战场，名将吴玠已经去世，吴家军由吴璘、杨政、郭浩分别统领，在胡世将的统一指挥下，迎战完颜撒离喝。但岳飞等人尚未出发，就已经有一支宋军先北进前往汴京了，这支军队就是八字军。八字军，这支英雄的部队，离开我们的视线已经很久了！

八字军出击

当初张浚请缨入川陕主持西北军政，被闲置多年的八字军得到重用。在张浚的安排下，已归隐两年多的王彦重新出山，再次统领八字军。张浚将八字军布置在商州、均州、金州等地，与刘子羽、吴玠等人一起，拱卫川蜀东北的门户。

饶凤关之战时，王彦率八字军与吴玠并肩作战，大大杀伤了完颜撒离喝的有生力量。此后，王彦率八字军先后镇守金州、商州、荆南等地，与主持川蜀军政的吴玠、主持荆湖防线的岳飞一起构筑起宋朝的长江防线，共同防备金人的入侵。

绍兴六年，王彦患病，主持长江防线的右相张浚决定把八字军调到襄阳，由王彦出任襄阳知府，受岳飞节制，如果王彦病重，则八字军归入岳家军建制。王彦原本是岳飞的上级，后来在与金军交战时，年轻气盛的岳飞在进军新乡的问题上与王彦意见不合，一怒之下带领部下离开了王彦（详情请参见第一章），两人因此有了一些嫌隙。所以，张浚要王彦归岳飞节制，王彦内心难以接受，就有了一些抵触情绪。

值此用人之际，王彦又手握重兵，张浚也不好再勉强，就把八字军调往临安府，来拱卫南宋政权的陪都。有了之前的抗命行为，王彦的军事生涯基本也就走到尽头了。绍兴七年，王彦被调任邵州知府，八字军改由刘锜统领。刘锜，这位当年在富平之战中大放异彩的年轻人，也已经离开我们的视线很久了。

富平之战战败后，刘锜辗转镇守各地，并没有太多表现机会。后来，赵构将刘锜调到临安府，在禁军中任职，赵构十分信任刘锜，命他统领自己的护卫军。八字军调入临安后，王彦调离，这支军队就一并归刘锜统领了。天眷协议达成后，赵构任命刘锜为汴京副留守，北上主持汴京的防务，刘锜率八字军刚走到半路，变故就发生了。

金国发生政变，主和派的完颜宗磐、完颜昌倒台，掌握大权的完颜宗干、完颜宗弼撕毁天眷和议，兴兵伐宋。刘锜刚行进到顺昌（今安徽阜阳）南面，就得到了金军攻占汴京的消息。此时，两河地区全线失守，怎么办呢？率军南返，心有不甘；继续北上，自己就是一支孤军，刘锜和八字军将士们踌躇了。此时，传来了一个令人振奋的消息：岳飞率领的岳家军主力为收复河南失地，已经开始北上了。刘锜审时度势，预料到金军占领汴京后，一定会经顺昌城南下，于是他做出了一个大胆的决定：驻守顺昌城，阻击金军，等待岳家军的到来。

刘锜当时的决定可谓十分大胆，八字军只有不到两万人，还带着家眷，完颜宗弼这次伐宋的东路军，总兵力达到了十万。用区区两万步卒对抗十万铁骑，刘锜是不是疯了？一旦失利，这些军属家眷岂不是成了金军的战利品？

刘锜没有疯，因为死守顺昌，就可以牵制完颜宗弼的主力部队，为岳飞北上收复汴京创造条件。一旦耗到岳飞北上，完颜宗弼势必要撤围顺昌回救汴京，自己到时候就可以对其从背后出击，建立千秋伟业，就在当前！刘锜知道，只要坚守顺昌，就能熬到岳家军北上，在战场上，岳飞永远是一个可靠的队友，他与张俊、刘光世、韩世忠不同，岳飞和他的岳家军，永远值得信赖。

岳飞确实值得信赖，但目前他还远隔千里，刘锜暂时指望不上。顺昌并非坚城，要凭区区两万步卒守住十万大军的冲击，从而守住顺昌城，这个任务可以说是非常艰巨了。

刘锜率军进入顺昌城后，接见了顺昌知府陈规，刘锜说道："顺昌城中可有余粮？若有粮，咱们一定可以守住顺昌。"陈规道："尚有几万斛米。""足够了！"刘锜斩钉截铁地说道。于是刘锜开始筹划顺昌城的防务工作，一共做了这么几件事：

其一，派人将颍水中的船只全部凿沉。刘锜此举，是要向全军将士传达一个信号：要么守住顺昌，要么灭亡。要知道，当时刘锜北上汴京，做了长期留守的打算，所以，八字军将士几乎都携带家眷。家眷行动缓慢，要是战败撤退，只能坐船，刘锜将船只全部凿沉，就是做好了背水一战的准备。这一战，只有四个字：非胜即亡！决不允许失败，失败，就意味着死亡。

其二，在知府陈规的协助下，发动民众，在城墙四周再修一道土墙，如此，顺昌城就有了两道围墙。土墙虽然不坚固，却可以对金兵的冲击造成迟滞，为守军的反击创造条件。一道土墙，一道城墙，刘锜为顺昌城上了双保险。

其三，重新修补城墙，并对其进行加固。刘锜派人取出伪齐政权的痴车，将硕大的车轮埋在城墙上，并将城外的住户全部迁入城内，然后一把火烧光了住宅，对金军来了个坚壁清野。

做好这些准备工作后，刘锜派出多名斥候，分头出击，对金军的行军路线进行摸底。斥候马上就带回来了一个惊人的消息：金军的前锋部队，在猛将韩常和翟将军的率领下，已经行进到陈州。陈州距离顺昌不足三百里，金军骑兵来去如风，一日之内便可以抵达顺昌了！准备应敌！刘锜迅速下了紧急动员令。刘锜登上城墙，亲自布置防务。他派人在城外的颖水边设下伏兵，擒获了韩常派出的斥候。经过审问，得知韩常和翟将军已经距顺昌城不足三十里了。

刘锜在这时做出了一个不合常理的决定，他并没有在城上等待敌人，而是派了一个千余人的突击队，连夜突袭韩常。韩常、翟将军等人正意气风发地赶往顺昌，他们并不知道八字军已经入驻顺昌的消息，以为只有知府陈规率领的残兵败将呢！突然遭到八字军精锐的袭击，韩常瞬间被打蒙了，一时间损兵折将不少。等到韩常缓过神来，欲整军再战时，八字军已经火速回城了。

此时，完颜雍（完颜宗辅之子，就是日后的金世宗）、龙虎大王（即完颜突合速）指挥的三万骑兵，与韩常合军一处，直扑顺昌城下。此时，完颜雍等人已经知道了城中的守军乃是八字军，对其颇为重视，小心翼翼地来到城外。但是眼前的一幕令完颜雍大吃一惊：只见顺昌城城门大开，连个宋军的影子也没有！完颜雍看着韩常，一脸疑惑："韩将军，你不是说有宋军主力吗？"韩常也是丈二和尚摸不着头脑，明明自己刚刚才遭到敌人的偷袭啊！难道对方是故弄玄虚？稳妥起见，完颜雍下令，全军退后数里，安营扎寨，以免着了宋军的道。

就在完颜雍迟疑不前的时候，刘锜已经迅速摸清了金人的底细，做出了针对性的部署。完颜雍，你这乳臭未干的小兔崽子，俺老刘当年与你父亲交战时，你还没断奶呢！不怕死的话，就放马过来吧！

顺昌决战

完颜雍在顺昌城外徘徊不定时，刘锜已经快速做出了部署。随着刘锜一声令下，顺昌城的城门缓缓关闭，刘锜背负双手，施施然登上城墙，对着城下没搞清状况的完颜雍、韩常等人喊道："金贼，大宋东京副留守刘锜在此！"见刘锜在此地出现，韩常不由得倒吸了一口凉气：当年的富平之战，自己跟随兀术大王出战，就是被这老小子的军队射中一目，差点儿丢了性命。如今此人又在此地出现，可有点不太妙啊！

完颜雍倒是初生牛犊不怕虎，向刘锜横眉冷对："刘锜？你就是十年前在富平被家父打得狼狈而逃的那个刘锜？可真是'见面不如闻名啊'！"话音刚落，完颜雍令旗一挥，金军风驰电掣般冲向顺昌城。当金军攀上宋军先前筑的土墙墙头时，刘锜一声令下，宋军万弩齐发，刚攀上土墙高处的金军瞬间成了宋军的活靶子，全部被射成了刺猬。随着一阵鬼哭狼嚎，金军纷纷跌下土墙。

双方相持四日之久，金军损兵折将，却始终未能越雷池半步。完颜雍心里没底了，他此次随叔父完颜宗弼侵宋，意在镀金，为自己日后进入政坛做准备。此时金国已立国二十多年，女真贵族们早已没有了先前的锐气，年轻一代沉迷于纸醉金迷的生活，变成了纨绔子弟，完颜雍虽然是其中颇有才干的，但战场指挥能力实在不是一朝一夕可以练就的。连续攻城无果后，完颜雍率军后撤二十里，安营扎寨，等待着完颜宗弼主力部队的到来。

完颜雍退走时，已是晚上，此时天空乌云密布，眼看着一场滂沱大雨就要到来了。刘锜组织了五百人的敢死队，命令他们每人带一个竹片，含在口中。敢死队冒着滂沱大雨悄悄来到完颜雍军营，向女真人发动了突袭。完颜雍做梦也想不到，宋军竟会在如此恶劣的天气下前来劫营，金军毫无防备，顿时乱作一团。暴雨中，四周一片漆黑，宋军在发起一波突袭后，马上退出军营外。借着闪电一瞬间的光亮，完颜雍看清了宋军的虚实，急忙传令："大家不必惊慌，宋人只有数百人，全体集合，歼灭他们！"

金军集合后，马上杀出帐外，宋军突击队迅速隐蔽，藏匿于一片漆黑中。突然，一阵闪电划过，宋军将士一边用竹片吹出哨声，一边向金人挥刀猛砍。闪电过去，又是一片漆黑，宋军又马上藏匿起来，不见踪影。就这样，宋军用口哨做联络信号，借着闪电的帮助，向金军发起一波又一波间断性的攻势，金军乱作一团，损失惨重，被迫向后撤退。

此时，完颜宗弼率领的金国主力已经来到了附近。完颜雍见到叔父后，垂头丧气地述说了自己的遭遇。完颜宗弼不由得怒火中烧，刘锜啊刘锜，这可真是人生何处不相逢啊！本王也该跟你算一算十年前的旧账了。十年前的富平之战，虽然金军最终取胜，完颜宗弼却在刘锜手里吃了大亏，这一次，他一定要讨回面子。

完颜宗弼休整一夜，第二天就亲率十万大军，浩浩荡荡杀奔顺昌城。路上，金军遇到了一支宋军数十人的巡逻队，完颜宗弼令旗一挥，金军精锐骑兵迅速出击，巡逻队一哄而散，迅速向顺昌城逃去。为首一人在逃跑时却不太走运，在战马的颠簸下，不慎落马。金军将士将落马者五花大绑，押到了完颜宗弼面前。完颜宗弼狞笑着望向被绑者，威胁道："说出顺昌城中的虚实，你将拥有数不尽的金银财宝，否则，别怪本王手段太过毒辣！"

被绑者顿现惊恐之色："我说，我说，我全说！城中的主帅叫作刘锜，是一位花花公子，他这次本来是前往汴京担任副留守的。此人声色犬马，无一不喜，这次他还带了乐队歌姬，准备到那东京城中享乐。"完颜宗弼哈哈大笑："刘锜啊刘锜，想不到十年不见，你竟然堕落成这个样子，既然如此，本王就送你上西天吧！"完颜宗弼认为刘锜不堪一击，只想迅速结束战斗，饮马长江，于是传令全军轻装前进，不带攻城器械，以免影响行军速度。金军将士扔掉攻城器械后，完颜宗弼传下将令："全军前进！目标，顺昌！"

完颜宗弼这次可上当了。落马被绑者叫作曹成，是刘锜的部将。刘锜为了迷惑完颜宗弼，派曹成率领小股部队，假扮成巡逻队，守在金军的必经之路上，又在逃跑时假装落马，就是为了让金军抓住自己，以便向完颜宗弼吐露刘锜是个纨绔子弟的"事实"。

在完颜宗弼审问曹成时，刘锜已经派人赶到颍水上游，在河中投下了毒药。完颜宗弼来到顺昌城后，才发现自己想错了。刘锜枕戈待旦，在墙头亲自指挥战斗，金军由于没有攻城器械，连续攻打数日，均无收获。这时，金军因饮用颍水，大部分将士中毒生病，战斗力大打折扣，时机已经差不多了。

此时正是农历六月，盛夏时节，酷暑难当，刘锜派人在日光可以照射到的地方挂了一副盔甲，时时用手抚摸着。金军攻城的声势越来越弱，刘锜木然站立在墙头，抚摸着铠甲，显得悠然自得。正午到了，刘锜再次用手抚摸了一下铠甲，这一次，他如触电般迅速缩回了手，好烫啊！刘锜马上传令全军，按既定方阵，出城破敌！

宋军将士早已按捺不住了，如下山猛虎般出了城门。宋军分成三队，第一队人人手持一把黄豆，将黄豆撒在地上，金军的战马饥肠辘辘，见了黄豆，低头就吃。此时，宋军的第二队出战，这一队宋军，人人手持一把大斧，专砍敌人的马腿，金国将士纷纷落马。此时，第三队出战，手持长枪，朝着落马的金国士兵猛刺，就这样，金国骑兵被杀得惨败，尸横遍野，血流成河。金国士兵的鲜血流进了颍水中，连颍水都被染成了红色，十分恐怖。金国损失过半，完颜宗弼急令全军后退。此时的金军，由于喝水中毒，大部分已经丧失了战斗力，再打下去，势必无一幸免，完颜宗弼审时度势，被迫撤军，顺昌战役就此结束。

在这次战役中，刘锜充分展现了杰出的军事能力，在战场的指挥上也是五花八门，滴水不漏。而且战役自始至终，刘锜都将心理战夹杂其中，使得金军完全被他牵着鼻子走，疲于应付。

战役一开始，刘锜就派人突袭韩常率领的先头部队，给了对手一个下马威，等完颜雍率领的前锋主力到达后，刘锜先是大玩空城计，给对手造成疑惑后，又一战逼退对手，对手吃亏后撤时，刘锜派人冒着大雨连夜劫营，直把完颜雍搞得晕头转向，最终一败涂地。在完颜宗弼的大部队到来后，刘锜先是示弱，让对方对自己产生轻视之心，然后在河中投毒，削弱金军的战斗力。攻城战开始后，刘锜利用酷热的天气消耗对方，当对方被消耗得差不多后，刘锜选了一个最佳时机出击。

这个最佳时机是怎么得出来的呢？刘锜将铠甲放在日光下，太阳照射，铁甲就会发热，当铁甲热得烫手时，自然就是敌人被日光照射得最难受之时了。宋军出城反击时，刘锜又用了最经济的方法杀伤敌军，先撒豆，再砍马腿，最后用长枪收割果实，杀敌三部曲一气呵成，将八字军的损失降到了最低，取得了事半功倍的效果，刘锜不愧是一位战术大师。

刘锜原本是要坚守顺昌牵制敌人，等待岳家军和张俊的北伐部队进军两河，再与他们形成掎角之势，与敌人周旋。可还没有等到岳张两军的消息，刘锜就已经击退了完颜宗弼，可谓奇功一件。这时候，赵构的使者到来，宣布了赵构的诏令，任命刘锜为淮北宣抚使，见机行事，处理淮北的军务。此时的刘锜可谓是志得意满，风光无限了。刘锜在顺昌风光无限，其他几路大军的战况如何呢？

龙兄虎弟

完颜撒离喝今儿个真高兴。自从两年前吴玠去世，主持金国西线军务的完颜撒离喝就对再攻川蜀跃跃欲试。他打听到，吴玠去世后，赵宋主持军务的人叫作胡世将。胡世将，原来只是吴玠部下的参谋，一个文人而已。秀才造反，十年不成，文人带兵，更是烂泥糊不上墙。

就在完颜撒离喝蠢蠢欲动，准备再攻仙人关时，天眷和议达成的消息传来，根据和议，完颜撒离喝不仅无法再攻略巴蜀，还得离开陕西撤往河东。竟然连陕西都保不住了，完颜撒离喝气得七窍生烟，好好的攻略川蜀的机会，就这么眼睁睁地错过，真是岂有此理！完颜撒离喝感觉自己受到了伤害。

完颜撒离喝的沮丧并没有持续多久，很快，主战派的完颜宗干、完颜宗弼通过政变上台，撕毁了天眷和议，再一次对宋朝发动进攻。作为完颜宗弼的老部下，完颜撒离喝再次被委以重任，独当一面，负责攻略宋朝的陕西地区。"终于轮到我出场了！"完颜撒离喝将大刀狠狠地剁在案板上，兴冲冲地说道。

绍兴十年五月，完颜撒离喝率领金国西路军渡过黄河，进攻陕西。他采用"中心开花"的战术突袭凤翔，一下子将陕西宋军拦腰斩为两段，陕西的几路宋军郭浩、杨政、吴璘等人被分隔在几处，无法形成合力，形势颇为危急。主持陕西军务的胡世将不敢怠慢，急忙召集各路将领在河池开会，商议抵御完颜撒离喝的对策。

会上，众将纷纷表示应该退保仙人关，暂避敌人锋芒。吴璘挺身而出，斩钉截铁地说："说出懦弱的话来扰乱军心的人，我看可以砍头了。我吴璘用全家一百多口性命担保，一定能击退金军！"胡世将受到感染，勇气倍增，表示支持吴璘的意见，与金人血战到底。就这样，各路将领分头出击，迎战敌人。吴璘将自己的军队分作两队，分别由自己和姚仲指挥，在石壁寨和扶风先后击败金军，使得陕西路南北的宋军重新连成一片，完颜撒离喝的"中心开花"计划就此破产。

解决了陕西路的危机后，吴璘率军继续出击，先破金将鹘（hú）眼郎君，又在凤翔附近的百通坊大破完颜撒离喝率领的金军主力。完颜撒离喝丢盔弃甲，狼狈逃回河东。完颜撒离喝发动的西路军攻势就此失败。

正所谓"行家一出手，就知有没有"。兄长去世后，吴璘在首次独当一面的战争指挥中，完美展现了自己杰出的军事能力，在全军将士失去信心的危急关头，吴璘挺身而出，以弱胜强，大破完颜撒离喝，为赵宋朝廷保住了川陕地区。

吴璘的出色表现得到了赵构的赞赏，赵构提升吴璘为同节制陕西诸路军马，将他的地位提升到与主持川陕军务的胡世将一个级别。从此，吴璘获得了独当一面的机会，他将在日后的战争中充分展示自己杰出的军事才华。

前有吴玠，后有吴璘，吴氏兄弟在川陕战场身经百战，令金国将领为之胆寒。在吴玠去世后，吴璘完美接替了他的位置，吴氏兄弟二人，皆为南宋立国时期的名将，真是一对龙兄虎弟啊！刘锜在顺昌取得大捷，吴璘在陕西力挫完颜撒离喝，那么中路战场的岳飞、张俊，他们的战况如何呢？

第七章

金戈铁马：

岳飞北伐

矫诏

岳飞纵马奔驰在荆湖地区辽阔的官道上，一脸严肃，身后紧紧跟随的是军容齐整、盔明甲亮的岳家军将士。自靖康之变到现在，已经过去了十三年，这十三年来，迎回二圣、收复河山的誓言时时在岳飞的脑海里出现，挥之不去。只可惜，以宋高宗赵构为首的南宋小朝廷只知道苟且偷安，毫无进取之心。当初天眷和议达成时，赵构竟然向敌人屈膝称臣，岳飞的心在滴血，内心在怒吼：女真人可是我大宋的世仇啊！

岳飞永远忘不了，听到二圣驾崩的消息时，自己流下的泪水，那是真正的撕心裂肺、心如刀绞啊！如此不共戴天的敌人，赵构竟然对其屈膝称臣，真是奇耻大辱！如今，完颜宗弼撕毁和议，岳飞内心是高兴的，他练兵十余载，等待的正是今日。宋金战争，就是一场你死我活的较量，我大宋的河山，是一寸也不能相让的，岂能向敌人求和？！

绍兴十年六月，岳飞率岳家军挥师北进，岳飞这次北上，原本并不是要北伐。此前，得知刘锜在顺昌坚守的消息后，赵构急派岳飞率岳家军北上，救援刘锜。同时，又令韩世忠部自淮东北上，攻击海州（今江苏连云港海州区）；张俊部自淮西进攻亳州（今安徽亳州，亳音 bó），呼应岳飞的北上。

岳飞接到赵构的诏令后迅速北上，他派遣部将张宪率部东进救援顺昌，自己则率主力一路向北进军，准备进攻河南地区，收复中原。岳飞行进到德安府（今湖北安陆）时，赵构的诏令就来了。司农少卿李若虚亲自带着赵构的诏书来到军营，晓谕岳飞："岳将军不要再北上了，请即刻班师回朝。"岳飞当场就傻眼了，心道：大军才刚刚出发，连敌人的影子都未见到就要班师，这不是儿戏吗？从李若虚口中，岳飞才知道了事情的前因后果。

原来，此时，顺昌之战已经结束。完颜宗弼在攻击顺昌遭遇惨败后，已经退回汴京，暂时停止了对宋朝的入侵，而西线战场，吴璘等人也已经击退了完颜撒离喝。此时的宋金双方，已经基本回到了天眷和议前的对峙局面，虽然河南之地尚未收复，但赵构对此已经心满意足了。突然，赵构猛地从龙椅上蹦了起来，一脸焦急道："快宣司农卿李若虚，命他以最快的速度追赶岳飞，一定要把岳飞给朕追回来！"就这样，李若虚快马加鞭，一路向北追赶岳飞，最终在德安府追上了岳飞。

李若虚解释了赵构要求退兵的前因后果，神色黯然地对岳飞说："岳将军，君命难违啊！"岳飞对着李若虚侃侃而谈，详细述说了自己收复中原的计划，分析了收复中原的可能性，最后说道："我岳家军练兵十年，为的就是这一天啊！我大宋的江山，难道要任凭女真人践踏吗？我大宋的北方人民，正在女真人的铁蹄之下呻吟，咱们忍心抛下他们吗？"李若虚狠狠地拍在桌子上："我们不答应！岳将军，俺老李支持你北伐！"岳飞愤怒地站了起来，脸上的神色却颇为踌躇："李大人，继续北进，这可是矫诏抗旨啊！大人恐怕要受到牵连。""这个罪名由俺老李承担！"李若虚慷慨激昂地说道。

李若虚曾经在岳家军中与岳飞一起共事过，做过岳飞的参议，与岳飞有着同样的进取之心。这次岳飞为难之际，他挺身而出，主动承担矫诏的罪名，帮助岳飞顺利实行北伐。李若虚虽是文人，却有着博大的气魄，敢于担当，这足以让张俊、刘光世这些贪生怕死的武将汗颜了。就这样，接诏的岳飞与传诏使者李若虚一起抗旨矫诏，岳飞向全军下达了继续北上的命令。

顺昌之战已结束，张宪率领的前锋部队自然不必再东进了，转而向北进军，攻打蔡州。其余各位将领则在岳飞的统一指挥下，分兵行动，攻略河南。岳家军各路军队势如破竹，捷报频传：张宪攻占蔡州；牛皋、徐庆逼近陈州；李宝攻占兴仁府；梁兴攻占卫州。一时间，岳家军在河南攻城略地，所向披靡。

岳飞将指挥部设在蔡州，协调指挥各军，准备扫平各个城池后全军会攻汴京，坐镇汴京的完颜宗弼陷入了四面楚歌的困境。

由张宪、姚政率领的宋军前锋部队此时已经推进到颍昌府，而岳家军的牛皋部也已经直扑陈州（淮宁府）。颍昌府、陈州是汴京南面的两大门户，一旦失守，汴京就岌岌可危了。完颜宗弼匆忙调兵遣将，急派从顺昌城败退回来的韩常、蒲将军分别把守二府。同时，派遣完颜阿鲁补驻守应天府。只要守住汴京的三大门户，你岳飞纵有三头六臂，也无法进入这开封城！完颜宗弼心里暗暗计量着。

韩常从顺昌惨败而回后，心里就憋着一肚子火。听说张宪部逼近颍昌的消息后，大怒：俺老韩输给刘锜也就罢了，你张宪是何方神圣，也敢骑在俺老韩头上拉屎？不给你点颜色看看，你就不知道俺老韩只有一只眼！于是，韩常率领大军前往颍昌城南设伏，打算给张宪一个下马威。韩常的计策也不能说是错误的，骑兵擅长野战，主动出城伏击张宪的步兵，战术上没什么问题，可惜，战术是死的，人是活的。出城伏击的战术，刘锜用起来得心应手，但韩常这种大老粗用起来可就差点儿意思了，何况他的对手是岳家军。

张宪率岳家军行进到颍昌府南面三十里处时，突然，杀声四起，号角声亮，韩常率领女真骑兵从侧斜方杀出来，犹如下山猛虎一般扑向岳家军。面对突发状况，岳家军毫不慌乱，迅速布置好方阵后与金军对峙。韩常有点气馁了，说好的伏兵一冲对方就乱作一团呢？怎么不按剧本演啊？看来这是块硬骨头，不好啃啊！

双方经过几番较量，宋军越战越勇，步步为营，金军节节败退，眼见是抵挡不住了。"风紧，扯呼！"韩常令旗一挥，率领金国大兵狼狈逃回颍昌城。张宪率领岳家军紧随其后，紧咬着韩常的屁股来到了颍昌城外。张宪纵马伫立在颍昌城下，对着城墙上惊魂未定的韩常大声喊话："韩将军，缴枪不杀！若是不服，就出城迎战吧！"

郾城大战

面对张宪的挑衅，韩常敢怒不敢言。自己坐拥精锐骑兵部队，在野战中突袭对手，都啃不动对方，哪敢出城与对方正面交战。韩常扭头避开了张宪挑衅的目光，开始指挥金军将士布置防务。

金军在紧锣密鼓地布置城防时，宋军却没有攻城。张宪令旗一挥，岳家军退后数里，安营扎寨，埋锅造饭，酒足饭饱后进入了梦乡。张宪的部队作为岳家军的前锋部队，自奉诏北上以来，身经百战，屡战屡胜，已经是极度疲劳了。张宪先在野战中击败韩常，后又大打心理战，逼近城外向对方挑战，利用对方内心的紧张，安营扎寨饱餐一顿，然后美美地睡了一觉。第二天，得到充分休整的宋军将士以猛虎下山之势直扑颍昌，金军一晚上战战兢兢地防备着宋军攻城，早已经疲惫不堪。宋军不费吹灰之力便攻下了颍昌。

韩常惶惶如丧家之犬般逃回汴京，完颜宗弼气得七窍生烟，当场用鞭子抽打了韩常一顿。攻下颍昌后，张宪马不停蹄，转而向东，与牛皋、徐庆部合攻陈州。金国陈州城的守将也是位老熟人：蒲将军。当初蒲将军和韩常一起从顺昌狼狈而回，马上被完颜宗弼安排坐镇汴京城的两大门户，结果韩常在张宪的攻击下再次狼狈而逃，蒲将军的表现怎么样呢？

蒲将军的表现并没有比韩常好多少。面对宋军的进攻，他先是出城野战，结果被张宪打得落花流水。蒲将军惶惶如丧家之犬般率领残兵败将逃回城中时，宋军两路大军兵分四路，由张宪、傅选（张宪副手）、牛皋、徐庆指挥，从四面包围了陈州城。

战斗结果毫无悬念，宋军从四面攻城，不费吹灰之力就成功破城，到了这个时候，蒲将军也只能步老搭档韩常的后尘，狼狈逃走了。宋军连战连捷，岳飞也把指挥部搬到了郾城，亲临前线指挥岳家军作战，此时宋军已经连续攻克了颍昌、陈州，拔掉了汴京外围的两大屏障，汴京已经近在咫尺，岳飞不由得意气风发。当年岳飞跟随宗泽一起驻守汴京，目睹宗泽郁郁而终，以及宗颖被排挤，再加上经过杜充的胡作非为，汴京城最终黯然失守。此次故地重游，岳飞心中不由得感慨万千：汴京啊汴京，十年了，我岳飞，又回来了！

就在岳飞调兵遣将，准备发动对汴京的总攻击时，完颜宗弼却先发制人，向岳飞出招了。经过斥候打探，完颜宗弼得到了岳飞坐镇郾城的消息，他高兴得合不拢嘴：岳飞啊岳飞，天堂有路你不走，地狱无门你偏进来。你的主力集结在颍昌、淮宁二府，郾城必定兵力空虚，既然你如此托大，本王就来个擒贼先擒王！完颜宗弼迅速传下将令：全速出击，活捉岳飞！

完颜宗弼亲自率领五千骑兵精锐，由盖天大王（即完颜宗贤）、龙虎大王、韩常、蒲将军等一干宿将压阵，耀武扬威、浩浩荡荡杀奔郾城，一场大战即将开始。此时，坐镇郾城的岳飞陷入了艰难的抉择中。

当时的岳家军，已经拿下了东起曹州、西到郑州的诸多城池，对汴京城形成了合围之势。而其余的几路宋军，刘锜在大破完颜宗弼后继续坐镇顺昌，韩世忠部则攻下了海州，张俊部的先头部队，在大将王德的率领下，占领了亳州，威逼应天府，此时的宋军，可以说已经完全掌握了战场的主动权，随时可以对汴京城中的完颜宗弼重拳出击。就在此时，赵构一如既往向金军伸出了"援手"。

赵构给岳飞颁布诏令，令他暂缓进军，并令岳飞亲自赶往临安，汇报军情。接到赵构的诏令，岳飞不由得目瞪口呆：陛下啊陛下，我军连战连捷，正要惩罚金兀术，你却在这个时候让我离开前线，这不是破坏我的北伐大计吗？

岳飞陷入了沉思：当初我的北伐大军刚出发时，赵构就派李若虚阻止我北上，幸好有李若虚与我一起矫诏，才能顺利北伐。如今眼看北伐节节胜利，天子却又来这么一出，这该如何是好呢？如果继续进军，无异于再次抗命，连续两次抗命，这罪名可不小啊！可是如果就这么班师，置岳家军数万将士于何地？置河南地区的老百姓于何地？经过反复思量，岳飞最终下定了决心：纵使天子日后问罪，我也不能班师！舍我岳飞一人性命，救河南百姓出火坑，恢复我大宋的万里河山，值了！

在命令岳飞停止进军的同时，赵构还命令驻守顺昌的刘锜率八字军退守镇江，此时，韩世忠、张俊的部队离岳飞较远，在朝廷主和派的命令下，已经停止北上了。八字军的撤退，使得岳家军不但成了一支孤军，还要分兵防守顺昌。岳飞无奈之下上书赵构，请求留下刘锜继续驻守顺昌，以减轻自己侧翼的压力，结果被赵构和以秦桧为首的投降派拒绝，形势一下子变得对岳家军非常不利。就在此时，完颜宗弼率领大军来袭击郾城，岳飞该如何应对呢？

绍兴十年七月八日，金国都元帅完颜宗弼率精锐骑兵一万五千人，抄小路向郾城攻来。得知完颜宗弼大军来袭的消息，岳飞丝毫不慌，虽然张宪、牛皋等骁将不在身边，但岳飞身边还有一支撒手锏——岳云。

岳云十二岁就随父亲从军打仗，是岳家军中的骁将，人称"赢官人"。岳飞将八千背嵬军和游奕军交给岳云，在临出发前表情严肃地对他说道："此次出阵，一定要破敌，如果打了败仗，我就先斩了你！"岳云重重地点了点头。在自己近十年的军旅生涯中，他从未见父亲表情如此凝重过，他知道，这一战，关系着此次北伐的结果，自己可以战死，但绝不能战败！

完颜宗弼满以为可以打岳飞一个措手不及，不料岳家军早有防备。看到年轻的岳云率军出战，完颜宗弼倒也不惊慌，这次奔袭郾城，他带来了两支王牌部队：铁浮图、拐子马。铁浮图、拐子马是金国最精锐的两支骑兵部队，是金军中的常胜将军。最终，宋金双方军队在郾城北面的五里店狭路相逢。完颜宗弼令旗一挥，金国的铁浮图、拐子马风驰电掣般杀向岳家军。

岳云一马当先冲向金军。背嵬军将士手持长刀、大斧与敌人展开肉搏，岳家军将士在女真人的骑兵阵营中到处游走，上砍敌人、下砍马腿，杀得金国骑兵节节败退。但仗着兵力上的绝对优势，金国骑兵倒也颇为顽强，虽然进攻屡屡受挫，却还是屡败屡战，向岳家军发起了一波又一波的攻势。

岳家军骁将杨再兴，远远望见完颜宗弼在阵中指挥作战，虎吼一声，单枪匹马杀向金军中军，欲生擒完颜宗弼。完颜宗弼大惊，急令左右护卫、金国护卫队齐集中军，保护主帅。杨再兴不愧是孤胆英雄，面对如此局面毫不退缩，依然挺枪向金军中军奋勇冲杀，斩杀金军数十人后，杨再兴看到金军越围越多，方才罢休。完颜宗弼当场吓出了一身冷汗，心想：这小子，可真是个硬碴子。

见战斗僵持不下，岳飞有点坐不住了，他召集自己的四十名亲兵，就欲亲自加入战斗。部将霍坚大惊：岳飞可是军中的主心骨，他亲涉险境，如果有什么闪失，宋军可就万劫不复了。于是霍坚当即拦住了岳飞，立在他的马前劝说道："相公，您可是国家的重臣，是我们军队的主心骨，您的人身安全，牵动着战役的成败，绝对不可以亲自上阵！"

岳飞大急，怒道："此事不是你可以决定的，赶紧闪开，耽误了军情，我拿你是问！"岳飞声色俱厉，但霍坚也是个狠人，他纵身向前，一把拉住了岳飞的马缰，死活不放手，说什么也不让岳飞上阵。岳飞迫不得已，只能扬起马鞭向霍坚抽去，霍坚放手的一刹那，岳飞已经纵马向前，率军杀入敌阵了。主帅亲自上阵，宋军将士士气受到鼓舞，无不奋勇争先，越战越勇，战场的天平逐渐向宋军倾斜了。

此时，岳飞遥望金军阵营中有一大将，身披紫色铠甲，头戴金盔，在阳光的照射下，散发着耀眼的光彩，端的是神威凛凛，不可一世。岳飞一声令下，率领自己手下的四十名亲军直扑紫袍金将。紫袍金将看见宋军主帅向自己杀来，大喜，他想：只要擒住了岳飞，本将军足以光宗耀祖、风光一世了！于是紫袍金将抖擞精神，迎战岳飞。紫袍金将不知道的是，这将是他人生中最后一战了，双方仅仅一个照面，紫袍金将就被岳飞一刀劈成了两段，紫袍金将最后一眼看到的，是岳飞那略带嘲弄的目光。

紫袍金将名叫阿里朵孛堇，是金军中的一员骁将，武艺高强，有万夫不当之勇，结果仅仅一个照面，就被岳飞秒杀，金国将士顿时气馁。本来以为宋军都是温顺的绵羊，想不到这岳家军，竟然是吃人的恶狼！金国将士越战越没信心，无精打采，节节败退，已经开始怀疑人生。最终，在岳飞、岳云父子的率领下，宋军以八千步骑大破金国的一万五千精锐骑兵，完颜宗弼几乎是光着屁股，惶惶如丧家之犬般带着韩常等人狼狈逃回汴京。

郾城之战就此结束，在这场战斗中，面对金国精锐骑兵的奔袭，岳飞并没有固守城池，而是率岳家军主动出城，与敌人野战，并在野战中一举击溃对方，这不得不说是宋军的一个长足进步。以前的宋军，凭借坚城与金军周旋，尚且处于下风，而如今，岳家军已经可以在野战中大破对方的精锐了，除了说明岳家军战斗力的强悍外，女真骑兵仅仅入据中原十余年，战斗力就退化得如此厉害，也是叫人大跌眼镜。

战颍昌

败退回汴京后，完颜宗弼不敢贸然出击了，他将金国主力集结起来，部署在临颍县，企图阻止宋军北上攻打汴京。得知敌人主力在临颍的消息，岳飞大喜："金兀术啊金兀术，想分头歼灭你的部队本来颇为费事，现在你倒自己集结起来了，既然如此，本将军就如你所愿，送你们上西天吧！"岳飞派遣杨再兴、姚奕等人率领背嵬军、游奕军北上颍昌，与张宪、傅选率领的部队合兵一处，共同前往临颍攻击金军。

先锋官杨再兴率领的三百将士奉命先行出发，打探敌人的虚实。当杨再兴走到临颍南面的小商桥时，与金军主力部队遭遇。面对强敌，杨再兴毫不畏惧，令旗一挥，率领三百将士杀入金军大部队中。战斗中，杨再兴多次被敌人的流矢射中，他强忍剧痛，挥刀砍去箭杆，继续与敌人死战。最终，杨再兴及部将罗彦、王兰、高林等人浴血奋战，斩杀敌人三千多人，其中金军军官就有上百人，杨再兴与手下的三百勇士也全部壮烈牺牲。

虽然歼灭了杨再兴部，但完颜宗弼内心也为之胆寒：岳家军仅以区区三百人的力量，就敢与我方主力决战，这等不畏死的精神，实在是太可怕了，是什么力量在支撑着他们呢？完颜宗弼永远也不会明白，只因为他是入侵者，而岳家军，只是在保家卫国而已。为了保卫家园，他们愿意奉献所有，这就是支撑他们的力量。

击败杨再兴后，完颜宗弼还没来得及喘口气，张宪、傅选等人率领的岳家军主力就赶到了，面对这个可怕的对手，完颜宗弼该如何应对呢？完颜宗弼在此时终于展现了自己的名将素质，面对士气高涨的张宪部队，完颜宗弼并没有选择硬拼，而是率金军主力绕道奔赴颍昌，你攻打我的临颍，我就断了你的后路！完颜宗弼恶狠狠地琢磨着，嘴角流露出一丝不易察觉的狞笑。

为了迷惑张宪，完颜宗弼留下了八千士兵留守临颍，并向他们嘱咐了一番。张宪率岳家军赶到临颍县城时，完颜宗弼留下的八千金军只是象征性地抵抗了下就迅速退走，并在第一时间追赶完颜宗弼的大部队，合兵一处后偷袭颍昌。

绍兴十年七月十四日，完颜宗弼率领三万女真铁骑，雄赳赳气昂昂地杀奔颍昌城。来到颍昌城外，完颜宗弼令金军列队于城门外，纵马伫立在颍昌城下，大声喊话道："里面的人听着，你们已经被包围了，交出颍昌城，向本王投降，是你们唯一的出路！"喊话完毕，完颜宗弼情不自禁地笑出了声：张宪等人率军出击临颍，却只得了一座空城，所谓"来而不往非礼也"，现如今颍昌这座空城，本王就收下了。

就在此时，颍昌城的城门吱呀一声打开了，一队盔明甲亮的宋军奔出城门，与金军对峙，当前三员将领，最左边一位是完颜宗弼的老熟人，看到此人，完颜宗弼的目光顿时暗淡下来，垂头丧气地说道："岳云，你怎么在这里？"岳云哈哈大笑："果然不出父帅所料，金兀术，你果然还是来了，本将军已经和王贵、董先、姚政等诸位将军在此恭候多时了！"

原来，张宪等人进军临颍与完颜宗弼决战时，岳飞已经预料到完颜宗弼有可能偷袭颍昌，于是派王贵、董先、岳云提前率军赶往颍昌，在城中安心等待完颜宗弼。完颜宗弼本以为颍昌防备空虚，却没想到在此处看见了岳云等人，不由得大惊：自己千算万算，还是没能算过岳飞。唉，既生弼何生飞啊！

兀术啊兀术，命苦不能怨政府，点儿背不能恨社会。既然命运安排你与岳飞相遇，那你们就继续相爱相杀吧！

完颜宗弼率大军来到颍昌城外时，宋军已经迅速做出了应对策略。根据安排，由岳云、王贵、姚政率领背嵬军、游奕军出城应敌，而董先则率领踏白军留城防守。

虽然偷袭颍昌的意图被岳飞提前识破，但毕竟自己手底下有三万精锐骑兵，完颜宗弼心有所恃，对攻克颍昌城倒是信心满满。他令旗一挥，拐子马首先出战，直扑宋军。宋军见招拆招，由岳云率八百背嵬军出阵应敌。

一场步骑大决战在颍昌城外上演了。有了郾城之战失利的教训，完颜宗弼不敢托大，拐子马与岳云刚一接触，他便派骑兵部队全体出击，由拐子马在中间冲击，其余部队布于两侧，拱卫拐子马的侧翼，防止宋军用长刀巨斧侧击拐子马。

看到金军主力部队加入战团，姚政、王贵也率宋军参战，宋金双方展开了一场殊死较量。有了侧翼的保护，拐子马充分展现了自己超强的冲击力，宋军的步兵正面难以抵挡，一时间被打得节节败退。岳云在阵中纵横驰骋，所向披靡，但自身也有多处负伤，流血不止。

眼见宋军情况不妙，以及金国士兵杀得血红的双眼，王贵害怕了。他的内心开始动摇了：战场竟是如此残酷，我不要死，我要活！于是王贵偷偷掉转马头，想从战场上溜走。王贵是颍昌宋军的最高指挥，他如果逃走，宋军势必会陷入混乱之中。岳云看到王贵要逃，大惊，挥动双锤，在阵中杀开一条血路，追上了王贵。

岳云一脸疑惑地看着王贵，说道："王将军，你这是要干什么？你要抛弃大家吗？"王贵不好意思地点了点头："人能活着，就是最大的价值。"岳云斩钉截铁地道："要活着，今天，我们都可以活着，你忘了我们还有撒手锏没用吗？等到正午，我方撒手锏一出，就是敌军溃败之时，在这之前，需要我们一起浴血坚持。"

王贵当然知道宋军还有后招，但对于能不能坚持到中午，他持怀疑态度，对方的拐子马实在是太厉害了。但王贵也不敢和岳云硬抗，岳云有万夫不当之勇，如果自己坚持逃走，把他逼急了，当场就得把自己锤死。唉，好汉不吃眼前亏，只能暂时先回去了。

岳云带着王贵再次杀入阵中后，宋军依然处于不利局面。在金国骑兵的联合冲击下，宋军损失惨重。岳云在阵中来回冲杀，虽然歼敌无数，但自己也受伤严重，人和马都被鲜血染红，一时也分不清到底是自己的血，还是金国人的血。血流得越来越多，岳云的视线开始模糊，眼看就要坚持不住了，"无论如何，我绝对不能倒下！"心中的信念在支撑着岳云。

此时，岳云发现有一员金将盔甲耀眼，威风凛凛，在阵中纵横冲杀，宋军将士难以抵挡。岳云鼓足勇气，向金将杀去，只一锤，就将对方打落马下，这名金将就此一命呜呼。看到这名金将落马，完颜宗弼大惊，"哎呀"一声呼喊，险些晕倒。这名金将正是完颜宗弼的女婿夏金吾，他骁勇善战，在军中一向有勇将之名，想不到只一个照面，就被岳云击杀。夏金吾战死后，金军的信心受到了很大的影响，岳云率宋军奋勇冲杀，将场面重新拉回到均势。

此时，太阳逐渐来到了正南方，宋军的撒手锏就要使出来了！见时机差不多了，颍昌城内的董先令旗一挥，率踏白军倾巢而出，加入战团。有了这股生力军的加入，宋军顿时占据了上风，金军经过半日的浴血冲杀，体能已经到了临界点，哪里挡得住养精蓄锐的踏白军的冲击？踏白军一击奏效，金军难以抵挡，顿时兵败如山倒。完颜宗弼率领残兵败将仓皇逃回汴京，颍昌之战就此结束。

颍昌之战中，勇将岳云面对不利局面，于万军中斩杀完颜宗弼的女婿夏金吾，挽救危局，为踏白军的一击奏效创造了机会。在激战中，宋方主将王贵贪生怕死，成了岳家军的污点，日后，他还将再次贪生怕死，做出更加令人不齿之事。本次战役，金军战死五千多人，大将夏金吾、粘罕孛堇等人战死，王松寿、阿里不等七十多名将领被俘，金军损失惨重。

经过郾城、颍昌两次大战，金军已经完全丧胆，宋军攻下汴京，收复河山，已是轻而易举。岳飞不由得豪情万丈，下令全军出击，目标：汴京！

十二金牌

颍昌之战后，宋军兵分两路，张宪率前锋部队自临颍出发，岳飞则率岳家军主力从颍昌出发，进军汴京。汴京城中的完颜宗弼彻底慌了手脚，岳飞这是要将本王赶尽杀绝啊！怎么办呢？放弃汴京，无疑是最好的办法，但自己手底下尚有数万大军，就此不战而退，岂不是叫天下人笑掉大牙？看来只能硬着头皮迎战了，岳飞兵力不足，经过几场连续恶战，宋军也许已经是强弩之末了。

抱着这种侥幸心理，完颜宗弼再次调兵遣将，他自己与韩常等人坐镇汴京，指挥主力部队驻守，同时，派一支精锐部队前往朱仙镇，阻击岳飞。完颜宗弼的算盘打得很精明，先派出炮灰阻击岳飞，自己在汴京以逸待劳，收割胜利果实。

岳家军浩浩荡荡杀奔朱仙镇，在此处与金国的出击部队遭遇，结果，岳家军仅派出五百背嵬军，就击溃了金军。朱仙镇之战胜利后，汴京已经近在咫尺了，完颜宗弼，你的末日到了！面对朱仙镇的失利，完颜宗弼丝毫不慌，这一战的失利，本来就在他的算计之中。岳飞，放马过来吧，本王就在这汴京府与你决一雌雄！

就在完颜宗弼摩拳擦掌，准备与岳飞决一死战之时，金军中却在酝酿着一场剧变。自从顺昌战败被完颜宗弼鞭笞后，韩常内心的不满就越来越强烈，他想：俺老韩为大金卖命十余年，为你金兀术流血流汗，你竟然在大庭广众之下鞭打俺，让俺丢尽了颜面。如今你被岳飞打得屁滚尿流，也不比俺老韩高明多少！眼看岳飞就要踏平汴京城，你已经是咸鱼一条了，俺老韩凭什么要陪你一起死？想到此处，韩常派人偷偷前往岳飞军中，向岳飞表达了自己的投奔之意。岳飞大喜，派使者回复韩常，表达了自己的欢迎之意。

面对动荡的形势，金国河北地区的汉儿军将领王镇、杨进、崔庆等人纷纷率军南渡黄河，投奔岳家军。杨进是龙虎大王完颜突合速的亲信部将，连他都投了岳飞，金军当时可谓是濒临崩溃了。

此时，河南地区的百姓纷纷携带粮食、物资前来慰问岳家军。面对父老乡亲们，岳飞内心颇为激动，他对部下说道："打下汴京后，我们就直捣黄龙府，彻底消灭金人！到时候，本将军一定与诸君痛饮庆祝！"

面对这种不利形势，完颜宗弼哪里还敢待在汴京？再在汴京待下去，等到岳飞大军到来，自己恐怕要被部下们五花大绑，送给岳飞当战利品！思前想后，完颜宗弼决定放弃汴京北逃。此时的汴京城，已经可以说是岳飞的囊中之物了。

此时，一名太学生面见完颜宗弼，对他说道："大王无须离开汴京，岳飞马上就要退兵了。""岳飞连战连捷，为何会退兵？"完颜宗弼满脸疑惑。"大王，自古以来，有没有权臣在内把持朝政，而让大将在外面立功的？现在宋廷的朝政大权把持在主和派的秦桧手中，岳飞立功越多就越危险。现在岳飞已经自身难保了，大王只需静坐府中，等待岳飞退兵即可。"完颜宗弼听后内心大喜：是啊，本王怎么就没想到这一点呢？有我大金奸细秦桧在，怎么可能让岳飞如愿呢？

太学生的预计是完全正确的，在岳飞连战连捷之时，临安的赵构和秦桧君臣早已坐不住了。岳飞在郾城大胜时，赵构还装模作样地发出诏书，嘉奖岳飞，但岳飞在颍昌、临颍连战连捷，逼近汴京时，赵构和秦桧就慌了神了。秦桧心想：好你个岳飞，你灭了大金，叫俺秦桧如何向金国交代？

秦桧不愧是金国的忠实走狗，他马上煽动杨沂中、张俊上书赵构，历陈岳飞孤军深入是送死行为，强烈要求赵构下诏令岳飞班师。此举正合赵构心意，他马上颁布诏书，令岳飞立即班师回朝。

诏书到达岳家军中时，岳飞正率部赶往朱仙镇。在朱仙镇之战后，岳飞提笔给赵构写了一封奏章，在奏章中，岳飞措辞颇为激烈，表达了对班师命令的不满。此时的岳飞手握重兵，赵构投鼠忌器，不敢过分相逼，亲自给岳飞回了一封御札，解释了进军的种种不利之处。同时，赵构还发出了十二道金牌，以一日四百里的速度送往岳飞军中，勒令岳飞班师回朝，切不可再做久留。

到了这个时候，纵使岳飞有满腔抱负，也不得不班师回朝了。此时，张俊、刘锜的部队早已班师，如果自己再不班师，朝廷一旦切断给岳家军的后勤供应，那么自己手下的数万将士，将彻底陷入绝境。反复思量之后，岳飞不得不下令班师。岳飞向着汴京方向拜了三拜，泪如雨下："十年来流血流汗的努力，付出了巨大的牺牲，换来的竟是这个结果！"

得知岳家军班师的消息，河南的老百姓不干了，他们拦在岳飞的马前，号啕大哭："岳将军，我等赶着牛车、挑着扁担为将军运送粮草，这些事情，金兀术可都知道啊，你们这一走，金国人绝不会饶了我们，我们要被屠杀了！"岳飞跨坐在马背上，早已泣不成声。他拿出赵构的诏书和金牌给大家看，涕泣道："乡亲们，这是朝廷的命令，君命难违，我岳飞也是无能为力啊！"

等岳家军撤至蔡州，无数百姓携儿带女，前来投奔，他们不愿再做亡国奴，只想跟岳家军一起走。岳飞对此做出了妥善安排，他亲自率军在蔡州驻扎了五天，掩护河南百姓南撤，并将他们安置在襄阳等六郡。待百姓们全部安排完毕后，岳飞派王贵、张宪率岳家军驻守六郡，防备金军的入侵，自己则自顺昌从颍水坐船南下，前往临安向赵构复命。

在收复中原的有利形势下被迫班师，岳飞心中无比愤懑，但他想不到的是，还未等他表达不满，一场针对他的阴谋已经在酝酿中了。赵构、秦桧等人买通了岳飞的部将王贵，陷害岳飞以及部将张宪等人，最终以莫须有的罪名杀害了岳飞，张宪、岳云等身经百战的名将也被杀害。

　　一代名将竟然落得如此下场，赵构、秦桧君臣的所作所为令人发指。在害死岳飞后，赵构、秦桧马上向金国屈膝投降，最终与金国达成了绍兴和议。按照和议，赵构向金国称臣，由金国册封赵构为宋国皇帝，宋金双方以西起大散关，东至淮水为分界线，北面属金，南面属宋。宋廷每年向金国缴纳岁币白银二十五万两，绢帛二十五万匹。

　　在占据绝对优势的局面下，赵构、秦桧向金人屈膝投降，完全出卖了国家利益。按照绍兴和议，宋廷放弃了河南、陕西、淮北的大片土地，换取赵宋统治者在临安府中苟延残喘。完颜宗弼撕毁天眷和议，发动的侵宋战争，在屡战屡败的情况下，竟然攫取了赵宋大片土地，简直不可思议。

第八章

冷风北来：

宋金采石之战、唐岛之战

金主南征

金海陵王正隆六年（1161年），金国皇帝完颜亮端坐在龙椅之上，正踌躇满志地幻想着未来美好的一切，忍不住脱口吟道："万里车书一混同，江南岂有别疆封？提兵百万西湖上，立马吴山第一峰。"短短四句诗就将完颜亮心中的得意说了出来。其实也不怪他心中得意，实在是这些年走的路太顺了。

完颜亮贵为金国宗室，其祖父便是金国的开国皇帝金太祖完颜阿骨打。只可惜完颜阿骨打死后，由弟弟完颜吴乞买即位，皇位也就此与完颜亮一家无缘。完颜亮的父亲完颜宗干虽然是金太祖长子，在金国身份尊贵，位高权重，但由于完颜宗干是庶出，大金国的皇位，自然跟他没什么关系。

凭借太祖之孙的身份，完颜亮年仅十八岁就以宗室子弟的身份跟随叔叔完颜宗弼南征北战，立下了不少战功，很快，完颜亮就靠着战功升任为龙虎卫上将军兼中都留守。中都就是昔日的幽州，也就是辽国的南京析津府，金国夺取之后改名为燕京，作为自己的中都。当时，金国的都城会宁府与西部、南部的国土距离遥远，中都的位置就显得格外重要，完颜亮靠着占据中都的优势，开始大力发展自己的势力。

完颜亮想发展自己的势力，自然是因为起了不臣之心，这不臣之心的由来就是对皇位归属不服。金太宗死后，本来是想将皇位传给自己的儿子，但无奈他的皇位得自哥哥，太祖一系又势大，结果遭到众臣反对，只好将皇位传给金太祖的孙子梁王完颜亶，即金熙宗。

金熙宗的父亲完颜宗峻虽然只是金太祖的第五子，却是嫡长子，金熙宗作为嫡长孙自然有即位的权力。完颜亮对此很不服气，他认为自己的父亲是长子，自己是长孙，要即位也该是自己才对。只可惜完颜宗干只是庶出，金国人当然不认完颜亮的继承权，要想得到皇位，只能靠他自己争取了。

如果金熙宗是一位有道明君，那也就没完颜亮什么事了，但偏偏金熙宗并不是什么明君。金熙宗刚即位时，有完颜宗干、韩企先、完颜宗弼等人辅佐，自有一番新气象，他在位期间对金国的政治、经济、法律等各方面都进行了深入改革。只可惜好景不长，随着完颜宗弼等人的死去，金熙宗逐渐没了人管束，本性逐渐暴露出来，再加上皇太子完颜济安的死去，皇嗣一下子成了难题，金熙宗便开始了疯狂酗酒的生活。

要是只酗酒也就罢了，金熙宗喝醉之后还喜欢发酒疯，经常乘着酒兴到处杀人，闹得朝中人心惶惶。当时的左丞相唐括辩和右丞相完颜秉德两人因为政事需要经常去找金熙宗，虽然没有被杀，却被打了无数次，一来二去，搞得两人万分窝火，十分希望将金熙宗除掉，就此脱离经常被打的苦海。光靠唐括辩和完颜秉德两个人显然很难成事，他们俩便拉上了金国名将完颜阿鲁补的儿子大理卿完颜乌带，找他一起想办法造反。完颜乌带本身也有这个意思，他知道完颜亮一直以来都有野心，于是赶紧将消息告诉了完颜亮。

完颜亮得到消息后大喜过望，立即表示要参加，不过他心中还是有疑虑：干掉了金熙宗，谁来做这个新皇帝？于是完颜亮就找到了唐括辩，询问这件事："陛下现在整天胡乱杀人，我们这些人要是再不自救，恐怕早晚都要完蛋，与其这样，不如拼死一搏。"唐括辩当然同意，他刚想要附和，就听完颜亮话锋一转："如果我们干了这个大事，那到时候立谁做皇帝呢？"

唐括辩不知道完颜亮是什么意思，就很老实地回答道："陛下的弟弟胙（zuò）王完颜元就可以。"完颜亮假装沉吟一番后回道："我们废了哥哥立弟弟，只怕会被弟弟清算，还是另立他人比较好。"唐括辩想了一下，又举出一人："邓王完颜奭（shì）的儿子完颜阿楞怎么样？"完颜亮觉得不怎么样，他当即反对道："完颜阿楞一个疏远的后辈，怎么能立他呢？"

到了这时，唐括辩总算反应过来了，原来完颜亮是想自己做皇帝呢！于是他赶紧问道："难道你对这个皇位有兴趣？"完颜亮也不客气，直接回答："我看没有比我更合适的人了，要带领金国发展，舍我其谁啊！"完颜亮也是金太祖的孙子，唐括辩自然不反对，几个人便开始了政变的密谋。

完颜亮等人做得实在是明目张胆，整天都聚在一起讨论，一来二去，连醉酒的金熙宗都知道了。不过金熙宗并不知道完颜亮等人是想谋反，所以只是将唐括辩找来骂了一顿。很快就轮到金熙宗倒霉了，完颜亮、唐括辩、完颜秉德等人偷偷带着人杀入皇宫，将金熙宗砍了，完颜亮就此登上了皇帝的宝座。

完颜亮平生有三大志向：做主处理国家大事、率领大军征服敌国、娶天下美女做老婆。他即位以后，国家大权有了，身边无论亲疏的美女也被全部弄到了后宫里，剩下的愿望便只有讨伐敌国了。金国当时所谓的敌国，实际上只有三个，分别是高丽、西夏和南宋，这三个国家虽然名义上都向金国称臣，年年朝贡不断，但完颜亮显然并不满足于此，他的目标是统一天下。这三个国家里，完颜亮的第一个目标就是南宋。

之所以第一个找上南宋，倒不是因为南宋最弱，而是因为完颜亮看上了刘贵妃。有一次，完颜亮召集了左谏议大夫张仲轲、右补阙马钦、校书郎田与信等几个宠臣一起聚会，几个人聚到一起闲得无聊，居然讨论起了《汉书》。说到了《汉书》，肯定不得不提到汉朝。完颜亮忍不住问张仲轲："汉朝的疆域方圆才七八千里，现在我国幅员辽阔，纵横长达一万多里，这才叫大国吧，汉朝算得了什么！"

张仲轲反驳道："我朝虽然疆域辽阔，但现在天下一共有四个主人，南面有宋国，东面有高丽，西面有夏国，要是能把这三个国家一起统一，那才真的叫大国！"完颜亮心里本来就一直有征讨各国的想法，只是找不到由头而已，他忍不住问张仲轲："我也想讨伐他们，但是他们有什么罪过让我讨伐呢？"

张仲轲对此早有准备，立刻答道："我听说宋人一直在招兵买马、整修器械，又招纳山东一带的叛逆，只怕是想对本朝不利，怎么能说他们没罪呢？"完颜亮一听就高兴了："以前梁珫（chōng）曾经告诉我，宋国有一个刘贵妃，非常美丽，就连后蜀的花蕊夫人和吴国西施都比不上她。我率军讨伐南宋，正好一举两得，不仅能消灭敌人，还能够得到美人，这就是所谓的'因行掉手'。我只怕赵构一听我军南下，又要远逃了。"

马钦本来就是宋国投降金国的，一听之下立刻跳出来表忠心："我以前在宋国时，曾经率军讨伐过蛮夷，所有的海岛、蛮夷地区我都知道，赵构还能跑到哪儿去？"田与信同样是宋国叛臣，他也连忙站出来附和，拍胸脯表示赵构跑不了。完颜亮听完之后，转头询问一直没说话的习失："你敢出战吗？"习失一听赶紧回答道："我深受陛下皇恩，就算是死也不敢避战。"

完颜亮听后十分满意，便继续问道："你觉得宋人敢出兵吗？他们要是出兵，你能替我抵挡他们吗？"习失没敢贸然回答，仔细思考了一番后方才回答道："我虽然懦弱无能，但也会替陛下率军与宋人作战。"完颜亮继续问道："你觉得宋人如果出兵会攻打什么地方？"这一次习失没有多想，毕竟大家都能猜到宋国一旦进攻会攻打什么地方，便答道："他们出兵最多也就攻打淮上罢了。"完颜亮大喜："宋人要是敢来送人头，那简直是老天爷要帮我灭掉他们。我率领大军南下灭宋，最多需要两三年的时间。等灭掉了宋国，再灭掉高丽、夏国简直是易如反掌。等统一之后，我肯定会论功行赏，犒赏众位将士，你们都要努力啊！"

只可惜完颜亮虽然想得好，但现实却是无比残酷，一直到张仲轲死时，宋国都没有一点出兵的动静。虽然宋国没有动静，但完颜亮灭宋的计划还是摆上了日程。原本完颜亮已经将金国都城从会宁府迁到了燕京，但为了伐宋做准备，他又在正隆三年（绍兴二十八年，1158 年）十一月，下令让左丞相张浩、参知政事敬嗣晖等人在宋国旧都汴京营造宫室，准备再度迁都汴京。第二年，完颜亮又下令让全国各路大行猛安谋克制（猛安谋克，金代女真族的军事和社会组织单位。《金史·兵志》记女真初起时，"其部长曰孛堇，行兵则称曰猛安，谋克，从其多寡以为号。猛安者，千夫长也；谋克者，百夫长也"。1114 年，金太祖定制三百户为谋克，十谋克为猛安），凡是年龄在五十岁以下、二十岁以上的成年男子，一律纳入军籍，并将原本驻扎在中都的军队全部调往汴京。

这一系列的举动都表明，完颜亮已经时刻准备开战了，金国大臣纷纷跳出来表示反对，但完颜亮根本听不进去。一次朝会上，完颜亮主动提及伐宋一事："宋国虽然名义上称臣，实际上却阳奉阴违，整天暗地里招兵买马，又招纳本朝叛亡，只怕是想对本朝不利。与其等他们准备好了前来攻打我们，倒不如我们先出兵收拾他们。"此言一出，群臣皆大惊失色，但完颜亮素来心狠手辣，之前就连张浩劝谏都挨了打，其他人虽然有意见，也不敢说出来。

最后，还是老臣耨（nòu）碗温敦思忠忍不住站出来反对道："不可以伐宋。"完颜亮没想到还有人反对自己，一下子就火了，只不过耨碗温敦思忠毕竟是太祖时代的老臣，他也不好处罚，只好说道："你不需要讨论可不可以攻打，只需要回答什么时候可以攻下宋国。"耨碗温敦思忠还能说什么，只好回答道："我觉得至少要十年时间。"完颜亮吓了一跳："怎么会要这么久？我觉得最多几个月就可以了。"耨碗温敦思忠便回答道："以前太祖征讨辽国都需要好几年时间，现在国内百姓愁苦，我们又师出无名，再加上江淮地区湿热，不适合我族久居，几个月根本不可能搞定。"

完颜亮听完就火了，再也顾不得耨碗温敦思忠是什么老臣了，立刻就准备拿刀砍了他。耨碗温敦思忠毫无畏惧道："我侍奉了四任天子，官至卿相，如果对国家有好处，就算死了也没什么遗憾的。"完颜亮本就是一时情急而已，当然不可能真的杀掉耨碗温敦思忠，他只好给自己找台阶："自古以来帝王只有统一了天下，才能够被称为正统，你一个老头子不知道这个，但你的儿子乙迭读过书，他肯定是知道的，你可以回去问问他。"耨碗温敦思忠丝毫不买账，马上反驳道："我曾经亲身经历过太祖夺取天下，那时候我金朝有文字吗？我已经年过七十，经历过的事情更多，乙迭不过是个乳臭未干的孩子，他能知道什么？"这下完颜亮没办法了，他干脆不理会耨碗温敦思忠等人，转而任用支持南伐的李通、敬嗣晖等人。

为了尽快做好军事准备，完颜亮将各地的军械兵甲全部运送到汴京，集结军队准备南下，又在全国范围内大肆搜罗骡马，只有七品官以上的才能够留下一匹马。怕这些临时征收的骡马不安分，完颜亮别出心裁想了一招：他将东面的骡马全部运送到西面给军队使用，又将西面的骡马运送到东面给军队使用，一时之间，金国境内东西两边的骡马往来不绝。这么多骡马在路上，自然需要吃喝，完颜亮干脆就让它们全部在沿途的农田里吃东西。这么一闹，金国百姓的生活更加困苦，不少人都跳出来反抗金国的统治，完颜亮对此毫不在意，他只派了几百个人前往各地抓捕盗贼，这自然起不了丝毫作用，于是各地的反抗愈演愈烈。

完颜亮顾不得国内形势如何，依然坚持要南伐宋国。正隆六年十月，完颜亮正式出兵南伐，他将各路大军分为神策、神威、神捷、神锐、神毅、神翼、神勇、神果、神略、神锋、武胜、武定、武威、武安、武捷、武平、武成、武毅、武锐、武扬、武翼、武震、威定、威信、威胜、威捷、威烈、威毅、威震、威略、威果、威勇三十二军，每军设置都总管、副总管，这三十二军全部由完颜亮亲自统率。他又任命太保、枢密使完颜昂为左领军大都督，尚书右丞李通为左副大都督，尚书左丞纥石烈良弼为右领军大都督，判大宗正事乌延蒲卢浑为右副大都督，御史大夫徒单贞为左监军，同判大宗正事徒单永年为右监军，左宣徽使许霖为左都监，河南尹蒲察斡论为右都监，全部跟随完颜亮一起南伐。

这还只是完颜亮自己的中军而已，参与南伐的还有其他三路人马：以太原尹刘萼为汉南道行营兵马都统制，济南尹仆散乌者担任副手，率军从蔡州出发，向南攻取荆州；以河中尹徒单合喜为西蜀道行营兵马都统制，平阳尹张中彦担任副手，率军从凤翔攻打大散关；以工部尚书苏保衡作为浙东道水军都统制，益都尹完颜郑家奴作为副手，从海路直取临安。四路金军总共六十多万人，对外号称一百万，一路向南奔袭而去。面对金国铺天盖地而来的攻势，宋国君臣又在做什么呢？

血战采石

相比起完颜亮长达数年的准备工作，宋国的君臣可以说是一点儿准备都没有。自从绍兴十一年（1141年）宋金达成和议之后，双方已经十多年没有发生过战争了，宋高宗等人早已经把金国的威胁抛到了九霄云外，根本没想过双方会再度开战。

其实宋国也并非完全没有消息，早在绍兴二十八年，完颜亮开始修整汴京之时，出使金国的国子司业黄中就察觉到金国有所图谋，建议宋高宗早做准备，只可惜被当成了耳旁风。到了第二年，礼部侍郎孙道夫出使金国，发现了金国境内备战的情况，立刻回国报告朝廷，希望朝廷能够做好防备。搞笑的是，宋高宗居然不信孙道夫的话，他认为自己对金国那么恭顺，完颜亮根本不可能南下攻宋，最后他竟然以说话不实为由，把孙道夫贬到了绵州。不只是宋国的使者有消息，就连金国使者也有消息传来。

绍兴二十九年（正隆四年，1159年），完颜亮任命翰林侍讲学士施宜生为正旦使，出使宋国。施宜生的身份有些特别，他本来是宋国的官员，但因为参加范汝为起义，在起义失败后被迫北逃到了伪齐，伪齐被金国取消之后，他才改仕金国。正因为有这样一重身份，所以施宜生十分不愿意出使宋国，他觉得自己是因为犯罪才跑到北面的，再去宋国出使太过丢人。完颜亮可不管这么多，坚持要施宜生出使，施宜生无奈之下也只得依从。

到了宋国以后，施宜生果然遇到了尴尬的事：在宴会上被宋国前来接待的吏部尚书张焘用首丘讽刺了一番。所谓首丘，指的就是故乡，这正好戳到了施宜生的痛处。想到故乡不久后就要被战火蹂躏，施宜生内心感慨万千，他忍不住告诉张焘："今天北风来得非常猛啊！"随后又拿着桌上的笔说道："笔来，笔来。"张焘心领神会，知道施宜生的意思是金国要南侵了，他立刻报告给了宋高宗，只可惜宋高宗依然不相信。最后倒霉的还是施宜生，他传递的消息非但没有被宋高宗重视，反而因此在回国后就被完颜亮烹杀。

绍兴三十一年（正隆六年），完颜亮迁都汴京之时，宋高宗还特意派了周麟之作为使者前去恭贺金国迁都。当时的汴京已经集结了金国无数兵马，南伐之心已经昭然若揭，完颜亮哪敢让宋朝使者去汴京，他赶紧派韩汝嘉到边境去拦住周麟之，并告诉周麟之："我刚到汴京就听说北面有人叛乱，所以马上就回中都了，你也不用前来道贺。"周麟之不知真假，只好原路返回。

为了师出有名，完颜亮不久后就让签书枢密院事高景山和刑部侍郎王全两人出使宋国，前往祝贺宋高宗生辰。高景山此行说是祝贺，实际上却是去挑事儿的。临行之前，完颜亮还特意交代高景山等人："你们见到赵构以后，就当面历数他焚毁汴京宫室、边境招兵买马、招纳叛亡的罪名，让他派大臣前来请罪，并且要求他割让汉水、淮水一带的土地作为赔罪。要是赵构不听从，你们就当面骂他，他肯定不敢杀你们。"

高景山等人到达宋国以后，按照完颜亮的话责问了宋高宗一番，宋高宗果然没敢动怒，也没敢杀人。完颜亮的计划再一次落空了，高景山一行不但没有让完颜亮得到出师之名，反而让宋廷有了警觉，宋高宗终于相信金国将要南侵了。如同完颜亮当初给张仲轲等人吹嘘的一样，宋高宗得知金国要南侵后，第一反应就是跑路。幸好关键时刻老臣陈康伯站了出来，在他的拼死劝谏之下，宋高宗终于下定决心抵挡金军南下。

随后，宋高宗便对边境的防御做出了部署：任命吴璘为四川宣慰使，负责率军在川、陕一带阻挡金军；任命成闵为荆湖制置使，率领三万大军在汉水一线阻挡金军；至于任务最重的淮水一线，宋高宗交给了老将刘锜，让他担任淮南、江东西、浙西制置使，率领江淮各路宋军阻挡金军主力。

昔日的名将刘锜此时年龄已经很大了，而且身患重病，但在国家危难之际，他还是毫不犹豫地接下了重担，毅然率军渡过长江北上，进驻在清河口（今江苏淮阴西）。当时淮水一线的宋军总共分为两个部分，淮东由刘锜防守，淮西则交给了建康都统制王权。不久后，金军先锋两万人在徒单贞的率领下赶到了淮阴一线，刘锜被迫率军前往淮阴一线抵御。

淮东的宋金两军在淮阴激战之时，完颜亮也分兵在淮西南下，并从寿春一线渡过了淮河。王权原本应该去寿春前线抵御，但他一看金军来势汹汹，根本不敢北进，只派了一个叫姚兴的将领前往抵御，自己则率军退到了庐州。区区一个姚兴自然阻挡不了金军，他虽然曾一度小胜金军，但终究兵力太少，只得向后撤退。王权一看姚兴不敌，赶紧带着人离开庐州，跑到了和州，只留下了大将杨春率军驻守。随着王权的跑路，淮阴一线的宋军面临着被金军合围的危险，刘锜无奈之下只得率军后撤到扬州，将淮阴让给了徒单贞。

淮西一线的战局还在恶化，庐州很快就陷落了，王权再次跑路。这一回王权跑得更干脆，他假称自己接到朝廷要求撤退的诏书，带着人马就逃回了江南，将和州拱手让给了金军。和州失陷以后，金军主力直逼采石，扬州的刘锜便成了一支孤军，随时面临着覆亡的危险。这种情况下，坚守扬州是不切实际的，刘锜只好率军退往瓜洲（今江苏邗江，邗音hán）。

此时，长江北岸已经被金军全面进攻，想要撤退也不是这么容易的，刘锜这边还没有走，完颜亮就已经派高景山前来攻打扬州了。刘锜接到消息后，立刻派镇江左军统领员琦和统制官贾和仲、吴超等人前往皂角林一带迎战，并让宋将王佐率军埋伏在皂角林里。员琦等人人数不多，很快就陷入了金军的重重包围之中，无奈之下只得往扬州方向且战且退。高景山想着立头功，当然不可能让员琦等人跑路，他立刻率军一路向南跟随。就在这时，王佐等人终于动了，他们从金军后方发起了攻击，员琦等人也乘机发起了反击。金军根本没想到宋军还有伏兵，猝不及防，被杀得大败，高景山本人也当场被杀。

借着皂角林之战的胜利，刘锜赶紧将真州、扬州的军民运回江南，他自己驻守在镇江，并让侄子刘汜率领一千五百人驻守瓜洲，大将李横率军八千驻守长江沿线。虽然成功撤回了江南，但刘锜的病日益严重。正好在这时，知枢密院事叶义问来到长江一线督师，他见刘锜病重，索性就让李横代替刘锜统率诸军。

如果只是换个人也就算了，偏偏叶义问还有雄心壮志，他竟然打算让各路宋军渡过长江进攻金军。宋军此时连防御都很勉强，他居然还想主动进攻，宋军众将一听大惊失色，纷纷跳出来反对。只可惜叶义问铁了心要渡江，根本不理会众将的劝说，再加上刘汜也跳出来支持叶义问，北进一事就此成了定局。

就在各路宋军渡江北进之时，金军却直逼瓜洲而来。眼看退路就要被切断了，此前叫嚣出战最积极的刘汜居然怕了，他自己带着本部人马就渡江撤了回来。刘汜这一走不要紧，只苦了前线的李横等人。李横在江北孤军奋战，终究是孤掌难鸣，很快就被金军击溃。此战，宋军伤亡惨重，左军统制魏友、后军统制王方都战死了，李横和刘汜仅以身免，瓜洲就此落入金军手中。就在镇江一线陷入危局时，采石一线的战局终于发生了变化。

金军南下之后，一路上节节胜利，短时间内就到达了长江边上，这让完颜亮志得意满，他不但派人在和州赶造战船，还亲自赶往和州督战。望着眼前的长江，完颜亮忍不住问道："当年梁王完颜宗弼是怎么渡江的？"身边立刻就有人回答道："当初梁王是从马家渡渡江的，长江南岸虽然有宋军，但他们一看到我军到来就跑了，等我军的船靠岸时，对面已经没有一个宋军了。"完颜亮大喜："等我渡江时，肯定也会是这样。"

大概是完颜宗弼的故事给了完颜亮很大的信心，他回去之后就把完颜昂和乌延蒲卢浑两人找来，然后告诉他们："我们的船已经准备得差不多了，可以渡江灭宋了。"乌延蒲卢浑一听吓了一跳："我看宋军水师的船非常大，我们的船太小了，只怕很难渡江。"完颜亮听了不高兴："你们曾经跟随梁王一起把赵构追到了海上，那时候难道有大船吗？明天你和完颜昂两人先行带人渡江。"消息传出后，很多金军都害怕不已，准备就此跑路。完颜亮没办法，只好暂时打消了渡江的念头，让诸军在江北稍做准备。

就在完颜亮准备渡江之时，采石一带的宋军也已经走马换将。王权因为作战不力，被免去了职位，转而由李显忠代替。李显忠可是大宋难得的猛将，他本名李世辅，是绥德军青涧（今陕西清涧）人，金军攻陷陕西各路后，李显忠和父亲李永奇做了俘虏，被迫在金国为官。虽然李显忠父子在金国也受到了重用，但他们始终心怀故国，时刻想找机会逃回宋国。后来，李显忠找到机会绑架了金军主帅完颜撒离喝，带着全家出逃。

在金军的追击下，李显忠全家两百多口人全部遇害，他自己带着二十六个人逃往西夏，之后转而回归宋国。李显忠回归以后，多次率领宋军大破金军，就连金国名将完颜宗弼等人也对他退避三舍。高宗时代曾经屡次与金军作战的名将们早已经老的老、死的死，新一代将领之中，李显忠无疑是最适合的人选。

为了保障交接工作顺利完成，朝廷便派中书舍人虞允文前往采石劳师。虞允文到达采石之时，王权因为被免职，已经先行离开，新任主帅李显忠却还在芜湖，没有到达，摆在虞允文面前的，是一片颓废的景象。他还没有到达采石时，在路边就遇到了一群三三两两坐在地上的宋军，他感到很奇怪，就问道："采石那边随时都可能会打仗，你们在这里干什么？"这些宋军回答道："当初王大人在淮西下令撤退时，因为走得很匆忙，就让全军扔掉战马渡江，我们都是骑兵，又不会步战，现在没有马，还怎么打仗？"

还没开始打仗，就有部队乱成这样了，虞允文一行人没想到采石会是这么个局面。随行的人便纷纷劝道："事已至此，我们再去采石也没什么用了，不如先返回建康。本来我们的任务就是去劳军而已，又不是去督战的，何必去送死呢？"虞允文却不听，坚持前往采石。到达采石之后，虞允文才发现局面比他想象中更恶劣。

长江北岸金军大营林立，一眼望不到尽头。再看南岸这边，宋军总共才一万八千人，还都是王权留下的残部，战马只有几百匹。更大的问题是，这帮宋军自开战以来，跟随王权一路南逃，早已没了作战的士气，只怕金军一渡江，他们便会立刻跑路。

事实上，南岸的宋军确实已经准备跑了，虞允文得到消息后，赶紧把宋军的统制张振、王琪、时俊、戴皋、盛新等人找来："敌人要是渡过了江，你们跑路又能跑去哪呢？"张振等人一听就愣住了，没有回话。虞允文便继续说道："如果逃跑的话，在金军的追击下肯定免不了一死，现在我们前面有长江天险，可谓是占据着地利，还不如就此拼死一战，死中求活。更何况国家养兵三十年，难道你们还不能为国一战吗？"

张振等人也都是忠义之士，并非不愿意作战，他们忍不住对虞允文大吐苦水："我们怎么会不愿意作战呢？只不过王大人一直想跑路，没有一个主战的统帅罢了。"虞允文一听便知道众将可用，他告诉众人："你们之前只不过是因为王权才一直跑路的，这不要紧，朝廷现在已经将王权免职，另换了他人做主帅。"张振等人还是第一次听说这件事，赶紧追问："不知道是换来了哪位将领？"虞允文回答道："是李显忠。"张振等人当然听说过李显忠的名号，一时间不由得大喜过望。

虞允文一看众将有了作战的信心，便继续说道："不过现在李显忠还没有来，而敌人恐怕很快就要进攻了，我愿意率军当先出战，与诸位一起和敌人决一死战。朝廷用来犒赏有功将士的九百万缗（mín）金帛以及节度、承宣、观察使的告身都在我这里，只要立下功劳，该犒赏的犒赏，该升官的立马升官。"众将一听大喜过望："现在既然有了新主将，我们愿意为舍人拼死一战。"

虞允文这番行动来得正是时候，北岸的完颜亮果然开始动了，他派出武平军都总管阿林、武捷军副总管阿萨、宿直将军温都沃喇、国子司业梁钦等人率领先头部队，乘坐小船先行抢渡长江。虞允文得到消息后，立刻也做出战略部署，他将海鳅船和战船全部载满兵员，埋伏在江中的隐秘地带，准备截击金军，他自己则和时俊等人率领步骑兵在南岸列阵，以阻挡金军登岸。

宋军刚布置完成，金军就开始行动了，他们从杨林口一带蜂拥而出，直奔采石而去。但是金军才刚刚到长江上，就遇到了尴尬事，他们的船只全是拆了和州百姓的房子临时造出来的，根本就不适合在长江中使用，船一进入长江就行动不稳，连前进都很困难，再加上将士又不懂长江水道的形势，很多船只竟然动都动不了。宋军当然不会放过这种良机，他们很快就从埋伏地点冲出，直接向金军杀去。金军船只虽然多，但大多数动都没法动，全部成了活靶子，再加上船上空间有限，每艘船能射箭对敌的只有十多个人，这种火力自然影响不了宋军。很快金军就有很多船只被击沉，无数人葬身长江。

金军毕竟占着人数优势，尽管有很多船只被击沉，但还是有七十多艘船到达了长江南岸，成功登上了岸头。南岸的宋军本就人少，一时之间竟然作战不力，被金军打得不断后退。虞允文看在眼里，急在心头，他在前线转来转去寻找击破敌人的办法。

忽然，虞允文看到时俊就在不远处，他赶紧找到时俊，拍着时俊的背说道："我一直听说你以胆略过人闻名天下，没想到今天一见才发现你居然站在军阵后面，怎么像个娘们一样。"时俊一听脸就红了，一个武将居然被人比作女人，实在是丢人啊！他赶紧回头说道："舍人在此等着，看我为你破敌。"说完后他就双手各持一把长刀，向着金军杀去。在时俊的带动下，宋军士气大振，纷纷猛冲向金军，终于将局势暂时稳定了下来，但想要彻底击破金军，还是需要在长江上将金军击溃才行。

宋军在长江上虽然占据着优势，但始终无法击破金军，主要原因就在于宋军的船只太少了。当时长江一线的宋军水军其实不止虞允文这一支部队，还有蔡甲、韩乙两位水军将领率领的大批水军。然而这两位却因为惧怕金军势大，根本不愿意出战，弄得虞允文不得不临时召集当涂的民兵登船作战，但数量却依然远远不足。

就在这时，虞允文忽然发现长江上游来了一支宋军船队，不知道是从哪儿冒出来的，派人前去询问后才知道，这支船队是光州（今河南潢川）方向来的淮西溃兵，人数不多，也就三百多人。虽然这支船队人数很少，却让虞允文眼前一亮，他赶紧阻止这帮溃兵继续往下，然后派人送去旗帜大鼓，让他们大张旗鼓地顺流而下。

金军本就处于劣势，一看上游忽然来了一拨船只，还以为是宋军的伏兵，吓得他们赶紧撤回了长江北岸。此战，金军大败而回，宋军总共斩杀金军四千多人，其中包括两个万户，除此之外还有被俘的五个千户以及五百多个生女真（926 年，辽太祖耶律阿保机灭渤海，部分女真人随渤海人南迁，编入辽籍，称为"熟女镇"；留居故地的女真人未入辽籍，称为"生女真"）。愤怒的完颜亮将退回来的败兵全部杀死，但这没有丝毫用处，金军依然无力过江。采石一战的胜利，虞允文也重新整合了长江一线的宋军，他将蔡甲、韩乙抓起来打了一顿，然后将他们的水军重新进行了整编。

初战告捷后，虞允文并没有放下心来，他知道现在宋军只是小胜了一场，金军人多势众，第二天必定还会前来攻击。当天夜里，虞允文就将宋军众将分别派到长江中埋伏起来，自己则和盛新率领水军埋伏在杨林口，准备一举全歼敌人。

第二天，金军果然如期而来，结果刚一出门就被宋军前后夹击，顿时损失惨重。金军在北岸的骑兵看到江中危急，也跑到岸边向宋军船只射击。宋军的神臂弓马上就发威了，北岸的骑兵被射杀了一大片，吓得剩下的人狼狈逃跑。随后，宋军又从上游趁风放火，将金军的船只引燃，一时之间，长江之上一片哭喊之声，金军死伤惨重，光被焚毁的船只就有三百多艘。

这一回，金军水军元气大伤，再也无力在采石一线发动大规模进攻，完颜亮无奈之下只得玩起了反间计。他写了一封信，假装宋军将领跟他有密约，想要投降金军，然后他让瓜洲之战中被俘的镇江校尉张千将信送到了南岸。比较搞笑的是，完颜亮的情报工作做得实在是太差了，他居然不知道宋军早已经走马换将，这封信居然是写给王权的。王权此时早已经不在采石了，信就到了虞允文手里。

当着众将的面，虞允文将信拿出来读了一遍，众将听完大惊失色，没想到王权居然是个叛徒，难怪之前一直在往后跑。虞允文却不这么认为，他告诉众将："你们别被这封信骗了，这必定是完颜亮攻不下我们采用的反间计，只是想要离间我们而已。"正巧在这时李显忠也到了采石，虞允文就以李显忠的名义回了一封信："王权因为望风而逃，早就已经被朝廷免职了，你难道不知道现在统率大军的是我李世辅吗？你如果想从瓜洲渡江，我们也准备好了一战，不要再玩这套诡计了，我们还是在战场上一决高下吧！"

完颜亮接到信后才知道南边的宋将早就换了，顿时尴尬不已。愤怒的完颜亮将主张渡江的梁汉臣和两名造船工斩杀，然后退军到扬州，准备与瓜洲一线的金军一起从镇江一线突破。

虞允文也知道完颜亮想打镇江的主意，镇江此前因为渡江作战失利，早已经元气大伤，根本无力抵御金军，虞允文便向李显忠请命率领部分军队东下增援镇江。这时，上游和中游的宋军也已经击退了金军，宋高宗便将成闵调到了镇江一线，同时让李显忠也率军前往镇江会合。完颜亮此前连采石都打不动，面对宋军云集的镇江自然也是无计可施。就在这时，完颜亮后院起火的消息终于传开了。

原本完颜亮南征之时，后方便不稳定，不少人发动了起义，弄得金国境内民怨沸腾，苦不堪言。乘完颜亮在长江边上的机会，留守东京辽阳府的完颜雍起兵了。完颜雍同样是金太祖完颜阿骨打的孙子，他的父亲完颜宗辅是金太祖第三子。完颜雍从小文武双全，在国内很得人心，他与完颜亮之间还有一段仇恨。

完颜雍的妻子乌林答氏非常漂亮，被完颜亮看上了，他便强征乌林答氏入京担任人质，乌林答氏为免受辱，便在距离中都七十多里的地方自杀了。完颜雍虽然没有表现出对完颜亮的不满情绪，却将仇恨深深埋藏在了心里，时刻准备报复完颜亮。

完颜亮南征以后，完颜雍便抓住机会，杀死完颜亮的亲信东京副留守高存福，正式起兵对抗完颜亮。完颜亮此时早就已经不得人心，而完颜雍一直以来又深得人心，他刚打出旗帜，周围便有很多金军前来投奔。完颜雍乘势在东京辽阳府称帝，改元大定，同时下诏废去完颜亮的皇位。

完颜雍称帝的消息传到前线后，金军内部顿时乱成一片，不少人都乘机溜号，跑回辽阳府投奔完颜雍去了。原本此时完颜亮最好的做法就是撤军返回，与完颜雍一争高下，但他心中始终放不下江南，还坚持想要夺取江南之后再班师回去平叛。为此，完颜亮在军中下令："如果有士兵逃亡，就杀死他的领队；如果有将领逃亡，就杀死他的主帅。"

这道命令一出，非但没有稳住军心，反而让金军众将士更加惶恐，毕竟没人能保证自己的部下不逃亡。为了尽快灭掉宋国，完颜亮又下令，让大军第二天全军渡江，如果有后退的一律斩首，如果三日之内没能渡江，先斩了随军的大臣。这下金军算是彻底炸开了锅，长江对岸有大量宋军，哪能过去？这摆明是要把大家往死路上逼，一时之间很多人都已经准备跑路了。

最慌的还是浙西路都统制耶律元宜等人，现在摆在他们面前的问题很简单，渡不了长江是死，手下有人逃跑也是死，一来二去，耶律元宜索性与武胜军总管徒单守素、唐括乌野等人一起发动兵变，将完颜亮斩杀于军中。随后，耶律元宜便代行左领军副大都督事，率领大军北返，投降了完颜雍。

金军败退以后，宋军乘机在李显忠等人的率领下发起了反击，重新将两淮地区的失地夺回，但也无力再次向北扩张。而北面的金世宗完颜雍刚刚登基，也不愿意再发动战争，双方便再次达成和议，就此停战。

唐岛之战

金军三路大军在陆上血战的时候，另一路海军却没有丝毫动静，这一支金国最强大的水上部队并不是当了看客，而是遇到了麻烦，甚至在完颜亮之前就已经全军覆没了。给金军制造麻烦的不是别人，正是宋国水军名将李宝。

李宝是山东乘氏人，人称"泼李三"。他的少年时代正好赶上金军大举南下，李宝为人忠义，便在当地组织乡人聚众抵抗金人，失败以后，李宝被迫从海上南逃，投入了岳飞军中。在岳飞北伐期间，李宝曾多次奉命潜回北方，联络当地义军协助宋军一起与金军作战。

完颜亮南侵之时，分派苏保衡和完颜郑家奴率领水军从海路出发，兵锋直指宋国都城临安。这支水军跟采石那支临时造船的部队可不一样，是经过了长时间训练的。早在完颜亮伐宋之前，就有浙江地区的倪询、梁简等人投降了金国，教金人造船以及水战技术，完颜亮便让苏保衡在潞河（今天津市北运河）一带制造战船，为即将到来的大战做准备。

不过完颜亮的保密工作做得实在不好，苏保衡等人在出发前，宋廷就已经得到了消息。对宋高宗来说，苏保衡一路的威胁无疑是非常大的，他们不但能直接威逼临安，还能够断绝宋高宗的海上逃亡之路。经过一番思索，宋高宗将抵御苏保衡这支水军的任务交给了李宝，他任命李宝为浙西路马步军副总管，率军驻扎在平江（今江苏苏州），以防备金军南下。

对李宝而言，被动防御并不是他的风格，他更希望主动迎战金军，重创敌人。宋高宗得知李宝想要主动出击后，大吃一惊，赶紧召来李宝问道："你有多少艘船？"李宝回答道："坚固完整又能抵御风浪的船，总共有一百二十艘。"宋高宗很惊讶，又问道："有多少兵呢？"李宝又回道："只有三千人，都是闽、浙地区的弓弩手，并不是正规军，旗帜、盔甲等也还算完整。"宋高宗一愣："这么些人能击破金军吗？"李宝当即表示："金人不习惯水战，就算有人帮忙，短时间内也不一定能成功。现在局势已经非常紧急了，不能再耽搁下去，我想尽快出兵北上。"宋高宗也知道此时已经调不出多余人马了，只好让李宝率领本部人马北上。

李宝之所以如此自信，不仅仅是因为宋军水战能力更强，还因为他知道如今北方义军风起云涌，可以联合这些人一起对付金军。不久后，李宝率军进驻江阴，他没有直接北上，而是先派儿子李公佐和部将边士宁两人暗中北上，以联络北方的起义军。事实证明李宝这步棋走对了，北方真的有心向宋国的起义军，而且这支人马已经等待很久了，这支起义军的领袖便是魏胜。

魏胜是宿迁（今江苏宿迁西南）人，字彦威，他擅长骑射，年轻时做过弓弩手，后来金军南下，北方各地失陷，魏胜迁徙到山阳地区。完颜亮南侵时，招募各地百姓为兵，很多人产生了抵抗情绪。魏胜知道自己苦等已久的时机终于到了，便在当地聚集了三百名义士，然后带着这些人北渡淮河，攻下了涟水城，并以宋廷的名义号召当地百姓一起抵御金人。

拿下涟水以后，魏胜没有停止前进的脚步，他很快就率军水陆并进，向着海州进发。说来也巧，海州的郡守高文富知道魏胜起兵的消息后，派出人马前去捉拿魏胜，双方在海州南面的大伊遭遇。一场大战下来，金军被杀得大败而逃，魏胜乘胜率军包围了海州。

当时金国各地的军队都被完颜亮抽调走了，海州也没有多少士兵，再加上此前的大败，高文富只能闭城防守。然而守也是守不住的，城内百姓本就是汉人，再加上完颜亮实在不得人心，魏胜以宋廷的名义号召，很快就有百姓暗中打开城门，将魏胜等人放了进去。高文富没办法，只好与儿子高安仁一起率军前来交战。经过一番激战，高安仁和一千多守军战死，高文富被生擒，海州就此落入魏胜手中。

拿下海州以后，四周的义士纷纷响应，很快就有了几千人，魏胜便将这些人分为五军，自己担任五军都统制。与此同时，魏胜还派人前往宋国边境，告知边境将帅海州的事情，希望他们能够支援一些兵器、盔甲。当时，宋金在明面上还没有撕破脸，边境的将帅不敢得罪金人，他们不但没有支援兵器、盔甲，就连上报朝廷都不敢，所以宋国境内竟然不知道海州已经独立的消息。

魏胜还没等得到宋国的援助，自己就先遭受了重大损失。义军的左军统制董成一直想往外发展，他看上的是海州西北面的沂州（今山东临沂）。然而经过魏胜的调查，他发现金军有几万人在沂州，这显然不是义军能对付得了的，更何况义军本身盔甲、兵器还不齐全，根本不是出兵的时候。可惜不管魏胜怎么劝阻，董成都听不进去，坚持要带兵进攻沂州。

大战之初，董成率领所部一千多人攻入了沂州城内，斩杀了沂州郡守和守军三千人，其余金军被迫投降，董成白白得了几万兵器、盔甲。就在董成忙着清点战利品的时候，此前投降的金军忽然反扑，义军本来人数就少，猝不及防下被打得大败，董成只得率领残部退回海州。

义军总共也就几千人，董成一次性就损失了一千多人，这让魏胜异常气愤，但董成毕竟是一员猛将，他也舍不得杀掉董成，只是责罚了一番。就在这时，金国派出同知海州事蒙恬镇国率领一万多人前来进攻海州，一直到达海州北面二十里的新桥。如果正面应战，义军人数太少，肯定不是金军的对手，所以魏胜率军迎战的同时又暗中将一部分人埋伏在道路两边。

两军开始交战后不久，魏胜就假装不敌，率军向后撤退，蒙恬镇国不知是计，立刻带着人马奋力追赶。这一追就算是完了，金军很快就进入了埋伏圈，顿时乱成一片。魏胜乘机发起反攻，金军大败，蒙恬镇国阵亡，一千多人被斩杀，三百人投降。此战之后，魏胜声名鹊起，周围很多百姓纷纷前来归附。

虽然没有得到宋国的支援，但魏胜依然心怀故国，他一面与苍山等地的起义军互相支援对抗金军，一面坚守海州积蓄力量，等待大宋官军的到来。在宋金开战前的岁月里，魏胜在苍山、海州一带多次与金军作战，数次冒死打退金军的进攻，始终将海州一线牢牢控制在手中。幸好魏胜没有白等，他终于等到了大宋的来客。李公佐一行到达海州时，才知道海州的军民已经与金军对抗很久了，这无疑将是宋军对抗金军的有力援助。大喜过望的李公佐立刻派边士宁返回江阴，将海州的消息报告给了李宝。

等边士宁回到江阴以后，大宋的君臣才知道，在遥远的北方，一个叫魏胜的人已经为宋廷坚守海州很久了。李宝得到消息后大喜过望，立刻准备启程北上前往海州。没想到的是，李宝手下众将士竟然都反对北上，他们反对倒不是因为不敢作战，而是觉得如今正是西北风强劲的时候，于海战而言，北方的舰船更占优势，此时迎战太过不明智。李宝又何尝不知道呢，只不过眼下金军随时都有可能从海路南下，实在是等不起了，因此他没有听从众将的意见，毅然带着所部人马出发了。

完颜亮南征以后，考虑到魏胜等人在后方，怕他们搞事，特意派了几万金军前去攻打海州。魏胜等人虽然作战勇猛，但终究人数太少，他们无法击破金军，只能退守海州城内，整个海州随即被金军重重围困。李宝来得正是时候，魏胜知道他率军到达以后，立刻派人偷偷出城，约李宝一起进攻金军。李宝此行本来就是想借助魏胜等山东义军的力量，当然不可能不帮忙，他立刻率领所部人马前往增援。

当时，金军已经将海州重重包围，一眼望去城外到处都是金国的旌旗，绵延几十里，宋军众将有些胆怯，不敢上前增援。李宝也知道众人惧怕敌人势大，所以他二话不说当先登岸，然后回头告诉众人："此地已经不是我国疆域了，是不是要力战破敌全看你们自己。"宋军众将一听就明白了李宝的意思：眼下毕竟是在金国境内，不拼命杀敌同样免不了一死，还不如拼杀求一条活路。

李宝一看人心渐渐安定，立刻手持铁槊当先杀向金军。宋军众将士见主帅如此勇猛，也都奋勇向前，无不以一当十。金军根本没想到后面会忽然冒出来一支宋军，猝不及防，被李宝等人杀得节节败退。魏胜看李宝这边进攻了，他也立刻打开城门出击。两面夹击之下，金军再度在新桥大败，只得狼狈逃走。

获胜之后，魏胜与李宝在海州顺利会师，随后，李宝便以朝廷的名义嘉奖了魏胜等人。在魏胜等人的号召下，周围的各路义军纷纷踊跃来投，很快就有了好几万人。有了山东义军的大力支援后，李宝也开始了下一步行动——一举歼灭金军在海上的水军主力。这时候苏保衡等人早已经率领水军出海，想要寻找他们无异于大海捞针，李宝只得抱着试一试的心态带着人出海寻找。

没想到的是，李宝这一找还真找到了金军，他率军走到胶西（今山东胶州）的石臼岛时遇到了一些从金军中逃出来的汉人。从他们口中，李宝得知金国的水军就在不远处的唐岛。更令人振奋的是，因为金人不擅长水战，完颜亮用来操舟的全是中原地区的汉人，在这些汉人出发之前，各地的义军、百姓就给他们传递了消息，告知他们宋军即将到来，让他们到时候帮助宋军。

李宝深知兵贵神速的道理，得知金人的消息后，他连夜率领船队出发，希望能打金军一个措手不及。李宝等人出发时，北风正盛，船队前行异常困难。幸运的是，不久之后风向忽然改变，南风一下子强了起来，李宝等人乘着风势很快就到达了唐岛附近。当时金国战船上的船夫其实都看到了宋军，但因为这些船夫都是汉人，所以他们不但没告诉金人，反而怕金人发觉，便说来的是金国的船队。船上的金军根本不知道被骗了，他们还以为来的真是友军，便毫不怀疑地进到船舱里睡起了大觉。

很快，李宝等人就冲到了近前，他立刻令宋军射出火箭攻击金国水军。金国战船的风帆全是由赤油绢做成的，虽然能更好借助风力，却不防火，宋军的火箭一射到上面立刻就被点燃了，火借着风势越烧越大，很快就有越来越多的船只被引燃了，不少金军在睡梦中就成了亡魂。此时有一些金军在没被点燃的船只上，他们还想着上前干掉宋军，但船夫早在开战时就登岸跑路了，剩下的金军想要进攻却不会开船。李宝也并不打算放过他们，他令宋军将士登上船只，与金军展开了殊死搏斗。惊慌失措的金军在海上根本不是宋军的对手，很快就被杀死。

此战，金国水军基本全军覆没，光被俘的汉人士兵就有三千多人，金军战死、淹死、烧死的更是不计其数。副帅完颜郑家奴被宋军斩杀，只有苏保衡独自跑路成功，此前帮金人训练水军的倪询、梁简也都成了俘虏。随着唐岛之战的胜利，金军海路彻底作废，在李宝、魏胜等人的威胁下，金军的粮道也日益断绝。正是在这种情况下，完颜亮下达了三天渡江的疯狂命令，最终使自己走向了死亡。

第九章

符离溃败：

隆兴北伐

张浚的野望

绍兴三十二年（金大定二年，1162年），一行人正匆匆自建康赶往临安，正是建康通判兼行宫留守张浚和儿子张栻（shì）等人，他们此行的原因很简单：新皇帝相召。

采石之战后不久，在位三十五年的宋高宗赵构终于厌倦了当皇帝，将皇位传给了太子，这就是宋孝宗。与宋高宗不同，宋孝宗一直不满朝廷对金国的妥协和退让，在他做太子时就曾多次主张北伐抗金，收复中原失地。现在既然做了皇帝，自然就要贯彻执行自己一直以来的理想，于是他将主战派的张浚召到了临安，询问其对外方略。

张浚到得正是时候，因为完颜亮南侵，导致原有的江淮防线被破坏殆尽，摆在宋孝宗面前的第一个难题就是构筑防线，以防金军再度入侵。张浚到达之后，宋孝宗立刻任命他为少傅、江淮东西路宣抚使，随后便召开朝会商讨下一步举措。宋孝宗首先询问众位大臣："虽然现在完颜亮死了，但金人随时都有可能再来，我们昔日的淮河防线已经被破坏掉了，众卿认为现在应该如何恢复呢？"

宋孝宗的老师、翰林学士史浩首先发言："我认为江淮地区可以置之不理。此前完颜亮南下，江淮地区根本没有多少抵抗之力，我朝安全是靠长江天险才得以保障。我建议加固瓜洲、采石的防御工事，防止金军再来。只要瓜洲、采石坚固，金人来再多也只能徒呼奈何。"

宋孝宗还没回话，张浚忍不住就是一声冷笑："不守两淮只守长江真是笑话，没有两淮做依托，以纵深节节抵御金人，光靠长江如何能守得住？不要忘记当年宗弼渡江之事。再说，如果我们放弃两淮，简直就是在告诉敌人，我们已经无力守住淮河，只能死守长江，这无异于向敌人示弱，平白打击我军士气。要守长江必定先守两淮，修复两淮防线势在必行，我建议先重修泗州城防。"宋孝宗本就倾向于北伐，自然看不上史浩那种龟缩在江南的方略，于是他同意了张浚的主张，很快就下令让张浚率领大军镇守两淮。

金世宗完颜雍得知宋军进入两淮以后，不由得大吃一惊，以为宋军想乘机北伐，不过这时候，就算宋军北伐他也没什么可害怕的。完颜亮死后，金国内部叛乱、起义层出不穷，金世宗疲于奔命。幸好当时在位的是宋高宗，他根本就没有任何北伐的想法，使得金国能够不顾虑宋国，全力平定四方叛乱。此时，金国内部的起义基本已经平定，金世宗算是初步坐稳了皇位，他很快就派右丞相仆散忠义赶往南京开封，率领十万大军镇守河南，防止宋军进攻。

不久后，金世宗再调良将，他将金国名将纥石烈志宁调往距离宋金边境更近的睢阳镇守。纥石烈志宁本人虽然不出名，但他的岳父——梁王完颜宗弼十分出名，他的妻子是完颜宗弼的女儿永安县主，完颜宗弼最喜欢的女婿就是纥石烈志宁。有意思的是纥石烈志宁和金世宗还有一段往事。

金世宗起兵时，纥石烈志宁正和都统白彦敬等人在北面讨伐叛乱的契丹人移剌窝斡，他们得知金世宗起兵的消息后，立刻带人掉头前去攻打金世宗。金世宗不愿意和纥石烈志宁等人开打，他先后派出好几个使者前去招降纥石烈志宁，结果都被杀了。眼看双方就要开战了，颇具戏剧性的一幕发生了——完颜亮死了。纥石烈志宁和白彦敬见大势已去，于是带着人马向金世宗投降了。

看着纥石烈志宁和白彦敬两人，想着自己枉死的几个使者，金世宗简直气不打一处来，他愤怒地说道："完颜亮暴虐无道，金国国内没有人不痛恨他。之前我以太祖皇帝之孙的名义继承皇位，让你们前来归降，结果你们不但不来，还把我的使者杀了。这也就算了，你们偏偏还不能为完颜亮死节，眼看大势已去就跑来投降，我现在想砍了你们，你们还有什么话可说的？"

白彦敬听后被吓得半死，一句话都说不出来。倒是纥石烈志宁面不改色，他说道："我们之前之所以不投降，是因为承蒙先帝厚恩，想为先帝尽一份力，如果这也算有罪，那陛下就杀了我们吧！"金世宗原本也就是出一下心头的恶气，根本不是真想杀他们，他听纥石烈志宁这么说，也就顺势说道："你们想为故主尽忠，确实不是什么罪过，现在既然归降了我，那以后也要对我恪守忠义。"

事实证明，金世宗不杀纥石烈志宁完全是一个正确的决定。在此后平定移剌窝斡等人起义的过程中，纥石烈志宁屡建奇功，替金世宗扫除了一个又一个敌人，就连金世宗也忍不住感叹道："纥石烈志宁一贯喜欢在作战中身先士卒，自从梁王死后，还没有这等勇猛果敢之人。"

纥石烈志宁不光勇猛，还极有谋略。为了麻痹宋国，他首先在睢阳摆出准备南下攻取两淮的姿态，然后写信给张浚，要求宋国交还此前夺取的海州、泗州、唐州、邓州、商州，并且按照此前的惯例缴纳岁币。张浚看完后只是冷笑，心想：这虚张声势的意图实在是太明显了，金国刚刚结束内乱，根本没有做好南侵的准备，怎么可能来攻打两淮。他毫不理会纥石烈志宁，直接带着大军驻扎到盱眙、濠州（今安徽凤阳）、庐州一线，看金军敢不敢来。纥石烈志宁本就是虚张声势，自然不可能真的出兵，他的计划就此落空。

实际上，纥石烈志宁无论怎么做都是多余的，因为宋孝宗已经决定要北伐了，而宋孝宗之所以要北伐，是因为两个契丹人。移剌窝斡起义失败后，他的党羽括里、移剌扎八等人一路南逃到了宋国，他们告诉宋孝宗："北人作战获胜不外乎是自恃骑射功夫厉害而已，现在正好赶上夏天，又长时间下雨，弓上的胶容易溶解，弓箭根本无法使用，可以乘机北伐收拾金人。"宋孝宗以为有便宜可占，立刻让张浚着手准备北伐。

张浚早就有心北伐了，他不光找好了出兵的目标，连统兵的将领也找好了。所谓的目标，就是泗州外围的虹县（今安徽泗县）和灵璧（今安徽灵璧）。泗州虽然在宋军手中，但金军将领蒲察徒穆和大周仁率军驻扎在虹县，另有金军都统萧琦率军驻扎在灵璧，这两个地方不但是泗州门前的一根刺，时刻威胁着泗州的安全，还是金军未来南下的跳板，宋军自然想拔掉这根刺。至于统兵的将领则是李显忠和邵宏渊二人，他们俩都曾经提出攻取虹县和灵璧的方略，让他们去攻城正好可以一展所长。

宋隆兴元年（金世宗大定三年，1163 年）四月，宋军正式展开行动。李显忠率军从濠州出发攻打灵璧；邵宏渊率军从泗州出发攻打虹县；张浚则率领大军在后作为补充兵力，以策应前方的进攻。

李显忠之所以率军进攻灵璧，还有一个原因是萧琦在灵璧。在宋军出兵以前，李显忠就已经收买了萧琦，让萧琦作为内应献出灵璧投降。李显忠出发以后，一路向北进发，很快就渡过了淮水到达陡沟一带，按照原定计划，萧琦应该带人在这里迎接宋军才对，李显忠便率军在这里等。不久后，萧琦的人马终于来了，不过萧琦本人不在，来的是金军精锐骑兵拐子马，李显忠一看就明白是萧琦反悔了，他再次反水倒向了金国，所以才派人前来抵挡宋军。

论起打仗，李显忠一贯是个狠角色，自然不会怕拐子马。在他的率领下，宋军一鼓作气，大破拐子马，随即进军到灵璧城下。萧琦没想到自己派出的人居然完全抵挡不住宋军，眼下又没有援兵，他只得硬着头皮率军出城迎战。萧琦还是会动脑子的，他知道靠自己手下这些兵马，正面作战肯定不是宋军的对手，于是玩了一出背靠城墙列阵，希望能在弓弩手的支援下击退宋军。只可惜，想象是美好的，现实却是残酷的，萧琦怎么玩儿都不是宋军的对手。

李显忠看到萧琦后，简直气不打一处来，二话不说立刻亲自带人发起了猛攻。宋军众将士见主师如此勇猛，自然是人人奋勇争先，很快就把金军杀得大败。萧琦一看抵挡不住了，直接带着残兵转头就跑，将灵璧丢给了李显忠。李显忠率军入城后，严格约束宋军将士，对城内百姓秋毫不犯，又在城中大肆宣扬朝廷的恩德，这一系列举动不但让灵璧的百姓归心，还让很多中原百姓前来归附。

李显忠这边搞得热火朝天，邵宏渊那边就难看多了。他与李显忠差不多同时出发，结果围着虹县打了这么久，虹县依旧没有丝毫被攻破的迹象。李显忠倒也热心，见队友进展不顺利，立刻在灵璧找了一些金军降兵，让他们去虹县外面宣传大宋对投降者的优待政策。虹县死守了这么久，本来也坚持不了多久，再加上灵璧已经丢了，虹县已成孤城，再坚守下去肯定难逃一死，蒲察徒穆和大周仁索性打开城门投降了宋军。

邵宏渊的表演

北伐开始后这么快就拿下了虹县和灵璧，宋军士气大振，宋孝宗和张浚也大喜过望，便下令让李显忠和邵宏渊继续前进。这里面只有一个人非常不开心，那就是邵宏渊。李显忠派人到灵璧劝降，虽然是出于好心想帮队友一把，但邵宏渊不这么想，他认为自己迟早能打下虹县，李显忠这是跑来和自己抢功劳的。所以在邵宏渊眼中，李显忠不但不是什么好队友，还是抢功劳的死敌。

就在这时，一个金军的千户跑来找到了李显忠。原来他的佩刀是一口宝刀，投降以后却被邵宏渊手下的一个士兵抢了，他无奈之下只得找李显忠告状。这种抢降将东西的行为明显不利于后续工作，李显忠二话不说就让人把那个士兵抓来砍了。李显忠这边砍人正了军法，得了人心，邵宏渊那边却更加不痛快了，李显忠没经过他的允许就把他手下士兵砍了，明显就是不把他放在眼里，从此以后，邵宏渊便越来越讨厌李显忠了。

再往前就是宿州（即符离，今安徽宿州），李显忠等人率军继续向前进发。当时守卫宿州的是归德尹术甲撒速、宿州防御使乌林答刺撒、万户温迪罕速可、裴满娄室等人。宋军来势汹汹，按说应该坚守宿州等待援军才对，术甲撒速等人却不这么想。他们非常自信，认为凭自己就能把宋军收拾掉，便直接派人出城迎战宋军，结果自然又是一次千里送人头。李显忠率军斩了金军的左翼都统，一直追了二十多里才停下来。

获胜之后，李显忠便在原地驻扎下来，一边休整军队，一边制订攻打宿州城的计划。令李显忠错愕的是，邵宏渊等人对于攻打宿州的计划并不热心，根本就不怎么参与。对李显忠而言，他要做的就是听从朝廷的命令击破敌人，所以他并没有多想邵宏渊等人为什么不热心，便直接带着自己所部人马赶到了宿州城下。

术甲撒速等人此前为图一时痛快，派了不少守军出城进攻，结果全赔了出去，守城力量严重不足。李显忠到达以后，立马对宿州发起了猛攻。一番激战后，李显忠部将杨椿首先登上了城墙，在他的率领下，后续宋军鱼贯而入，并且打开了宿州的北门。宿州外城算是守不住了，术甲撒速等人只好率残部退往内城，与李显忠所部展开了激烈的巷战。

李显忠率军出发以后，邵宏渊等人就一直远远地跟在后面，想要看李显忠的好戏，只可惜结果让他们十分惊讶，李显忠居然真的攻破了宿州。眼看抢功劳的时候到了，邵宏渊等人这一回总算不慢了，他们很快就冲入了宿州城内。有了邵宏渊部宋军的加入，金军再也抵挡不住，很快就被歼灭，城中总共有几千金军战死，还有八十多人做了俘虏，只有术甲撒速几人跑得比较快，一溜烟从宿州跑回了南京。

宿州之战的胜利让宋孝宗大喜过望，他不但立刻提拔李显忠为开府仪同三司、殿前都指挥使，还亲自写下"近日边报，中外鼓舞，十年来无此克捷"，以表彰宿州之战的功劳。

在这种举国欢腾的日子里，邵宏渊又出来搞事了，他跑到李显忠面前建议道："近日我军屡屡获胜，有赖于全军将士奋勇杀敌。我觉得不如打开宿州的府库，将里面的钱财布帛拿出来犒赏将士。"李显忠听后眉头一皱，道："府库里面的东西都要封存起来交由陛下处置，我们怎么能擅自打开府库瓜分物品呢？"邵宏渊讨了个没趣，冷笑两声便愤然离去。

不过邵宏渊这一说倒是提醒了李显忠，自己带着人驻扎在城里，恐怕会有一些人打府库的主意，于是他赶紧带着人出城驻扎。对于有功劳的将士，李显忠当然也不会忘记他们，他拿出了不少现钱犒赏将士，遗憾的是，士兵都不领情。他们也知道邵宏渊要求开府库分财物被拒绝的事情，士兵可没有什么府库归国家处置的觉悟，在他们看来，宿州的财物都是战利品，要求分东西的邵将军才是好人，李将军不让分东西摆明了是和大家过不去。

就这样，在邵宏渊的折腾下，宋军的分裂越来越严重，不少人都暗暗对李显忠不满。对于这一切，李显忠没有丝毫警觉，他轻松拿下宿州之后，认为金国实力尚未恢复，根本不值得放在心上，于是整天和括里、移剌扎八那帮人饮酒作乐，对随时可能到来的金军没做任何防备。

就在宋军内部分裂、主将李显忠松懈的时候，金军已经开始行动了。纥石烈志宁当时手下只有一万人，他深知兵贵神速的道理，于是不等其他援兵到来便独自率军赶往宿州。宿州的失陷让金世宗也有些慌张，他知道纥石烈志宁独自出兵后，生怕再有闪失，赶紧派人前往纥石烈志宁军中询问情况。纥石烈志宁虽然兵少，却信心十足，他只告诉使者："这一战还请陛下不要担心，我此去必胜，唯一担心的只是李显忠跑了而已。"金世宗见纥石烈志宁这么自信，渐渐放下心来。

纥石烈志宁率军到达时，李显忠如往常一样正在饮酒作乐。就在这时，只听有士兵来报："李将军，大事不好了！金军前来攻打宿州了！"李显忠眉头一皱，问："来了多少金军？"那士兵答道："大概有一万人。"李显忠听后就笑了起来："才来了区区一万人，简直就是来送死的，我们有十万大军，十个人对付一个金人，简直易如反掌。"括里也问道："不知道领军的金军大将是谁？"那士兵就将旗帜形容了一番，括里的脸色一下子就变了："来的肯定是纥石烈志宁，就算他手下兵马只有一万人，也千万不要轻视他。"括里等人此前就在纥石烈志宁手下吃过大亏，自然知道他的厉害，不过李显忠不知道，也根本没将括里的话听进去。李显忠的自负，将让他付出惨重的代价。

纥石烈志宁的反击

纥石烈志宁到达宿州城下后，立刻展开了部署。他让小股部队带着大批旗帜驻扎在宿州西面，作为疑兵麻痹城里的宋军；又让部分兵马驻扎在宿州南面；他则率领主力大军驻扎在宿州东南面，防止宋军跑路。实际上李显忠一点儿跑路的想法都没有，他更想击破外围的金军，不过李显忠还是被纥石烈志宁在城外的疑兵欺骗了。他看到城西遮天蔽日的军旗后，还以为金军主力都在城西，这样一来，那东南面肯定没多少兵马了。李显忠这么一想，作战方略也就出来了，他打算先把薄弱的东南面的金军歼灭，然后再集中力量对付西面的金军主力。

李显忠知道邵宏渊等人不愿意配合，再加上他觉得金军不多，索性不理会邵宏渊等人，自己率领本部人马出城迎战。李显忠虽然瞧不上金军，但毕竟是百战之将，他深知宋军野战能力不如金军，便先让几万步骑兵在城外背靠城墙列阵，这些人全部手持盾牌摆出防守阵形，同时在外围用行马阻挡金军进攻。与此同时，李显忠暗中派出三千兵马，偷偷从东门潜出，准备绕到金军后方，来个前后夹击，将金军击溃。

如果东南面的金军真是小股部队，那么李显忠的计划就成功了，只可惜他面对的是金军主力。在李显忠看来，三千人马足够从后面击破金军了，但实际上远远不行。这支人马刚绕到后面就被金军万户蒲察带人击溃，更糟糕的是，前方的防守阵形也顶不住了。金军先锋是猛将夹谷清臣，他率领所部一路前进，先毁掉行马，然后与宋军短兵相接，一番厮杀下竟然让宋军节节败退。宋军众将士的想法和李显忠一样，都以为是一次简单的任务，没想到金军这么强悍，他们居然怎么也抵挡不住。纥石烈志宁一看夹谷清臣占据了上风，立刻率领其余将士杀入宋军阵中。一番交战之后，宋军大败，李显忠只得率领残部撤回城中，金军一直追到城墙边上才返回。

宋军明明占有人数优势却被金军击败了，李显忠异常愤怒，他将从城外逃回来的几位败将全部抓了起来，准备择日处斩。这么一来，不少将领都害怕了，统制常吉惧怕之下索性一不做二不休，出城投降了金军。从常吉口中，纥石烈志宁终于知道了城内宋军的虚实。李显忠并不知道这一切，他将失败的原因归结为宋军没有全部出动，于是找到邵宏渊，想让他第二天一起出战。但邵宏渊怎么可能听李显忠的，他根本毫不理会。

无奈之下，李显忠第二天只得再次集结自己所能调集的宋军一起出城迎战，他将骑兵放在前面，步兵放在后面，准备与金军决一死战。至于邵宏渊，依然在城头看热闹，他还忍不住说起了风凉话："这么热的天，就算是拿着扇子给自己扇风都忍受不了，更何况还要在大太阳底下身穿盔甲与敌人厮杀，李将军也太不体恤士卒了。"城里的宋军一听，更加不想作战了。

没有邵宏渊等人相助，李显忠显然不是金军的对手。金军的先锋依然是猛将夹谷清臣，他率领骑兵当先将宋军的数千骑兵击溃，然后直接杀入宋军阵中，纥石烈志宁也率领大军继进。很快，宋军再一次兵败如山倒，所有兵将向城门处蜂拥而入，希望能够逃过一劫。这种情况下，无论李显忠怎么喝止都没有用了，宋军只想入城。

因为宋军实在太多了，竟然把城门都堵住了，其余人没有办法，只得从城墙上爬。金军就轻松多了，他们站在城外的壕沟边上，拿着弓箭就向城墙、城门的宋军射击，宋军挤在一起，全成了活靶子。最终，李显忠总算率领残部逃回了城内，但一点算军队数量才发现损失巨大，光骑兵就折损了一万五千人，除此之外还有三万步兵。

兵败的后果就是宋军更加没有作战意志，人人自危，很多人都想跑路了。当天夜里，中军统制周宏播鼓召集所部兵马，他声称金军已经入城，然后带着本部人马当先出城逃走，邵世雍和刘侁（shēn）一看局势不对，也跟着一起逃走。有了周宏开先河之后，宋军的逃跑风潮便再也遏制不住了，统制左士渊、统领李彦孚、殿司前军统制张训通、马司统制张师颜、池州统制荔泽、建康统制张渊先后率领本部人马逃走。

纥石烈志宁并没有追击逃跑的宋军众将，他的目标是还在城里的李显忠。眼看这么多人跑路，纥石烈志宁自然不会错过机会，他立刻令金军对宿州展开猛烈的攻击。李显忠所部原本就损失惨重，守城变得异常艰难，有二十多个金军甚至从东北面爬上了城墙，李显忠亲自带人抵御才成功将这股敌人斩杀。在李显忠的拼死抵抗之下，总算暂时击退了金军。

李显忠知道光靠他自己想要守住宿州是不可能的，还是需要邵宏渊出兵支援才行。他只得再次找来邵宏渊，告诉邵宏渊："虽然我军之前败了，但只要齐心合力，还是有机会反败为胜的。如果各路宋军形成掎角之势，从城外掩杀而来，我们再从城内出兵夹击，肯定可以全歼金军。只要生擒纥石烈志宁，很快就能够收复河南之地。"

邵宏渊对此毫无兴趣，他只回道："我听说金军派了二十万大军前来，很快就要到了，假如我们再不撤退，只怕要完蛋了。"李显忠一听便知道邵宏渊没有兴趣再坚守宿州了，但是光靠他自己的兵马肯定是守不住的，无奈之下，他只得叹息一声："这大概是老天爷不让我们平定中原吧，不然怎么会这么阻挠我们呢？"

当天夜里，李显忠和邵宏渊等人便打开城门，偷偷向着宋国狂奔而去。到了第二天，纥石烈志宁才发现李显忠等人已经跑了，他当然不会就这么放李显忠等人跑路，于是让夹谷清臣和张师忠率军前往追击。夹谷清臣等人一路狂奔，终于在淮水边追上了宋军。逃跑的宋军没有丝毫反击之力，当场就被杀得溃败，光被斩杀的就有四千多人，掉到淮水中被淹死的更是不计其数。李显忠和邵宏渊等人跑得比较快，倒是都成功渡河而去。金国此时并没有发动全面战争的实力，所以也没有再渡河继续追赶宋军。

　　符离之败后，宋孝宗的雄心壮志大受打击，在主和派汤思退等人的攻击下，张浚再度被免去宰相之职，宋金双方也再度达成议和。宋隆兴二年（金大定四年，1164 年），宋金达成隆兴和议，双方不但回到了绍兴和议时期的局面，宋国还将此前占领的海州、泗州、唐州、邓州、商州全部还给了金国，宋孝宗北伐的梦想也就此落空。

第十章

虎头蛇尾的北伐：

开禧北伐

韩侂胄的野心

南宋开禧二年（金泰和六年，1206 年），太师、平章军国事韩侂（tuō）胄正站在临安的墙头遥望着北方，自己派出的大军不断向北面进击，不久后他就能完成先辈没有做到的丰功伟绩——夺回开封。

自隆兴和议之后，宋金之间已经四十多年没有发生过战争了，韩侂胄之所以要再次北伐，很大程度是因为他想建立一番丰功伟业，为自己换来政治上的资本。韩侂胄虽然是北宋名相韩琦的曾孙，但以恩荫入仕后混得非常一般，后来在绍熙内禅时，他仗着自己是吴太后的外甥，参与了拥立宋宁宗的行动，因此逐渐被宋宁宗重用。

绍熙内禅时，韩侂胄自认为有定策之功，肯定能够出任要职。但宰相赵汝愚认为韩侂胄只是一个外戚，算不上有什么功劳，于是只给了他一个宜州观察使的职务，这让韩侂胄心中非常不满。后来，韩侂胄凭借宋宁宗的宠信，屡屡打压赵汝愚等人，导致赵汝愚被贬到永州（今湖南零陵）病死。这还不算完，韩侂胄打倒赵汝愚后，又将打击范围扩大到赵汝愚的亲信和理学上面，这便是著名的"庆元党禁"。

庆元党禁虽然让韩侂胄打垮了敌人，但也让他失去了人心，他便想借助对金国的战争获得更多人的支持。在韩侂胄的主持下，宋宁宗开始了对秦桧等已故主和派的清算行动，不但岳飞等人受到了追封，多年来被贬的辛弃疾等主战派也得以被重用。然而光做到这些还不够，韩侂胄更想北伐建功，为自己成就万世之名。

　　韩侂胄想要北伐，还有一方面原因，那就是北面金国的衰落。完颜亮死后，金世宗完颜雍开创了"大定之治"，使金国得到了空前的发展。金世宗死后，因为太子完颜允恭早死，便由孙子完颜璟继承皇位，这就是金章宗。

　　金章宗在位初期，延续了祖父时期的政策，使得国力进一步增强，开创了"明昌之治"。然而随着年龄渐长，金章宗开始沉湎酒色，整天忙着和一帮文人饮酒作诗，朝政逐渐废弛。偏偏这一时期，北面的蒙古越来越强大，金人屡屡吃亏，金国开始走向衰落。正所谓"福无双降，祸不单行"，泰和年间，金国境内频频发生黄河水灾，不但让中原地区遭受了巨大的破坏，还将金国的国库耗得一干二净。正是在这种情况下，韩侂胄才想要趁火打劫，北伐收拾金国。

　　可惜，韩侂胄只看到了金国的衰弱，没看到宋国其实也已经衰弱不堪了。宋国最大的问题就是没有优秀的军事统帅，现在的宋军比隆兴年间更加不堪一击，靠这些宋军去北伐，显然是不现实的。宋国内部反对的声音也不小，谏议大夫李大异、杨辅、傅伯成等人都曾上书反对北伐，武学生华岳更是请求宋宁宗斩了韩侂胄、苏师旦等主战之人。这些人的声音自然入不了韩侂胄的耳朵，他们全被韩侂胄打压下去了。不只是这些人，宰相钱象祖也因为反对北伐最终被免职，就连韩侂胄颇为看好的江淮宣抚使丘崈（chóng）也反对北伐。

　　韩侂胄最先找到商议北伐的人就是丘崈，结果丘崈听完后脸色就变了，说道："中原陷落到敌人手中已经快一百年了，于我而言肯定是一天都不会忘记的耻辱，但贸然北伐不可行。战场之上兵凶战危，一切都是未知数，如果我们现在北伐，谁胜谁负难以预料。万一我们败了，谁来承担这个责任？提出北伐的人必定心存侥幸，想着成功后获得的利益，却根本没有考虑过风险有多大，这种人应该早点赶走才对，不然肯定会误国误民。"韩侂胄听后就不高兴了，于是不再理会丘崈。

　　但还是有人支持北伐的，除了辛弃疾等主战派之外，还有郑挺、邓友龙这样的跟风之辈。在他们的劝说下，韩侂胄最终力排众议，下定决心北伐。

韩侂胄的动静闹得实在是太大了，连整天忙着饮酒吟诗的金章宗都听到了风声，他赶紧召集群臣商议："现在宋国是韩侂胄当权，看他的举动好像是要进攻我们，你们觉得呢？"完颜承晖等人倒是信心十足，立刻回答道："宋国屡吃败仗，他们怕我们进攻还来不及，怎么敢违背盟约和我们开战呢？"

完颜匡不同意，他反驳道："你们看看韩侂胄刚刚设置的忠义保捷军是什么意思，这取的是宋太祖开宝、宋真宗天禧纪年的意思，哪有半点忘记中原的意思，他肯定会前来进攻。"另一位大臣通吉思忠也站了出来，认为宋国很可能会背盟。金章宗不敢大意，他立刻任命仆散揆（kuí）为河南宣抚使，让他统率河南各路大军以防宋军进攻。

有意思的是，仆散揆到汴京坐镇以后，竟然被宋人给骗了。当时韩侂胄为了准备北伐，曾经在边境大肆招募兵马，这引起了仆散揆的怀疑，他赶紧派人前往临安，指责宋宁宗想要背盟。宋廷这边很快就给了回复，他们声称招兵买马只是边境大将自己搞出来的事情，朝廷已经将搞事的将领免职了，招来的兵马也已经解散了。至于是不是真的解散了，仆散揆就不知道了，他虽然相信宋人不敢背盟，但心里还是有一丝怀疑。

就在这时，有一个人找上了仆散揆，此人名叫苏贵，是虹县的一个平民，他给仆散揆带来了一个消息："根据我这段时间的观察，宋国增加边境的戍卒是为了防备盗贼，只是听说您到了汴京，害怕您率军南下攻宋，才不敢将边境增加的人马撤掉。不过，宋人增加的戍卒一点儿战斗力都没有，他们连盔甲、兵器都不齐全，所需军粮也都是自备，不少人都因此饿死了，所以根本不足为惧。"仆散揆听后大喜，仅有的一丝怀疑也消散了。仆散揆又上当了，这个苏贵其实早已经被殿前副都指挥使郭倪和濠州守将田俊迈收买了，这番话完全就是忽悠仆散揆的。

可笑的是仆散揆并不知道自己上当了，他还特意将情况报告给了金章宗，表示宋国根本不会北伐。金国众臣听到仆散揆传来的消息后，态度一下子就变了，他们再也不想宋国背盟不背盟的事了，反而想乘机派兵南下收拾宋国。金章宗知道本国的情况，再加上两国和平了四十多年，他也不想妄自开战，便拒绝了众臣的请战。恰在此时，出使宋国的纥石烈子仁回来了，他也告诉金章宗宋国那边没有异常举动。

金章宗也不知道宋国到底是个什么情况，就找来了完颜匡："你此前说宋国肯定想要背盟，现在纥石烈子仁带回来的消息却是宋廷没有任何异动，这是怎么回事呢？"完颜匡一听就尴尬了，只好说道："我觉得纥石烈子仁带回来的消息应该是真的。"金章宗听完就不高兴了："你之前可不是这么说的，怎么一下子就变了？"完颜匡赶紧解释道："纥石烈子仁长期为国家守卫疆土，不愿意妄自开战，但我觉得有备无患，这就要看陛下如何决断了。"连完颜匡都改了话，金章宗便也不再担心宋国会北伐了，直接将仆散揆和河南地区新增的驻军全部撤了回来。

虎头蛇尾的北伐

开禧二年四月，宋宁宗正式下达命令，宋军开始行动了。他任命薛叔似为兵部尚书、湖北京西宣抚使，邓友龙为御史中丞、两淮宣抚使，吴曦为陕西、河东路招抚使，郭倪为山东、京东路招抚使，赵淳为京西北路招抚使，皇甫斌为京西北路招抚副使，从各个方向对金国发起了进攻。

遗憾的是宋国保密工作做了那么久，竟然在关键时刻暴露了，金国这一次建功的，就是此前声称宋廷没有准备背盟的纥石烈子仁，他发现皇甫斌竟然集结了四万大军准备攻打唐州，还有三万大军准备攻打邓州。

金章宗得到消息后大吃一惊，他赶紧展开部署，让南京副留守兼兵马副都总管纥石烈毅率领郑州、汝州、阳翟等地的兵马驻扎在昌武，河南路副统军图克坦铎率领亳州、陈州、襄邑等地的兵马驻扎在归德，纥石烈执中率领山东西路的七千兵马驻扎在大名府，河南统军使纥石烈子仁则率领大军驻扎在汴京作为策应，与此同时，金章宗又从河北东、西路调派了一万七千人南下增援。

做好了防御工作后，金章宗心头依然气愤难当，他摆明了被宋国君臣给耍了，要是不报仇根本咽不下这口气，于是他再度召集朝臣，准备来一次南征教训教训宋宁宗。因为宋国这边态度转变得实在太快了，让金国很多大臣都有些转不过弯来，很多人都不相信宋国居然真的敢出兵来犯。左丞相崇浩、参知政事贾铉（xuàn）也不敢相信，他们说道："宋国边境的士兵顶多干些偷鸡摸狗的勾当，怎么可能主动进攻？"

还是尚书左丞仆散端脑子清醒，他反驳道："如果只是偷鸡摸狗的小贼，那肯定是昼伏夜行，怎么可能敢大白天就出来列阵，此前的消息肯定是宋国故意放出来欺骗我们的。如果现在不提前展开部署，等到宋军大举来犯，我们肯定就落入他们的圈套了。"金章宗也是这么想的，他再次将仆散揆派到汴京，让仆散揆统率各路兵马，分别镇守要害之地。

就在金国调兵遣将做防御的时候，宋军已经开始行动了，与隆兴北伐一样，最先开打的依然是淮西之地。隆兴北伐时，邵宏渊曾率军从泗州出发向北面进攻，然而，因为隆兴和议，泗州早已经还给了金国，此时，泗州反而成了阻挡宋军北伐的要地，于是郭倪派武节郎毕再遇和镇江都统陈孝庆两人率军前去攻打泗州。

毕再遇是宋军之中难得的猛将，祖籍在山东兖州，他父亲毕进曾经加入过岳家军，是岳飞手下的一员大将，长期以来一直在江淮地区作战。毕再遇长大以后，也跟随父亲的脚步进入军中，他勇猛绝伦，尤其擅长射箭，能拉开二石七斗的强弓，反手能拉开一石八斗的弓，徒步能射二石，骑马能射二石五斗。自从军后，毕再遇便一直以勇猛闻名于宋军，所以这一次郭倪才挑选他作为先锋。

毕再遇早就想为国家建功立业了，他接到命令后，便毫不犹豫地整军出发了。不过在出发之前，毕再遇向郭倪提了一个要求，希望能派给他一些新招募的敢死军作为前锋。敢死军中全是宋军勇士，毕再遇自然希望能用这些人建功立业，郭倪很快就拨给了他八十七个人。

因为金国已经提前知道了宋军北伐的消息，所以等毕再遇等人出兵之时，泗州的守军早就已经关闭了交易的榷（què）场，并堵塞了城门，防止敌人来犯。毕再遇接到这一消息后，立刻就明白宋军北伐的消息已经泄露了，他赶紧告诉陈孝庆："敌人只怕已经知道我们出师的日子了，兵法上讲究出奇制胜，我们不如提前一天出兵，打敌人一个措手不及。"陈孝庆听后大为赞同，立刻答应提前出兵。于是毕再遇便召集全军将士，拿出酒肉提前犒赏了他们一番，然后直奔泗州而去。

当时泗州分为东西两个城，这两个城为掎角之势，只要攻打其中一城，另一城必定会出兵救援。毕再遇到达泗州后，没有立刻发动进攻，他首先想了个办法打破两城的掎角之势。在毕再遇的策划下，宋军将所有的旗帜、舟楫全部排列在城外的石墩下面，摆出将要进攻西城的样子。

西城守军一看宋军要来攻击了，立刻抓紧时间加固城防，严防宋军进攻，而实际上，毕再遇正带着宋军主力从陡山直奔东南角，猛攻泗州的东城。原本宋军来得就比较早，金军根本没有多少防备，再加上东城守军以为宋军在攻打西城，就没有怎么戒备，猝不及防之下竟然很快就被宋军登上了城墙。城墙一丢，东城也就守不住了，金军战死数百人后只得打开城门向北逃窜。

因为东城被攻陷得太快了，西城竟然还没反应过来，毕再遇没有对西城发起进攻，而是将自己的大将军旗立在城外，然后让人到西城城下大喊："大宋毕将军在此，你们都是中原的百姓，赶快出来投降！"还真别说，城里不少汉人都十分感动，纷纷出城投降，很快，就连淮平知县也出城投降了。这种情况下，金军再想坚守已经不可能了，他们只得丢弃西城，也向北面逃去。

毕再遇为宋军北伐打了个开门红，郭倪十分高兴，他立刻派人送去刺史的牙牌，准备将毕再遇提升为刺史。没想到，毕再遇竟然拒绝了，他说道："国家在黄河以南共有八十一个州陷于敌人手中，现在只夺回了泗州两城就得到了一个刺史的官职，以后还拿什么来封赏？更何况招抚自己手里的朝廷牙牌才几块，怎么够封赏呢？"在毕再遇的坚持下，郭倪最终取消了任命。

毕再遇打了个样，宋军后续进展也顺利起来，很快，江州统制许进就攻下了新息县（今河南息县），孙成攻下了褒信县（今河南息县包信镇），陈孝庆也拿下了虹县。一连串的胜利让韩侂胄大喜过望，他赶紧让宋宁宗正式下诏讨伐金国。比较尴尬的是，刚宣战不久，宋军就吃了败仗，江州都统王大节率军进攻蔡州，结果被金军杀得大败。

淮西方向，郭倪派出他的弟弟池州副都统制郭倬（zhuō）和主管军马行司公事李汝翼两人率军前往进攻宿州。不久后，宋军先锋的马军司统制田俊迈首先率军到达蕲县，直逼宿州城下。仆散揆这时已经升任左副元帅了，他接到消息后立即召集众将商议如何应对。

众将说道："宋军来势汹汹，又刚刚取得胜利，现在正面与他们交战实在是不明智，不如先放弃宿州，等待后续各路大军到达后再行反攻。"仆散揆不同意，他反驳说："符离、彭城是齐鲁地区的屏障，如果我们不守符离，那肯定也守不住彭城，一旦彭城陷落，那齐鲁也就危险了。"符离即宿州，彭城则指徐州，仆散揆的意思便是要坚守宿州、徐州，以阻挡宋军继续北进。在仆散揆的坚持下，最终，他派出纳兰邦烈和抹捻史扢搭两位将领，让他们带领三千精锐骑兵进驻宿州。

田俊迈是宋军中著名的勇将，此次北伐中多次作为先锋破敌，他听说金军援军到达后，立刻率军前往进攻。当时宋军有步骑兵两万人，数量远多于金军，但金军都是精锐，根本不惧怕宋军，他们在纳兰邦烈和抹捻史扢搭的率领下，与宋军在城外展开了激烈的交锋。在大战中，纳兰邦烈虽然身中流矢，但依然坚持奋战。最终抵挡不住的还是宋军，田俊迈没能击破金军，只得向后撤退。

不久后，郭倬和李汝翼也率领五万大军到达，宋军遂仗着人多将宿州重重包围起来。然而城里的金军也不是好对付的，他们用弓箭不断在城头射击，竟然逼得宋军迟迟无法破城。宋军运气实在不好，这段时间刚好赶上宿州下大雨，加剧了攻城的难度。随着时间推移，宋军不但没能破城，反而越来越疲惫。

宋军的疲惫早已经落入了纳兰邦烈眼中，他便偷偷派了两百精锐骑兵从另外的城门潜出，绕到宋军背后发起了猛攻。宋军怎么也没想到后面会忽然冒出一股金军，猝不及防之下被打得阵脚大乱。抹捻史挖搭一看宋军乱了，立刻率军从城内杀出，一番激战之后，宋军大败，死伤数千人。

郭倬等人心知再打下去会更吃亏，于是连夜带着人撤退了，然而想撤退也不是这么容易的。在金军的追击下，宋军再次大败，郭倬等人只得率军退入蕲县，纳兰邦烈等人随后率领金军赶到。蕲县的宋军人数虽多，但在连续大败的情况下早已士气全无，根本不能抵挡金军。郭倬等人倒是想逃命，但金军全是骑兵，根本就逃不掉。无奈之下，郭倬只得派人前往金军大营，表示自己愿意拿出财物送给金军，让他们放自己一条生路。

郭倬没想到，纳兰邦烈等人竟然拒绝了，他们根本不要钱财，只提了一个要求：把宋军猛将田俊迈交出去。令人大跌眼镜的是，郭倬竟然同意了，他立刻带人将毫无防备的田俊迈绑了送到金军营中。纳兰邦烈等人倒是守信，他们立即撤军而回，放郭倬等人向南逃窜。

就在宿州兵败的同时，毕再遇也奉命率领四百八十个骑兵作为先锋北上攻打徐州，刚好在虹县碰上郭倬、李汝翼两人率领的败兵。郭倬等人当然不好意思说自己为了活命，将田俊迈卖给了金军，只好欺骗毕再遇道："宿州城外下起了大雨，我们作战失败，田俊迈被敌人生擒了。"毕再遇一听宿州方面败了，赶紧率军疾驰，赶到灵璧驻扎下来。

陈孝庆率军驻扎在附近的凤凰山，他也听说了郭倬等人兵败的消息，于是想要撤军而回。毕再遇听说后大吃一惊，赶紧将陈孝庆拦了下来："宿州之战虽然我军败了，但胜败乃兵家常事，怎么能因为一次战败就想着撤退呢？

我是奉了招抚大人的命令前去进攻徐州的，刚好借道路过这里，我宁愿死在灵璧的北门外，也不愿意死在灵璧的南门外。"

陈孝庆却是一叹："我也并不愿意撤军，只是招抚大人传来了书信，让我立刻撤兵而回，你不如跟着我一起撤吧！"毕再遇拒绝了，他说道："郭倬和李汝翼既然已经败了，那敌人肯定会尾随而来，如果我们一起撤退，肯定谁都走不掉，我还是留在这里殿后吧！"陈孝庆再次叹息一声，便独自领军南撤了。

毕再遇所料不错，陈孝庆刚走不久，金军就来了。这支前来追击的金军总共有五千多名骑兵，分两路向灵璧杀来。毕再遇手下只有四百多人，想要守住灵璧肯定是不现实的。毕再遇本身也没想过要守城，他只留下二十个敢死军士兵守卫灵璧北门，自己带着其余人马向金军发起了冲锋。

金军没想到宋军居然还敢反击，他们长途奔袭而来，人马俱疲，一时之间竟然被宋军杀得节节败退。毕再遇长期驻守两淮，很多金军都听说过他的勇猛之名，这时一看旗帜上写的正是一个斗大的"毕"字，吓得他们一边喊着"毕将军来了"，一边向北溃逃。

毕再遇可不想就这么放过金军，他手持双刀，亲自带人渡过淮水向北面追击，一路斩杀了很多金军，鲜血将盔甲都染红了。金军中还是有人不信邪，一个手持双铜的金将骑着高头大马，找上毕再遇单挑。毕再遇也不客气，他一刀隔开铜，另一刀一下就将金将斩杀。这个金将一死，金军跑得更快了，毕再遇率军追击了三十多里才返回灵璧。

借着毕再遇的这一场胜利，灵璧周围的各路宋军终于得到了喘息的机会，不过他们可没有留下来继续和金军作战的意思，而是乘机向南撤退。毕再遇没有撤退，反而独自留在灵璧，他想为其他友军殿后。一直等到宋军走出二十多里之后，毕再遇才开始撤退，不过在撤退之前，他还干了一件事——放火烧掉灵璧城。

当时正是白天，很多将领都不明白，他们赶紧问毕再遇："我们为什么不等到晚上放火，而要在大白天放火呢？"毕再遇回答道："如果是夜间放火，那敌人就可以借着火光窥探我军虚实，如果白天放火，则只会有烟尘阻挡敌人的视线。金军刚刚败过，不知道我们虚实的情况下肯定不敢追击，这样才能保障各路宋军安全撤退。"

果然如毕再遇所料，金军没有继续追击，他成功退回了泗州，就在这时，其他各路宋军的败报也传来了。皇甫斌率领大军攻打唐州，竟然被唐州刺史乌克逊鄂屯杀得大败；兴元都统制秦世辅率军到达城固县，还没有开打便因为全军大乱而被迫撤回；建康都统制李爽进攻寿州（今安徽凤台），也被寿州刺史图克坦羲击败；剩下的吴曦则是直接没有出兵。这种情况下，韩侂胄只得匆匆结束北伐。

金章宗的报复

宋宁宗这边不想玩了，金章宗却不想就这么算了，他可是准备好好教训宋国一顿。金章宗之所以要出兵，还有一方面原因，那就是坐镇四川的吴曦暗地里已经和金国勾搭上了。吴曦是名将吴璘的儿子，但为人野心勃勃，原本他早就被调离了四川，靠着贿赂韩侂胄的亲信陈自强才得以重返蜀地。其实不少人都察觉到了吴曦的野心，他们纷纷劝韩侂胄不要让吴曦回到蜀地，只可惜韩侂胄急于北伐，根本没有听从。

借着北伐的东风，吴曦很快就当上了四川宣抚副使，又受命节制兴元前线诸军，将兵权牢牢掌握在了手中。宋军北伐之时，吴曦不但没有出兵，反而暗地里和心腹们商量着要自封为蜀王。吴曦知道光靠自己想要对抗朝廷是不现实的，于是找上了金国。金章宗得知吴曦有异心，也想趁火打劫，便决定派大军南下讨伐宋国。

这年十月，金军正式兵分九路南下：仆散揆率领三万大军从颍州、寿州出发，完颜匡率领两万五千人从唐州、邓州出发，河南路统军使纥石烈子仁率领三万大军从涡口出发，左监军纥石烈执中率领两万山东兵从清河口出发，右监军完颜充率领一万关中兵从陈仓出发，右都监蒲察贞率领岐州、陇州的一万兵马从成纪出发，蜀汉路安抚使完颜纲率领蕃汉步骑兵一万人从临潭出发，临洮路兵马都总管石抹仲温率领陇右步骑兵五千人从盐川出发，陇州防御使完颜璘率领五千兵马从来远出发，九路大军分别从九个方向猛扑向宋国。

宋国这边也已经走马换将，此前作战不力的郭倬、李汝翼、李爽、皇甫斌、王大节等人都已经被贬。在得知金军南下后，宋宁宗紧急任命丘崈为佥(qiān)书枢密院事，让他渡江北上，都督江淮各军抵挡金军。当时宋军新败不久，士气不振，不少人都劝丘崈放弃庐州、和州等地，集中力量守卫长江一线，但丘崈没有听从。他说道："放弃两淮就等于是和敌人一起共有长江天险，一旦有所闪失，根本无法阻挡金军，要守长江必须先守两淮，我此行必定要和淮南共存亡。"正是在丘崈的坚持下，宋廷君臣才打消了放弃两淮的念头，转而增兵前往两淮防守。

最先拉开战局的依旧是淮西，金军在纥石烈执中的率领下，很快就从清河口渡过淮河，兵锋直指楚州。得知楚州被攻后，丘崈立刻让毕再遇率军前往增援。开禧北伐失败以后，毕再遇原本在泗州镇守，但随着各军相继失败，孤立无援的泗州注定无法坚守，毕再遇便奉命舍弃泗州，转而镇守盱眙。毕再遇前往增援楚州后，丘崈另外派段政、张贵两人防守盱眙。

没想到的是，金军得知毕再遇走后，便立刻猛攻盱眙，段政、张贵两人一触即溃，白白将盱眙丢给了金军。毕再遇这时候还没走多远，得知盱眙失陷后，他只得先率军收复盱眙，然后再前往楚州。就这么一耽搁，金军已经将楚州重重包围了。当时楚州城外的金军有七万多人，光靠毕再遇那点人马，想要解围无疑是痴人说梦，他只好另想办法救援楚州。

经过一番侦察，毕再遇发现当时金军的粮草大多囤积在淮阴，看守人马只有三千，同时还有三千艘运粮船停泊在大清河，毕再遇马上就有了主意。

他告诉众将:"敌军数量是我军的十倍有余,我们正面进攻的话肯定很难击破他们。为今之计只有靠计谋先扰乱他们。"众将都表示赞同:"将军此言有理,但不知如何扰乱他们?"毕再遇笑道:"先破坏敌人的粮草。"说完后他便开始分配任务,让部将许俊带着人连夜从小路赶往淮阴。

当天夜里,宋军人人衔枚到达淮阴,金军一点儿动静都没察觉到。因为是夜里,金军非常放松,很多人都已经睡觉了,根本没有严加防守。许俊自然不会放过这等机会,他立刻让所有人携带火种偷偷潜入,埋伏在五十多处粮车周围,等所有人都到位之后,以哨声为令,瞬间各处粮车都燃起了大火。守卫的金军猝不及防,以为是宋军大举来犯,吓得他们纷纷四散逃窜,许俊等人乘着火势向金军发起了猛攻,最终不少金军战死,乌古伦师勒、蒲察元奴等二十三人做了俘虏。

尽管毕再遇小胜了金军一场,但整体战局上,宋军仍然处于极度不利的局面。从唐州、邓州出发的完颜匡很快就攻下了枣阳(今湖北枣阳)、光化等地,逼得江陵副都统制魏友谅不得不向南逃往襄阳。京西北路招抚使赵淳无奈之下只得放火烧毁樊城,自己率大军死守襄阳。在西面的战场上,因为吴曦的不作为,蒲察贞先后攻下了和尚原、潊池堡、天水等地,并纵兵大肆抢掠宋国在大散关外的四州之地。

金军的主力仆散揆所部也在这时到达了淮水边上,他派人侦察测量后,发现八叠滩这里很容易渡河。为了防止宋军破坏渡水行动,仆散揆还要了个计谋,他派出小部队赶往下蔡,并在这里大张旗鼓地准备船只,声称自己要在这里渡河。奉命防守淮水一线的宋军将领何汝砺、姚公佐不知是计,还真以为仆散揆要从下蔡渡河,赶紧集中兵力前往防守。

仆散揆见宋军中计,立刻让完颜赛不和纳兰邦烈两人作为先锋,率领大军从八叠滩渡过淮水。何汝砺、姚公佐等人一下子就傻眼了,他们怎么也没想到金军居然会从其他地方渡过淮水。这下再想阻挡金军就难了,何汝砺等人索性带着大军直接向南逃跑,宋军在混乱之中完全溃散,不少人还没等遇到金军，就在自相践踏中死去。仆散揆乘机带着大军一路南下，先后攻下了颍口、安丰（今安徽寿县）、霍邱等地，随后将合肥重重围困起来。

随着时间的推移，战局对宋国越来越不利，信阳、随州、成州等地先后陷落，完颜匡率军围攻德安府，还分兵攻下了安陆、应城、云梦、孝感、汉川、京山等县。金章宗也没想到金军进展这么神速，他大喜之下给仆散揆重新下令，让仆散揆先经营两淮地区，如果宋宁宗肯称臣投降，那就划长江而治，如果宋宁宗不称臣，就直接渡江灭掉大宋。

在这一方针的指导下，仆散揆留下部将继续围攻合肥，自己则率大军猛攻和州。在和州城下，金军终于遭受了重大损失：金军猛将抹捻史挖搭在城下中箭身亡。抹捻史挖搭极为勇猛，又擅长使用长枪，在军中一贯被称为"长枪副统"。除了长枪之外，抹捻史挖搭还有一项绝活，那就是能用手甩短箭，他一般随身带着一百多支短箭，遇到敌人时就用鞭子扔箭或者直接用手甩出，百发百中。开禧北伐以来，抹捻史挖搭曾屡次大破宋军，这一次终究没能逃过。因为抹捻史挖搭的死，金军士气大跌，一时间竟然没能攻下和州。

就在这时，仆散揆得到了一个消息：在不远处的六合（今江苏南京六合区）驻扎着宋军一万五千名骑兵。这对金军而言无疑是一个巨大的威胁，仆散揆便派出右翼大军前往突袭六合，驻扎在六合的宋军根本没想到自己这么快就会被打，猝不及防之下被杀得大败，光阵亡的就有八千人，残部只得退入六合城中防守，金军随即进驻瓦梁河。瓦梁河是扼守扬州、真州等地的要冲之地，对于江北各路宋军的威胁极大，仆散揆又让大军沿着长江列阵，一时之间江淮各地震动不已。

眼看金军已经快要杀到长江边了，宋廷自然不能不救，当时，距离六合最近的便是驻扎在扬州的郭倪所部。郭倪这个人虽然本事不怎么样，却是志比天高，他以诸葛亮为榜样，一贯自诩为再世诸葛，为此他还特意在自己的扇子上题了一句诗，那就是唐代大诗人杜甫《蜀相》中的名句"三顾频烦天下计，两朝开济老臣心"。他虽然有过攻取泗州的成绩，但那是靠毕再遇的神

勇发挥，而他看重的弟弟郭倬不光兵败，还把自家的猛将田俊迈给卖了。郭
倪本人也搞笑了一把，他出征前还大宴宾客，搞得自己好像真是再世卧龙一
样。当时有一个叫陈景俊的人担任随军漕，需要在宴会结束前先走一步，临
别之时，郭倪来了句"木牛流马，就要靠你了"，众人一听都知道这又是在自
诩诸葛亮了，暗中窃笑不已。

郭倪得知六合危机之后，马上就让前军统制郭僎（zhuàn）前往救援，
只可惜郭僎也不争气，走到胥浦桥就被金军杀得大败。这下郭倪算是慌了神
了，他再也顾不得什么六合了，直接丢掉扬州便渡江而逃。郭倪也知道自己
这回肯定免不了要受处罚，便忍不住对身边人哭泣起来。一旁的法曹彭法心
头气愤难当，忍不住讽刺道："看你这样子，只怕是'带汁诸葛亮'吧！"郭
倪听后尴尬不已。

这位"带汁诸葛亮"指望不上，江北就危险了。金军在纥石烈子仁的率
领下，一鼓作气攻下了滁州，随即向南进攻真州。当时真州守军几万人都守
卫在河桥上面，防止金军渡河攻城。只可惜纥石烈子仁没有按常理出牌，他
根本就没有进攻河桥，而是暗中派人前去寻找水浅的地方，然后从水浅处渡
河，一下子就跑到了宋军的后面。这下宋军算是完了，他们大惊之下连抵抗
都做不到就四散而逃。在金军的追击下，两万多名宋军被杀，骑兵将领刘侹、
常思敬、萧从德、莫子容全部做了俘虏。这支河桥守军可以说是真州的主力，
全军覆没后，真州再也没有抵抗的力气，很快就陷落了。

真州失陷以后，江北的局面越来越危急了，关键时刻还得看毕再遇。毕
再遇这时候还在楚州城外与金军相持，他得知濠州、滁州相继陷落后，赶紧
召集众将商议："楚州这边城墙坚固，城内的守军也不少，现在城外金军的粮
草也被我们烧了，他们肯定难以攻下楚州，眼下最让人担心的还是淮西。金
军已经攻下了很多地方，而淮西之中又以六合为要冲之地，敌人肯定会大举
进攻，我打算前往救援六合，你们觉得怎么样？"众将自然没有意见，都同
意毕再遇前往六合。

当时，进攻六合的金军驻扎在距离六合二十五里外的竹镇，毕再遇便在金军进攻之前带人进入了六合城。毕再遇心知金军并不知道自己已经到了，便偃旗息鼓，带人埋伏在南门，又让弓弩手埋伏在城墙上准备射击。等金军走到壕沟前准备进攻时，毕再遇就下令让城墙上的弓弩手射击。一时之间，城头万箭齐发，金军猝不及防伤亡惨重，毕再遇乘机率军擂鼓出城，于城下大破金军。

不久后，驻扎在马鞍山、成家桥一带的十万骑兵在万户完颜蒲刺都、千户尼庞古的率领下再度进攻六合，他们仗着人多将六合重重包围，还想烧毁堤塘木，决开堑壕的水，结果在宋军强弩的射击之下，再度大败而回。一个小小的六合居然这么难打，纥石烈子仁坐不住了，他亲自率军猛攻六合。毕再遇虽然在城内屡屡打退敌人的进攻，但也遇到了一个严重的问题：箭矢没了。每次金军进攻，宋军都依靠弓箭射击敌人，消耗了这么久，自然撑不住了。

毕再遇苦思冥想，想出了一个办法，他让手下人打开青盖在城头来回走动。城下的金军一看青盖，还以为是宋军主帅在城头巡视，便纷纷用箭射击，一时之间城头竟然射满了箭矢，差不多有二十多万支，毕再遇便命人将这些箭矢全部收集起来，然后重新投入使用。这一手"青盖借箭"让宋军再次拥有了大批箭矢，也深深地打击了纥石烈子仁的信心，他再次从各处调集军队，绕着六合四面布阵，城外的金军营帐绵延长达三十里。

面对来势汹汹的金军，毕再遇不但不怕，还让人在城头奏乐，显得自己十分悠闲。与此同时，毕再遇又暗地里派出小部队屡屡袭扰城外的金军。到最后还是金军先坚持不下去，攻城攻不下，又被骚扰得觉都睡不好，纥石烈子仁也没兴趣再玩下去了，于是撤军而去。毕再遇却不想就这么算了，他竟然主动率军出城追击，抢下了六合城东面的野新桥，逼得殿后的金军不得不疯狂向北逃遁。毕再遇率军一路追击到了滁州，因为遇到了大雪天气才不得不返回。这一次，毕再遇可谓是收获良多，他缴获了金军一千五百三十一匹骡马、六百套鞍，以及众多的铠甲、旗帜。

　　六合解围后，毕再遇便着手帮楚州解围。当时金军已经围攻楚州三个月了，却迟迟无法破城，在毕再遇的率领下，各路宋军纷纷前往救援，金军只得撤围而去。不久后，仆散揆也因为两淮地区湿热，金军又久攻不下，主动率军从和州一线撤退，一时之间，东线再无战事。

　　虽然在东面战场上，宋军逐渐将局势稳定下来，但在西面战场上，局面反倒越来越不利了，问题就在于与金国暗中勾结的吴曦。前线的宋军将士在奋力拼杀，吴曦却始终在扯后腿。当时，宋军的兴元都统制毋思率军驻守在大散关，而吴曦率军驻守在鱼关，这两处关隘本来为掎角之势，但没想到吴曦竟然一声招呼都没打就独自撤退，将鱼关拱手让给了金军。这下，大散关的侧背就完全暴露在了金军面前，在金军的前后夹击下，毋思孤掌难鸣，很快就被击溃了，大散关就此陷落。

　　四川宣抚使程松这时候还在凤州坚守，他孤立无援之下只得派人向吴曦求援。吴曦倒也干脆，直接答应派三千骑兵前往救援，而实际上吴曦也就是嘴上说说而已，他本人已经打算投金了。不久后，吴曦便召集部将，然后告诉他们："这次金军来势汹汹，东南地区已经全面失守，陛下已经跑到四明（今浙江宁波市西南）了。现在看来大宋是完了，我打算就此投靠金国，为大家谋一条生路。"

　　众人虽然不知道吴曦说的是真是假，但都站出来反对，王翼、杨骙（kuí）之更是忍不住说道："你要是这么干，等于将你家八十多年来建立起的忠孝全丢干净了！"只可惜吴曦心意已决，死活听不进去，他很快就派兴州团练使郭澄献出仙人关，又让任辛前往金国，献出《蜀地图志》和《吴氏谱牒》。

　　金章宗得报后大喜，立刻封吴曦为蜀王。到了这时，吴曦才和程松摊牌，他派人告诉程松，说自己已经是金国的蜀王了，而金国想要阶州、成州、和州、凤州四州的土地，让程松主动滚蛋。程松本来就没什么能耐，一时之间竟然被吓得不知道怎么办才好。无奈之下，程松只得从米仓山一路向南逃跑，沿途经过阆州（今四川阆中）到达重庆。害怕吴曦杀害自己，程松竟然厚着脸皮写信称呼吴曦为"蜀王"，到了重庆以后，程松继续一路顺江出三峡，过了三峡以后，他才忍不住哭了起来："我终于保住脑袋了！"

实际上吴曦可没空理会程松这号人物，他正忙着给自己建行宫呢！与此同时，为了讨好金章宗，吴曦立即派人将四州土地割让给了金国，双方以铁山为界。吴曦的倒行逆施让四川的宋军将士异常愤怒，他们在暗地里开始策划收拾掉吴曦，然后重归大宋。兴州合江仓官杨巨源就是其中之一，他暗中和吴曦的部将张林、朱邦宁以及义士朱福等人联系，准备找机会除掉吴曦。这件事情很快就传到了一个叫程梦锡的人耳朵里，他便找上了另一个人——转运使安丙。

原本在吴曦称王之时，安丙已经接受了他中大夫、丞相长史的官职，但安丙内心依然摇摆不定，始终下不了叛宋的决心，无奈之下，安丙只好自称有病，整天躲在家里面。接到程梦锡的消息后，安丙也对诛杀吴曦感兴趣，便让程梦锡帮忙联络杨巨源。

杨巨源接到消息后，虽然前来见了安丙，但内心依然有所怀疑，便忍不住问道："既然先生心向朝廷，不知道为什么会接受逆贼丞相长史的职位呢？"安丙一听就哭了："那是因为众将不能一心诛灭逆贼，我一个文人能怎么办呢？现今必须要一个豪杰之士出面，才能够铲除逆贼。"杨巨源一听便放下心来，他告诉安丙："这件事如果不以先生的名号举事肯定不能成功，如果没有我的话也不能成事，所以我们必须联合行动才行。"安丙当然答应。

说来也巧，兴州中军正将李好义也准备除掉吴曦，他联络上了军士李贵、进士杨君玉、李坤辰、李彪等几十号人，大家一商量都觉得必须要推荐一个有威望的人作为领袖才行，结果找来找去也找到了安丙。就这样，李好义、杨巨源、安丙等人便联合起来，准备寻找机会除掉吴曦。

不久后，李好义带着七十四个人闯入了吴曦的王宫之中，一边走一边大喊："我奉了朝廷的密诏，要以安长史作为宣抚使，让我们跟随安长史一起除掉叛贼，有敢反抗的一律灭族！"宫中原本有吴曦的一千多名卫士，但这些人心里对叛宋一事都非常不满，一听李好义的喊话便立刻四散而逃。吴曦见大势已去，也想逃走，结果却被李贵等人斩杀。可叹吴曦为了做蜀王把吴氏八十多年的威名全毁了，结果才做了四十一天蜀王就被杀了。

吴曦死后，阶州、成州、和州、凤州四州的土地先后被宋军收复，气得金章宗大骂完颜纲："吴曦投降后，你就应该占据仙人关，帮助吴曦控制蜀地，结果你不但不占关，反而向后撤退，这才给了安丙可乘之机，造成了今天这种局面！"

然而，再怎么骂完颜纲都已经于事无补了，金军只得撤军而走。与此同时，因为仆散揆病死，东面战场也逐渐转入了谈判阶段。不久后，韩侂胄被史弥远等人杀死，首级被送到金国，宋金双方再度达成和议，这就是嘉定和议。嘉定和议以后，宋金双方又一次实现了数年的和平。

第十一章

漠北黄雀：

成吉思汗三次攻金之战

前尘旧恨

金卫绍王大安三年（蒙古成吉思汗六年，1211 年），铁木真一马当先，沿着克鲁伦河向南疾驰，紧随其后的是十万盔明甲亮的蒙古骑兵。自起兵以来，铁木真已经扫平了蒙古高原上的各个部落，成了蒙古高原上的最高统治者，现在，没人敢叫他铁木真，因为他是蒙古高原上独一无二的成吉思汗！女真，六十多年了，俺巴孩汗的旧账，咱们也该算一算了！

俺巴孩汗是成吉思汗的祖先，金熙宗时期，俺巴孩汗前往金国进贡，却被金国人钉死在木驴上。除此之外，蒙古和金国之间，还有着无数血债，他们算得上是一对世仇了。

当初，完颜阿骨打率领女真部落强势崛起，平辽灭宋，入主中原，女真部落逐渐汉化，最终蜕变成一个中原王朝，也算是进入文明社会了。少数民族入主中原后汉化，北方必然就会兴起另一个少数民族取代其位置，作为新一代的"夷狄"，成为他的心腹大患，金国也逃不出这个规律。

当金国入主中原后，蒙古高原上立即崛起了另一支少数民族——蒙古。蒙古人其实是蒙古高原上各民族的统称，内部又分为乞颜、汪古、泰赤乌、克烈、弘吉刺等部落，互不统属，内耗严重。这些部落在互相争斗的同时，又经常挥军南下，劫掠金国。当时的金太宗完颜吴乞买正在与宋朝打仗，对蒙古人的骚扰行为颇为烦恼。

为了解除后顾之忧，金太宗派大将胡沙虎（即纥石烈执中，和日后的金国权臣胡沙虎并非一人）率军征讨蒙古，结果被蒙古人打得惨败，胡沙虎也因此葬送了性命。到这个时候，女真贵族才意识到蒙古人的战斗力竟然如此强悍，于是开始重视起来。

审时度势之下，金太宗派出金国的王牌大将完颜宗弼，再次率军讨伐蒙古。完颜宗弼经过一番苦战，也没能在蒙古人身上占到多少便宜，于是在边境修建长城，对蒙古部落采取守势。与此同时，金国开始笼络一些蒙古部落为自己效力，以保障边境的安全。汪古部没能抵挡住糖衣炮弹的攻击，就此投降了金国，成了金国对付蒙古部落的马前卒，而乞颜部就不太好笼络了。

为了杜绝后患，金熙宗时期女真人将乞颜部首领俺巴孩汗钉死在木驴上，以震慑蒙古部落。自金世宗时期开始，金国又对蒙古部落实行"减丁"政策，以三年为一个周期，对蒙古部落进行屠杀。在金国人的淫威下，蒙古人民进行了不屈不挠的斗争，结果遭到金国的残酷镇压，被迫向金国定期朝贡，奉金国皇帝为正统。而金国也对历任蒙古部落首领进行册封，以宣示自己的主权。

金熙宗大定年间，正是金国的盛世时期，此时的蒙古部落暗流涌动：乞颜部在首领铁木真的率领下逐渐强大起来，向蒙古高原上的其他部落发起了兼并战争。经过二十年艰苦卓绝的较量，铁木真先后击败王汗、札木合、脱黑脱阿（脱脱）、太阳汗等蒙古高原上的各大枭雄，兼并泰赤乌部、乃蛮部、克烈部等各个部落，统一了蒙古高原。

泰和六年，铁木真召集各部在斡难河畔举行大会，被推举为成吉思汗，意思是像海一样大的大汗。从此，蒙古结束了内耗时代，成了金国一个强大的对手，而此时的金国却正走向衰落。自金章宗完颜璟即位以来，穷奢极欲，腐化堕落，女真贵族已彻底丧失了尚武精神。

泰和八年（1208 年），完颜璟驾崩，即位的卫绍王完颜永济派遣使者前往蒙古部落，令成吉思汗拜受诏书。成吉思汗得知即位的是卫绍王后，哈哈大笑道："我还以为中原的皇帝只有天人才能当，想不到完颜永济这种人也能当，这种蠢猪皇帝，我为什么要拜他？"

原来，卫绍王完颜永济尚未即位时，曾前往蒙古部落册封过成吉思汗，当时的完颜永济唯唯诺诺，令成吉思汗无比鄙视。想不到时过境迁，此人竟然摇身一变成了金国的皇帝，看来这大金是真的没人了啊！从这时开始，成吉思汗就有了进攻金国的想法。有想法是好的，但想要实现，却还未到时候。此时，蒙古的首要进攻目标是西夏。西夏这个国家，自从金崇宗李乾顺时期与金国议和称臣后，已经许久没有出现在我们的视野中了。

金崇宗在位五十二年之后去世，是西夏历史上一位杰出的皇帝，他去世后，即位的李仁孝在位时间同样超过了五十年。李乾顺、李仁孝父子皆有着不俗的治国能力，西夏国也在他们统治时达到了巅峰。

李仁孝驾崩后，即位的李纯祐能力较差，发生了"任得敬分国"的叛乱事件，国势开始衰落。后来，李纯祐的堂兄李安全勾结李纯祐的母亲罗氏发动政变，废掉李纯祐自立为帝。李安全不仅昏庸无能，而且不知天高地厚，就此得罪了成吉思汗，招致成吉思汗的讨伐，蒙夏战争就此拉开序幕。

自泰和五年（1205 年）开始，成吉思汗先后三次发兵攻打西夏，重创西夏军队，俘虏了西夏将领高逸、嵬名令公等人，把李安全吓得肝胆俱裂，急忙将公主送往蒙古军营，并携带无数金银珠宝向成吉思汗求和。此时，蒙古人由于在引水攻城时操作不当，自己的军队被大水淹没，损失不小。成吉思汗见李安全求和，达到了战略目的，就此借坡下驴，率军班师，蒙夏战争暂时告一段落。

制服西夏后，成吉思汗开始策划讨伐金国的战争。他派出使者，以重金收买金人的马前卒汪古部。汪古部本就是有奶便是娘的主，先前投靠金国也不过是为了利益，此时见金国国势日衰，成吉思汗却逐渐壮大，哪还有拒绝的道理，于是又投入了蒙古大家庭的怀抱中。与此同时，成吉思汗还派遣亲信假扮成商人，前往金国刺探对方的虚实，并对蒙金边界的金国守军许以重金，进行策反。经过两年时间，成吉思汗已经将金国内部的情况摸得一清二楚，卫绍王的昏庸无能完全暴露在成吉思汗面前。

大安三年二月，成吉思汗召集诸部将领，在斡难河畔召开大会。在会上，成吉思汗回顾了金国人残杀蒙古人民的血海深仇，回顾了俺巴孩汗被害的悲惨一幕，斩钉截铁地向大家下达进攻金国的命令。大安三年秋，成吉思汗率领十万大军，沿着斡难河一路南下进攻金国，蒙金战争一触即发。

野狐岭歼敌

成吉思汗率领十万蒙古铁骑，浩浩荡荡杀奔金国，一路上，成吉思汗纵马奔驰，心中无比激荡：完颜永济啊完颜永济，咱们是该好好算一算两国之间的旧账了，你的祖先在我们蒙古人身上犯下的血债，今天就由你来承担吧！

卫绍王自即位以来，昏庸无能，耽于享乐，对蒙古十万大军入侵的消息一无所知。直到成吉思汗穿过长城防线，大军压境，卫绍王才意识到危险，匆忙任平章政事独吉思忠为主帅，率军前往中都以北的抚州（今河北张北县）、桓州（今内蒙古四郎城）、昌州（今河北沽源县境内）等地驻守，以阻止蒙军南下，并将西京（今山西大同）留守胡沙虎提拔为行枢密院事，以期他能为自己卖命。同时，卫绍王还任命参知政事完颜承裕为西北路行事，负责统筹全局，组织对蒙军的防御。完颜承裕一介书生，胡沙虎贪生怕死，独吉思忠则是无能之辈，卫绍王一下子打出这么三张臭牌，正应了成吉思汗对他的评价——愚蠢。

独吉思忠率军抵达前线后，马上紧锣密鼓地投入了备战工作中，他征发七十万民工，在西北边境修建了一条固若金汤的防线，这条防线绵延三百余里，将桓州、抚州、昌州等城池连成一片，可谓是十三世纪的"马奇诺防线"。独吉思忠将金国三十万大军分散布置在这条防线上，倒也颇为壮观。

知道了独吉思忠的布防情况后，成吉思汗笑得合不拢嘴，心想：有完颜永济这样的人当皇帝，部下自然也都是独吉思忠这样愚蠢的人了。你把三十万大军布置成一条数百里的防线，我攻打任何一处，都能一击而破，你的大军如此分散，能有什么作用？

成吉思汗迅速做出了决策，命令术赤、察合台、窝阔台统率三万大军攻打西京大同府，自己率七万大军攻打防线上的突破口——乌沙堡。金军虽然兵力占优，但是分散防守之下并不能形成合力，蒙军不费吹灰之力就攻克乌沙堡，并再接再厉拿下乌月营，独吉思忠的东方"马奇诺防线"完全成了摆设。

独吉思忠的行为在金廷中引起了轩然大波，在压力之下，卫绍王被迫解除了独吉思忠的兵权，由完颜承裕负责金军的前线事务。此时，金国的北部防线已经被突破，蒙古大军来去如电，随时可以一路南下，攻打中都。卫绍王吓得肝胆俱裂，急令完颜承裕放弃北部防线，率军拱卫中都。完颜承裕匆忙率金国大军撤出桓州、抚州等地，退至抚州南面的野狐岭（今河北张家口市万全区）驻守，打算凭借居高临下的险峻地形，抵挡蒙军南下。

抚州、桓州等地城防稳固，仓廪丰实，是非常坚固的军事重地。此时的蒙古人还没有太多攻城经验，又缺少攻城器械，面对桓州等地坚固的城防，只能采用在城墙下堆土的笨方法攻城，事倍功半。倘若完颜承裕能留下几万兵力驻守桓州、抚州，那么成吉思汗南下进军就会随时有被金军腹背攻击的危险，到时候，金军有桓州与野狐岭的两股军队形成合力，蒙军的形势并不乐观。如今，完颜承裕主动放弃桓州、抚州的坚固城池，让蒙军完全没有了后顾之忧，成吉思汗率领七万蒙古大军，浩浩荡荡杀奔野狐岭。

退守野狐岭后，完颜承裕命令金军将士据险力守，自己却在盘算着抽身之策。他派人打探自野狐岭退往宣德府的路线，以便在军情不利时可以随时逃走。当地的豪族本来还想支持完颜承裕，却见他如此贪生怕死，遂转而与成吉思汗联络，准备向蒙古人投降。还未交战，完颜承裕就成了孤家寡人，这场战役的结果，已经没有悬念了。

战前，完颜承裕依然抱有侥幸心理，他派遣石抹明安为使者，前往蒙古军中向成吉思汗求和。石抹明安是契丹人，本就对金国没有归属感，蒙军刚突破桓州—抚州一线时，石抹明安就曾向完颜承裕建议派轻骑偷袭蒙军，打对方一个措手不及，却被完颜承裕拒绝。自此，石抹明安开始心灰意冷。这时又看到完颜承裕提前为自己找好了逃跑的退路，心中已经完全失望了。借着前往蒙军驻地求和的机会，石抹明安马上投靠了蒙军，并将金军在野狐岭的虚实全部告诉了成吉思汗。听到完颜承裕在野狐岭的布防情况后，成吉思汗哈哈大笑道："走了一个独吉思忠，又来了个完颜承裕。你将大军分散据守，不正是让我军各个击破吗？完颜承裕啊完颜承裕，你和独吉思忠又有何区别呢？"

抵达野狐岭后，成吉思汗却感到颇为棘手。完颜承裕分兵据守还是有一定道理的，野狐岭山势崎岖，蒙军的骑兵根本无法展开，金军步兵分散把守，居高临下，正是"一夫当关，万夫莫开"之势。如果强攻打消耗战，对方兵力是己方的数倍，自己万万消耗不起，这可如何是好呢？成吉思汗陷入了沉思。"大汗，正所谓'狭路相逢勇者胜'，如此局面，就让末将出战吧！"成吉思汗循着声音望过去，看到了一张熟悉的脸，正是自己手下的头号大将木华黎，成吉思汗表情凝重地点了点头。

木华黎挑选了一队精锐将士，将他们聚集到阵前，木华黎首先命令这队将士下战马，然后发表了一番慷慨激昂的讲话："安答们，'狭路相逢勇者胜'，今天这一仗，我们只许胜，不许败！我们只有舍去战马，与敌人步战，方能攻破对方的防线！别看金国有三十万大军，其实他们的兵力太过分散，我军只要攻破其中一处，他们自然会全军溃散。不破金军，决不生还！安答们，跟我冲啊！活捉完颜承裕，就在此刻！"木华黎以身作则，挥军杀向金军阵地。金军兵力分散，根本组织不起有效的防御，木华黎的军队如入无人之境，砍瓜切菜一般砍杀金军士兵。成吉思汗看到胜机，令旗一挥，数万蒙古铁骑全部下马步战，风卷残云一般扫荡金军的部队。

金军还没组织起像样的抵抗就溃散了，大将完颜九斤战死。完颜承裕见势不妙，率领数万残兵败将后撤，成吉思汗令旗一挥，蒙军对金军穷追不舍，完颜承裕率金军一路撤至浍河堡（今河北怀安旧城附近，浍音 huì）。浍河堡拥有大量防御工事，完颜承裕率军后撤至此地，凭借坚固的工事顽强死守，蒙军多次发动攻击，皆无功而返。

连续进攻受挫后，成吉思汗决定不再强攻，他指挥蒙军分散开来，将金军重重包围在堡中。浍河堡虽然拥有坚固的工事，却没有足够的粮草，完颜承裕的数万大军没有了粮草，饥肠辘辘，战斗力也在慢慢消失。

看到时机差不多了，成吉思汗令旗一挥，发动了对浍河堡的总攻击，浍河堡之战很快就结束了。金军由于腹中饥饿，早已没有了抵抗能力，这场战役完全是一场单方面的屠杀。完颜承裕几乎是光着屁股逃出战场，经宣德逃入关内，侥幸捡得一条性命。此时，成吉思汗做出了分兵的决定，他命令大将哲别率军东进，攻略东京辽阳府，自己则率军经宣德南下，直逼金国的都城——中都。

哲别率领的蒙古东路军势如破竹，一路攻占辽阳府，在大肆劫掠一番后心满意足地返回，成吉思汗率领的主力军队则迅速南下，进攻中都。完颜永济吓得腿都软了，当场就要逃往汴京，在朝廷大臣的强烈反对下，方才勉强留下来主持中都的防务。因为此时的蒙军没有太多攻城经验，所以围攻了数日都没有什么进展，成吉思汗便率军在中都附近劫掠了一番，抢得心满意足后方才率军北返。

再说西路军，由术赤、窝阔台、察合台率领的蒙古西路大军，连续攻占了奉州、朔州、忻州、代州（今山西代县）等城池。由于野狐岭之战的失利，金国将士谈蒙色变，听到蒙军进攻的消息后，几乎没有任何抵抗就弃城逃走。术赤等人率军在河北、河东纵横驰骋，一直打到了西京大同府。金国西京留守胡沙虎闻听蒙古大军来袭，吓得肝胆俱裂，悄悄溜出城门逃往中都。主帅一走，西京城中的金军顿时作鸟兽散，蒙军兵不血刃便拿下了西京大同府。成吉思汗对金国的第一次讨伐就此结束。

在这次战役中，我们可以看到，经过百年的腐化，金国统治者已经完全没有了开国时的锐气和进取之心，卫绍王昏庸无能，手底下的将领也都是独吉思忠、完颜承裕这样的无能之辈，导致金军在对蒙战争中一败涂地。

但是，此时蒙军攻城经验欠缺，攻城器械匮乏，也导致蒙军在攻打中都这样重兵防守的坚城时并不顺利，虽然哲别攻下了东京辽阳府，但并不是强攻得手的，而是采用突袭战术一击奏效的。也多亏了完颜承裕、胡沙虎等人主动放弃桓州、抚州、大同府这些坚城，否则蒙军这次的攻金行动绝对不会这么顺利。第一次攻金满载而归，让成吉思汗尝到了甜头，很快他将发动对金国的第二次攻击。

西京围城

成吉思汗最近心情很愉快，去年自己率大军伐金，打败完颜承裕的三十万大军，为祖先俺巴孩汗报了一箭之仇，实乃人生一大快事。正所谓好事成双，伐金胜利的喜悦尚未完全冲淡，又一个巨大的喜讯从天而降：辽东地区爆发了以耶律留哥为首的契丹族起义，金国为了镇压起义，正大肆往辽东派遣军队，中原的防备十分空虚。如此天赐良机，正是挥军南下扫平大金国的绝佳时候！成吉思汗内心颇为兴奋，迅速调兵遣将，准备发动对金国的第二次征讨。

金卫绍王崇庆元年（1212 年）秋，成吉思汗再次集结军队讨伐金国。鉴于去年孤军深入，致使中都久攻不克造成损失，成吉思汗这次修改了自己的进军策略，转而求稳。

当时的蒙古军队尚没有占据中原的野心，成吉思汗统军伐金，更多是为了劫掠，而不是为了抢地盘。所以，去年的进攻结束后，成吉思汗并没有留下人来把守占领的城池，蒙军撤走后，西京大同府、东京辽阳府等城池立刻就被金军收复。

本次进军，成吉思汗吸取了去年冒进的教训，以求稳为主，将进攻的重点目标放在西京大同府。上次伐金时，术赤、察合台等人率领的蒙古西路军尚未抵达西京，金国西京守将胡沙虎就被吓破了胆，抛下城池，溜出门逃往中都。

胡沙虎逃到中都后，卫绍王不仅没有对他做出任何处罚，反而继续让他享受高官厚禄，此举令朝廷大臣极度不满。丞相徒单镒（yì）历陈众人的意见，多次进谏，才迫使卫绍王将胡沙虎贬官。但卫绍王似乎对胡沙虎一直念念不忘，很快又将胡沙虎调回中枢担任要职，徒单镒等人气得七窍生烟，却也无可奈何。完颜永济赦免胡沙虎，还以为胡沙虎会感恩戴德，为自己卖命。但他不知道的是，胡沙虎有一颗不安分的心，这颗心一有机会就将燃起熊熊火焰，最终将完颜永济烧为灰烬。

胡沙虎不再担任西京留守了，完颜永济很快就确定了西京留守的新人选，那就是抹捻尽忠。抹捻尽忠出身行伍，倒也算得上是一员身经百战的将领。胡沙虎担任西京留守时，抹捻尽忠时任西京按察使，对胡沙虎的消极行为十分不满。胡沙虎逃走后，抹捻尽忠马上上奏卫绍王，揭发胡沙虎的罪行，不料胡沙虎对他早有防备，派人在半路拦截了抹捻尽忠的奏章。

后来胡沙虎返回中都后巧言令色，竟然蒙混过关未受到任何惩罚，抹捻尽忠对此也只能徒唤奈何。虽然未能扳倒胡沙虎，但抹捻尽忠如今终于代替了胡沙虎的位置独当一面，内心深处也颇为兴奋。闻听成吉思汗大军来袭，抹捻尽忠厉兵秣马，组织城防工作，同时火速派人前往中都，向卫绍王求援。卫绍王虽然昏庸却不傻，接到抹捻尽忠的求救后不敢怠慢，急令大将奥屯襄率军驰援西京。奥屯襄率大军马不停蹄急赴大同府，这一边，抹捻尽忠已经组织好了大同府的防御，准备"迎接"蒙古大军的到来。

西京大同府，又称云州，是辽、金两朝在河东、陕西地区的政治中心。大同府东据太行山，西眺黄河，是一个战略要地。大同府历经辽、金两朝营建，城防坚固，仓廪丰实。但就是这样一座坚城，胡沙虎竟然不做任何抵抗就弃城逃走，其卑劣的人品和低下的能力暴露无遗。

　　知晓金军的部署后，成吉思汗当机立断做出了应对。面对奥屯襄率领的大军，成吉思汗并没有采用"围城打援"的固定套路，而是采取了"弃城打援"的方式。他率领大军马不停蹄地赶往大同府西北，在密谷口设下伏兵，静静地等待着奥屯襄"入瓮"。

　　奥屯襄接到任命后，立即率军火速赶往大同府。他知道，西京留守抹捻尽忠兵力不足，如果蒙古人攻占西京，势必会让本就不乐观的抗蒙形势雪上加霜。奥屯襄只顾疯狂赶路，完全没料到蒙军会伏击自己，就此进入了成吉思汗的圈套中。

　　奥屯襄率金军到达大同府西北的密谷口时，早已埋伏在此地的成吉思汗一声令下，蒙军伏兵四起，向金军发起了突袭。金军正在气喘吁吁地赶路，根本没有料到蒙军会伏击自己，一时间被打得措手不及，蒙古大兵如砍瓜切菜一般，对着毫无防备的金军一顿猛砍，金军顿时兵败如山倒，奥屯襄仓皇而逃，金国大军全军覆没。

　　大同城里的抹捻尽忠左等右等，没有等到奥屯襄的援军，却等来了蒙古的骑兵主力。得知奥屯襄全军覆没的消息后，抹捻尽忠不由得目瞪口呆：铁木真，你到底是什么魔鬼，怎么完全不按套路出牌啊？！面对这样一个战争魔鬼，抹捻尽忠内心惊惧不已。

　　成吉思汗的蒙古大军向大同府发起进攻后，抹捻尽忠发现自己多虑了。蒙古骑兵虽然野战无敌，却不擅长攻城，蒙军屯兵大同城下，向大同府发起了一次又一次的进攻，结果无功而返。抹捻尽忠信心倍增，站在大同府城头，指挥全军的防御工作。见蒙军没有想象中可怕，金国守军也信心倍增，浴血奋战，誓与蒙军死抗到底。

　　蒙军由于缺少攻城器械，攻城用的是土方法，他们将泥土堆积在城墙根下，踩着堆高的泥土向城墙攀爬。这种方法十分笨拙，蒙军一开始堆土，金国守军马上射出一阵箭雨，蒙古骑兵攻城多日，损兵折将，却毫无进展。

　　眼瞅着久攻不下，己方损失越来越大，成吉思汗急了，他纵马向前，站在城墙下指挥蒙军攻城。抹捻尽忠站在城墙上，遥遥望见一名气度不凡的蒙古将领似在指挥全军作战，他灵机一动，喊过一名弓箭手，嘱咐了几句。随后，弓箭手弯弓搭箭，射向蒙古将军，一箭正中目标！

这名蒙古将军正是在城下指挥战斗的成吉思汗，中箭后，成吉思汗只感到一阵撕心裂肺的剧痛，喉头一甜，一口鲜血喷了出来。连日来鞍马劳顿，加上大同城久攻不下导致急火攻心，他的精力早已消耗大半，中箭后，成吉思汗再也坚持不住，他令旗一挥，命令蒙古将士撤出战斗，率军返回。

成吉思汗对金国的第二次入侵就此结束。在这场战斗中，成吉思汗展现了自己不拘一格的用兵风格，兵行险招，弃身后的抹捻尽忠于不顾，集中兵力吃掉了奥屯襄的援军。但是，由于蒙军攻城的方法实在太过笨拙，最终在大同城下损兵折将，被迫撤军。这次进攻，蒙军可谓是得不偿失，除损兵折将之外，成吉思汗本人也被流矢射中，元气大伤。遭遇挫折后，成吉思汗开始反思蒙军的作战方法，吸取教训之后，很快他将再次对金国重拳出击。

中都剧变

眼见西京大同府即将被攻破，抹捻尽忠挺身而出，守住了大同府。卫绍王完颜永济不由得心花怒放：朕钦定的抹捻尽忠，最终没有辜负朕的殷切期望！完颜永济有点飘飘然了，觉得自己的识人之明可以和金太祖、金世宗等前辈相提并论了。谁说蒙古骑兵天下无敌的，还不是在我完颜永济手里吃了败仗？

为了纪念这来之不易的胜利，完颜永济宣布次年改元，定年号为至宁。完颜永济相信，在自己的英明领导下，大金国必然会一直安宁下去，传至千秋万代。完颜永济想不到的是，至宁年他注定无法安宁，面对蒙古骑兵的再次入侵，他将彻底走上一条不归路。

金至宁元年（1213 年）七月，成吉思汗集结大军，再次南下侵金。上次在大同府损兵折将，让成吉思汗无比窝火：好你个完颜永济，老夫原本只想攻略西京，让你在中都享享清福，想不到你竟然不识抬举，负隅顽抗，既然如此，我就满足你的心愿，前往中都见见你吧！

金军南下后，一路势如破竹，很快就攻入河北路境内。在成吉思汗的指挥下，蒙古骑兵连续攻克宣德、德兴，威逼中都。完颜永济此时倒是不慌不忙，上次西京的胜利，让他有了一些底气。面对蒙古大军来袭，完颜永济派遣右都监术虎高琪率领大军前去应敌，同时让左丞相完颜纲担任行省事，统率大军紧随其后进发，节制术虎高琪部。

看着术虎高琪远去的背影，卫绍王完颜永济信心满满：铁木真啊铁木真，上次在大同城下侥幸让你捡得一条老命，你竟然还敢前来送死，既然如此，朕就满足你的求死之心吧！

完颜永济，你可真是心里一点数都没有，上次抹捻尽忠凭借坚城侥幸取胜，你还真以为自己可以打败蒙古军队了？铁木真如果没有破解之法，岂敢再次前来？完颜永济，这次你的死期到了！

成吉思汗率领蒙古大军直奔怀来（今河北怀来县），在此地与术虎高琪率领的金军相遇，一场激战后，术虎高琪不敌，退守缙山（今北京延庆）。此时，行省事完颜纲火速统军前往缙山，增援术虎高琪。

完颜纲临出发前，丞相徒单镒劝他："术虎高琪在军中颇有威望，一定可以守住缙山的，你只需派兵增援他即可，倘若你亲自率军前往，势必会与术虎高琪在指挥权方面发生矛盾，到时候就误了大事了。"完颜纲微微一笑，心说：徒单镒啊徒单镒，虽然你有贤相之名，但说到底你只是个文官而已，区区书生，妄谈军事，真是可笑至极。我完颜纲身经百战，是令宋人闻风丧胆的名将，岂能不亲自前往坐镇指挥？术虎高琪不过一介莽夫，根本不是铁木真的对手。

完颜纲率大军昼夜兼程直奔缙山，与术虎高琪合兵一处，准备迎击蒙军的进犯。徒单镒的担心完全成了现实，完颜纲来到缙山后，与术虎高琪在指挥权的归属上产生了不少冲突。术虎高琪拥兵自重，完全把完颜纲的话当作耳旁风，而完颜纲部金军也对术虎高琪横眉冷对，两军不合，就此埋下了失败的种子。

很快，成吉思汗即挥军进攻缙山，金军互相猜忌，一盘散沙，刚接触就被蒙军打得大败。此时，完颜纲和术虎高琪不得不团结一致了，两人收拢队伍，退往居庸北口（居庸关前哨，即现在的八达岭），凭借险峻的地势死守。

为了阻挡蒙古骑兵的进犯，完颜纲和术虎高琪用铁蒺藜封锁关口，绵延数百里，形成了一道天然屏障。面对如此险关，成吉思汗不敢贸然进攻，反复思量之后，想出了一条妙计。成吉思汗留下小股部队继续驻军北口以北，遍布旗帜于山野中，做出千军万马攻打居庸关的假象，自己则率主力部队悄悄西进，经过飞狐口（今河北涞源）、紫荆关（今河北易县境内），直奔中都。

术虎高琪和完颜纲左等右等，始终不见蒙军攻关，派出斥候打探之后，才知道蒙军主力已绕道进攻中都。两人大惊失色，术虎高琪急忙率军前往阻截，行至紫荆关西北的五回岭与蒙军主力遭遇，一场遭遇战就此打响。战斗中，蒙军大将木华黎勇冠三军，率领蒙古骑兵大破术虎高琪，术虎高琪惶惶如丧家之犬般率领残兵败将逃出生天。五回岭之战胜利后，蒙军的东进之路已经畅通无阻了，在成吉思汗的指挥下，蒙军一路攻克易州（今河北易县）、涿州（今河北涿州），距离中都已经只有咫尺之遥了。

在涿州，成吉思汗派遣大将哲别抄小路偷袭居庸南口，哲别风驰电掣般抵达南口，不费吹灰之力即破关成功，哲别与北口以北的蒙军小股部队南北夹击，完颜纲无奈之下只能放弃北口，率军退守居庸关。就在完颜纲在居庸关负隅顽抗之时，一名信使历尽千辛万苦来到完颜纲军中，给他带来一封信——他儿子的亲笔信。在信中，他儿子只说家中发生剧变，请完颜纲立刻返回中都。完颜纲万般无奈，只得在安排好军中事务后火速赶往中都。来到中都后，他就得到了一个令人目瞪口呆的消息：中都剧变，完颜永济被杀！

当初胡沙虎从西京弃城逃走，完颜永济却未对其做任何处罚，很快，术虎高琪被任命为右副元帅，负责统领中都的武卫军，术虎高琪就此掌握了中都的禁卫军指挥权。蒙古大军兵临中都城下时，完颜永济多次命令胡沙虎率军应敌，岂料胡沙虎畏敌如虎，压根儿不敢出战，于是把卫绍王的话当作耳边风，每日饮酒作乐，不理军务。卫绍王气得七窍生烟，多次派使者前往军营叱责胡沙虎，胡沙虎大怒，打着清君侧的名义率军杀入禁宫，卫绍王瞬间从天子沦为胡沙虎的阶下囚。

胡沙虎废掉完颜永济，拥立完颜永济的侄子完颜珣为帝，自称监国都元帅，掌握了金国的朝政大权。为了解除后顾之忧，胡沙虎逼迫完颜纲的儿子给父亲写信，将完颜纲骗回中都，完颜纲刚回京，就被胡沙虎逮捕杀害。杀死完颜纲后，胡沙虎和完颜珣合谋，打算将卫绍王的女儿送到蒙营，向成吉思汗求和。还未等胡沙虎过完权臣瘾，胡沙虎就被术虎高琪杀死。摆脱了胡沙虎的控制，金宣宗对术虎高琪感恩戴德，提拔并重用他，就此为自己埋下了一个祸患。但现在金宣宗还没有时间考虑以后，他当前的任务是搞定蒙古人，让他们撤军。

此时的蒙古军队已经完全把河北、河东地区当成了自己的后花园。随着完颜纲的离去和术虎高琪的败退，金军已无力再与蒙军抗衡，成吉思汗令旗一挥，将蒙军分成三队攻略河北、河东的大片城池。河北、河东无数百姓在蒙古人的铁蹄之下，惨遭蹂躏。

在术虎高琪的支持下，金宣宗将完颜永济的女儿送往蒙军大营，向成吉思汗屈膝求和。看到自己的部队已经劫掠得差不多了，再加上也确实没有太好的办法攻破中都，成吉思汗选择见好就收，带着完颜珣赠送的大量金银珠宝以及卫绍王的女儿，率领各路大军班师回朝，成吉思汗的第三次攻金之战就此结束。

在这次战役中，成吉思汗吸取了上次攻略西京失利的教训，并没有全力攻打中都，而是分兵劫掠，在金国境内抢得盆满钵满，此举对金国河北、河东境内的经济造成了极大的破坏，导致黄河以北民生凋敝。

　　为了摆脱这种困境，刚刚即位的金宣宗完颜珣决定迁都汴京，以摆脱蒙古骑兵部队的骚扰。这一迁都，最终让金国积重难返，彻底走上了覆灭之路。

第十二章

辽东剧变：

耶律留哥、蒲鲜万奴兴亡记

留哥起兵

卫绍王完颜永济蜷缩在一张华丽的龙椅上，眉头紧锁。野狐岭之战，金国三十万大军一瞬间"灰飞烟灭"的事让他瑟瑟发抖。他倒不是心疼那三十万将士，他心疼的是他自己的命，他怕自己没命。

野狐岭战败，完全暴露了金军外强中干的本质。自十二世纪二十年代金国入主中原以来，耽于享乐的他们早已腐化堕落。纸醉金迷的生活，消磨的不仅是女真人的身体，还有他们的精神，他们不想打仗，也惧怕打仗，他们只想继续过纸醉金迷的生活，只想活得快乐！活得快乐，是完颜永济的座右铭，为了活得快乐，他不得不做出预防。

随着金军在对蒙战争中节节败退，金国内部充满了不安定因素，尤其是那帮契丹人！回想起当年耶律撒八、移剌窝斡的造反，完颜永济依然心惊不已。当年，世宗皇帝雄才大略，我大金国势强盛，方才扑灭他们的造反，如今我大金早已大不如前，又有蒙古这个强敌虎视眈眈，如果契丹人再搞事情，那将如何是好？不行，必须打好预防针！完颜永济暗暗下定决心。

崇庆元年，完颜永济颁布诏令：金国境内的契丹人不许单独聚居，必须与女真人混居，每一户契丹人需要与两户女真人夹杂而居，违者格杀勿论！一石激起千层浪，契丹人早已受够了！辽国灭亡后，契丹人不仅要遭受金国统治者的严重剥削，还要缴纳繁重的苛捐杂税，更过分的是，他们连自己的姓氏也不能用了。

为了从精神上瓦解契丹人，女真贵族规定：不允许契丹人再用原来的姓氏，姓耶律的，要改姓移剌（车夫的意思）；姓萧的，要改姓石抹（丫鬟、仆人的意思）。金国统治者们就是要彻底奴化契丹人，让他们忘掉自己的祖宗，唯唯诺诺地做女真贵族的车夫、仆人。

本就已经承受着那么多的欺压，如今还要让我们与女真人杂居，这和软禁我们有什么区别？契丹人的不满情绪已经到了顶点，只需要一个引子，就能让这把火烧起来。所谓"乱世出英雄"，值此金末乱世，一位英雄揭竿而起，振臂一呼，点燃了契丹族起义的熊熊大火，这个人叫作耶律留哥，此时的耶律留哥还只能叫移剌留哥。

移剌留哥是契丹皇族的后裔，在金章宗、卫绍王时期担任千户，为金国镇守辽东。完颜永济的夹居政策下达后，移剌留哥愤懑不已。他虽然是一名中下级军官，但也是女真人的欺压对象。本来作为二等民族就没少受气，这次又要与女真人夹居，以后的日子可真就暗无天日了。完颜永济，你这是不想让我们契丹人活了啊！既然如此，我们不如反了！

移剌留哥来到金军防守薄弱的隆安（今吉林农安），振臂一呼，拉开了金末辽东起义的序幕。辽东地区是契丹人的聚居之地，人口众多，长期饱受女真贵族的欺压。移剌留哥，不，是耶律留哥与另一支义军首领耶的合兵，很快集结起了十万大军。耶律留哥自称元帅，耶的为副元帅，契丹义军接连击败辽东地区的金国军队，声势浩大。

得知辽东剧变的消息，卫绍王慌了神：自己一着不慎，竟然逼反了辽东的契丹人，这可是件麻烦事啊！为今之计，唯有重拳出击，倾尽全力扫平耶律留哥，将起义扼杀在摇篮里！卫绍王调兵遣将，很快就集结起了四十万大军，由蒲鲜万奴担任主帅，完颜承裕担任监军，前往辽东镇压耶律留哥。

蒲鲜万奴是金国非常有名的一员虎将。当年韩侂胄集结三路大军讨伐金国，蒲鲜万奴作为都统完颜赛不的部下，在对宋作战中功勋卓著，激战溇（zhēn）水，歼敌两万多，一战击溃宋军的中路军主力，从此成为金军中的一员名将。

名将出马，挥军四十万，可见卫绍王对于镇压契丹起义的重视程度。去年成吉思汗伐金，卫绍王也不过出兵三十万而已。抵达辽东前，蒲鲜万奴、完颜承裕发布公告：凡擒获或击杀移剌留哥者，每斤骨头赏黄金一两，每斤肉赏白银一两。大军未至，攻心先行，完颜承裕和蒲鲜万奴期待着有人能擒获耶律留哥，这样也能省去诸多麻烦。

金军倾巢而出，耶律留哥心里没底了：自己只有拼凑起来的十万乌合之众，如何能抵御金国的四十万大军？蒲鲜万奴声名显赫，是金军中的名将，自己却只是个中下级军官，毫无统兵经验，如何与蒲鲜万奴抗衡？耶律留哥心中有些悲观了。

耶律留哥的弟弟耶律厮不劝他："元帅，金国人只是一群乌合之众而已。去年野狐岭一战，蒙古人以七万骑兵一举扫平三十万金军，如今我方拥兵十万，又有何理由惧怕金国人？"

"蒙古人……蒙古人……对，对，就是蒙古人！"耶律留哥眼睛中突然放射出异样的光芒，"归顺蒙古人，向成吉思汗求援！"

关于归顺蒙古，契丹人倒没什么抵触情绪。去年蒙军伐金，石抹也先、石抹明安等契丹人提前归顺成吉思汗，在蒙军中混得风生水起。有了蒙古人做盟友，消灭金国、报仇雪恨不再是梦！

很快，耶律留哥就定下了归顺蒙古的策略，派遣使者面见成吉思汗，请求归顺。成吉思汗乐得合不拢嘴，当即派按陈那颜率领一千骑兵前往辽东助战，辽蒙合力，共破女真！有了蒙古骑兵的助阵，耶律留哥信心倍增。

崇庆元年冬，耶律留哥率领契丹义军与完颜承裕、蒲鲜万奴率领的金国大军于一个叫迪吉脑儿（今辽宁昌图境内）的地方激战。辽金双方你来我往，杀得天昏地暗，彼此旗鼓相当，激战多时，竟未能分出胜负，就在这时，蒙古骑兵自契丹军阵后冲出，向金军发动突袭。金军将士没想到会在此地见到蒙古军队，吓得腿都软了，立刻掉转马头，惶惶如丧家之犬般逃走。

自野狐岭之战后，金军已经犯上了"恐蒙症"，蒲鲜万奴纵然是金国的名将，也阻止不了本方的败退。不过，迪吉脑儿之战并没有伤到金军的筋骨，蒲鲜万奴很快就重新集结军队，准备发动对契丹军队的反扑。

击败蒲鲜万奴的三十万大军后，耶律留哥意气风发：整个辽东，很快就将是我的天下！也是时候称王了。至宁元年三月，耶律留哥在广宁（今辽宁北镇）自称辽王，建元天统，像模像样地做起了一国之主。

蒲鲜万奴和完颜承裕逃回中都，很快，中都发生剧变：胡沙虎杀死卫绍王，拥立完颜珣登基。完颜珣登基后赦免了蒲鲜万奴的败军之罪，任命其为辽东宣抚使，独掌辽东军政大权，率军镇压耶律留哥。此时的辽东大地暗流涌动，耶律留哥建国称王，蒲鲜万奴也在暗中积聚力量，双方摩拳擦掌，一场大决战即将上演。这一战，关系到辽东地区的归属，如果耶律留哥再次获胜，他将成为辽东地区真正的王者。

金宣宗贞祐二年（1214 年），耶律留哥率领的契丹义军与蒲鲜万奴于归仁（今辽宁昌图）展开激战。蒲鲜万奴不愧是一员名将，经过他重整后的辽东金军形成了不俗的凝聚力，此时的金军，已经不是迪吉脑儿之战时的乌合之众了。双方你来我往，杀得不可开交。同样的套路，按陈那颜率领的蒙古军队再次中途加入战场，但这次金军却不再害怕了。

蒲鲜万奴跨坐在一匹高头大马上，哈哈大笑道："移剌留哥啊移剌留哥，你能不能换点新鲜的招数？就这几百名蒙古兵，还想来吓唬本将军？"蒲鲜万奴的猜测完全正确，按陈那颜的军队的确只有一千人，但他显然低估了蒙军的战斗力。蒙军加入战团后，利用骑兵来去如风的优势，从侧翼反复冲击金国大军，一时间箭如雨下，金国士兵纷纷中箭倒下。

蒙军从侧翼攻击金军让耶律留哥遭受的压力一下子减轻，他令旗一挥，契丹军奋勇向前，压制住了金军的攻势。中路和侧翼连遭压迫，金军有点顶不住了，开始慢慢后退。战斗就这么拉锯着，最终，在蒙军的反复冲击下，金军的阵形逐渐散乱，最终彻底崩溃。蒲鲜万奴率领残兵败将逃往辽阳府，耶律留哥兵进咸平（今辽宁开原），改咸平为中京，设为国都，定国号为辽，这就是历史上的东辽政权。

耶律留哥以中京为中心，招降纳叛，很快就统治了辽东大部分地区。蒲鲜万奴在辽阳府死守，一边负隅顽抗，一边派人赴中都向金宣宗求救。但此时，金国正在发生剧变，金宣宗根本无暇顾及他。

万奴建国

金国辽东宣抚使蒲鲜万奴斜倚在一张椅子上闭目养神，虽然他脸上的表情非常平静，但内心无比惶恐。就在不久前，蒲鲜万奴因为私怨罗织罪名，杀死了金国东北路招讨使完颜铁哥。完颜铁哥是金国在辽东地区的一员虎将，本应该与蒲鲜万奴精诚合作共同对抗耶律留哥，但完颜铁哥对蒲鲜万奴不满，多次拒不执行蒲鲜万奴的命令。蒲鲜万奴遂恶向胆边生，直接对完颜铁哥来了个重拳出击，将其赶尽杀绝。

完颜铁哥手底下兵强马壮，是辽东地区的重要将领，他的死引起了轩然大波。金国北京（今内蒙古宁城）留守奥屯襄上表金宣宗，弹劾蒲鲜万奴。但此时的金国朝廷已经发生了剧变，金宣宗因为惧怕蒙古骑兵的骚扰，认为中都已不再安全，所以力排众议迁都汴京。

金宣宗蜗居汴京，对此前蒲鲜万奴的求援都无能为力，何况治他的罪？奥屯襄的奏章递上去后，犹如泥牛入海，杳无音信，蒲鲜万奴却知道了奥屯襄弹劾自己之事，内心惊惧不安。他惊惧的，不仅仅是来自金廷的惩罚，还有外部的威胁。

此时的辽东形势对蒲鲜万奴已经十分不利了。耶律留哥以中京为中心，占据着大部分地盘，向蒲鲜万奴步步紧逼。与此同时，成吉思汗派木华黎征东，木华黎一路横扫辽西地区，连续攻克惠和、金源等城池，包围了辽西地区的政治中心——北京。北京守军在奥屯襄的指挥下早已与蒲鲜万奴断绝了联系。当然，即使没有断绝联系，蒲鲜万奴也万万不会和这个弹劾自己的人合作。处于如此危局之中，奥屯襄该何去何从呢？

贞祐三年（1215年）二月，蒙古军队攻陷北京，奥屯襄战死。随后，蒙军一路南下，攻占兴中府（今辽宁朝阳）。坐守辽阳府的蒲鲜万奴感受到了巨大的压力，与其坐以待毙，不如主动出击！深思熟虑后，蒲鲜万奴决定变被动为主动：出兵，攻打耶律留哥！

蒲鲜万奴率领金军全力出击，连续攻占沈州（今辽宁沈阳）、澄州（今辽宁海城），打了耶律留哥一个措手不及。随后，蒲鲜万奴率大军在辽东纵横驰骋，到处攻城略地，搞得东辽国境内鸡犬不宁。耶律留哥大怒，迅速调兵遣将，向蒲鲜万奴发起了反击。

在耶律留哥的指挥下，辽军并没有寻找蒲鲜万奴的主力决战，而是挥军直扑辽阳府，端了蒲鲜万奴的老巢。金军主力都在跟随蒲鲜万奴征战，辽阳府留守的兵力并不多，辽军轻而易举就攻占了辽阳府，蒲鲜万奴的家人被生擒，成了辽军的战利品。蒲鲜万奴的妻子颇有姿色，耶律留哥大手一挥，将其许配给了自己的部将可特哥。可特哥抱得美人归，乐得合不拢嘴，从此对耶律留哥更加死心塌地。闻听自己的老巢被端、老婆被抢，蒲鲜万奴大惊，迅速集结兵力，回师东京，欲将耶律留哥生吞活剥。

眼看一场大决战又将上演，耶律留哥却退缩了。现在的耶律留哥，早已不是刚起兵时那个一无所有的穷光蛋了，他现在是辽王。若是在辽阳府和蒲鲜万奴的主力决战，一旦失利，就将赔光老本，他才不会去冒这个险，让蒙古人白白捡漏呢！在辽阳府大肆劫掠一番后，耶律留哥就率军撤走了。

蒲鲜万奴兵不血刃夺回东京，心中却掀起了波澜。此时，蒲鲜万奴独自在辽东奋战，金国朝廷并未派出一兵一卒来救援。辽东、辽西地区的女真人面对契丹人和蒙古人的双重威胁，纷纷投奔蒲鲜万奴，蒲鲜万奴俨然成了他们在东北的精神领袖。女真百姓，他完颜珣不管咱们了，咱们只有自力更生，自己创业了。

贞祐三年十月，在部将的拥戴下，蒲鲜万奴在东京辽阳府宣布建国，自称大夏（或大真）天王，改元天泰，这就是历史上的东夏（东真）政权。东夏政权拥兵十余万，境内人口超过两百万，实力颇为强劲。

闻听蒲鲜万奴叛变的消息，完颜珣大惊，急忙派出使者安抚蒲鲜万奴，并劝其去掉国号，重新接受金国的领导。蒲鲜万奴哈哈大笑道："完颜珣啊完颜珣，本王此前多次向你求援，你理都不理，还听信奥屯襄的谗言想治我的罪。如今看到本王自立了，却来指点江山，一边玩儿去吧！"蒲鲜万奴可以不理会千里之外的完颜珣，但他无法不理会蒙古国木华黎的大军。此时，木华黎的大军已经荡平辽西，渡过辽河，连克海州、复州（今湖北沔阳），逼近辽阳府了。

蒙古大军的实力蒲鲜万奴早已领教过多次。归仁之战时，按陈那颜的一千骑兵就已经让蒲鲜万奴苦不堪言，何况是如今木华黎的数万精锐铁骑呢！和木华黎开打那就是找死，当前之际，唯一的出路就是投降。计议已定，蒲鲜万奴立即知会东京路各个城池，待蒙古大军打来时不抵抗，直接开城投降。

蒙古军队在早期征讨金国时，攻下城池劫掠一番就会马上放弃，并不派兵占领。木华黎不仅是一位出色的将领，还是个杰出的政治家，此时的他被成吉思汗委任为东方主帅，独自处理东方的一切事宜。木华黎打下城池后，并不劫掠，而是扶植原来的官员继续治理，蒙古人在辽东、中原地区从此有了建立政权的基础。

木华黎一路率军东进，夏军一路开城投降，蒙军兵不血刃便推进到了辽阳府。看到蒙古大军到来，蒲鲜万奴马上命人打开城门，拿着早已写好的降表出城投降。蒲鲜万奴的投诚令木华黎兴奋不已，此时，他马上要南下中原主持攻打金国的事宜，解决了辽东这个后顾之忧，他就可以专心经营中原了。

蒲鲜万奴和木华黎很快就达成协议，根据协议，蒲鲜万奴去掉天王称号，但仍然统率旧部，治理原东夏国境内的土地。为了让蒙古人完全信任自己，蒲鲜万奴将儿子蒲鲜帖哥送往蒙古，说是在成吉思汗帐下效力，实际上是当了蒙古人的人质。

随着耶律留哥、蒲鲜万奴先后投诚，整个东北地区大部分已经归属于蒙古人，只有金上京因为有留守完颜承充据守，并未攻克。木华黎急于赶往中原，也顾不得理会完颜承充了，有蒲鲜万奴和耶律留哥坐镇，攻下上京自然是轻而易举。于是，木华黎打点好一切后前往中原，由蒲鲜万奴和耶律留哥共治东北，主持对上京的战事。就在此时，东辽国统治阶层却发生了一场剧变，使得辽东的形势再度陷入混乱。

厮不之乱

澄州副元帅府，昏黄的油灯，灯火忽明忽暗，几名将领正在大厅中密谋。一名年轻将领双膝跪地，对着上位正襟危坐的一名将领说："副帅，反了吧！此时大王滞留蒙古，正是天赐良机啊！"

一名中年将领脸现鄙夷之色，对着年轻将领抱怨："都是你做的孽，你说你都这么大岁数了，还管不住自己的下半身，大王在蒙古也要被你连累！"

一名满脸虬髯的将领用力一拍桌子，怒道："乞奴将军，别提大王了吧，去年你劝大王称帝，还不是被大王怒斥了一顿？大王的心里只有大汗。就说可特哥做的那事吧，还不是大王批准的？现在大汗怪罪下来，大王马上把责任都推给可特哥，也不厚道吧？就这么定了，副帅，反了吧！你们要是不干，俺金山自己干！"

被称作副帅的将军缓缓站起身来，叹了口气，道："既然你们都没意见，那就只好如此了。"

这几人正是东辽国的几位高层将领，坐上位的，是副元帅、辽国大王耶律留哥之弟耶律厮不，中年将领、虬髯客、年轻将领分别是耶律乞奴、耶律金山、可特哥。

当初东辽军队攻占辽阳府，可特哥强纳蒲鲜万奴之妻李氏，与蒲鲜万奴结下了仇怨。可特哥强纳李氏时，大将耶律乞奴认为不妥，会留下后患，劝说可特哥放弃此事，却被可特哥拒绝。后来，事情果然不出耶律乞奴所料，蒲鲜万奴归顺蒙古后，始终对此事耿耿于怀，于是上表成吉思汗，揭发可特哥夺其妻子之事。

当时东北的局势刚刚稳定，耶律留哥奉诏赴蒙古面见成吉思汗，汇报东辽国的有关事宜。耶律留哥出发前，耶律乞奴劝说耶律留哥，认为与其去蒙古自投罗网，不如直接称帝，与蒙古决裂。成吉思汗此时正策划对付西北的花刺子模、西夏和中原的金国，无暇顾及辽东，正是背叛蒙古自立的最佳时机。

耶律留哥当即拒绝了耶律乞奴的建议，起身前往蒙古面见成吉思汗。在耶律留哥看来，归顺蒙古，自己可保得一世富贵，倘若反叛，东辽国要独自面对蒙古、金国、蒲鲜万奴三路敌人，将会死无葬身之地。不得不说耶律留哥的眼光还是非常长远的，日后的事情发展，完全印证了他的担忧。

成吉思汗见到耶律留哥后，当即询问可特哥之事，耶律留哥不敢隐瞒，如实禀报。成吉思汗其实对强抢民女之事并不反对，但是也要看抢的对象是谁，可特哥抢的可是蒲鲜万奴的妻子，蒲鲜万奴控弦十余万，雄踞辽东，正是蒙古要大力倚重的对象。可特哥不过是耶律留哥手下的一员部将，牺牲他一个，换来蒲鲜万奴和耶律留哥的和解，在成吉思汗看来，是一笔划算的好买卖。

成吉思汗当即做出指示，命东辽国将可特哥押送到蒙古治罪。可特哥大惧，联合耶律乞奴、耶律金山一起，劝说耶律厮不自立为帝，与蒙古决裂。耶律乞奴对可特哥强抢李氏的行为十分鄙夷，但他同意与蒙古决裂，于是双方不谋而合，共同来到耶律厮不的帅府商量。

耶律厮不对此事颇感为难，毕竟耶律留哥是自己的兄长，如今兄长身在蒙古，自己反叛的话，兄长的人身安全将会受到很大的威胁。但在耶律乞奴等人的反复劝说下，耶律厮不最终没有抵挡住帝位的诱惑，同意了他们的请求。贞祐四年（1216年），在耶律乞奴、耶律金山、可特哥、耶律鸦儿等人的支持下，耶律厮不在澄州登基称帝，正式与蒙古决裂。

听到耶律厮不等人反叛的消息，耶律留哥惊得下巴都掉了：厮不啊厮不，你我可是手足兄弟，你背叛大汗，危及我的生命安全暂且不说，你就没想过自己能不能活着吗？没了蒙古人的支持，我国连蒲鲜万奴都抵挡不住，你凭什么在东北立足？

成吉思汗倒没有怪罪耶律留哥，当即表示事情与其无关，耶律留哥马上向成吉思汗表忠心，并自告奋勇表示愿意率领蒙古军回国平叛。成吉思汗立马答应此事，调拨军队，由将军哈真与耶律留哥共同率领，东征耶律厮不叛军。耶律留哥的讨逆大军尚未出发，东辽国境内再次发生政变。

此时的东辽国，朝政混乱，耶律厮不软弱无能，毫无威望，一个月后，耶律厮不被他的部下杀死，投降了金国。东辽国的这次内乱，史书语焉不详，笔者推测，大概与蒲鲜万奴有关。耶律厮不被杀后，东辽国陷入混乱，耶律乞奴被推出来担任监国，统兵数万，屯兵保州（今朝鲜新义城，此处保州与宗泽抗金一节中的保州不同），大将耶律鸦儿则拥兵数万，驻屯在开州（今辽宁凤城）。

耶律留哥、哈真率蒙军直扑辽国，耶律鸦儿不敢恋战，引军退走。耶律留哥哪里容得下此等乱臣贼子，挥军追击，将其赶尽杀绝。耶律乞奴和耶律金山、可特哥等人吓得肝胆俱裂，惶惶如丧家之犬般率部逃往高丽。虽然耶律留哥誓要将其斩尽杀绝，却不敢贸然进攻高丽，只得向成吉思汗求助。成吉思汗传下将令，命令蒲鲜万奴发兵援助耶律留哥。蒲鲜万奴随即派部将胡土为主帅，遣兵两万，与耶律留哥一起兵发高丽。耶律留哥、蒲鲜万奴这对斗了数年的死对头，就此携手作战，共同攻入高丽。

耶律乞奴等人退入高丽后，由于发生内讧，耶律乞奴、可特哥被杀，耶律金山掌握了军队。耶律金山获得军权后，马上在高丽境内称帝，狠狠过了一把当皇帝的瘾。但是，耶律金山的称帝已经是最后的疯狂了，此时，他的军队正面临着耶律留哥和高丽军队的两面夹击。

高丽王王皞（hào）得知耶律金山竟然在自己的地盘上称帝，气得鼻子都歪了，于是马上派出大军，由大将金就砺指挥讨伐耶律金山。此时的辽军，经历颠沛流离，早已疲惫不堪，根本不是高丽军队的对手，在高丽军的进攻下，辽军节节败退，队伍也是越打越少。随着败退，辽军再次发生内讧。耶律金山被部将耶律统古与杀死，随后，耶律统古与又被其部将耶律喊舍杀死，喊舍占据了高丽境内的江东城，继续与高丽人打游击。江东城是高丽国的军事重镇，城防非常坚固，金就砺率军连番冲击，始终未能攻下，双方就此展开了长期对峙。

很快，耶律留哥、哈真、胡土等人率领的蒙夏联军进入高丽境内，耶律留哥与哈真一起面见高丽王王皞。经过一番谈判，双方达成协议，决定相互合作，共同攻打喊舍乱军。高丽王王皞组织起四十万大军，由大将金就砺、赵冲率领，与金夏联军共同攻打江东城。

在联军的猛烈攻击下，江东城最终被攻破，喊舍上吊自杀，喊舍部下五万余名东辽国将士重投耶律留哥麾下。耶律留哥终于彻底平定了耶律厮不集团的叛乱，重新成为东辽国的主人。耶律留哥去世后，由他的妻子姚里氏摄政，后来，政权就在耶律留哥的子孙耶律薛阇、耶律收国奴、耶律古乃等人之间一直传了下去，成了蒙古忠心的附庸。东辽国曾经多次派出军队参与蒙古与金国、高丽、东夏等政权的作战，为蒙古政权立下了汗马功劳。直到忽必烈即位后，东辽国才被废除，国君进入蒙元政府担任官职。

耶律留哥以一名金国千户的身份起兵，成功抵挡住了帝位的诱惑，始终对蒙古忠心耿耿，最终保住了自己和后世子孙的荣华富贵。而他的弟弟耶律厮不等人，却因为膨胀的野心，最终落得个身首异处的下场。耶律留哥和耶律厮不截然相反的遭遇充分说明，人还是不能太贪心。

东夏国的兴衰

扑灭喊舍叛军后，耶律留哥重新复国，再次当上了辽王。此时的蒲鲜万奴越想越不平衡，耶律留哥的弟弟耶律厮不捅了这么大一个篓子，却没有影响到耶律留哥的地位，自己为蒙古尽心尽力地打仗，却费力不讨好，儿子被扣在蒙古不说，还安插耶律捏儿哥充当监军，对自己进行监视。既然你蒙古人对我不仁，那就别怪我对你不义了！蒲鲜万奴决定起兵反叛蒙古，重建大夏国。

蒲鲜万奴先下手为强，悍然向蒙古下手，他派人抓住蒙古监军耶律捏儿哥，一刀砍下他的脑袋，重新打出大夏国天王的旗号。此时，成吉思汗正在攻略西夏，木华黎率军攻略中原，无暇顾及东北，而刚刚复位的耶律留哥则元气大伤，正处于休养生息的阶段，东北一时间成了蒲鲜万奴的天下。他率军东征西讨，很快就收复了东夏国的旧地，并一鼓作气，北上攻打金国在东北的最后一个据点：上京。

蒲鲜万奴挥军北上，很快攻克隆安，威逼上京会宁府。金辽东宣抚使蒲察移剌都闻讯大惊，惶惶如丧家之犬般丢下部队逃往汴京。危急关头，金国上京留守完颜承充挺身而出，组织守军与蒲鲜万奴展开对峙。完颜承充与部将温迪罕老儿指挥守军众志成城，打退了夏军一次又一次的进攻。

蒲鲜万奴在连续碰壁后决定智取，他派出使者潜入上京，许以高官厚禄，想诱降完颜承充、温迪罕老儿等人，结果却碰了一鼻子灰，遭到对方严词拒绝。蒲鲜万奴大怒："完颜承充，你以为这会宁府真是你的天下吗？我只需略施小计，就可以要了你的老命！"

蒲鲜万奴派人用重金收买了上京行省完颜太平，太平得了蒲鲜万奴的好处后蠢蠢欲动，暗中策划对完颜承充的行动。一个夜黑风高的深夜，太平率领自己的亲军突然发难，将睡梦中的完颜承充活捉，并杀死了温迪罕老儿，溜出城门投降了夏军。一时间，上京震动。

危急关头，完颜承充之女完颜阿鲁真挺身而出，率领守军继续坚守城池，同时派人入关向金宣宗求援。金宣宗派蒲察五斤担任上京留守，千里驰援会宁府。在援军和守军的前后夹击下，蒲鲜万奴束手无策，被迫退走。虽然没能打下会宁府，但此时金国在东北的势力已经岌岌可危了，很快蒲鲜万奴再次亲征会宁府，在攻占会宁府后，又转而向东，攻陷速频路，最终将女真故地全部据为己有。

此时的蒲鲜万奴走上了人生巅峰，东夏国的领土，西起今天的吉林白城地区，东到日本海，拥兵十余万，拥有二百余万人口，是东北地区实力最为强劲的政权。此时，由于尚在经营中原，成吉思汗也不愿与蒲鲜万奴翻脸，于是遣使向蒲鲜万奴示好，双方很长一段时间内都相安无事。直到金哀宗天兴二年（1233 年），木华黎之孙塔思亲自率军，绕道高丽攻入东夏国，擒杀蒲鲜万奴，东夏国就此灭亡。

耶律留哥、蒲鲜万奴都是乱世枭雄，二人最初皆为金国将领，在天下大乱之际揭竿而起，雄踞一方，最终却走上了截然不同的命运。

耶律留哥是契丹人，本为效力金国的中低级武将，地位较低，面对卫绍王的夹居政策，耶律留哥迫于生计，揭竿起义，号召契丹同胞反抗金国。他很快聚拢起十万大军，成为辽东地区的一股强劲势力。面对金国四十万大军的围剿，耶律留哥无力抵抗，遂投靠蒙古，借助蒙古兵的帮助，耶律留哥击溃金国的政府军，成功在东北站稳了脚跟，最终建立了东辽政权。

建国称王后，耶律留哥依然谨小慎微，对蒙古人始终恭顺如一，不敢僭越，最终保住了自己的一世荣华富贵，后世子孙也全部身居高位，锦衣玉食。作为一名一生为了生计奔波的中下级军官，耶律留哥的一生可谓毫无遗憾了，蒲鲜万奴则不同。

蒲鲜万奴原本就是金国的名将，早已功成名就。当他在乱世中背叛金国起兵后，他的目标很明确：过一把皇帝瘾，建立阿骨打一样的功业，名垂青史。其实这也很好理解，蒲鲜万奴原本就是人上人，富贵荣华对他来说早已不稀罕。所以，蒲鲜万奴在迫于无奈归顺蒙古后，并没有安于现状，而是野心勃勃，始终在寻找机会重新自立。最终，蒲鲜万奴利用蒙古人无暇顾及东北的良机成功复国，并进一步扫平了金国的残余势力，称霸辽东。蒲鲜万奴统治辽东十余年，可谓是过足了皇帝瘾，虽然最终被蒙古人擒杀，但他的人生也已经没有遗憾了。

耶律留哥、蒲鲜万奴在面对命运的抉择时，做出了截然相反的选择，最终都得到了自己想要的东西，也都青史留名，他们的人生，都堪称完美了。

第十三章

逐鹿中原：

蒙古伐金诸战

贞祐南渡

金宣宗完颜珣端坐在一把华丽的龙椅上，垂头丧气。金碧辉煌的大殿上，朝臣们正在七嘴八舌地议论，商量该如何抵御蒙古人随时可能发动的入侵。

前不久，完颜珣不仅诛杀了跋扈的权臣胡沙虎，而且成功与蒙古人达成了议和协议，按理说他应该非常心安才对，其实不然。虽然成吉思汗暂时退兵，但蒙古人的大军依然有可能随时攻来，自己困居中都，的确十分危险。

为了应对蒙古人随时可能发动的入侵，完颜珣召集文武百官商量对策。左都元帅完颜弼等人力主迁都南京（即汴京），认为迁都南京后可以倚仗黄河之险抵御蒙古人的侵扰。丞相徒单镒等人则坚决反对，认为迁都南京等于完全放弃了河北，金国蜗居河南之地，将受到蒙古和宋朝的双向挤压，无异于坐以待毙。

经过一番激烈的讨论，最终还是金宣宗一锤定音："中都周围都已经被蒙军蹂躏得支离破碎了，产粮都是一个大难题，朕难道要留在中都活活饿死吗？"手握兵权的术虎高琪也明确支持金宣宗的南迁之策，迁都的事情就这么定了下来。

贞祐二年五月，金宣宗完颜珣集结文武百官，踏上了迁都的征程。出发前，金宣宗派太子完颜守忠留守中都，由左丞相完颜承晖、平章政事抹捻尽忠辅佐。完颜承晖是金国的名臣，赤胆忠心，能力不凡；抹捻尽忠则是一员虎将，当年他留守西京，力抗成吉思汗率领的蒙古大军，并射伤成吉思汗，一时间在金国传为美谈。由这一文一武两位大臣来辅佐完颜守忠，金宣宗还是颇为放心的。

金宣宗没想到的是，抹捻尽忠其实是个怕死鬼。虽然有射伤成吉思汗的不俗战功，但是在面临生死抉择时，此人首先想到的就是逃跑，这一点，将在日后造成非常严重的后果，就连贤臣完颜承晖也将会被他坑死。

金宣宗逃到汴京，还没来得及喘口气，蒙古军队就杀来了。当时，驻扎在涿州一带的纠（jiǔ）军突然发动叛乱，所谓纠军，就是由契丹、奚等受金国压迫的民族组成的军队。纠军将士在金国饱受歧视，内心深处早已对女真贵族切齿痛恨，此时，同为契丹人的耶律留哥在辽东起兵，纠军将士内心开始蠢蠢欲动，而金宣宗的南逃给了纠军机会。

南迁队伍刚离开中都，纠军就立即发动叛乱，将士们杀死主帅，推举斫（zhuó）答为首领，挥军攻打中都。同时，斫答还派出使者前往辽东，与耶律留哥联络，意图对金国南北夹击。中都留守完颜承晖、抹捻尽忠闻讯大惊，急调军队前往卢沟桥据守，抵御纠军。

面对金国军队的防守，斫答将纠军分成两队，一队正面进攻卢沟桥，与金军对抗；一队从远处洑水渡过永定河，绕到金军背后发动突袭。在纠军的两面夹击下，金军大败，惶惶如丧家之犬般逃回中都，关闭城门，再也不敢轻易出战了。抹捻尽忠，这个当年敢与成吉思汗对抗的将领，如今竟然被纠军打成了缩头乌龟，退化得实在太严重了点。

斫答一边指挥军队与金军对抗，一边派遣使者前往蒙古面见成吉思汗，表达了归顺的想法。成吉思汗乐得合不拢嘴，急派大将三木合拔都、石抹明安率领蒙古大军南下，配合纠军攻取中都。与此同时，成吉思汗还派大将木华黎率军前往辽东，讨伐蒲鲜万奴，并指示木华黎在扫平辽东后立即南下，与石抹明安等人一起南下伐金。

石抹明安这个契丹人（其实是奚人），是金末的一位杰出将领。他不仅为蒙古人攻城略地，而且经常进献良策，深受成吉思汗的器重。成吉思汗初次讨伐金国时，对投降的金国将士大开杀戒，造成了一桩桩人间惨事。石抹明安降蒙后，不仅说服成吉思汗没有屠杀投降之人，还将他们妥善安置，此举拯救了不少金国将士的性命，也使得蒙古军队的进军计划更加顺利。

得到纥军叛乱的消息后，金宣宗大惊，慌忙调太子完颜守忠前来汴京。监察御史完颜素兰当即反对："正因为有太子驻守中都，所以才能稳定中都的军心，如果将太子调回，中都势必会失去凝聚力，变成一盘散沙，这等于是将中都白白送给蒙古人！"

飞扬跋扈的术虎高琪再次跳出来支持金宣宗："陛下在哪里，太子就应当追随在哪里，这样才符合孝道。你说让太子留在中都，若是中都失守，太子的性命你赔得起吗？"完颜素兰据理力争，甚至举出唐玄宗和李亨的例子来反驳。术虎高琪大老粗一个，哪里懂这些掉书袋的东西，他粗暴地挥了挥手，打断了完颜素兰的话。就这样，完颜守忠离开中都逃往汴京，中都的陷落也就不可避免了。

三木合拔都、石抹明安等人率领的蒙古大军一路势如破竹，连克顺州、通州。金国顺州守将王晦在城破后拒不投降，英勇就义；通州守将蒲察七斤则毫不犹豫地投降了蒙军。王晦是汉人，却能为金国流尽最后一滴血，蒲察七斤则是不折不扣的女真人，却贪生怕死地当了叛徒，两相对比之下，真是令人唏嘘啊！

金国大军越来越近，留守中都的完颜承晖与抹捻尽忠商量守城事宜。抹捻尽忠眼含热泪，对完颜承晖说道："左丞相大人，蒙古人卑鄙凶残，屠我子民，侵我国土，我抹捻尽忠与他们不共戴天！我誓与中都共存亡，以报答陛下的知遇之恩。"

完颜承晖非常感动，激动地说道："抹捻将军高风亮节，令人敬佩！老夫已是风烛残年，死不足惜，就让我们共守此城，为大金国尽忠吧！"

商量好了相关事宜后，完颜承晖开始布置防御，枕戈待旦。但完颜承晖看错人了，抹捻尽忠可不是什么忠臣，在他眼里，自己的性命要比中都贵重十倍。刚离开完颜承晖，抹捻尽忠立即召集亲信谋划逃跑的方案。

完颜承晖左等右等，一直没等到抹捻尽忠出来商量军务，这才意识到事情不对劲。为了试探，他召来抹捻尽忠的亲信完颜师姑，讹诈道："抹捻将军已经和老夫商量好了出逃日期，却迟迟不见行动，是因为什么事耽搁了吗？"完颜师姑不知是计，老实回答道："平章大人都安排好了，今天晚上就出城。"

完颜承晖顿时万念俱灰，真是怕什么来什么。自己一介文人不通军事，兵权已经全部托付给了抹捻尽忠，如今他铁了心要逃，这中都是无论如何也守不住了。

完颜承晖怒斥完颜师姑："你们都走了，置国家社稷于何地！"随后勒令左右，将完颜师姑斩首示众。虽然斩杀了完颜师姑，但完颜承晖也无力阻止抹捻尽忠逃走，他唯有以死报国了。

完颜承晖写好遗书，托付令史师安石携带遗书前往汴京，交给金宣宗。在遗书中，完颜承晖力陈术虎高琪祸国殃民的诸多罪行，劝金宣宗将其诛杀。师安石眼含热泪接过遗书，潜出城门一路赶赴汴京。师安石心里非常明白，完颜承晖这是不想自己殉国，才以送遗书的名义令自己出城的，如此高风亮节，怎能不令人敬佩！

师安石走后，完颜承晖服毒自杀，抹捻尽忠一溜烟逃出中都，直奔汴京。来到汴京后，金宣宗竟然没有治抹捻尽忠的罪。后来，抹捻尽忠得罪了术虎高琪，被术虎高琪罗织罪名诛杀，也算是"恶人自有恶人磨"了。

完颜承晖自杀，抹捻尽忠逃走，中都已经是一座空城了。石抹明安、三木合拔都率领的蒙古大军兵不血刃便进入中都。金国的灭亡，已经提上日程了。

木华黎征东

中都陷落后，金国在河北地区的统治摇摇欲坠，在石抹明安的招抚下，河北地区的土豪武装史秉直、石天应、张琳、张柔等势力纷纷投靠蒙古。此时，东北地区的木华黎已经成功招降了蒲鲜万奴，成吉思汗乃诏令木华黎南下河北，统一指挥石抹明安、三木合拔都、史秉直、石天应等各支部队，挥军南下继续攻略金国。

此时，山东地区同样大乱，杨安儿、李全、刘二祖、郝定等农民武装揭竿而起，号称"红袄军"，与金军展开了殊死较量。一时间，金国境内狼烟四起，遍地烽火，各支武装队伍周旋于宋、蒙、金三方之间，左右摇摆，金国中央政府的威信已不复存在。

金宣宗龟缩在汴京，对河北、山东的混乱局面无能为力，却又不甘心放弃。眼看石天应、史秉直等地方势力投靠蒙古，金宣宗决定以高官厚禄拉拢河北土豪，封他们为国公，给他们划定地盘，让他们为自己效力。

在河北，金宣宗大封诸侯，一共封了九位土豪为国公，他们分别是：沧海公王福、恒山公武仙、河间公移剌众家奴、高阳公张甫、东莒公燕宁、易水公靖安民、上党公张开、晋阳公郭文振、平阳公胡天作。这些土豪拥兵自重，占据着大片地盘，虽然接受了金国的册封，却很少真心为金国效力，在历史上也大多成了过眼云烟。只有恒山公武仙，是当时的一位风云人物，他在日后也将会多次为我们上演精彩戏码。

贞祐五年（1217年），木华黎自辽东南下河北，开始统率大军讨伐金国。蒙军进攻的首要目标是河北地区。木华黎率蒙军所向披靡，连克蠡州（今河北蠡县）、大名府后，渡过黄河，攻略山东。山东地区此时狼烟四起，金军正倾尽全力与各地义军作战，木华黎率蒙军犹如下山猛虎一般扫荡山东，一路攻破青州、登州（今山东蓬莱）、莱州（今山东莱州）、密州（今山东诸城），所向无敌。

兴定二年（1218年），木华黎转而向东，攻占太原、泽州（今山西晋城）、代州等城池，很快扫荡河东全境，随后又回军河北攻打真定府（今河北石家庄正定县），恒山公武仙开城投降。从贞祐五年领军南下伐金以来，木华黎率蒙军在河北、河东、山东境内纵横驰骋，所向披靡。金国各地守将无心恋战，纷纷打开城门投降。

在木华黎攻略金境时期，蒙军基本摒弃了成吉思汗亲征时期的杀降、劫掠、攻城不守等恶习。根据石抹明安的建议，蒙军停止杀降；根据史天倪的建议，蒙军停止了对占领区的劫掠。木华黎在这些攻下的城池中，任命官吏进行治理，蒙军占领区内已经有了建立政权的条件。

初步略定河北、河东后，木华黎挥军西进，打算攻略陕西路，却遇到了不小的麻烦。兴定六年（1222 年），木华黎挥军进入陕西，在这里，他将遇到两个可怕的敌人——完颜合达、完颜仲元。

完颜合达，字景山，自幼熟读兵法，精于骑射。金宣宗刚即位时，完颜合达担任金宣宗的侍卫，表现不俗，受到金宣宗的赏识。很快，金宣宗将其外放，驻守平州。木华黎征讨东北时，完颜合达在内外交困之际并没有殉国，而是选择了投降蒙古。但投降蒙古只是权宜之计，完颜合达时时刻刻都在寻找逃走的机会，最终成功逃回金国。回国后，完颜合达在一系列战事中表现出色，被金宣宗任命为参知政事，驻守京兆府（今陕西西安），全面主持陕西路的战事。

当木华黎率领的蒙古大军攻入陕西时，完颜合达迅速做出应对，他将主力部队集结于京兆府、凤翔两座坚城中，由自己和完颜仲元分别统领，互相呼应，做好了与蒙军长期对抗的打算。蒙军浩浩荡荡杀入陕西，起初进展顺利，连克绥德（今陕西绥德县，绥音 suí）、葭州（今陕西佳县）、延安，直逼京兆府。

自从进入中原以来，木华黎率金军所向披靡，每战必克，金军或打开城门投降，或一触即溃狼狈而逃，完全没有抵抗能力，这也让木华黎变得膨胀起来，对金军无比轻视。木华黎的轻敌情绪，将让他付出沉重的代价。

蒙军抵达京兆府后，集结兵力向城墙发起猛攻。完颜合达早已做好准备，金军见招拆招，多次化解了蒙军的攻势。这个时期，蒙军的攻城技术已经非常成熟了，不但配备了各种攻城器械，而且拥有一些简易的火炮，所以木华黎才能在攻略河北、河东、山东时无往不利，但是在京兆府，木华黎失算了。

蒙军用尽了各种方法，却始终未能攻破京兆府。"完颜合达，算你狠！虽然攻不下你，我却可以困死你，咱们走着瞧！"木华黎决定对京兆府来个关门打狗。他留下六千兵力继续佯攻京兆府，自己却率领主力部队攻打凤翔，同时，木华黎还派一股军队扼守潼关，以防止完颜合达东逃。

在凤翔的完颜仲元早已做好了迎击木华黎的准备。完颜仲元本名郭仲元，是花帽军的首领。花帽军，是金政府收编的地方武装，对金国忠心耿耿。完颜仲元与另一名花帽军将领完颜阿邻（即郭阿邻）皆骁勇善战，又效忠金国，所以人们分别称他们为大郭相公、小郭相公。

蒙军刚进入陕西时，在完颜合达的统一部署下，大郭相公完颜仲元早已在凤翔城外坚壁清野，做好了抵御蒙军的准备。木华黎的先锋部队由口温不花率领，一路疾行，直扑凤翔，在击杀了出城巡视的金将马庆祥后，蒙军对凤翔城发起了攻击。完颜仲元见招拆招，率花帽军据城死战，口温不花损兵折将，毫无进展。此时，木华黎率领的大军浩浩荡荡杀奔凤翔，得到凤翔战况紧急的消息后，完颜合达急调驻守陇西的平西军节度使赤盏合喜、同知临洮府事郭虾蟆，率军驰援凤翔城。

援军到来后，完颜仲元请赤盏合喜统一指挥，自己与郭虾蟆等人登上城墙指挥，打退了蒙军一次又一次的进攻，凤翔城下，堆满了蒙古士兵的尸体。木华黎在凤翔城下屯兵三个多月，凤翔城依旧岿然不动。此时，京兆府中的完颜合达已经击溃围城的蒙军，杀奔凤翔城而来，再不撤军就要被金军"包饺子"了！审时度势，木华黎被迫率军撤走。

回军途中，木华黎越想越气，自己纵横沙场几十年，战无不胜，想不到竟在这凤翔城下遭此败绩！木华黎一时难解心中的愤懑，再加上连续在京兆、凤翔坚城下苦战数月，身体终于垮掉了。元光二年（1223 年）二月，木华黎在回军途中，病逝于河东闻喜县（今山西闻喜县），一代名将就此陨落。

木华黎叱咤沙场数十年，几乎无对手，却在陕西败给了完颜合达、完颜仲元等人，最后郁郁而终。木华黎去世后，他的儿子孛鲁继承了他的位置，继续讨伐金国。

此时的金国，已经是一副亡国之相，纵使有完颜合达、完颜仲元这样的名将，也无力回天了。为什么这么说呢？因为此时，金国的敌人不仅有蒙古，还有南宋。被蒙古暴打的时候，金宣宗见打不过蒙古，转而对宋开战，不得不说，他可真是个"天才"！那么，宋金重新开战的结局如何呢？

宋金再开战

金宣宗完颜珣最近比较烦。自南迁汴京以来，金国在河北的形势就完全失控。随着中都的失守，各地豪强队伍纷纷归顺蒙古，跟随木华黎攻城略地。木华黎一改以往蒙古军队肆意杀掠的作风，在占领区内设立官吏，进行有效的统治。在汉族地主阶级的支持下，蒙古在河北地区逐渐赢得了民心，金国的统治基础已经被瓦解了。

没有了统治基础，也就没有了税收，蜗居汴京的金宣宗在财政上越来越捉襟见肘。就在这时，宋廷还落井下石，拒绝再缴纳绍兴和议商定的岁币。蒙古人欺负朕也就算了，你一个积贫积弱的小小宋廷也开始欺负起朕来了？老虎不发威，你当我大金是病猫呢！金宣宗勃然大怒，迅速召集群臣商讨对宋廷的策略。术虎高琪率先发言："文人贪财，武人怕死，小小宋廷，可笑可笑。如今宋廷竟敢背约，拒绝缴纳岁币，是时候给他们点儿颜色看看了！"

术虎高琪嚣张跋扈，却又没什么能力，在朝臣中口碑极坏。以往他的策略，大家虽然不敢明着反对，内心却嗤之以鼻，如今术虎高琪这番话说出来，众大臣却打心眼里认同。是啊，区区赵宋，言而无信，三番五次背弃盟约，张浚也好，韩侂胄也罢，哪次和我们翻脸，最后不是乖乖认错赔钱，继续进贡的？这次看起来也没什么区别。就这样，在朝臣的一致支持下，金宣宗完颜珣调兵遣将，发动对宋朝的战争。自开禧北伐以来，宋金两国持续十多年的和平局面再次被打破。

兴定元年（宋宁宗嘉定十年），金国大军兵分两路，在完颜赛不、完颜阿邻、乌古论庆寿等人的指挥下，浩浩荡荡杀奔宋朝，大战一触即发。

金军起初进展颇为顺利，完颜赛不率领的金军东路军一路攻克信阳、光州、定城，完颜阿邻率领的西路军则越过大散关，横扫成州、阶州。两路大军浩浩荡荡，所向披靡，一时间打了宋朝一个措手不及，宋军顾此失彼，形势危急。

见战事进展顺利，完颜赛不采取分兵突进之策，由纥石烈牙吾塔率军攻略淮南，完颜赛不和乌古论庆寿则率领主力进攻襄阳郡。闻听金军杀来的消息，宋京湖制置使赵方召集部将商议对策。大将孟宗政自告奋勇，率军出击金军。行军途中，他的儿子孟珙（gǒng）劝道："父亲大人，金人必定会进犯樊城，而要进攻樊城，一定会从罗家渡过河，我们应当提前赶往罗家渡口，寻找歼灭敌人的战机。"孟宗政大喜，对儿子竖起了大拇指。

孟宗政是岳飞部将孟安的后人，熟读兵法，骁勇善战，他驻守荆襄一线，是京湖制置使赵方最为倚重的将领。孟宗政的儿子孟瑛、孟璟、孟珙等长期跟随他，都是可以独当一面的将领，而孟珙是其中最杰出的。

孟宗政、孟珙父子率军奔赴罗家渡口，在此地埋下伏兵。等完颜赛不的大军到来开始渡河时，孟宗政一声令下，宋军半渡而击，打了金军一个措手不及，完颜赛不仓皇率军撤退，转而进攻枣阳。孟珙对金人的进攻企图早有预料，马上率军救援枣阳。完颜赛不的大军抵达枣阳，正欲攻城时，孟珙率宋军自背后突然杀出，与枣阳守军里应外合，再次痛击金军。

连续两次受挫后，完颜赛不暗暗吃惊：看来宋人在荆襄是真的有高手啊，倒是不能小瞧了对方。完颜赛不于是改变策略，将金军兵分两路，利用机动能力，分别出击宋朝的各个城池。毕竟宋军在京湖路只有一个孟珙，无法分身，在金军的机动作战下，宋军疲于奔命，随州、枣阳分别被金军攻下。与此同时，纥石烈牙吾塔在东线攻陷盱眙，西路的完颜阿邻也与宋军在成州、阶州一带形成拉锯，战况对宋廷颇为不利。

虽然金军在对宋战争中占据了优势，但此时金国的整体形势不容乐观。为了摆脱两面作战的困境，金宣宗决定见好就收，与宋军罢兵言和。为了表达诚意，金宣宗命令金军撤回境内，并派遣大臣吕子羽出使宋朝，商讨议和事宜。

吕子羽来到宋境时却碰了一鼻子灰。因为在对金作战中连续吃亏，宋朝憋了一肚子火，所以宋朝边境守将见到吕子羽后，对其横眉冷对，并拒绝了吕子羽的入境请求。就这样，吕子羽连宋朝的领土都未踏上，就被迫踏上了回国的路程。自己主动抛出了议和的橄榄枝却碰了一鼻子灰，金宣宗气得七窍生烟："赵家小儿也太无礼了，不报此仇，朕誓不为人！"

金宣宗随即调兵遣将，准备再次讨伐宋朝。此举却遭到了大多数朝臣的反对，因为此时的金国还随时面临着蒙古的严重威胁，若再与宋朝开战，两面树敌，无异于自取灭亡。这时候，又是术虎高琪跳了出来，力排众议支持金宣宗。就这样，金宣宗的伐宋大业重新开启。

兴定三年（宋宁宗嘉定十二年，1219年）正月，金宣宗再次兴兵伐宋。这一次，金宣宗派出了自己的最强阵容，集结了十余万大军，名将仆散安贞、完颜合达双双披挂上阵，试图将宋朝毁灭。金军兵分三路，东路军由仆散安贞、完颜赛不、纥石烈牙吾塔率领，攻略淮南；中路军由完颜讹可率领，攻打京湖；西路军则由完颜合达指挥，进攻川陕。

与上次战役的进程一样，金军在战争初期依然势不可当。东路的仆散安贞在淮南纵横驰骋，连下十余城，直逼建康；西路军则攻占凤州、兴元府、洋州，宋朝的四川制置使董居谊畏敌如虎，闻听金人攻来的消息吓得魂不附体，光着屁股逃得无影无踪；中路的完颜讹可则攻克光州，围攻枣阳。此时，宋军在东、西、中三线告急，掌握宋朝军政大权的史弥远不敢怠慢，急忙调兵遣将，组织抵抗。

随着宋军迅速做出应对，金军三路大军兵力分散，战线拉得太长的弊端开始暴露。在东路，仆散安贞孤军深入，后勤补给严重不足，在归顺宋朝的原红袄军首领李全、季先等人的抵抗下，被迫撤军。西路的完颜合达在围攻大安军（今陕西宁强县大安镇）时久攻不下，后来，宋朝大将张宣率部救援大安军，与守军里应外合，击败金军。完颜合达不敢恋战，率军撤退。中路金军在完颜讹可的率领下围攻枣阳，再次遇到了金国的老熟人孟宗政。在孟宗政的指挥下，枣阳守军众志成城，多次打退金军的进攻。虽然多次获胜，但考虑到枣阳守军兵力有限，孟宗政不敢托大，一边组织抵抗，一边派人向京湖制置使赵方求援。

接到孟宗政的求援后，赵方却没有立刻派兵救援枣阳，而是采用围魏救赵之计，派大将扈（hù）再兴率领三万将士攻打金国的唐州、邓州，迫使完颜讹可回救。二月，完颜讹可率领金国大军浩浩荡荡杀奔枣阳，孟宗政临危不惧，亲自登城指挥作战。对于枣阳城，完颜讹可志在必得，为了对付枣阳守军，他早已想好了三个绝招。

抵达枣阳后，完颜讹可令旗一挥，首先祭出了第一招：架云梯。在完颜讹可的指挥下，金军分成两队，一队列阵于城下，用弓箭射住阵脚，压制守军的势头，另一队则架起云梯，以迅雷不及掩耳之势向城上攀爬。孟宗政对此早有防备，只见他一声令下，宋军将士一面用盾牌抵挡敌人的箭雨，一面派出弓箭手，居高临下专射云梯上的金军，金军将士纷纷中箭，跌落城墙，一阵阵惨叫声回荡在枣阳城下，让人不寒而栗。

看到攻势受挫，完颜讹可急令金军暂时撤下，开始组织第二次攻势。他派遣两千名金军将士，身披铁甲，戴上铁面具，重新架起云梯攻城。孟宗政见招拆招，待金军接近城墙头时，命令将士用长矛"招呼"金军。金军披着厚重的铠甲，费尽九牛二虎之力爬上城墙，迎来的却是宋军长矛的刺杀，城墙下再次回荡起金军的惨叫声。

连续两次出招都没有奏效，完颜讹可的面目开始变得狰狞起来，他一咬牙，使出了第三个绝招——火攻。金军将布料、茅草绑在箭头，用火种引燃后射向城头。孟宗政微微一笑，面不改色，他早已派人准备了无数装满水的水缸。金军的火箭刚射入城头就被浇灭，完颜讹可的火攻之策完全成了无用功。

就这样，完颜讹可的三大绝招都被孟宗政轻而易举地破解。宋金双方你来我往，在枣阳城展开了拉锯战，虽然金军的进攻一次次被打退，完颜讹可却依然不屈不挠地进攻着。此时，唐州、邓州被宋军围攻的消息传来，完颜讹可却并不回救，继续指挥金军攻城。在他看来，只要打下枣阳，即可动摇宋军的长江防线，用唐、邓二城换取枣阳，是一笔好买卖。

孟宗政此时心中开始着急起来，他知道，凭枣阳城中的兵力，要想抵挡住金国大军的连续进攻非常困难，但此时赵方的援军迟迟没到，怎么办呢？其实孟宗政的担心是多余的，因为金国大军外强中干，连续攻城不力后，早已成了强弩之末，再加上坐镇后方运筹帷幄的赵方此时已经命令进攻唐州的扈再兴回救枣阳，金军的末日到了。

五月，扈再兴指挥援军抵达枣阳，直接从后方向金军发动了进攻。枣阳城头的孟宗政大喜，令旗一挥，守军打开城门，与扈再兴部前后夹击金军。金军连续攻打枣阳城八十日，早已是强弩之末了，在宋军的夹击下，被打得大败，完颜讹可率领残兵败将惶惶如丧家之犬般撤出战场，一路向北，逃得无影无踪。扈再兴、孟宗政挥军追击，直追到邓州才班师，宋军大获全胜，缴获的粮草、辎重不计其数。至此，金宣宗组织的三路侵宋大军全部失败。

此后，金宣宗依然不依不饶，多次发动伐宋战争，宋金双方在荆襄、两淮、川陕三条战线展开了旷日持久的拉锯战。与宋朝开战的同时，金国也与西夏交恶，双方军队在边境冲突不断。长期的战争使得本就江河日下的金国更加捉襟见肘，金国距离亡国已经不远了。

据关守河

元光二年十二月，金宣宗驾崩，太子完颜守绪（原名完颜守礼，金宣宗第三子，太子完颜守忠、太孙完颜铿去世后被立为太子）即位，即金哀宗。金哀宗即位时，金国已经日薄西山。

随着金宣宗南迁，金国基本丧失了对黄河以北土地的控制权。在木华黎父子的连番进攻下，河北、河东、山东被蒙古攻略大半。只有陕西在名将完颜合达、完颜仲元的主持下，奋力击退了木华黎的进攻，并将蒙军驱赶出了潼关，为金国保住了一点儿颜面。南线和西线战场上，金国先后与西夏、宋朝开战，连年战火，使得金国国力凋敝，举步维艰。面对困境，金哀宗即位后发愤图强，力图挽回败局。

为了解决四面树敌的危机，金哀宗试图与宋、夏重新修好。对西夏，金哀宗拉下面子，派使者面见西夏皇帝李遵顼（xū），表示愿意放弃自己宗主国的身份，与西夏结成兄弟之国，以图双方恢复和平。当时，夏神宗李遵顼正被成吉思汗的攻势搞得焦头烂额，自然与金哀宗一拍即合，双方很快达成了和解协议。

但金哀宗试图与宋朝修好时，却碰了个大大的钉子。以史弥远为首的赵宋朝臣并不相信金国议和的诚意，拒绝了金哀宗的示好。金哀宗并不灰心，他命令金军在宋军边境保持克制，并四处张贴告示，宣示自己与宋朝修好的决心。长此以往，双方虽然没有正式议和，却也已经很少互相攻伐了，宋金边境基本恢复了安宁。

搞定了宋朝和西夏的问题后，金哀宗开始腾出手来专心应付蒙古的攻势，此举收到了不错的效果。金军在对蒙作战中取得了几场小规模的胜利，其中，完颜陈和尚指挥的倒回谷之战最令人称道。

完颜陈和尚，本名完颜彝，字良佐，是金国末年一位战功赫赫的名将。金哀宗即位后，完颜陈和尚担任忠孝军首领。忠孝军是由回鹘、羌、汉、吐蕃等民族组成的一支鱼龙混杂的杂牌军，军纪极差，战斗力很弱。完颜陈和尚执掌忠孝军后，通过一番整顿，军队的面貌焕然一新，成了金国可以倚仗的一支劲旅。

成吉思汗驾崩后，窝阔台即位，开始再次策划对金国的进攻。当时的金国，根据完颜仲元提出的据关守河战略，以潼关、黄河为屏障，抵抗蒙古的入侵。要想彻底打垮金国，突破潼关—黄河防线是窝阔台面临的首要任务。

正大七年（1230年）冬，窝阔台率领大军讨伐金国。蒙古大军以迅雷不及掩耳之势挺进关中，包围了陕西境内的战略要地——凤翔。包围凤翔后，窝阔台做出了分兵的决定，由速不台率一队蒙军攻打潼关，与此同时，河北境内的汉军万户史天泽南下攻打卫州，企图从两面突破金军的防线，彻底灭亡金国。

史天泽与金国的卫州守将武仙之间，可以说有着切齿的仇恨。当初，武仙率军向蒙古投诚，史天泽的兄长、蒙古河北西路兵马都元帅史天倪对其颇为照顾，武仙成了河北西路兵马副元帅，是史天倪的下级。正大二年（1225年），武仙杀死史天倪，重投金国，被金哀宗重新封为恒山公，率部驻扎在卫州。此次史天泽南下攻打卫州，可谓是志在必得，他发誓一定要割下武仙的脑袋，告慰兄长的在天之灵。

闻听蒙古大军来攻的消息，金哀宗急令完颜合达、移剌蒲阿率军救援卫州。卫州城下，完颜合达与武仙内外夹击，打败史天泽。史天泽好汉不吃眼前亏，暂时引军北返，等待日后反扑的机会。卫州之战的胜利为金国赢得了喘息之机，此战中，完颜陈和尚率忠孝军作为先锋，逢山开路，遇水搭桥，成为金军中最耀眼的部队。

卫州之战胜利后，完颜合达面对的形势依然十分严峻，此时蒙古大军分攻凤翔、潼关，该先救援哪一路呢？丢失凤翔，纵然十分不利，但若是丢失潼关，金国的潼关—黄河防线将被瓦解，形势会更加不利。经过慎重考虑，完颜合达决定全力救援潼关。

214

速不台率领蒙军浩浩荡荡杀奔潼关，在路上，为了迷惑敌人，他做出了分兵的决定。由部将塔思率军攻打潼关，速不台则绕道小关，攻打卢氏、朱阳。无论是潼关，还是卢氏、朱阳，都是金军潼关—黄河防线的重要据点，蒙军只要突破一处，金军就非常被动了。

金国潼关守将纳合买住不敢怠慢，急忙派遣夹谷移迪烈率军增援卢氏。潼关守军本就有限，如此一分兵，更加左支右绌，潼关危急，卢氏危急，大金危急！完颜合达再次面临生死抉择：救卢氏还是救潼关？完颜合达的答案是：全救！分兵救援固然十分冒险，但完颜合达满怀信心，因为他手握一张王牌——完颜陈和尚。

早在三年前，完颜陈和尚就率忠孝军在大昌原之战中击败过蒙古名将赤老温，在心理上占有一定优势。但是，忠孝军将士只有一千余人，速不台军却号称四万（实际兵力约在一万左右），陈和尚有必胜的把握吗？"必胜没有把握，殉国却有决心！"完颜合达将重任交给陈和尚时，他斩钉截铁地说道。

完颜陈和尚率领一千忠孝军满怀悲壮地杀向卢氏，在倒回谷（今陕西蓝田县境内）与蒙军相遇。倒回谷地势崎岖，蒙古骑兵显得极不适应，而早已适应了山地作战的忠孝军却是如鱼得水。双方甫一交战，忠孝军便分作两队，一队骑兵冲击在前，另一队则下马立于阵后，弯弓搭箭，向敌人猛射。

蒙军极不适应这种战法，一时间乱作一团，被打得节节败退。速不台不愧是蒙军中的百战名将，他很快重整军队，调整了战法，将队伍结成方阵，利用兵力上的优势步步为营，向金军推进。

忠孝军虽然骁勇，兵力却只是对方的十分之一，面对对方的骑兵集结冲击，无力应对，开始节节败退。望着蒙古人狰狞的面目，完颜陈和尚心如死灰：罢了罢了，看来今天我要战死在这倒回谷内了。我战死倒不要紧，如果卢氏被蒙军攻破，我大金的国运就走到尽头了！就在此时，一阵嘹亮的号角声传来，一支军队如神兵天将般出现在倒回谷，自侧翼向蒙军发起了进攻。当前一将白马银枪，英姿飒爽，正是金国大将樊泽。绝境之下遇救星，完颜陈和尚喜不自禁，重新抖擞精神，率领忠孝军与樊泽左右呼应，与蒙古人浴血奋战。

原来，完颜合达抵达潼关后，马上发现了蒙军的虚实。攻打潼关的塔思部蒙军并非速不台的主力，不足为惧，审时度势之后，他马上派遣樊泽率领一万大军驰援陈和尚。完颜陈和尚陷入绝境之时，樊泽率领的金军如神兵天将般，出现在倒回谷。有了樊泽的生力军加入，战场形势瞬间逆转。

有了兵力上的优势，金军重新占据了战场主动。速不台眼看到手的胜利溜走，内心颇为沮丧，在樊泽与陈和尚的夹击下，蒙军且战且退，形势陷入被动。双方激战半日，蒙军最终未能抵挡住金军的攻势，全线败退，速不台率领残兵败将退回关中。此时窝阔台已经攻陷凤翔，对速不台的兵败怒不可遏，当场就欲将其撤职查办，幸亏拖雷在旁边求情，速不台才免遭处罚。

倒回谷之战胜利的同时，完颜合达率部在潼关反击塔思，将其击退。随后，金国大军合兵一处，兵发凤翔。但经过连续奔波作战，此时金军也已经疲惫不堪，完颜合达连续攻打凤翔数日毫无进展，审时度势之后，引军退回潼关。至此，金国严守潼关—黄河防线，与蒙古展开对峙，窝阔台此次的伐金行动就此告一段落。连续在卫州、倒回谷、潼关三战失利，窝阔台并不气馁，因为他已经攻下了凤翔，有了凤翔，蒙军就可以借道宋朝的汉中地区，攻打金国的唐州、邓州，若果真如此，金国的潼关—黄河防线将成为摆设。

第十四章

引狼入室：
南宋联蒙灭金

借道伐金

成吉思汗临终时，对于未能攻灭金国耿耿于怀。当时，金国虽然已经日薄西山，但凭借完颜仲元的据关守河战略，依然牢牢把守着潼关—黄河防线，蒙军始终未能越雷池半步。为了彻底消灭金国，成吉思汗临终前向继位的窝阔台汗留下了一条锦囊妙计——借道伐金。

按照成吉思汗的想法，蒙军可以绕过潼关—黄河天险，借道宋朝的汉中、金州，沿着汉水南下，进攻金国的唐州、邓州。此计若是成功，则汴京腹背受敌，蒙古攻灭金国将轻而易举。

窝阔台即位后秉着这条原则，率领大军攻打凤翔，同时分兵攻打潼关、卫州。在窝阔台看来，若能攻下潼关，自然可以省去向宋朝借道的麻烦，即使攻不下潼关，攻下凤翔也可以直通汉中，获得借道的桥头堡。虽然窝阔台进攻金国最终以失败告终，却成功攻下了凤翔。在金国主帅完颜合达看来，虽然丢了凤翔，但守住了潼关和卫州，金国依然是安全的。但他不知道的是，对蒙军来说，若能成功向宋朝借道，潼关将不再重要。

早在成吉思汗还在世时，宋朝就曾派苟梦玉为使者，两次出使蒙古，成吉思汗随后也派遣使者回访，双方的联络逐渐频繁。宝庆三年（1227 年），成吉思汗亲征西夏时，再次派遣使者前往宋朝。但由于蒙古使者的态度极为傲慢，引起了宋方的不满，以宰相史弥远为首的赵宋朝廷此次倒显得颇为强硬，拒绝了蒙古使者的无理要求。

此举点燃了成吉思汗的怒火，他派遣蒙军攻入宋朝境内，连破七方关（今甘肃康县东北)、仙人关、武休关，攻陷成州、阶州、凤州，威逼兴元府，宋朝的四川制置使郑损无力抵抗，节节败退。眼看汉中就要落入蒙古人手中，恰在此时，成吉思汗病逝，蒙军无意拉长战线，于是在攻灭西夏后便从宋境撤出。蒙军此次攻宋，虽然震慑了宋朝，但也使得双方关系正式破裂，为日后窝阔台的借道伐金制造了障碍。

绍定三年，窝阔台派遣大臣李邦瑞出使宋朝，商谈借道事宜。由于双方此前的交恶，李邦瑞来到襄阳时，襄阳守将陈垓 (gāi) 并不欢迎，便派"贱者"迎接，并侮辱李邦瑞。李邦瑞大怒，多次提出交涉，最后，双方虽然举行了谈判，却不欢而散。李邦瑞返回蒙古，向窝阔台汇报结果，窝阔台大怒："史弥远啊史弥远，我看你是给脸不要脸！既然你拒不借道，我就只有武力夺道了！"

绍定四年 (1231 年)，窝阔台派拖雷率军从凤翔南下，进攻汉中地区，铁木哥斡赤斤则率军从山东南下，进攻宋朝的淮东地区，正式向宋朝挥出了重拳。与此同时，窝阔台率军自河中府经河东南下，做出从正面攻打河南的架势，给金国制造压力。同时向宋、金开战，窝阔台胆子够大的，随后的事态发展也证实，他确实有胆大的资本。

拖雷部蒙军一路攻陷成州、阶州、兴元府、沔州（今陕西略阳），深入汉中腹地，连拔一百余座城池，吓得宋朝的四川制置使桂如渊肝胆俱裂。他慌忙派人面见拖雷，表示同意借道给蒙古，同时还愿意为蒙军提供后勤、粮草，并派人做向导，给蒙军带路。

有了宋朝提供后勤支持，蒙军完全没有了后顾之忧，于是拖雷率大军自汉中沿汉水一路南下，直扑邓州。金哀宗得知蒙军借道成功的消息后大惊，急派完颜合达率金军主力自潼关前去救援。与此同时，恒山公武仙也率部自卫州赶往邓州与完颜合达部会合。蒙金双方在邓州境内遭遇，大战一触即发。

此时的金军，几乎集结了全部的精锐部队，其中包括完颜合达、移剌蒲阿率领的陕西金军主力，武仙率领的河北地方部队，以及完颜陈和尚率领的忠孝军。金军合计步骑十五万，可谓兵强马壮，而蒙军拖雷部仅有三万骑兵，兵力上处于绝对劣势。此前，完颜合达率领的陕西金军曾经击败过木华黎、速不台、赤老温、塔思、孛鲁等名将率领的精锐蒙古骑兵，有着丰富的对蒙作战经验，形势对拖雷并不乐观。

蒙军进入邓州地界准备渡过汉水时，大将张惠劝说完颜合达："兵法云'半渡而击'，我们应当趁蒙军渡河到一半时向其发起进攻，必能一击奏效。"移剌蒲阿反驳道："我们应当将敌人全部放进来，再全歼他们。当初在大昌原、卫州、倒回谷，我们虽然击败了蒙古人，却连续三次让他们逃走，这一次，我们不能再错过机会了！"连续的作战胜利让移剌蒲阿产生了轻敌情绪，而主帅完颜合达作为金国最杰出的将领之一，此时竟然听从了移剌蒲阿的主张，为金军的失败埋下了隐患。

完颜合达率军驻扎在顺阳（今河南淅川县境内），等待着蒙军的到来。很快，蒙古大军三万余人在拖雷的率领下全体渡过汉水，直扑顺阳。完颜合达令旗一挥，率领金军出击，一场步骑大混战就此拉开了序幕。

蒙军分作三队，利用骑兵机动灵活的优势，向金军发动进攻。完颜合达率金军结成方阵，首尾呼应，与金军展开对抗，双方你来我往，在汉水边展开了搏杀。利用兵力上的优势，金军阵形紧凑，步步为营，蒙军虽然连续发动冲击，却难以撼动金军的方阵，开始退却。此时，拖雷利用声东击西的计策，派一队蒙军正面佯攻移剌蒲阿部，另外两队却合兵一处，猛攻金军高英部。高英军队一时不察，被打得措手不及，金军的阵形开始松动。

完颜合达横刀立马在阵中督战，及时发现了高英部的困境。完颜合达派人向高英传下将令："合达将军有令，若再后退一步，斩无赦！"高英得到将令后，重新集结队伍，鼓起余勇与蒙军死战，完颜合达指挥各部金军配合作战，再次击退了蒙军的攻击。金军越战越勇，重新掌握了战场上的主动权。面对劣势，拖雷不敢恋战，率军退到一处枣林中，暂时休整。由于骑兵的机动优势，蒙军虽然战败，却可以及时退走，金军追赶不及，只得暂时退入邓州城中驻守。

此时的完颜合达踌躇满志，拖雷部兵力不足，自己若能成功围歼这支蒙军，无疑可以稳定金军的士气。木华黎、速不台都曾败在自己手下，拖雷这个乳臭未干的小子竟然敢孤军深入邓州，拖雷啊拖雷，你既然自己找死，本将军就成全你吧！完颜合达摩拳擦掌，欲对拖雷重拳出击，就在此时，金哀宗的诏令到了：汴京危险，十万火急！命令完颜合达、移剌蒲阿、武仙即刻率军救援汴京！

三峰山之战

拖雷部蒙军与完颜合达率领的金军主力在邓州对峙时，窝阔台率领的蒙军主力在河北史天泽、张柔等人率领的汉军的配合下，从白坡（今河南孟州西南）偷渡黄河成功，随即攻陷郑州，直逼汴京。所谓百密一疏，金哀宗一直在重点对付自汉中进入金境的拖雷部，却忽视了在北面对汴京虎视眈眈的窝阔台。拖雷绕过潼关并自汉中攻入金境后，窝阔台也成功突破了金国的黄河防线。一时间，金国的潼关—黄河防线全部成了摆设，据关守河之策完全无法实行，亡国已经不可避免了。

攻占郑州后，窝阔台令旗一挥，蒙军风驰电掣般直扑汴京，前锋部队已经抵达汴京城下。金哀宗大惊失色，急忙派人前往邓州，命完颜合达率领金军主力回救汴京。一连数日，完颜合达都派遣斥候打探蒙军动态，却杳无音讯。蒙军利用机动优势，四处游走劫掠，完颜合达急于交战，却始终找不到蒙军的主力，就在这时，金哀宗的诏令到了。

得到金哀宗的诏令后，完颜合达不敢怠慢，急忙率军赶往汴京。此时已经是隆冬时节，北风凛冽，大地一片冰封，非常寒冷。金军冒着凛冽的寒风赶路，滋味的确不太好受。突然，一阵疾风吹过，惊起了大雪中觅食的几只麻雀。麻雀翅膀拍起的积雪迎风而舞，落到了完颜合达的面庞上。完颜合达打了个寒战，肚中咕咕直叫，半天没吃东西，是应该停下来埋锅造饭了。

完颜合达传令让金军将士停止行军，埋锅造饭。金军将士立刻爆发出一阵阵欢呼声，当即开始埋锅造饭，准备饱餐一顿后继续赶路。金军将士做好饭，正准备大快朵颐时，突然马蹄声响，杀声震天，蒙古人杀来了！

完颜合达抬眼望去，就看到了一队蒙古兵，这队蒙古兵有三千余人，个个盔甲明亮。区区三千人的队伍就敢来捋虎须？完颜合达一声令下，金军胡乱披挂，抄起家伙就上，欲将这队蒙军斩尽杀绝。岂料，这支蒙军却并不交战，待金军到来时，便迅速退走。完颜合达哈哈大笑道："如此胆怯鼠辈，也敢前来挑战吗？"

赶走了蒙军，金军正欲吃饭，蒙古军却再次前来挑战，金军整军迎战，蒙军立即退走。如此反复数次，金军饥肠辘辘，却始终没有吃上饭，苦不堪言。折腾到半夜，金军依然严阵以待，直到确定蒙军不会再来时，才重新吃饭。此时，金军饿得头昏眼花，将士们开始抱怨起来。

拖雷自从在顺阳与金军交战不力后，便不再与金人硬碰硬，只是率蒙军四处游走，劫掠物资。当金军进入邓州后，拖雷便派出斥候假扮成流民，混进金军大营，探清了金军的虚实。当金军离开邓州后，拖雷又派出三千骑兵，紧紧跟在金国大军后面，只在金军吃饭时对其进行骚扰，并不与之交战，同时派出五千骑兵，提前赶往钧州（今河南禹州）南面的沙河北岸埋伏。拖雷则率蒙军主力迅速北上，在钧州等待金军的到来。此外，拖雷还派人赶往窝阔台军中，请窝阔台率蒙军主力赶往钧州，共击金军。

在蒙军的骚扰下，金军想打又追不上对方，想吃饭却被对方骚扰，如此反复数日，又冷又饿，苦不堪言。蒙军的机动能力远在自己之上，长此以往，不等到达汴京，金军就得被对方拖垮，怎么办呢？完颜合达眉头一皱，计上心来，做了一番安排。

北风凛冽，大地萧索，一队饥寒交迫的士兵正在埋锅做饭，这队士兵正是完颜合达率领的金国大军主力。金军士兵做好饭，正欲饱餐一顿，三千蒙军再次出现，向金军挑战。蒙军像往常一样接近金军营地，准备依照惯例戏耍对方一番后迅速撤走。看到蒙军来挑战，金军自然不敢怠慢，立刻放下饭碗迎战。蒙军目的达到，正欲后退，突然，号角声响，杀声震天，金军伏兵四起，将蒙古骑兵包围。

原来，完颜合达派一队将士埋锅造饭，吸引蒙军前来骚扰，四周却早已埋下伏兵，给蒙军布下了天罗地网。蒙军进入金军的包围圈后，完颜合达一声令下，金军伏兵四起，将蒙军包围在垓心。蒙军大惊失色，心道："拖雷殿下可没有让我们与金国人交战啊，但如今陷入了对方的包围圈中，怎么办呢？唉，别无他法，只有硬着头皮迎战了！"

双方兵力差距悬殊，蒙军并不是金军的对手，阵形很快被打散。兵败如山倒，饶是如此，蒙军依然凭借自己可怕的机动能力，成功从金军包围圈的薄弱位置突围。虽然逃过一劫，但蒙军遭此重创，损失不小，也不敢继续骚扰金军了，于是北上钧州，与拖雷部会合。

正大九年（1232 年）正月，完颜合达率金军抵达沙河，遭到了提前埋伏于此的五千蒙古骑兵的伏击。一场激战，金军获胜，蒙军马上退走。当金军渡过沙河继续北上时，蒙军又立马追了上来。如此，金军一路行军，蒙军一路袭扰，等走到钧州城南的黄榆店时，金军的粮食已经快吃光了，再加上休息不好，睡眠不足，饥寒交迫，苦不堪言。

此时，窝阔台率领的蒙军主力以及史天泽、张柔等人率领的河北汉军已经抵达钧州，与拖雷部会合。蒙古军队共计十多万人，在钧州城南的三峰山（今河南禹州西南）布下阵势，等待金军"入瓮"。完颜合达派出斥候打探后，得知蒙古大军拦路，心里打起了退堂鼓：蒙军以逸待劳，而我方粮食已经吃光，若是继续前进，势必凶多吉少。于是完颜合达召集金军将士，商议下一步的进军对策。

会上，移剌蒲阿力主进军与蒙军决战，他说道："天子在京师等待我们入援，我们应当立即北上，增援京师，到时候，天子亲自为我们接风洗尘，岂不快哉？"完颜合达此时心里也没了主意，若是就此退兵，金国军队大部分是步兵，根本跑不过蒙古人的快马，到时候被蒙军追上，势必遭遇一场屠杀。但若是继续前进，对阵窝阔台亲自率领的金军主力，胜算也很渺茫。完颜合达怀着忐忑不安的心情问移剌蒲阿："要不，大家再商量一下对策？"

移剌蒲阿愤怒地打断了他的话："事已至此，还有什么可商量的？"移剌蒲阿有勇无谋，在蒙军渡汉江时拒绝半渡而击，才导致金军陷入如今的困境，众将对他极为不满。但他此时提出继续北上的策略，倒也没什么大问题，金军目前的处境，无论是退还是进，都已经是岌岌可危了。

金军一路蹒跚而行，来到了钧州城外的三峰山下。蒙军砍伐大树，拦住了金军的进军路线。大将杨沃衍主动请缨，率所部担任先锋，顺利清除了路障，金军鱼贯而上，与蒙古军狭路相逢。

金军鼓起余勇向蒙军发起冲击，蒙军一触即退，撤往三峰山。完颜合达、移剌蒲阿大喜，说道："蒙古大军不过如此，狭路相逢勇者胜，弟兄们，给我冲啊！"完颜合达令旗一挥，金军直扑三峰山。此时，天空下起了茫茫大雪，冒着风雪，金军疾驰而进，由完颜陈和尚、杨沃衍、武仙、张惠等人率领的金军前锋部队势不可当，成功攻上了三峰山。蒙军在拖雷的指挥下且战且退，慢慢退到了山下。

金军自鸣得意，实际上却上了窝阔台的当。窝阔台派拖雷率军且战且退，将金军引上三峰山后，马上挥动令旗迅速变阵，指挥蒙古大军二十余万人，将三峰山围得水泄不通。

蒙军分成两队，一队试探性地攻打三峰山，另一队则架起篝火烤起肉来，烤肉的香味飘到了三峰山上，金军馋得直咽口水。此时，金军已断粮数日，又饱受大雪的侵袭，哪里受得了这种诱惑，金军的斗志逐渐瓦解。如此一连数日，三峰山上的积雪越来越厚，金国将士受困于积雪中，铠甲都结了冰，身体更是饿得没有一丝力气。

窝阔台却并不急于进攻，他将包围圈放出一条缺口，吸引金军逃走。看来窝阔台深谙兵法中"围城必阙"的道理，金军本来就没了斗志，如今看到有了一线生机，无不蜂拥而至，试图逃走，殊不知蒙古军队早已布下天罗地网，等待着他们突围。一场单方面的屠杀，金军全军覆没，主帅完颜合达、大将杨沃衍、高英、樊泽全部战死。

移剌蒲阿在突围时被蒙军活捉，蒙军对其进行劝降，移剌蒲阿傲然道："老夫生为大金人，死为大金鬼，理应死在大金国境内，动手吧！"就此不屈而死。移剌蒲阿虽然犯了严重的错误导致金军败亡，但他临死前的气节，令人称道。

完颜陈和尚虽然成功杀出重围，但在听到金军全军覆没的消息后主动赴死。他对蒙古士兵说道："我就是完颜陈和尚，大昌原、倒回谷打败你们的都是我，杀了我吧！"蒙军士兵折断他的手足，割开他的面颊，逼他服软，陈和尚始终坚贞不屈，大骂不止，最终英勇就义。

三峰山之战就此结束，在这场战役中，拖雷采用机动灵活的战术，对金军展开了长期的袭扰，最终将金军拖瘦拖死，金军主力在三峰山全军覆没。此战中，完颜合达、完颜陈和尚、张惠、杨沃衍等金国名将全部阵亡，金国的灭亡已经不可逆转了。

金国名将全军覆没，却有一员将领成功率领三十余名骑兵逃脱，成了此战的漏网之鱼，他就是恒山公武仙，他将为宋朝带来巨大的麻烦。

武仙之死

武仙从三峰山逃走后，躲入南阳山中，以南阳为根据地，四处收拢溃兵，很快就重新聚集起了一支十万人的大军，声势复振。此时的武仙踌躇满志，意欲挥军南下，攻打宋朝的荆襄地区，并以此为跳板，进攻川蜀。有了川蜀这个天府之国做根据地，金国就可以与蒙古人长期抗衡。就在此时，金哀宗的诏令到了，命武仙火速前往蔡州，保卫天子。可是金哀宗完颜守绪不是在汴京吗，为何到了蔡州？

当初，窝阔台、拖雷率军在三峰山击溃金军主力后，马上就挥军北上，包围了汴京。蒙军向汴京发起了一次又一次的攻击，金哀宗奋起余勇，组织城中军民拼死抵抗。双方在汴京城展开了旷日持久的拉锯战，一直到天兴元年十二月，汴京城中的粮食已经吃光，无法坚持的金哀宗在蒲察官奴、马用等将领的保护下，逃出汴京，前往归德府。

此时的归德府，由于河北、河南等地大量败军来投，兵力充足。金哀宗一行到来后，归德府人满为患，吃饭就成了大问题。为了解决粮食问题，归德府知府石盏女鲁欢建议解散军队，让他们自行外出觅食，只留下蒲察官奴和马用各率数百人护卫金哀宗。此举虽然解决了粮食问题，却把金哀宗的生死存亡交到了马用和蒲察官奴手里。

蒲察官奴野心勃勃，他嫉妒金哀宗重用马用，竟悍然发动政变。蒲察官奴率部突袭马用，马用毫无防备，被打得大败而逃。打跑马用后，蒲察官奴逼迫金哀宗封自己为权参知政事，就这样，蒲察官奴控制了朝政，做起了权臣。

此时，蒙古军队进攻归德，蒲察官奴率军夜袭蒙军，打了一场胜仗后，正式当上了参知政事，劫持金哀宗逃往亳州。蒲察官奴颐指气使，肆意欺凌金哀宗，并坚决反对金哀宗前往蔡州的主张。金哀宗忍无可忍，与近侍宋乞奴定下计策，借宣召蒲察官奴入宫议事为由，布下伏兵，以摔杯为号，将蒲察官奴砍成了肉泥。杀死蒲察官奴后，金哀宗亲自出面，成功安抚了蒲察官奴的军队，避免了一场军队哗变的危险。

终于摆脱了蒲察官奴的控制，金哀宗恍若隔世，随后，金哀宗率军前往蔡州。面对蒙古大军随时可能发动的追杀，金哀宗命武仙入援蔡州，武仙却不以为然，心想：与其在蔡州坐以待毙，不如南下攻打川蜀，作为长期发展的根据地！

天兴二年（宋理宗绍定六年），武仙挥军攻打宋朝的光化军（今湖北老河口），重新拉开了宋金战争的序幕。面对武仙大军的进攻，宋京湖制置使史嵩之急召手下大将孟珙商量对策。孟珙微微一笑，对史嵩之说道："史公无须忧虑，武仙不过是跳梁小丑，我只需八千人马，就可以一举将之击溃。"史嵩之深知孟珙之能，闻听此言大喜，当即调集兵马，由孟珙指挥，对决武仙。

孟珙派大将刘全率部在襄阳北面的夏家桥设伏，自己则率主力据守在吕堰（今湖北襄州区北吕堰驿），静候武仙到来。不出孟珙所料，武仙果然率部进攻夏家桥，早已埋伏在此地的刘全部宋军利用地形优势，居高临下邀击金军。武仙连续发动数次进攻均无功而返后，转而攻打吕堰。

一切尽在孟珙的掌握中。吕堰一战，孟珙指挥宋军三面合击，武仙无奈之下率部后撤，孟珙乘胜追击，大破金军，杀敌无数。武仙率军退守马蹬山（今河南淅川县马蹬镇境内），在山上扎起九座石寨，凭险据守，与孟珙展开对抗。

武仙占据马蹬山凭险死守，孟珙兵微将寡，一时倒也无可奈何。此时，武仙部将刘仪投降宋军，向孟珙透露了金军的虚实，并建议孟珙采取步步为营的战术，先夺取武仙前军的三座营寨。孟珙乐得合不拢嘴，当即决定发动对武仙的攻击。

孟珙派出几名宋兵假扮成金兵，混进了九寨的第一寨——离金寨。宋军士兵在离金寨中到处放火，制造混乱，守军哗然。孟珙看到时机成熟，令旗一挥，指挥宋军力拔离金寨。随后，宋军再接再厉，打下了第二座石寨——小王子寨，杀死金军守寨将领小王子。

宋军一鼓作气，连拔金军七座石寨。武仙见大势已去，率军退往附近的岵（hù）山，打算凭借岵山的险要地势负隅顽抗。孟珙对此早有准备，他提前在岵山设下伏兵，金军刚开始爬山，宋军伏兵便从斜刺里杀出，金军措手不及，被打得大败。武仙无可奈何，只能退守最后一座石寨——石穴寨，企图做困兽之斗。

孟珙指挥大军将武仙包围在石穴寨中，派出使者对其进行劝降。武仙虽然屡战屡败，倒也颇有气节，他严词拒绝了孟珙的劝降，表示自己生是大金人，死是大金鬼。此时，天降大雨，道路泥泞不堪，武仙的内心稍稍放松下来：如此恶劣的天气，道路难行，孟珙一定不会进攻，自己终于可以喘口气了。武仙心中的一块石头暂时落了地，他开始盘算着退守商州，与孟珙做长期对抗。武仙正打着自己的如意算盘，孟珙却已经调兵遣将，准备发动对武仙的致命一击了。

冒着倾盆大雨，孟珙召集全军，做进攻前的讲话。部下纷纷表示不理解，说道："如此恶劣的天气，路况又差，金军据险死守，实在难有胜算啊！"孟珙微微一笑，对部下说道："当年吴元济于淮西反叛，唐朝名将李愬雪夜下蔡州，生擒吴元济。如今，咱们不妨来个雨天下石穴，活捉武仙，就在此时！"见主帅胸有成竹，宋军将士顿时信心高涨，无论什么时候，孟珙从来没让他们失望过，孟珙说能赢，那就一定能赢！

孟珙一马当先，冒着倾盆大雨率军向金军发起进攻。此时的武仙，还沉浸在退守商州对抗孟珙的美梦中，根本没料到宋军会在此时进攻，金军几乎没做像样的抵抗便一触即溃。武仙再次发挥了逃跑特长，乔装成士兵的样子，与数名金兵一起突出重围，逃往蔡州。

在孟珙的连番打击下，武仙的十万将士瞬间化为乌有，武仙连川蜀的门都没摸到，美梦就告破灭。金哀宗还满怀期待地等待着武仙十万大军的来援，结果只等来了武仙一个光杆司令，气得他直翻白眼，却也无可奈何。

此时，蒙古的攻城大军在塔察儿的率领下已经向蔡州城发起了数次冲击，武仙的到来，纵然于事无补，但至少可以振奋士气。金哀宗不知道的是，武仙利令智昏，再次向宋朝动武，使得金哀宗刚即位时创造的对宋朝的和平局面再次被打破。宋朝已经与蒙古达成合作协议，由孟珙率领的北伐大军已经离蔡州越来越近了，金哀宗，灭亡的丧钟已经敲响，你，听到了吗？

蔡州落日

经过三峰山、马蹬山两战，金国主力在与蒙、宋双方的两场大战中都遭受了惨重的失败，主力部队几乎损失殆尽。金哀宗一路自汴京、归德逃往蔡州，在这里，金哀宗召集溃兵，加固城池，暂时安顿下来。

此前，虽然宋朝迫于压力，被迫借道给蒙古，但宋朝始终不愿意与金国彻底撕破脸。由于成吉思汗在攻打西夏时曾经遣军进攻川蜀，宋朝君臣意识到了蒙古人的可怕之处，认为其是"虎狼之邦"，时时对其严加防范。但是，随着武仙率军侵入荆襄，宋金和谐的关系再次被打破。

在武仙进攻光化军时，困居蔡州的金哀宗也对川蜀有了觊觎之心，在大臣完颜仲德的建议下，金哀宗派人携带蜡丸，秘密前往秦州，密令秦州守将粘葛完展突袭饶凤关，攻取兴元府。此时，武仙在马蹬山全军覆没的消息传来，金哀宗大惊失色，急忙叫停粘葛完展的行动，并派遣使者前往临安，试图与宋朝重修旧好，与此同时，窝阔台也派遣使者前往临安，劝说宋朝与蒙古联合，共同灭金。

面对蒙金双方同时伸出的橄榄枝，宋廷该如何抉择呢？宰相史弥远陷入了两难的境地。若是联合蒙古，固然能轻松灭掉金国，以报靖康之变的一箭之仇，但倘若金国灭亡，宋朝就失去了与蒙古的缓冲地带，面对如狼似虎的蒙古人，宋朝要应付起来也并非易事。若是联合金国，双方联手对阵蒙古，实在是没有太多胜算，如果得罪了蒙古人，他们反过头来自汉中进攻宋朝，则川蜀将陷入风雨飘摇的境地，该如何是好呢？

就在史弥远苦苦思索应对之策时，身处襄阳的京湖制置使史嵩之与大将孟珙的一番对话解决了这个难题。史嵩之是史弥远的侄子，他坐镇荆襄，位于宋金对阵的前沿，地位至关重要。面对和金还是联蒙的问题，史嵩之内心也颇为踌躇，遂召来大将孟珙商议对策。

孟珙此前刚刚击败武仙，兵不血刃降服了邓州，正春风得意。对于金国的现状，他看得一清二楚，金国主力早已损失殆尽，灭亡只是时间问题，宋朝没有选择，只能联蒙。

他劝说史嵩之："现在金国的主力军队早已被歼灭，完颜守绪在蔡州陷入蒙军的包围之中，已经是坐以待毙的局面了，即使日后宋蒙之间会开战，现在我们也只能选择联蒙。联合蒙古灭金，不但可以拖延与蒙古人的交战日期，而且可以乘机攻取金国的地盘，以扩充我方实力，增加与蒙古的缓冲地带。"史嵩之听后连连点头，立即赶赴临安向史弥远进言。孟珙的话有理有据，令人信服，史弥远很快就做出了决定：兵发蔡州，联蒙灭金！

绍定六年十月，宋朝自京湖路出兵北伐金国。北伐大军由孟珙、江海率领，一路势如破竹，直逼蔡州。闻听孟珙大军到来，蒙军主帅塔察儿大喜，遣使前来迎接，并邀请孟珙前往蒙军大营做客。在蒙营，孟珙与塔察儿相谈甚欢，双方歃血为盟，义结金兰。

按照约定，宋军在蔡州南门设下榷场，与蒙军进行贸易，双方互通有无，齐唱"哥俩好"。为了解决蒙军的给养问题，史嵩之派人自海上运粮至蔡州城外，向蒙古大军提供粮草。得到了宋军的资助，蒙军如虎添翼，准备向蔡州城发起最后的攻击。

塔察儿与孟珙约定，宋蒙双方分别从蔡州城的西面和南面进攻，攻破城门后，双方军队互不侵犯，保持友好。一切准备就绪，孟珙策马站立在蔡州城南门外，思绪万千：一百多年前，女真人攻破我国都，掳走徽、钦二帝，实乃我大宋的奇耻大辱。为了报复金国，岳武穆（即岳飞）练兵十年，挥军北伐，大好局面下，岳武穆却被奸贼秦桧陷害，壮志未酬，最终落得个身首异处的下场。

孟珙的祖先孟安就是岳家军的一员，追随岳武穆经历了绍兴十年那次波澜壮阔的北伐。如今孟家后继有人，孟珙亲自指挥宋军包围了蔡州城。"待打下那蔡州城，我一定将金帝押回临安，用他的脑袋先祭奠徽、钦二帝，再祭奠岳武穆，最后祭奠我的祖先孟安！"孟珙心里暗暗呐喊着，胸中不由得豪气干云。

绍定六年十二月，孟珙调兵遣将，准备发起对蔡州城的攻击。还未等宋军开始攻击，金军却主动打开城门，前来交战。虽然孟珙此前击溃武仙，迫降邓州，但在金国人眼里，宋人依然羸弱不堪。"我们打不过蒙古人，对付你区区宋人还是绰绰有余的！"在这种念头的驱使下，金军主动打开城门出战，试图打宋军一个措手不及。

看到这送上门来的肥肉，孟珙乐得合不拢嘴，他令旗一挥，宋军分作两队，一队直插敌人后方，断绝了金军的退路；一队挥戈直击，欲将金军毁灭。金军的主力早已损失殆尽，剩下的这些虾兵蟹将，据城死守还凑合，出城野战根本不是孟珙的对手。在宋军的攻势下，金军一触即溃，掉头就欲逃往城内，可惜，退路早已被宋军提前截断。孟珙一声令下，宋军箭如雨下，金军慌不择路，纷纷跌入汝水中，金军被射死的、淹死的不计其数，几乎全军覆没。

击溃主动出击的金军后，孟珙趁热打铁，令旗一挥，宋军直扑蔡州城。经过一番苦战，宋军很快就突破蔡州城的外围栅栏，拔掉城防的最高点柴潭楼。蔡州城的护城河水位极深，传闻河中有巨龙蛰伏，宋军将士颇为害怕，不敢接近护城河。

孟珙派人挖开河道，将护城河的河水引入汝水，待护城河水干涸后，派人用柴草填平沟壑，天堑顿时变通途，孟珙令旗一挥，宋军蜂拥而入，直扑南门。金军倚仗坚固的城防工事负隅顽抗，双方一番激烈搏杀，战场局面暂时陷入了僵持。

此时，蒙军也已经攻破西边的外围栅栏，直扑西门。看到宋军进展不顺，塔察儿派遣汉军万户张柔率军增援南门。张柔率部跨越填平的护城沟，直扑城门，城中金军用铁钩攻击蒙军，数名士兵被勾走，张柔一时失察，也被大钩子勾起，局势危急。孟珙见张柔遇险，忙率宋军救援，宋军用飞剑斩断铁钩，将张柔救出。

孟珙不知道的是，他救了张柔一命，却为宋朝的灭亡埋下了伏笔。四十年后，张柔之子张弘范率领蒙古大军南下，将赵宋朝廷连根拔起，不知道九泉之下的孟珙会不会感到后悔呢？

宋蒙联军对蔡州城连续发动无数次进攻，但城中金军极为顽强，依托坚固的城防工事负隅顽抗，多次挫败了宋蒙联军的攻势。就这样，一直持续了一个月，城中粮食已经断绝，到了这个时候，金军无论如何顽强，也难以坚持了。金哀宗完颜守绪乔装打扮，试图从东门出城逃走，却被宋军识破，未能成功。

此时的蔡州城，已经变成了人间炼狱，甚至出现了人吃人的现象。金哀宗知道大势已去，于是召集百官，宣布退位，将皇位禅让给东面元帅完颜承麟。此时，宋军已经攻破南门，孟珙率宋军杀向西门，击溃了西门的金军后，放下吊桥，迎蒙军入城。

宋蒙联军攻入蔡州城内，完颜承麟率金军与宋蒙联军展开巷战，拒不投降，最终战死在乱军中。完颜承麟即位不到一个时辰，就死于刀剑之下，是中国历史上在位时间最短的皇帝。此时，金哀宗在幽兰轩自杀，孟珙与塔察儿将金哀宗的尸体一分为二，分别带回国内，立国一百二十年的大金国，至此退出了历史舞台。

自完颜阿骨打起兵反辽以来，女真人平辽灭宋，所向无敌，但是，战斗力强劲的女真人却在占领中原后迅速腐化堕落。女真贵族们沉醉在中原的花花世界中，日日过着纸醉金迷的生活，早已忘记了阿骨打打天下的艰辛。随着蒙古人在漠北的迅速崛起，金国逐渐陷入左支右绌的不利局面。在成吉思汗的连番打击下，金军在野狐岭、浍河堡、中都连连战败，金宣宗被迫南迁汴京，河北之地损失殆尽。

在汴京，金宣宗采用名将完颜仲元的建议，采取据关守河之策，与蒙军对峙，一度收到了不错的效果，但随着窝阔台攻占凤翔，打通了与宋朝的联系后，金国的局面就越来越不利。终于，蒙军借道宋境，成功攻入金国，并在三峰山之战中一举击溃金军主力，金国的灭亡至此只是时间问题了。

在此局面下，金哀宗、武仙君臣还想着南侵宋朝、攻取川蜀，最终招致孟珙大军的讨伐，武仙全军覆没。宋朝联蒙灭金，名将孟珙率军一路向北，直扑蔡州，最终，宋蒙双方在蔡州城下达成协议，联军攻入蔡州城，金哀宗自杀，金末帝战死，金国灭亡。

孟珙将金哀宗的一半尸首带回临安，祭奠徽、钦二帝，终于一雪靖康之变的耻辱。宋蒙双方暂时进入了"蜜月期"，双方在边境设置榷场，互通有无，一时间倒也颇为和谐。但是很快，宋朝便主动发动对蒙古的进攻。端平入洛，打破了双方的和平局面，旷日持久的宋蒙（元）战争，就此拉开序幕。

第十五章
从天堂到地狱：
端平入洛

危险的决心

南宋端平元年（1234 年）正月初十，蔡州陷落，城中的宋军主将孟珙和蒙军主将塔察儿，扑灭还在燃烧的熊熊火焰，然后平分了这场联合灭金之战最大的战利品——金哀宗完颜守绪的遗骸。

不同于贞祐南迁，也不同于辗转淮西，经此一役，让大宋蒙羞百余年的金国真正灭亡了。宗泽、岳飞、虞允文、赵眘（shèn），当然也包括韩侂胄……几代人的遗志，在这天终于完成了大半。此时距靖康之耻已有百余年之久，宋金不共戴天之仇，一朝终雪！不过，这一天的大喜报还要等稍晚些时候才能传到临安。

当月二十九日，镇守襄阳的刑部侍郎、京湖安抚制置使史嵩之一纸飞书，向朝廷奏报灭亡金国的消息，又把宋军的战功往大了夸耀一番，竟然声称破蔡之功全部归于宋军。随后，史嵩之命孟珙带着金帝骸骨、宝器、玉带以及被俘的金国执政张天纲等人，还军襄阳。

同年四月二十四日，宋理宗赵昀在临安太庙举行了隆重的庆祝典礼，奉上送达的战利品，宣布灭亡世仇金国、虏获敌首遗骨的捷音，以告慰列祖列宗的在天之灵！举朝欢腾，这不堪回首的一页总算翻过去了，似乎一切都在朝着更好的方向发展。

虽然大快人心，但灭金之战并没有获得完全胜利。相较之前，南宋领土仅新增襄阳至淮河一线的泗州、寿州、唐州、邓州、申州几地，就连蔡州和陈州都没能占据。北方沦陷了一百多年的广袤领土，不仅仍未被宋军收复，这一地区的主人还从金国换成了蒙古。至于有些史料所载，蒙古曾答应把河南之地归还给南宋一事，纯属无稽之谈。眼下西夏、金国这些老对手接连灭亡，可对南宋朝廷而言，接下来需要直面的，是一个更加强大可怕的对手，光复故土真可谓是"路漫漫其修远兮"！

至于蒙古人，当然不是什么能占便宜的良善之辈。当时，完颜守绪的一位姑姑不知用了什么办法，竟然成功逃至宋军占领的寿州。蒙军随即追击至城下，而率领这支军队的将领，正是探马赤（蒙古军中身手矫健者）军五部前锋都元帅阔阔不花。虽然这是个以不喜滥杀闻名的蒙古将领，但对宋军并没客气到哪儿去，直接射了一封箭书，用非常强势的口吻要求宋军马上交出金国公主！宋军不敢惹怒蒙古人，于是立马打开城门，给阔阔不花赔笑脸，把那条金国的漏网之鱼交了出去，宛若送走了一颗定时炸弹。

除了要对蒙古低声下气之外，就连在祭扫帝陵一事上，南宋都没有什么底气。早在三月中旬，理宗皇帝就派出太常寺主簿朱扬祖、阁门祗候林拓等人，前往位于河南的奉先县（今河南巩义），祭拜从宣祖到哲宗八位先帝的陵墓。还没等这些人走多远，就传来"蒙古人准备争夺河南，已在潼关到孟津一带驻军，马上就要渡淮南下"的风言风语！朱扬祖等人犯了难，纷纷不敢北上。还是孟珙胆子够大，认为只要速度够快，来得及完成祭拜。

于是，孟珙精挑细选了一批精骑，亲自率领精骑护送朱扬祖、林拓等人，昼夜兼程，只用几天时间就到达了目的地，完成祭拜礼之后又火速南返，不敢多停留一刻。虽然使者们平安归来，但这并不代表谍报中蒙军动向的真实性打了折扣。

蒙古军队在撤离陈蔡战场后，并没有放松戒备。为了防备宋军北上，在灭金主帅、行省兵马都元帅塔察儿的建议下，蒙军在东起曹濮、西达秦陇的漫长战线分兵驻防，以便有足够的军事力量镇守中原。蒙古朝廷随即又任命刘福为河南道总管，以示决不轻易放弃河南的决心。此外，另一蒙古名将速不台驻军陕州—潼关一带，进占京兆、凤翔地区。

而就在灭金之后，蒙军在河南地区掳掠了很多居民，但等到蒙军将要北撤时，这些不愿背井离乡沦为战俘的百姓大都逃亡了。窝阔台为此大怒，下令严格搜查各地收留和资助难民的住户，一经坐实，将其全家处死！多亏时任中书令的耶律楚材劝谏，蒙廷才解除了这项不仁义的禁令。

由此看来，一向以能征善战著称的蒙军放弃攻势，如今却在数千里战线上摆开守势，甚至为此不得不大开杀戒，就是为了消化新占地区，并抽出余力来解决秦陇地区金国的残余势力，而并不是对河南地区没有想法。也正是因为考虑到这一点，所以史嵩之虽然极力夸大宋军的战绩，但在未来如何应对与蒙古的关系一事上，他是慎之又慎。

除了让荆鄂副都统孟珙回防襄阳、江海返回信阳驻守外，史嵩之又令王旻部驻守随州、王安国部驻守枣阳军、蒋成部驻守光化军、杨恢部驻守均州，整饬边防，在唐、邓一带屯田。将兵力如此高度分散，战略目的显然不是进一步北伐，而是防御蒙古这个强敌。可一心谋求自保的史嵩之万万没想到，临安方面展开了一场激烈的争论。

异动来自大宋名臣赵方的儿子——镇守两淮的淮西制置副使赵范（驻黄州）与淮东制置使赵葵（驻扬州）兄弟二人。赵氏兄弟曾立下平定李全的佳绩，也曾进言希望谨慎对待联蒙灭金之举，可眼下居然被史嵩之和孟珙的灭金新功盖过，这一来二去，他们就眼红了。

二赵索性采纳降人谷用安的提议，想要乘机收复三京（东京开封、西京洛阳、南京商丘）。在赵氏兄弟看来，当下天气渐热，不够耐热的蒙古人一定会北撤，只要宋军以迅雷不及掩耳之势攻取河南，然后安抚百姓、任用土豪，再沿着黄河据守各处关隘，则大业可成！这个提议一经上奏，马上就引起了轩然大波，因为反对的人实在太多了！

朝内的反对派以副相乔行简、枢密副都承旨吴渊、监察御史李宗勉、监察御史洪咨夔为代表；朝外则有江淮制置使赵善湘、建康知府吴潜、福州知州真德秀等官员，甚至连赵氏兄弟的幕僚丘岳、下属杜杲（gǎo）也不赞成北伐。

以乔行简为首，群臣一致认为大宋国内缺乏合格的将帅和士卒，在数量和战斗力上，都不足以进取中原，更谈不上据关守河，这是其一；其二，国家财政困难，财力上也不足以保障军队的供给；其三，所谓"兵马未动，粮草先行"，运输补给也是一个值得深思熟虑的问题，否则极易陷入进退失据的窘况；最重要的是，在外交上一旦和蒙古人翻脸，到时又该如何收场呢？即便拿下三城，又守得住吗？

而在此之前，洪咨夔就已经针对太庙献礼直言："那不过只是一堆朽骨而已，葬在大理寺就已经足够了，何必存于太庙呢？如今还有蒙古这样的劲敌，怎么能够夸大俘获尸骨，让边将歌功，让朝臣颂德呢？陛下为何只知哲宗朝战胜之事，却偏偏不吸取徽宗朝战败之事？"

理宗虽然没有大发雷霆，但也只是微笑着点了点头，并不为之所动。显而易见，七嘴八舌的群臣并没有太在乎理宗皇帝心中所想。权相史弥远专政，赵昀已经"渊默"了十年，忍气吞声这么久，好不容易盼到史相他老人家去世，踌躇满志、时刻不敢忘记恢复故土的天子，又怎能轻易放弃眼前这个建功立业、重振皇权的机会呢？

而拥立理宗有功的帝师宰相郑清之，企图通过获得天大的边功来稳固权位，自然是一心迎合皇帝。再加上赵范、赵葵兄弟曾是郑清之的学生，赵氏兄弟之所以火速晋升，少不了郑清之的提携，眼下学生主外，老师主内，配合得简直天衣无缝！要知道，大宋从不搞一票否决制。

端平元年（元太宗窝阔台六年，）五月八日，宋理宗任命淮东制置使赵葵为京河制置使、知应天府兼南京留守，作为这次北伐的主将。这也就意味着，在郑清之等少数派的支持下，理宗皇帝全然不理会朝野的普遍反对，将和他不在同一频道的声音统统屏蔽，悍然出兵了！

长驱直入

按照宋廷的原定计划，赵范将继续屯驻黄州、光州一带，负责声张军势，由赵葵率五万主力军从泗州渡河北进。同时，赵氏兄弟的另一位老师，庐州知州全子才带着一万余人从寿州渡过淮河北攻，两路大军并行，直取三京。

只不过，赵氏兄弟的手下部队多在淮西、淮东地区，要想顺利而有力地同时向河南发动进攻，少不了其他战区在军事和后勤上的支持。其中，除了身在四川的利州制置使赵彦呐接到命令，被要求出兵陕西牵制关中蒙军之外，还包括对北伐最嗤之以鼻的那个人——史嵩之。

一方面，史嵩之和其他人一样，认为出兵河南有害无益；而另一方面，他既然已经立下灭金的大功，又怎能心甘情愿做个配角，帮赵氏兄弟撑起这场戏呢？所以，史嵩之仍旧坚决反对，以荆襄地区连年大旱为由，严词拒绝出兵筹办粮运事宜。

史嵩之不但直接拒绝了郑清之的来信相劝，更滑稽的是，等到几路人马出动，朝廷不惜亮出兵部尚书的头衔作为酬赏，希望史大人能大力配合时，史嵩之竟然提出辞官，反正就是不肯配合！而西线的赵彦呐也同样拒绝出兵。事已至此，朝廷只有鼓起勇气，让两淮军队咬着牙上了。

端平元年六月初，带着"涤清女真余孽，收复大宋故疆"宣召檄文的赵葵率军先从泗州出发，接着通过灵璧、宿州，在六月九日顺利收复了三京之一的归德（即北宋南京应天府）。

六月十二日，庐州的全子才也动身了，于十八日渡淮通过寿州境内，数天后抵达蒙城县。蒙城县的两城如今已空空如也，只剩几十个伤残民众，全子才一声叹息，继续沿着涡水向西北进发，沿途荒草丛生、白骨相望、杳无人烟，实在是一个大写的"惨"字。

六月二十二日，全子才抵达城父县（今安徽亳州谯城区东南），这座昔日被称作"小东京"的名城因战火摧残，如今只剩十几户民舍，一片残破。两天后，全子才抵达亳州，此处竟然只有守军六百人，宋军轻而易举地接收了这座空城。亳州百姓非常怨恨这些凶暴的原金国守军，向宋军控诉他们的见风使舵。全子才于是来了个"废物利用"，让这些降兵充当向导，相继通过了卫真、城邑、太康等地。

虽然地名不同，但宋军所见的情景都是一样的，经历多年战争，河南境内残破不堪，鲜有人迹。再加上当年金国为抵御蒙军，决开了汴京北面的一道堤坝——寸金堤，使得河南境内水灾泛滥，水深的地方甚至到了脖子。得亏这一路不曾遭遇蒙军，全子才部才能够顺利北上。

七月二日，宋军总算抵达开封城外二十里处，就地扎营，距大宋故都汴梁已是咫尺之遥。就在这时，汴京城内发生了内乱。由于原金国元帅、现蒙古守将崔立不得人心，加上宋军到来，开封军民心里有了底，果断杀死了这个大奸臣，六百守军出降全子才。

七月五日，全子才率军进入了几代人念念不忘的故都。当年《东京梦华录》中的繁华景象早已化为云烟，一片废墟中，唯有皇宫和相国寺相对完整，但无论如何，光复东京这一壮举已经完成了！过了半个月，东路的赵葵部五万人也顺利抵达，在此期间，全子才又派人占领了郑州。然而，由于盛夏行军，加上河水泛滥导致粮运非常艰难，这六万多人刚到开封，就已经要吃不上饭了。全子才对此深感忧虑，可毕竟朝廷这一次的主将并不是他，而是赵葵。

眼见目标达成了三分之二，不世之功就在眼前，立功心切的赵葵不停催促全子才西进，好赶快收复洛阳。毕竟官大一级压死人，何况赵葵已非对自己毕恭毕敬的学生了，全子才没有办法，只好派钤（qián）辖范用吉率新募的义军三千人、颍州路钤辖樊辛率武定军四千人、将领李先率雄关军两千人先行出发。加上赵葵也派胡显率雄关军四千人、杨义率一万五千人跟进，两路由赵葵的下属徐敏子当监军充任主将，共两万八千人朝着洛阳进击。

大军每人各得五日份的口粮，但这点粮食哪里够吃，诸军将领纷纷反映，赵葵无粮可给，只好推说粮食会陆续运到，才搪塞过去。徐敏子没办法，只好下令让各军把五日份的口粮分成了七日份，硬着头皮上路。

至于赵葵和全子才这对师生，他们正为争功忙得不可开交。为了日后能够坐镇汴京这座首府，二人竟然都不愿意离开此地，只是不停使唤其他将领。

徐敏子一边勉强西行，一边不停催促后续的粮运。在七月二十六日晚，徐敏子发现驻守洛阳的蒙古军队已经全部撤走，百姓非常欢迎王师到来。徐敏子得报，才一展愁眉，在二十八日这天率军进入了洛阳。

至此，沦陷于金人手中一百多年的开封、洛阳、商丘三京，已悉数被宋军收复，这就是历史上的"端平入洛"行动。捷报传来，南宋举国欢腾，朝野同庆！

八月九日，宋理宗大喜之下，升赵范为知开封府、东京留守，赵葵为知应天府、南京留守，全子才为知河南府、西京留守，仿佛三京已逃不出大宋的手掌心了。但正当理宗下令准备正式的祭祖工作时，前线随即又传来了一连串的败报。

俱为泡影

收复三京，举国欢腾，身在洛阳的徐敏子却实在笑不出来。就在入洛的第二天，宋军的口粮已经吃光了，众将士为了充饥，不得不采集野草，和着面当成饼食用，甚至还把战马杀了吃。而后继的部队，将遭遇更大的麻烦。

宋军的背后，正有无数双眼睛在更深处注视着他们。原来，蒙古军队并没有真正撤走，洛阳这座空城实是他们假装示弱张开的一个大口袋，就是为了引诱宋军上钩。彼时，两京境内已遍布塔察儿设下的哨马和伏兵。

七月二十九日，即光复洛阳的第二天，南宋将领杨义部的一万五千人抵至洛阳以东三十里，此处正是入洛的必经之处。这批宋军疲惫不堪，于是就地停顿，坐在铺开的草席上，准备饱餐一顿，虽然这点粮食还不够塞牙缝的。突然，百步之外的山坡上立起了一把张开的红黄色伞盖，宋军还没反应过来，正好奇那是什么奇异景象时，树木草丛间突然出现大批张牙舞爪杀来的蒙古军！毫无防备的宋军本来就饿得不行，谁知又碰上凶神恶煞的蒙军，大都丧失了斗志，纷纷溃逃，被追击到近百里之外的虎牢关。这场伏击战，宋军损失非常惨重，本部主将杨义仅以身免。

惨败的消息很快就传到洛阳，而蒙军也已抵达洛阳周边，徐敏子和众将无计可施，认为除了撤退再无第二条路，小命要紧，只能放弃西京。

八月一日，徐敏子分派两队步兵袭击洛阳两面的蒙军营寨，自己则率领大军向东渡过洛水，列起大阵，准备突围离开。在徐敏子等将领的坚守下，这批宋军比较争气，从二日的黎明打到中午，抵挡住了蒙军的几次冲击，杀死对方四百人。师老兵疲、缺粮少食的宋军早已筋疲力尽，再扛下去也是死路一条，徐敏子听从范用吉等人的建议，放弃向东撤退，以免遭遇蒙古大军，而是转头向南，那样或许还有一线生机。

塔察儿下令追击，蒙军名将、行元帅府事刘亨安领命，在洛阳南方的龙门一带追上了徐敏子。刘亨安骑着高头大马，横槊直冲，在宋军阵中杀伤无数，蒙军各将纷纷跟进，宋军又遭遇了一场大败，伤亡十之八九。塔察儿对刘亨安的表现非常满意，抚摸着他的后背夸赞道："此乃真骁将也！"

龙门大败，宋军主将徐敏子身上也中了流箭，步行逃亡，差点伤重而死，好不容易才收拢了三百多名败卒，且战且退，一路上用桑叶和枣梨充饥，艰难地返回到南宋光州境内。

洛阳方面，在得知杨义溃败后，赵葵和全子才虽然拥兵两万余，但这两个儒生畏惧蒙军的突然出现，更是心领神会地只字不提支援西京。这天黄昏，赵葵突然下令全军整装，黎明便动身，全军上下都以为是要增援洛阳，直到军旗出了汴梁东门，才知这是要撤了。一路上，不少宋军将士不停回望开封城，不知有生之年，是否还能回到故都。蒙古人很快就给出了答案——不能！

此次虎头蛇尾的入洛之役，全程不过两个多月就迅速告败，以南宋损失数以万计的人力以及无数军械、辎重的惨痛代价而告终。事后，包括赵葵、全子才、徐敏子在内的各级将领纷纷遭到了朝廷的责贬，理宗皇帝后来甚至为此下了罪己诏，为自己的识人不明、急功近利做了深刻检讨。宰相郑清之也难辞其咎，以致他在淳祐年间再次拜相时，有人直接跑到他家大骂："就是因为你才导致端平年间的败象，你怎么还有脸再担任宰相？！"

"端平入洛"的失败，让南宋在人力、物力、财力上都蒙受了重大损失，甚至还有人认为，此战导致宋军从此丧失了胆气，再也不敢主动发起大规模出击，世人也把"端平入洛"视为宋蒙交恶的开端。

诚然，南宋作为战败者，要负起败盟的责任，但蒙古从来就不是一个信守诺言的国家，因此过分指责"端平入洛"倒也大可不必。亡夏灭金之后，作为既定国策，蒙古势必也会南下攻宋，因此完全把入洛视为两国交恶的导火线，只不过是"恶人先告状"的蒙古人一个冠冕堂皇的开战理由罢了。当然，对南宋而言，最为致命的是，入洛惨败让对方看透自己外强中干，蒙古也就没有理由再假装客气了。

很快，蒙古大汗窝阔台便兴师问罪，一边派出使臣王楫南下入宋，斥责宋廷败盟，一边调集各路军队。蒙古宰相耶律楚材更是豪气万丈，直截了当地对南宋使者说道："你们只管倚仗长江，我朝马蹄无处不到，天上天上去，海里海里去！"

端平二年（1235 年），窝阔台三路攻宋的战争全面打响，南宋与蒙元两国之间长达四十多年鏖战的序幕正式拉开了。

第十六章

三方烽火：

窝阔台全面攻宋

川中第一勇

战争最先在南宋的西面门户巴蜀地区打响。四川位处长江上游,不但陆上有剑门屏障,而且水上有三峡天险,历来就是北方政权南下的必争之地,加上又是当时南宋的财富重地,蒙古自然对天府之国垂涎三尺。

端平二年(元太宗窝阔台七年)春,在派遣拔都、长子贵由、侄子蒙哥继续西征的同时,窝阔台准备让次子阔端负责西路战事,从秦陇地区入侵四川这块宝地。经过数月筹备,阔端奉父亲之命,在八月时兵分两路南征,一路自凤州推进,一路向巩昌(今甘肃陇西)推进。

蒙军在西路的进展非常顺利,这还是托了南宋宰相郑清之的福。盘踞在巩昌的原金国守将汪世显本来向四川制置使赵彦呐请求投降,但由于赵彦呐曾拒绝郑清之接应入洛,令郑相公怀恨在心,于是他公报私仇,对汪世显请降之事一直置若罔闻。

送上门来的竟然不要,好啊,本大爷还不伺候了呢!于是在十月,当阔端率军抵达巩昌附近的石门山下时,汪世显马上投降了蒙古。从此,汪世显及其子汪德臣、其孙汪惟正,一门祖孙三代凭其数万雄兵以及和少数民族的关系网,成了蒙古侵略四川的最大功臣。

除了西路进展顺利之外,另一路也是捷报连连。在八月十五这个本该亲朋团圆的佳节,蒙军杀进河池,南宋统制张庆当场战死。蒙军继续南下,行至距离沔州只有九十里的西池谷时,沔州军民大为震动,人们纷纷逃遁。还有人提出来,应该放弃沔州,退守东南方向的大安军。

沔州知州高稼不是个懦弱的人，他向上级四川制置使赵彦呐进言："今日有进无退，我军只要据守险阻，敌人一有后顾之忧，就拿我们没有办法了！如果仓皇南撤，任敌军长驱直入，岂不是白白把川蜀拱手相让？！"赵彦呐先是一副唯唯诺诺的态度，表示自己定然会保家卫国，但没多久就悄悄离开，还带走了大批军队，只留下高稼孤守沔州。不多时，可能是自觉有愧，行至蜀口（今陕西略阳县北）的赵彦呐又派出了身边的数千军队回援沔州。老高啊老高，我只能帮你到这里了，接下来就看你自己的造化吧！

蒙军很快便越过白水关（今陕西略阳县白水江镇），冲到了沔州东北六十里的六股株。沔州这个地方没有城墙，只能依山据守，这也是赵彦呐撤退的一大原因。但高稼无所畏惧，登上高地，大张旗鼓，作为疑兵。如果这也不行的话，还有我高稼这副血肉之躯！

赵彦呐派来的援军没一个能打的，刚与蒙军交战，就纷纷溃败。只有镇守七方关的利州都统司职事官曹友闻见势不妙，写信劝高稼移步，让他来协防。然而高稼连忙劝阻，婉拒了他的援助："七方关是要地，君万万不可放弃！我是一州守将，断然不会放弃州城，即便无济于事，我也不过一死而已！"于是让下属官员乘船从嘉陵江南下，自己则坐镇州公署中，迎接最后的结局。

九月，蒙军攻破沔州，高稼坚持不降，率领剩下的士兵同敌军在署前展开巷战，最终英勇殉国。高稼，字南叔，是大宋名臣魏了翁的同母兄，年轻时曾被另一位名臣真德秀视为国士。沔州之战，高稼用自己的生命验证了其乃真国士也！

得知沔州失守、高稼殉难的消息后，胆小的赵彦呐不愿面对蒙军，竟然和对方玩起了捉迷藏，反而从置口率军北进，结果速度不够快，还是在沔州北方一百五十里的青野原被蒙军包围。

历史上，那些挽救危局的"关键先生"可能会迟到，但一定不会缺席，于是，曹友闻出现了！

曹友闻，字允叔，是北宋开国名将曹彬的十二世孙。不同于先祖打仗一贯

"温吞水"的作风，曹友闻虽然个子不高，但作战一向非常勇猛，有"满身胆"的威名，而且其部下很多都是那些死也不愿归附蒙古的边民，整支军队同仇敌忾。曹友闻干脆竖起上级赐给他的一面大旗，上面赫然绣着"满身胆"三字，就连蒙军都非常害怕这支部队，声称"短曹满身是胆"。高稼以身殉国，本已令曹友闻激愤无比，现今赵彦呐被困，加上青野原又是四川的咽喉之处，思前想后，顾不了那么多的曹友闻决定出七方关，增援友军！

曹友闻先派弟弟曹友万带着一些兵力从冷水口渡过嘉陵江，突进至六股株，与此地蒙军交战，吸引对方的部分火力。曹友万又趁夜衔枚潜行，悄悄走小路来到青野原，神不知鬼不觉地与赵彦呐完成了会师。赵彦呐非常欣赏智勇双全的小曹，于是放出指挥权，让他领导青野原的全体宋军。

宋军方面的风吹草动让蒙军察觉到事情发生了微妙的变化，于是准备放弃包围，撤离此地。天堂有路你不走，地狱无门自来投！见时机已到，曹友闻带着精兵杀向青野原，与弟弟在半夜一同发起合攻，打败蒙军，算是为高稼出了口气。

宋军这边倒是解气了，但是阔端那边就没法咽下这口气了。降服巩昌后，阔端马上带着新近收的小弟汪世显率北路军与败军集合，又一次渡过了嘉陵江，目标直指大安军！已经被升为利州都统的曹友闻立即派出摧锋军统制王资、踏白军统制白再兴赶往鸡冠隘（今陕西宁强西北龙门山），又派出左军统制王进赶往阳平关（今陕西宁强西北）。

手执五方旗指挥诸军的曹友闻刚登上山头就有数万蒙军出现，朝阳平关方向杀来。曹友闻马上派王进和游奕部将王刚出战，自己也率领帐下的亲兵和背嵬军冲到阵前，朝着蒙军乱射。虽然最终击退了这股敌军，但曹友闻还不敢懈怠，认为敌军一定会转向攻打邻近的鸡冠隘，于是马上急令两个可靠的老部下忠义总管陈庚、时当可前往支援。

果不其然，蒙军又派出了一万余兵力攻打鸡冠隘。陈庚率先出击，带着五百骑兵与蒙军正面交战，时当可率步军在左右两翼袭来，加上王资、白再兴的出击，宋军在这场血战中竟然大破蒙军，史称"喋血十余里"！阔端初次出师四川不利，只得带着主力悻悻而退，留下一些游骑骚扰边境。非常可惜的是，川中勇将时当可在这期间，一度偷袭蒙军西北营寨，最终力战身亡。

逐步拔掉巴蜀边境上的南宋据点后，在第二年，即端平三年（1236 年）秋，休养生息了一年的阔端卷土重来，以塔海为元帅，汪世显为先锋，再次大举攻蜀。大军中不乏蒙古、党项、女真、回回、吐蕃、渤海等族的士兵，号称五十万。蒙军很快占领了兴元，仍然意图直冲大安，沿着金牛道入蜀。

此时，从仙人关退回沔州的曹友闻正全权负责沔州等地的军务，他认为大安地势平坦，无险可守，地形适合对方骑兵作战，并不利于步兵为主的宋军；而沔州有重兵把守，敌人一定不敢轻易越过，加上又有曹友万、王宣两支兵力首尾呼应，如果守住沔州，一定能够获胜！

无奈，曹友闻的上级四川制置使还是赵彦呐，这是个没什么战略高见的人物。他也许是被去年的大胜冲昏了头脑，无论如何都不同意曹友闻的想法，并在一天之内连发七道小红牌（是不是似曾相识）催促曹部。曹友闻深知川中能战之兵不到三万，而今坚守沔州的主张又不能实现，深感大限将至，对弟弟曹友万叹息道："川蜀看来是要沦陷了！"

九月九日，曹友闻不得已率军撤离沔州。来到大安军后，诸将认清了眼下不但能守之地只有鸡冠隘，而且既无足粮又缺水源的严峻事实。既然无法力战，那就只能智取了！

阳平关与鸡冠隘南北相望，曹友闻决定和弟弟再来一场夹击。于是，他先在鸡冠隘上竖立大量旗帜，造成宋军全部驻守在此的假象，然后又下令打开阳平关的城门，收起城头的旗帜，不让城内发出一点大声响，以期诱敌深入。安排好这一切，曹友闻率领精兵万人从大安出发，渡过嘉陵江北上埋伏起来。

九月二十二日，蒙军前哨来到阳平关前，见城门大开，果然放松了警惕要闯这个空门，结果被在此等候多时的曹友万杀死。蒙军大怒，大队人马相继抵达，与宋军曹友万、刘孝全部在阳平关前展开激战，两军从早晨战到下午，最终蒙军被击退。黄昏时分，曹友万连忙收兵，撤往鸡冠隘，被追上来的蒙军围了起来。

得到鸡冠隘传来的信号后，曹友闻马上在夜间率军南下冲入阳平关，出城从不同方位冲击蒙军。偏偏这时吹起了大风、下起了大雨，虽然宋军将士无不奋战，但双脚大都深陷泥潭，有部下劝曹友闻整兵，等天气放晴再战，曹友闻斥责道："敌军已经知道我军伏兵在此，一旦迟缓，必定失去战机！听我军令，再战！"

有了曹友闻带头拼杀，宋军总算杀进了蒙军内部，攻破了数十座军营。由于不少蒙军只知道鸡冠隘有宋军，却不知道阳平关会冲出来这么一伙宋军，所以都懒洋洋地在帐篷里避雨，故而让宋军有了扬眉吐气的机会，斩获颇丰。曹友万听到鼓声，也适时地率军冲出，与哥哥一起夹击敌人，一场恶战下来，双方流血竟然达十数里长。

长夜将尽，因为这黑咕隆咚的夜晚加上暴雨，让吃了大亏的阔端叫苦不迭，几乎就要准备撤军。但他同时也发现，川军一向用棉袍代替铁甲，长期浸泡后非常不利于作战。此时，迎来了初晨的阳光，蒙古援军也已到来，阔端大喜，下令将军队分为百队、十队，轮番向宋军发起冲击。

宋军寡不敌众，损失惨重，曹友闻的坐骑更是中了数箭，最后只剩不到六百人。部将们纷纷劝道："将军，我们虽然全军覆没，但对方也被杀了大半，您何不突围而出，再图后举呢？只要您还在，敌人绝对不敢再入川！"曹友闻长叹一声："我深受赵彦呐掣肘，误了大事，蜀地必亡，这大概就是天意吧，我誓与蜀地共存亡！"于是杀死战马，抱着必死的决心突围。

曹友闻率几百人与蒙军鏖战多时，身中一箭仍奋力血战，一代名将最终阵亡。没过多久，曹友万等人也相继战死。已经降蒙的汪世显一向敬佩曹友闻，甚至还以宝马相赠，得知曹友闻战死后，他不禁慨叹："曹将军真是天下第一好男儿！"又用隆重大礼祭拜曹氏兄弟。

曹友闻军是南宋蜀地唯一能战的部队，这次阳平关、鸡冠隘之战，也是蒙古入蜀以来遭遇的最激烈的一战。然而经此一役，自吴玠、吴璘兄弟以来百年，蜀地所依赖的至关重要的一道藩篱——蜀口防线也马上被瓦解了，蒙军入蜀破竹之势已成。

蒙军在十月相继攻破利州（今四川利州区）、剑门、阆州等地，最终在月底攻克成都，杀死镇守此地的制置副使丁黼（fǔ）。阔端等人齐聚锦官城，又因为听信卜者之言，竟然下令屠尽这座大都会中的居民，焚毁了成都城！事后统计，仅仅在成都城中，竟然就留下了一百四十万之多的尸骨！继屠戮成都以后，阔端又分兵四处攻略川蜀其他地区。后因京湖战场有变，加上蒙军缺乏水军，无法达到"攻占夔州、打开川东门户"的目的，只得再疯狂掠杀一番后，扬长而去。

四川惨遭蒙军蹂躏，人口也丧失了十之七八，蜀地从此满目疮痍、残败不堪，不得不倚仗荆湖地区的粮运。同时，这也意味着南宋小朝廷的半壁江山又损失了三分之一，蒙军已对赵家天下造成致命的打击。当年连女真骑兵都啃不下的蜀地，今日竟被蒙古铁蹄踏破了！

风雨京湖路

端平二年秋，川蜀大地战火正酣时，京湖战区也并不太平。奉窝阔台之命，大汗第三子阔出、宗王口温不花（铁木真之侄）及塔察儿、塔思（木华黎之孙）等人领兵，自唐州、邓州地区南下，进攻南宋的京湖地区，即京西南路与荆湖北路。

唐州本是南宋灭金后所得，但由于原金国降将受到不公待遇，一怒之下发动兵变，投靠蒙古。当时，镇守襄阳的赵范希望自己人立功，于是命在端平入洛后受到责罚的全子才、刘子澄、赵楷三将前往平叛。哪知一听说口温不花就在唐州的某处林间驻扎，这伙人吓得魂飞魄散，没打就逃回襄阳，还声称打赢了。当然，事发后，这群人又被贬了。

九月，阔出率军开始围攻枣阳，守将樊文彬向襄阳告急，然而赵范却不发一兵一卒。樊文彬苦战一个多月，可架不住蒙军人多势众，最终城池的西北角被破开了一个缺口。樊文彬急忙在缺口处堆积大量柴草，放火焚烧，以缓解敌军的攻势。

这个方法在短时间内小有成效，然而天意弄人，晚间风向突变，烈火回转，竟然蔓延到城内的官舍，蒙军也在将领史天泽的带领下乘势攻杀进城。大势已去，樊文彬无计可施，只得自缢殉国。城破之后，由于枣阳军民的奋勇抵抗，让阔出大为不满，这位三王子不听随军士人姚枢的良言，竟然发动屠城，其中被坑杀的就有十四万人之多！其后，邓州、均州、光化军等地先后投降蒙古。

十一月一日，塔察儿领兵直抵襄阳附近，在汉水北岸与宋军对峙，还写信给赵范，不过赵范都懒得拆开信封，直接把信件烧掉了事。赵范所倚仗的，便是硝石滩附近的舰队和营栅，他有自信，凭借这些水上障碍，能够阻拦蒙军。

还是史天泽，他听从心腹李伯祐的建议，派出十艘战船，分别载着死士，由李伯祐带着他们向宋军发起挑衅，等到对方来攻就赶紧撤退，如此反复数次以示弱。硝石滩的宋军果然笑话蒙军是一群尿包，从而放松了警惕。宋军没想到，就在第四次挑战时，史天泽和李伯祐趁其不备，突然顺势登上船，由里而外歼灭这支舰队，顺便铲平了营栅。

虽然大胜一场，但过了半个月，蒙军也遭遇了一场败仗，见暂时无力打下襄阳，只得绕开这块硬骨头，转攻随州、郢州一带。不过，就在焚毁峡州城后，不太甘心的蒙军再度回到襄阳，与赵范在樊城打了一架，只不过最终还是没占到什么便宜。

然而，堡垒总是从内部被攻破的。镇守襄阳的京湖安抚制置使赵范虽然下令坚壁清野，但事实上并不怎么专心防守。反之，这位年轻时便得志，被大宋朝视为国之栋梁的名臣，只是依赖一些心腹将领守城，自己则日夜纵情声色，对军中成员之间日渐滋生的矛盾不管不顾。

这个巨大的火药桶在端平三年二月时终于炸了，襄阳爆发大规模兵变，叛军在城中肆意烧杀劫掠，火光四起。讽刺的是，为首者正是赵范平日里信得过的那些武将。二月二十三日，已经无力扭转局面的赵范只得和一干亲信偷偷从西门溜出襄阳城，向南边的江陵（今湖北荆州）逃去，情急之下，就连身上的制置司官印也给弄丢了，搞得狼狈不堪。

叛军占据襄阳之后，马上派人向蒙军投降，不过在樊城土豪刘廷美兄弟的努力下，于四月相继打败叛军，不安定分子几乎被杀光，南宋这才收复丢了两个月之久的襄阳、樊城。至于阔出的蒙古军，早在当年春季就撤离了，所以没来得及强占襄阳。

虽然襄阳失而复得，但原本城中有军民四万七千余人，钱粮三十万，弓箭、器械二十四库等大量资源，自岳飞收复襄阳以来几代人百余年的努力，全在这场大乱中化为乌有了，实在令人痛心不已。作为这次事变的最大责任人，赵范被一贬再贬，数年后病死。

当年，即端平三年八月，阔端在川蜀高奏凯歌时，阔出一路也重整旗鼓，再把目标对准京湖战区。与前次大为不同，襄阳与樊城这两座历经磨难的城池，就此轻易被蒙古攻陷。随后，蒙军继续深入，接连攻陷郢州、荆门、随州、德安府等地。

十月，手上沾染无数鲜血的阔出染病身亡，由年轻（当时只有二十六岁）的塔思接过兵权，猛攻长江中游的蕲（qí）州，继续三王子未竟的事业。就在蒙军几乎要攻克蕲州时，已任黄州知州，节制黄、蕲、光、信阳四地军马的孟珙率军来援，使蕲州逃过了一劫。蒙军转而攻向当时长江一线最重要的城池——江陵府。

襄阳已失，如果江陵再失，那么长江防线门户洞开，这条天险也形同虚设了，由此带来的后果将不堪设想，江陵告急！孟珙临危再次奉老上司、时任淮西制置使的史嵩之的命令，前往增援。不过塔思也挺心急，索性抛下了江陵，兵分两路，一路攻略复州，另一路则分散在枝江、监利一带，大造木筏，企图直接突破长江天堑。

孟珙决定给蒙军来个下马威，先是命令军队频繁变换旗号和军服颜色，沿江来回走动，等到夜间，又在岸边竖起一排排火把，长达数十里，照亮了整条江面。等准备工作做得差不多了，孟珙又乘机派表弟赵武率军出战，打了惊慌失措的蒙军一个措手不及，攻破对方营寨二十四座，救出了两万多名俘虏。待塔思整军再战，孟珙凭借主场优势，亲自率军又一次击败了对地形相当陌生的蒙军，而且又下令万箭（火箭）齐发，焚毁了对方大量的渡江木筏、器具。同时，孟珙的部将张顺等人，也率水军在公安一带打败蒙军。

塔思不敢恋战，只得北撤，孟珙也凭借这次战功不久后被升为江陵知府、京湖安抚制置副使。至嘉熙二年（1238 年）十月，宋理宗打定主意加强守备，放弃与蒙古议和的幻想，让立下黄州之功的孟珙代替史嵩之，担任京湖安抚制置使，正式全面担起主持京湖战区、收复襄阳及其他京西失地的重任。

长期以来，孟珙就心存收复襄阳的志向。他认为，要想收复襄阳，先要确保运路通畅和有奇兵可出，所以必须先拿下郢州和荆门。由于蒙军并没有留下重兵把守京湖，所以宋军三战三胜，很快就收复了襄阳周边的荆门、郢州、信阳、樊城等地。

在刘廷美（曾在端平年间短暂收复襄阳）的协助下，孟珙麾下的大将刘全最终于嘉熙三年（1239 年）六月收复了阔别将近两年的襄阳。

平心而论，由于当时并没有什么蒙军，因此对宋军而言，收复这些城池也没有太大难度。孟珙和当时已经拜相的史嵩之一致认为，襄阳虽然光复，但是如果没有足够的兵力，并不容易守住。所以，孟珙用河南、湖北地区的降兵组建成忠卫军、先锋军，在他多年的精心筹措下，最终，京湖战区共有兵力将近十三万人，负责拱卫襄阳与江陵。

淮上英雄志

就在端平三年十月，蒙军中路主帅塔思大战孟珙时，东路七万大军在口温不花的率领下，渡过淮河，入侵南宋淮西之境，攻破固始县，数万宋军降蒙。没想到蒙军越打越顺，继续深入，接连攻打光州、庐州。曾阻止蒙古屠西夏中兴府的那位将领察罕，甚至包围了滁州，攻破了定远、六合，江北告急！

所幸在蒙军抵达宣化（今江苏仪征西）时，遭到了非常顽强的抵抗。南宋沿江制置使紧急调兵，协同真州知州丘岳，与蒙军在此地死战三天三夜，重创对方，伤亡无数，迫使蒙军撤退。最大的压力，落在了知安丰军杜杲身上。

安丰位于淝水西岸，又是水浅之地，相对来说骑兵很容易通行，一向是北方征淮南时的必争之地。不过早在蒙古南下时，获得情报的杜杲就有了判断。蒙军的战略基本上稳扎稳打，时常是先攻占一处城池作为基地，然后再继续深入。既然远在淮北的顺昌兵力薄弱，一定难守，那与其让蒙军白白捡到这个便宜，不如先下手为强！

事不宜迟，杜杲马上派人将顺昌城中的军民全部接到淮河南岸来，蒙军气得牙痒痒，急攻安丰军。杜杲严防死守，安丰如同铁桶一般，滴水不漏，反而出其不意暴打了蒙军一顿。当蒙军灰溜溜地撤退时，又遭遇了杜杲在退路上埋下的伏兵，反被宋军抢走了五百匹战马。

一年后，即嘉熙元年（1237 年）十月，口温不花再度率军大举南下，一举攻陷光州后，又兵分四路攻略淮南。其中，口温不花集结在光州、蕲州、安庆三地俘获的军械、辎重，亲自率军攻打黄州。

京湖制置安抚使史嵩之故技重施，再度派出一向好用的孟珙支援黄州。由于孟珙在黄州任上时就击退过蒙古进犯，而且素来颇得民心，所以他到来时，城中军民士气大振，齐声欢呼道："快看，我们的孟父回来了！"孟珙回到熟悉的黄州后，也没有一点儿官架子，每天都亲临城头督促军士，看望伤员，三军无不感动落泪。

孟珙很快就留意到，蒙军企图用俘获的民船来渡江，不由得笑出了声，道："上回就这么急，怎么这次还是死性不改？"反击战最先在江面上打响。孟珙派出将领同鼎、葛怀二人率舰队向那些不起眼的民船发起猛攻，对方阵形大乱，慌忙想要逃走。更擅长水战的宋军纷纷乘风张帆，在水上从四面合攻。此战除了给长江送去不少水鬼之外，还夺回了两百艘船。

在击溃蒙军渡江计划并收复了黄州城外的东堤后，孟珙发起了新一轮的反击，派遣将领刘全等人，在夜间分成七路出城劫营。宋军水陆并进，导致蒙古军心大乱，互相惊扰。唯独蒙军将领张柔（孟珙在蔡州救下的那位），一眼看破了诡计，击退宋军来犯。就在几年前，二人还是并肩作战的盟军战友，如今却各为其主，不得不拼个你死我活，实在令人感慨万千。

蒙军继续猛攻黄州，还效仿攻枣阳时的战法，企图在城墙上挖开一个口子。孟珙见招拆招，在蒙军正对的城墙后，也挖掘了一个宽达十余丈的超级大坑作为陷阱，号称"万人坑"！为确保万无一失，孟珙又在这个万人坑的边缘另外构筑了一道工事，造了座月城。蒙军不知有计，冲进缺口时，还来不及为眼前的一道坚壁感到疑惑，就纷纷落入了大坑，死在月城中宋军的石头和檑木下。至来年，即嘉熙二年春，因战死、冻死、病死乃至逃遁，已失去十之七八战斗力的蒙军最终撤离了黄州，狼狈而归。就在孟珙松了一口气的同时，杜杲心里的一块大石头也同样落了地。

发觉黄州之战的进展不顺时，口温不花又逐渐把重心转移到攻打淮西重镇安丰军上。望着城下渐多的蒙军身影，杜杲父子和之前一样，依旧严阵以待，誓死守城。

蒙军攻城，最依赖的便是大砲（pào），即巨型投石机。一座巨砲就要用到数百人力来运输，城墙上要是挨这么一砲，十有八九会被毁坏。但办法总是人想出来的，杜杲听从在淮北有作战经验的顺昌将领王安之言，筑造了一种特殊的串楼。这些串楼都是用榆木、槐木等坚硬木料制成，宽二到三尺，插入城壕旁的土里五六尺，高一丈有余，上面架着横木，中间开设箭窗以供射击，下面则用羊马墙包围。杜杲下令制造了千百座这样的串楼，围绕着蒙军的攻击方向，一排接着一排摆设，能够顶住三发大砲，有力地抵消了对方的攻势。

攻击是最好的防御，杜杲深谙此理，但他觉得之前的兵器用起来还不够顺手，于是发挥巧思，设计了一连串的杀敌神器，比如轻巧灵便的鹅梨砲、射程可达千步的手持三弓弩砲、搭载军队截杀敌军的平底船等。杜杲之子杜庶也不甘屈居父亲之后，做出了一种类似拒马的排杈木。

蒙军中有一种特殊的部队，名为"八都鲁"，由一些攻城赎罪的囚犯组成，所以个个都不怕死，而且身披厚牛皮制成的战甲，脸上也带着防护面具，一边砍伐排杈木一边推进。杜杲挑选了一批神箭手，专门在串楼里朝着八都鲁军的眼睛射去，结果将其全数歼灭。

安丰形势危急，又正值隆冬时节，守军已在严寒下苦战了近两个月，被冻得皮开肉绽、手指断裂的士兵就有一百多人。宋廷急忙接连派出军队增援，其中有几位在南宋晚期至关重要的将领就此正式登台。他们是时任池州都统制的吕文德与其亲将夏贵，以及奉淮东制置使赵葵之命，前来驱敌的盱眙部将余玠。

吕文德最先抵达安丰附近，他派夏贵担任先锋，在淝水边上建筑空寨，插满旗帜，作为疑兵招引蒙军。等到蒙军分兵去进攻那些根本不存在的敌人才发觉中计时，吕文德部已经从小路悄悄渡过河水，与城内守军会合了。眼见城上插满红旗，蒙军又气又恼。

各路援军挤在安丰城内，一时互不相容，都想当老大，幸亏杜庶及时从中协调，最终商定由吕文德统一指挥大军，宋军才能够同心协力。

蒙军的进攻愈演愈烈，已经填平了城壕，在其上方构筑了整整二十七座土坝，大有不死不休的势头，吕文德与杜杲只得分兵扼守。蒙军是在安丰西北方向攻城的，这天正好刮起了东南风，于是动起了坏心思，发动烟雾攻势，猛熏宋军。

　　杜杲一时无计可施，只得向天祈祷。也许正是他的诚心感动了上苍，风向突然掉转，又突降雨雪，形势马上扭转了过来。趁着这个机会，杜杲立刻邀请在淮北寿春一带行动的余玠等人共同行动，同时和吕文德一起招募勇士发动突围。

　　余玠等人很快抵达淝河边，与城中守军遥相呼应。在安丰内外宋军的合攻下，蒙军伤亡惨重，在付出丢下一万七千具尸体、攻城器械全被烧毁的代价后，慌忙北撤，第二次安丰之战以宋军完胜告终！

　　嘉熙初年的黄州之战、安丰之战，创造了宋蒙战争前期宋军空前的两次大捷。孟珙被升为京湖战区最高军政长官，杜杲也因此得到宰相李宗勉、副相徐荣叟的高度赞誉，被称为"淮西第一名将"，同时升任淮西制置副使兼庐州知州。但就在当年九月，蒙军大将察罕再度南侵，扬言提兵八十万，并声称第一个要破的就是杜杲所在的庐州，一场复仇之战即将打响。

　　蒙军抵达后，先在城外筑造了一道长达六十余里的长围，环绕整个庐州城。"黑云压城城欲摧"，杜杲的幕僚们见敌军一望无际，无不心惊胆战，但杜杲根本不为所动，信誓旦旦地说："放心吧，我……不对，是我们，一定会击败敌军的！"

　　虽然蒙军的攻城器具是上次的数倍，但有了安丰大捷的经验，杜杲这次也更加有信心了。首先，他敏锐地做出了正确判断，成功推测出蒙军的攻城方向，做好战备，在舒城门击退来敌；其次，杜杲又在城内建了一座土城，作为第二道防线，以免蒙军突袭；再之后就是动用自己的看家宝了，串楼、鹅梨砲、三弓弩砲、平底船等武器纷纷再次登场。

　　蒙军似乎也吸取了部分经验，建起一座座木坝，高度远远超过了串楼，对城内形成压倒性的攻势，宋军一些将领甚至被吓得流下了眼泪。事实证明，蒙军的脑子还是不如人家灵活，只见杜杲将浸灌了油的柴草丢到木坝底下，再点一把火，没多久就把那些家伙烧成了灰烬。不然，你觉得杜杲为什么要在串楼下方安置羊马墙呢？

察罕这次学乖了，最初用女真军和汉军攻城，不胜；再派回回军，仍旧不胜；最后才换上真正的蒙古军，但仍旧损兵折将，甚至有一员没有记载名号的蒙军高级将领被鹅梨砲打成了残废。察罕只得撤军，宋军乘势开门痛打落水狗，阵斩两万多名蒙军，又是一场大捷！

然而，察罕依旧不甘心，竟然掉转方向，再度直击被称为"金陵锁钥，江淮保障"的滁州。宋军守将陈广光率领三千人死战，让察罕万分焦急，打算撤军。此时张柔来到滁州劝他继续攻击，最终滁州陷落，惨遭蒙军发疯一般屠城。

镇守盱眙招信军的余玠前来增援，但为时已晚，反被围困在滁州东北的青平山。蒙军久攻不下，于是转攻余玠的老巢招信军，余玠急忙返回，与敌军血战三天，自己身受重伤，最终迫使察罕撤军。

至于庐州大捷的地位，被朝廷视为等同于南宋初年吴玠的和尚原大捷、刘锜的顺昌大捷，杜杲也因此再次升官，成为兵部侍郎兼任淮西制置使，正式担任淮西战区的一把手。

名将背影

孟珙确实是南宋后期不可多得的一位战略大师级良将。嘉熙二年末，孟珙打探到了一个情报：蒙古大军可能会南下长江。几年来，蒙古已经在过江这件事上做过太多尝试了，这次会有什么不同呢？名将的思维果然不同凡响，孟珙做出了一个惊人的预测：这次，蒙古很有可能会选择从长江上游东下。

不出所料，嘉熙三年秋，蒙古都元帅塔海、秃雪果然再度入侵四川，号称有八十万大军，从万州（今重庆万州）沿江东下，惊动了整个三峡地区。所幸孟珙早有准备，在和他的哥哥，峡州知州孟璟紧急商议一番后，又派弟弟孟璋出兵，击退了蒙军。蒙军汪世显部来到涪州（今重庆涪陵）后，向重庆府发起进攻，因天气转热而撤退。

经过此事，孟珙于嘉熙四年（1240年）初向朝廷上书，提出了最能体现他远见卓识的著名防御体系——"藩篱三层"。孟珙建议：在夔州设立制置副司，以涪州、万州作为第一层防线；以常德府（今湖南常德）、澧州（今湖南澧县）作为第二层防线；在辰州（今湖南沅陵）、沅州（今湖南芷江）、靖州（今湖南靖县）、桂州（今广西桂林）屯驻重兵，作为第三层防线。

可见孟珙已经意识到，蒙古非常有可能迂回至广西、云南地区，对湖南地区形成包围，这恰恰对应了后来蒙古的"斡腹"计策。然而，虽然理宗皇帝在口头上对这一方案表示赞同，但由于兵力和财力都捉襟见肘，这一伟大战略并没能真正得到贯彻。

朝廷对孟珙依旧非常重视，嘉熙四年二月，宋廷命孟珙兼任四川宣抚使兼夔州知州，让他担负起协调京湖、川蜀两大战场的重任，守住川东门户夔州更是重中之重。

孟珙守蜀期间，针对蜀地残破的现实，兴建重庆城，确定了其边防枢纽的地位，而四川制置使的驻地也从成都变成了重庆，成为南宋末年抵御蒙军入侵的一大中枢。此外，孟珙在蜀地开始实施屯田，有效缓解了四川连年战争、缺乏粮食的难题。

但就是这样一位为南宋朝廷两大战区做出卓越贡献，并多次挫败蒙古阴谋的不世出之名将，最终因声望日隆，竟然遭到了宋廷的猜疑。尤其是在老领导史嵩之下野后，孟珙更是感慨朝中无人襄助中兴大业，哀叹道："三十年收拾中原人，今志不克伸矣！"从此抑郁成疾，一病不起。

淳祐六年（1246年）九月，壮志未酬的一代名将孟珙在江陵去世，时年五十二岁。而就在孟珙临终前，又做了两件对后来历史或多或少产生影响的事。他留下遗表，向理宗推荐了一位官员接任其职，那人正是贾似道。此外，又向贾似道推荐了一位名叫李庭芝的年轻人。

而早在淳祐元年（1241年），孟珙的老对手、蒙古第二任大汗窝阔台也已病逝，其子贵由却不得即位，由其母乃马真后称制。乃马真后执政期间，蒙古政治陷入混乱，经过数年争夺，贵由才能最终即位。然而仅仅在位两年后就病死，自此进入海迷失后称制时代，蒙古汗位再次引起部落纷争，自然无暇侵略他国，而南宋也就此得到了一段难得的喘息之机。

自从蒙古长驱直入川蜀后，蜀地就已大不如前。在这危难时刻，一代名将余玠来到了属于他的历史舞台。淳祐二年（1242 年）六月，因深得理宗皇帝赏识，又获得孟珙的大力支持，余玠从淮东战场被调往川蜀战场，不久又担任四川安抚制置使、知重庆府，成为这一战区的最高行政长官。

余玠对川蜀形势深感忧虑，他听从颇有才学的冉琎（jìn）、冉璞兄弟的建议后，决定利用合州钓鱼山的天然优势，修筑山城，据寨防守，以此来抵挡蒙军铁蹄。余玠把具体的修筑任务交给冉氏兄弟操办，最终在彭大雅修筑的钓鱼城基础上，建成了十多座山城，形成一套完整的山城防御体系，同时，合州的治所也被移至钓鱼城。加上余玠的后继者王坚、张珏等人的修筑成果，南宋晚期共有八十多所山城，让蒙军颇为头疼。

四川总算慢慢地恢复了生机，在军事上也重获自卫的力量，其间多次击败汪世显之子汪德臣，余玠可谓扭转局势的最大功臣。然而就在这时，如此不易的功劳却引来朝中权贵的嫉恨，在支持余玠的老宰相郑清之死后，谢方叔、徐清叟等宰执不断在理宗面前诋毁余玠。宝祐元年（1253 年）五月，理宗最终还是轻信了小人，决定召回余玠。可怜余玠壮志未酬，又因不忍奸邪污蔑，满心愤懑，一气之下服毒自尽了。

天与不取，反受其咎。南宋君臣不但丧失了重整山河的雄心壮志，还一味陷入党争权斗，再次酿下自毁长城的苦果，殊不知，北方草原上风起云涌，一场更加惊心动魄的考验即将到来。

第十七章

鏖战川蜀：
蒙哥时期宋蒙在四川的拉锯战

南北夹击

蒙古蒙哥汗元年（南宋淳祐十一年，1251年）七月，在斡难河畔举行的忽里勒台大会上，蒙哥被推举为大汗，成了蒙古新一任的统治者。即位后，蒙哥处死贵由皇后海迷失，打压窝阔台系势力，在蒙古内部树立了威望，巩固了自己的统治。巩固了内部后，蒙哥转而把目光放在了开疆拓土上。蒙哥汗三年（南宋宝祐元年），蒙哥派皇弟旭烈兀统率十万大军，渡过阿姆河，扫荡阿拉伯半岛，同时，蒙哥还派遣忽必烈统军进攻大理，并在宋蒙边境调兵遣将，为南下攻宋做准备。

忽必烈在速不台之子兀良合台的辅佐下，渡过大渡河，深入不毛，远征数千里，兵临大理国都羊苴咩城（今云南大理，苴音 xiá）。大理国君主段兴智仓皇逃往鄯阐（今云南昆明，鄯音 shàn，阐音 chǎn）。掌握大理国实权的布燮（即宰相）高泰祥组织大理军民顽强抵抗，最终寡不敌众，羊苴咩城被攻破，高泰祥被杀。

攻破羊苴咩城后，忽必烈返回蒙古，兀良合台留下来继续指挥对大理残余势力的作战。兀良合台率大军直扑鄯阐，段兴智心惊胆战，迅速打开城门，向兀良合台屈膝投降。兀良合台派人将段兴智押往蒙古王庭，蒙哥当即释放段兴智，并封他为大理总管，继续管理大理。

段兴智乐得合不拢嘴，心说：这蒙古人可真是俺老段的救星！当初段氏执掌大理，实权却掌握在高智升、高升泰、高泰明、高泰祥等高氏人手中，世代担任大理国的布燮，段氏皇族只是他们手中的提线木偶，饱受欺凌。如今蒙古人让自己继续管理大理国，自己虽然没了皇帝的称号，却可以真正执掌一方，不必受高氏欺凌，可以说是因祸得福了！从此，段兴智对蒙古人感恩戴德。

返回大理后，段兴智立即引导兀良合台扫荡大理国各地的残余势力，心甘情愿为蒙古人带路。有了段兴智带路，兀良合台很快就扫平了大理各地势力，控制了云南全境。下一步，兀良合台将目光投向了宋朝的四川地区。

当初蒙哥派遣忽必烈、兀良合台不惜血本攻灭大理，目的自然是从南北两面对宋朝形成夹击。兀良合台拿下了云南，对四川虎视眈眈，宋朝的四川地区十分危险，因为他们不仅面临着兀良合台的压力，还要面对北面一个可怕的敌人——巩昌便宜总帅汪德臣。

汪德臣是蒙古汪古部人，汪古部人世代作为金国的附庸，是金国用来牵制蒙古人的重要棋子。汪德臣的祖上世代在金朝为官，蒙古灭金时，他的父亲汪世显担任巩昌府的便宜总帅，打开城门向蒙古人投诚。从此，汪世显坐镇巩昌府，成了蒙古攻略四川地区的桥头堡。汪世显去世后，汪德臣子承父业，继续担任巩昌总帅，觊觎四川。

蒙哥汗二年（淳祐十二年，1252 年），汪德臣在沔州筑城，第二年，又在利州筑城。沔州、利州地处嘉陵江上游，对控制四川的漕运至关重要，汪德臣在两地设立漕运司，储备粮草，轻徭薄赋，招纳流民，很快就将两地建成了进攻四川的桥头堡。在兀良合台、汪德臣的经营下，蒙古从南北两面对四川形成了夹击之势，而此时的宋朝四川地区却是一团乱麻。

宝祐元年，余玠去世，宋朝失去了川蜀的柱石。继任的余晦昏庸无能，伙同丁大全等人冤杀大将王惟中，将四川搞得乌烟瘴气，蒙哥觉得进攻四川的时机已经成熟。蒙哥汗五年（宝祐三年，1255 年），蒙哥汗命令兀良合台、汪德臣、帖哥火鲁赤、带答儿分别统兵从南北两路进攻四川，试图在合州城下会合后，合攻合州。

八月，兀良合台自云南举兵北上，很快攻占了由滇入川的战略要地——

乌蒙（今云南昭通县）。随后，兀良合台率大军沿着石门古道一路行军，在平定诸多蛮族部落后，越过石门关，将进攻的目标瞄准了叙州（今四川叙州区）。

宋朝叙州的守将叫作张实，张实曾经是名将余玠的部下，长期跟随余玠驻守川蜀，是一员身经百战的将领。得知兀良合台大军进犯的消息后，张实急忙调兵遣将，率军主动出击，在马湖江（金沙江与美姑河汇合处起至四川宜宾市一段）边的清平洞（今四川宜宾一带）与兀良合台相遇。

按照兀良合台的原定计划，他应该沿着岷（mín）江北上，前往嘉定（今四川乐山）与汪世显等人会合，但是张实的截击打乱了他的计划，令他无比恼火。蕞（zuì）尔小贼，竟敢在太岁头上动土！兀良合台迅速组织迎战，准备快速解决掉张实后，挥军北上。

张实兵微将寡，并不敢与兀良合台硬碰硬，于是他采取游击战术，水陆并进，在马湖江两岸与兀良合台打起了游击战。每当兀良合台集结重兵决战时，张实便迅速率宋军撤退，蒙军开始行军时，宋军又马上前来骚扰。由于清平洞一带地势崎岖，不利于骑兵展开作战，尽管兀良合台被搞得颇为恼火，却也无可奈何。就这样，张实边走边打，兀良合台每前进一步，都要面临宋军的骚扰，蒙军寸步难行。

双方纠缠半天，兀良合台见实在无法摆脱对手，只好改道东进。与张实的一场战斗，兀良合台有力无处使，苦不堪言，但他也不是没有收获。战斗中，蒙军夺得宋军战船三百艘，也算是一个意外之喜。时间不等人，兀良合台不想与张实继续纠缠了，率领蒙军水陆并进，一路向东，直扑合州。兀良合台被迫改变了行军路线，蒙古北路军的进展如何呢？

蒙古北路军的主力，分别由带答儿、帖哥火鲁赤率领。帖哥火鲁赤算得上是宋军的苦主了，早在蒙古宪宗四年（宝祐二年，1254 年），帖哥火鲁赤率军南下侵宋，他先在利州与汪德臣的部队会合，而后沿着嘉陵江一路南下，连克阴平、彰明等城池，宋军主帅余晦急忙率军前往紫金山（今四川盐亭县北）阻击蒙军。

余晦是个无能之辈，只知道饮酒作乐，毫无统军能力。帖哥火鲁赤抵达紫金山后，并不急于发动进攻，每日只是狩猎取乐。余晦见蒙军并无进攻的意思，自然也乐得与对方相安无事。几日后，宋军开始放松警惕，帖哥火鲁赤率蒙军突然发动进攻，大破宋军，余晦几乎是光着屁股跑路。

击溃余晦后，帖哥火鲁赤率军侵入合州、广安军境内，幸亏宋将王坚、曹世雄等人拼死阻击，才遏制了蒙军的攻势。帖哥火鲁赤率军劫掠一番后，满载而归。有了上次出兵的经验，帖哥火鲁赤这次出兵就更加轻车熟路了。他率蒙军沿着嘉陵江南下，沿途攻略十余座城池、据点后，再次进入合州境内，等待兀良合台的到来。

带答儿所部蒙军自汉中出发，翻过米仓山，进入巴州（今四川巴中市巴州区）。此时，余晦已经被罢免，继任的蒲择之调兵遣将，阻击带答儿部。在巴州，蒙军前锋部队刘七哥、阿剌鲁阿力所部陷入宋军大部队的包围，损失不小，带答儿急遣速哥、忽都、扎里等人前往救援。速哥等人浴血死战，方才救刘七哥所部脱困。

在巴州受挫后，稳妥起见，带答儿绕过巴州，沿着渠江南下，进入合州。由于水土不服，带答儿染病，很快死去，余部与帖哥火鲁赤在合州城下会合后，左等右等，始终没等到兀良合台的军队，于是便在合州境内大肆劫掠，抢得心满意足后，才撤军退去。

宋朝应该感到幸运的是，蒙军并没有攻打钓鱼城。当时的钓鱼城，由于余晦的不作为，防守力量极为薄弱，如果此时蒙军攻城，可能也就没有日后蒙哥在此殒命的一幕了。历史，就是这么奇妙。

带答儿等人之所以没有攻打合州城，最大的原因自然是兀良合台爽约了。那么，兀良合台为什么没能来到合州？他去哪儿了呢？

马湖江大捷

当初，兀良合台被张实骚扰得头昏脑胀，无奈之下被迫改变行军路线，沿着马湖江东进。一路上，兀良合台率军乘风而行，恨不得马上与带答儿等人会合，将合州城连根拔起。"张实小儿，待本将军攻下合州城，再回来跟你算账！"兀良合台咬牙切齿地说道。

当时已是深秋，阵阵秋风吹在兀良合台的脸上，吹得他打了一个寒战。兀良合台感受到了一阵寒意，他有一种不祥的预感，多年的戎马生涯，让他对危险的感知异常敏锐。

江面上，隐隐约约出现了无数战船，迎着瑟瑟秋风，朝着蒙军疾驰而来。蒙军虽然夺得了三百余艘战船，但大部分将士还是骑马沿江而行，江边的道路极其崎岖，行军速度自然远不如战船。蒙军与对方船队的距离越来越近，很快就被追上了。

来的俨然是一支水军部队，战船凛凛，甲杖林立，看起来有数百艘战船。为首一名文官模样的人站立船头，向兀良合台拱手道："将军好，大宋叙州知州史俊，这厢有礼了！"

当初张实邀击兀良合台军后，马上回到叙州向史俊做了汇报，史俊闻讯大急："蒙古人不习水战，我们应该迅速出战，给他们以重创，最起码也要夺回我们那三百只战船啊！"言毕，史俊马上调兵遣将，率领水军部队沿马湖江顺流而下追击兀良合台。

有宋军降人向兀良合台做出了翻译，兀良合台先是略感惊讶，继而哈哈哈大笑道："你史俊区区一个文官，竟敢前来送死，是何人给你的勇气？"兀良合台令旗一挥，蒙军驾驶着抢来的战船，向宋军发起进攻。

史俊令旗一挥，宋军借着风势，顺流而进，一举冲入蒙军腹心。兀良合台见对方来势凶猛，倒也不敢托大，他下令让蒙军战船暂时避其锋芒，同时令岸上的骑兵万箭齐发，遏制宋军的攻势。在蒙军的箭雨下，宋军的攻势被遏制，蒙古的水军也就有了喘息之机。

蒙古人不习水战，兀良合台便让投降自己的宋军士兵与蒙古士兵混合，在战船上，蒙古士兵持刀监督，由宋军降卒负责战斗。在监军的恫（dòng）吓下，降卒们不敢懈怠，只得出死力与自己的同胞浴血奋战，再加上岸边骑兵襄助，双方一时间难分胜负。

史俊站立船头督战，蒙古骑兵射出的箭几次与他擦肩而过，他却面不改色，不停地挥舞令旗以示指挥。马湖江上，喊杀声、嘶吼声、战鼓声、刀枪撞击声、惨叫声响成一片，鲜血染红了马湖江，在夕阳的映照下，反射出血红色的光芒，显得格外瘆人，一时不知究竟是湖水染红了夕阳，还是夕阳映红了湖水。

史俊经过仔细观察，发现了蒙军的端倪。敢情这些与我们死战的，都是宋军降卒啊，蒙军士兵只负责督战，这可真是一本万利的好买卖啊！史俊眉头一皱，计上心来，他命令宋军将士驾驶战船，猛撞蒙军的战船，两船相撞，不习水性的蒙军士兵摇摇欲坠，几欲跌倒。

史俊派了几名声音洪亮的士兵向降卒们喊话："大家都是大宋子民，本官知道你们是受制于蒙古人，被迫与我们作战，但如此骨肉相残，岂非令亲者痛仇者快？大家如果有心，就在我军撞击战船时，自己做出选择吧！"

话音刚落，史俊立即指挥宋军再次撞向蒙军战船。就在蒙军将士身体不平衡，左摇右摆之际，降卒们突然倒戈，转头向他们发起了袭击。蒙军将士正被撞得东倒西歪，根本抵挡不住来自"队友"的袭击，一时间，大片蒙古士兵被刺倒，降卒们将蒙古士兵踢落水中，或驾驶船只靠岸后上岸逃走，或直接投入宋军阵营，蒙军顿时陷入一片混乱。

兀良合台大惊失色，急忙令尚在蒙军掌控中的船只划到岸边，蒙军纷纷弃船登岸。在抛下了无数尸体后，蒙军将船只全部丢弃，总算上了岸。到了此时，兀良合台哪里还敢恋战，只得惶惶如丧家之犬般率领蒙军返回云南，与带答儿、帖哥火鲁赤会师的计划就此成了泡影。兀良合台抢去的三百多艘战船，也就此重新回到宋军手中。

叙州知州史俊，这个在宋史上连个人传记都没有的文官，面对兀良合台大军的侵犯，勇敢亮剑，主动攻击强大的敌人，最终重创兀良合台，创造了马湖江大捷。战后，史俊受到了宋廷的着重嘉奖，升官三级，登上了人生巅峰。

至此，蒙哥上台后策划的第一次对四川的大规模攻击告一段落。在这次战役中，我们可以看到，蒙古骑兵对四川盆地边缘崎岖不平的山路极不适应，骑兵在这些地方作战，很难完全展开阵形。凭借蒙军的这个弱点，宋军在巴州、马湖江先后两次挫败蒙军，让侵入宋境的蒙军吃了不小的苦头。但是，由于宋朝主持四川事务的余晦昏庸无能，导致蒙军完全控制了嘉陵江上游。蒙军沿着嘉陵江一路南下，可以随时威胁嘉陵江下游的合州城。如果不是余玠主持四川事务时修筑的钓鱼城，后果将不堪设想。

南北夹击四川的战略构想虽然破灭，但蒙古尚有汪德臣这根"搅屎棍"。汪德臣以利州、沔州为据点，多次沿嘉陵江顺流而下，侵扰宋境。一开始，汪德臣采取小规模侵扰的战术，今天偷俩瓜，明天摸俩枣，搞得宋军苦不堪言。为了对付汪德臣的骚扰，宋军开始分散驻守，这就给汪德臣制造了机会。

蒙哥汗七年（宝祐五年，1257 年），汪德臣率蒙军从利州出发，突袭剑门关东北的重要关口苦竹隘。宋军在苦竹隘兵微将寡，无法抵挡，守将杨礼被迫弃关退走。蒲择之闻讯大惊，急忙调集兵力，欲夺回苦竹隘，宋廷闻讯不敢怠慢，急调京湖路将士五千人入川，增援蒲择之。

蒲择之率宋军激战两个月，终于夺回了苦竹隘，汪德臣被迫率部退回利州。面对汪德臣的屡次骚扰，蒲择之此时终于暴怒了，夺回苦竹隘后，他令旗一挥，宋军直扑利州，欲将汪德臣连根拔起。汪德臣率蒙军凭借险峻地势负隅顽抗，宋军发动了多次进攻，均无功而返。双方激战月余，宋军的粮草已经消耗得差不多了，再加上天降大雨，道路泥泞难行，蒲择之审时度势之后，率领宋军撤退。

看到宋军退兵，汪德臣终于长舒了一口气。他这次主动出击宋军，本来是想威胁剑门关，给宋军一个下马威，没想到却遭到了蒲择之的强力回击。如果不是大雨救了汪德臣一命，他恐怕要葬身在这利州城中了。

经过蒲择之的强力打击，汪德臣倒是暂时老实了，但另一个比汪德臣更强大的敌人马上要来了，他就是带答儿的儿子——纽璘。

成都鏖兵

蒙哥汗七年末，蒙哥再次遣军攻蜀。蒙古大军兵分两路，一路由带答儿之子纽璘率领，从利州出发，经阆州，进攻夔门（今瞿塘峡西端入口处，或曰瞿塘关）；一路由刘黑马、夹谷龙古带率领，进入成都城。成都城被宋朝废置已久，防备空虚，刘黑马不费吹灰之力便占领了这个战略要地，非常兴奋。

在进军成都前，刘黑马面见蒙哥汗，就提出了攻取成都，在此地筑城的策略。刘黑马说道："成都自古以来就是川蜀的统治中心，如果我们在成都筑城坚守，就可以引导四方势力来投，从而动摇宋朝在四川的统治。掌控了成都城，就可以图谋整个四川！"蒙哥深以为然，马上派遣极具筑城经验的夹谷龙古带作为刘黑马的副手，共同入川。

刘黑马兵进成都后，与夹谷龙古带同心协力，仅用一周时间，便成功重筑成都城。成都城筑成后，刘黑马率部驻守，主持成都的各项事务。由于刘黑马所部将士是汉军，蒙哥汗并不放心，于是又派遣蒙古将领阿答胡率一支蒙军进入成都，代替刘黑马主持成都的各项事务。

蒙军盘踞成都，对合州虎视眈眈，宋廷震恐，宋理宗急诏四川主帅蒲择之，令其不惜一切代价拔掉成都。蒲择之接到宋理宗的诏令后，却颇感为难。当时的四川，汪德臣驻军利州，纽璘已进入夔州地界，再加上成都的阿答胡，三路蒙军为掎角之势，牵一发而动全身。若是宋军攻打成都，势必会面临阿答胡和汪德臣的威胁，怎么办呢？

为了阻止汪德臣和纽璘救援成都，蒲择之派都统杨大渊率部驻守剑门关，以阻止汪德臣南下，又派遣段元鉴、刘整分别统军驻守灵泉山（今四川遂宁东）、江箭滩（今四川遂宁东涪江渡口），阻击纽璘。布置好防守后，蒲择之完全没有了后顾之忧，于是集结四川境内各支有生力量，挥军攻打成都。

蒲择之率宋军浩浩荡荡杀奔成都，成都城内的蒙军此时却处于群龙无首的局面。主帅阿答胡由于水土不服，在四川染病，死于成都。宋朝大军压境，主帅又病死，城内的蒙军将士十分惊慌。蒙军将领阿卜干、脱林带等人迅速召开军事会议，商量应对之策。

此时宋军离成都已经越来越近，如果向蒙哥汗上报阿答胡的死讯，再等朝廷重新任命主帅显然来不及，该如何是好呢？脱林带提出了一个人选——纽璘。阿卜干一脸诧异："纽璘并不在成都，如何能做我们的主帅？""纽璘已经到了夔州地界，我们派遣使者，快马加鞭向其通报，推举他担任我军主帅，他绝无不救成都的道理。""只好如此了。"

蒙军使者携带推举信，快马加鞭奔赴夔州，向纽璘汇报了成都的军情："你现在已经是我们的主帅了，成都危急，你看着办吧！"纽璘不敢怠慢，若是成都有失，自己有何脸面面见蒙哥汗？他当即点齐兵马，赶赴成都城。行至江箭滩，纽璘与刘整率领的宋军狭路相逢，宋军凭借险要地势，据险死守。

面对严阵以待的宋军，纽璘不敢大意，如今成都形势千钧一发，时间就是金钱，他必须赶在蒲择之破城前赶到成都！审时度势之下，纽璘派遣部将石抹按只率一队蒙军改道灵泉山，以便能提前赶到成都，纽璘则率领主力部队攻打江箭滩，与刘整一决雌雄。

石抹按只不敢怠慢，率所部快马加鞭直奔灵泉山，却被早已埋伏于此的宋军段元鉴部挡住了去路。到了这种局面，石抹按只明白，再不拼命，不止成都会丢失，自己和纽璘也会被困死在这崇山峻岭中。石抹按只当即向蒙军将士发表了一番慷慨激昂的讲话，成功调动士气。看到时机差不多了，石抹按只令旗一挥，蒙军如下山猛虎般直扑灵泉山，宋军奋起抵抗，但最终未能挡住蒙军的冲击，灵泉山就此被攻破。

段元鉴组织残兵败将退往成都，石抹按只率领蒙军穷追不舍，双方你追我赶，来到了成都城下。此时，成都城正在进行一场殊死较量，蒲择之率宋军奋战多日，成都城已是摇摇欲坠。这时候，石抹按只追着段元鉴来到成都城下，败军加入宋方，胜军加入蒙方，一下子就弥补了蒙军的劣势。双方你来我往，在成都城杀得天昏地暗，场面一时间又拉成均势。

蒲择之在成都城外督战，心中万分焦急。眼看宋军就要攻下成都城，石抹按只的到来打破了宋军的优势，他现在就希望刘整能够在江箭滩挡住纽璘的蒙军主力。刘整熟读兵法，善于用兵，深受蒲择之的赏识，江箭滩的地形又易守难攻，他相信，刘整不会让自己失望的。想到此处，蒲择之挥动令旗，指挥宋军加紧攻城。

刘整最终还是让蒲择之失望了。虽然刘整颇有才能，可他手下兵微将寡，纵然江箭滩非常险峻，也抵挡不住纽璘率领的蒙军主力。刘整率宋军浴血奋战一天，最终在蒙军的攻势下落败。刘整率领残兵败将逃出战场，纽璘无暇顾及刘整，一声令下，率大军马不停蹄赶往成都。

宋蒙双方正在成都城外杀得难分难解时，纽璘率蒙军主力，犹如神兵天将一般出现在宋军背后。与此同时，利州的汪德臣也突破宋军的防线，来到了成都城外。宋军本来就只能与城内守军打成平手，哪里又抵挡得住纽璘和汪德臣大军的联合冲击。蒙军的进攻甫一发动，宋军就顶不住了，一时间兵败如山倒。

蒲择之集结残兵败将，率部退往简州（今四川简阳）。击退蒲择之后，纽璘集结兵力，进攻位于沱江岸边的云顶城。云顶城乃余玠主持川蜀事宜时所修建，地势险峻，易守难攻，宋军在云顶城储备有大量的粮草，是宋朝在四川的重要据点。

此时，蒲择之率领的宋军主力已经逃走，云顶城成了大海中的一叶扁舟，孤立无援。面对蒙军的进攻，守将姚德毫无防备，被打得措手不及。很快，蒙军就撞破城墙杀入城中。好汉不吃眼前亏，姚德立马率部向蒙军投降。

姚德长期驻守云顶城，在西川具有极高的威望，他的投降，动摇了宋朝在西川的统治基础。有了姚德带路，蒙军先后攻占彭州、汉州、绵州等西川要地，西川境内的少数民族势力纷纷遣使向纽璘表示归附，在纽璘的经营下，蒙古基本占领了西川全境。

纽璘遣使向蒙哥汗告捷，蒙哥乐得合不拢嘴，心想：既然西川已经略定，那么只要再攻下合州，东川也是我大蒙的了！有了整个四川，我军顺流而下，灭亡临安城中的赵宋小儿，将轻而易举！蒙哥当即准备御驾亲征四川，大军出发前，蒙哥向纽璘做出指示：攻占叙州，封锁马湖江，截断宋朝入援合州的路线！

再战马湖江

蒙哥汗八年（宝祐六年，1258 年），蒙哥汗决定发动对南宋的大规模入侵。蒙哥汗调兵遣将，把蒙古军队分成三路：东路由塔察儿率领，进攻荆襄；西路由蒙哥汗御驾亲征；南路则由驻守云南的兀良合台指挥，北上寻找战机。按照蒙哥的构想，西路军在攻陷合州后，顺流而下，与东路军、南路军在鄂州会合，合攻临安，彻底灭亡赵宋朝廷。

要攻占合州，当务之急就是切断南宋京湖路军队的增援之路。京湖路宋军沿长江溯流而上，可以随时增援合州，对蒙哥汗攻城极为不利。所以，颁布了亲征的诏令后，蒙哥汗立即给占据西川的纽璘下了命令，命他攻占叙州、泸州，封锁马湖江，切断京湖路宋军的增援之路。

纽璘当时驻军成都，手底下只有两万兵力，既要攻略叙州，又要分兵驻守成都，以他当前的条件来说，实在是个难以完成的任务。但纽璘不愧是蒙军名将，没有条件，创造条件也要上。纽璘充分发挥了"一不怕苦，二不怕死"的精神，派遣部将刘黑马、拜延八都鲁等人率领五千兵马驻守成都，自己则率领一万五千将士，水陆并进，向叙州进发。

经过一年多的经营，纽璘手下的水军已经颇具规模。纽璘重用宋朝的水军降将训练蒙古军队，练出了一支实力不俗的水军。纽璘的水军拥有两百多艘战船，这甚至还比不上当年兀良合台抢夺的张实的战船数量，但所谓"有毛不算秃"，有了这两百艘战船，纽璘才有了与宋军进行水战的资本。

纽璘率蒙军沿着沱江一路南下，抵达资州（今四川资中）时，做出了分兵的决策。蒙军兵分两路，由大将暗都剌继续率水师南下，纽璘则率领蒙军主力从陆路进发，浩浩荡荡杀奔叙州。

蒙军水陆两军一路疾行，最终在叙州北面的马湖江北岸顺利会师。蒙军正要渡江攻打叙州，一个巨大的拦路虎挡在了蒙军的面前，这个拦路虎就是张实。当初兀良合台攻打叙州，在张实手下吃尽了苦头，张实当时率宋军采用"骚扰"战术，使得兀良合台的大军寸步难行，最终在马湖江被史俊追击，大败而回。

上次战斗，张实没敢与蒙军正面冲突，后来看到史俊大破蒙军主力，心中颇为兴奋，此次阻击纽璘，张实也决定对蒙军来个正面邀击。他派遣五百艘战舰排列在江面上，拦住了蒙军的渡江之路。

其实张实并不是一个出色的将领，他不懂得随机应变的道理。当初史俊敢正面冲击兀良合台，是因为蒙军的船只都是刚抢来的，完全没有水战经验，只能驱赶宋朝的降卒驾船出战，所以宋军才能击破敌人。纽璘的水军经过一年多严格的训练，已经非常熟悉水上作战了，张实还敢正面迎击对手，吃亏就在所难免了。

面对张实的堵截，纽璘迅速做出了安排，他将大将石抹按只、完颜石柱、忽都等人叫到身前，一一做了交代。蒙军将士很快各就各位，纽璘令旗一挥，向宋军发起了进攻。

战斗刚开始，纽璘就率领蒙古水军主力直接冲击宋军的中心地带。看到蒙军主动出击，张实乐得合不拢嘴，当年在这里，他辅佐史俊，将兀良合台杀得落荒而逃，如今纽璘竟然不自量力前来与自己水战，且看本将军如何教训此人！

纽璘令旗一挥，宋军驾驶战船撞向蒙军，岂料撞击之下，蒙军士兵并没有如张实预想的那样东倒西歪，而是依然屹立在甲板上，稳如泰山。张实心中暗暗吃惊，这些蒙古人，莫不是假的吧？

此时，石抹按只率领七十艘战舰，满载擅长水战的汉军将士，一边与宋军交战，一边在水中架设浮桥。宋军与其交手数个回合，不但丝毫没能占到便宜，对方的浮桥反而越架越长，眼看就要架到对岸了。

张实见势不妙，令旗一挥，将宋军分作两队，一队顶住纽璘水军的攻势，另一队由张实亲自指挥攻向石抹按只。石抹按只再神勇，手底下仅有七十艘战船，无论如何也抵挡不住宋军的攻势。在张实的攻击下，石抹按只节节败退，辛苦架设的浮桥成了张实的囊中之物。

战场局势发展到现在，其实早已在纽璘的预料中，只见他令旗一挥，大将完颜石柱率领两千名探马赤攻向浮桥。有了探马赤的助阵，石抹按只抖擞精神，整军再战，在蒙军的两线夹攻下，浮桥再次被蒙军夺走。

完颜石柱和石抹按只，一个女真人，一个契丹人，此时此刻却成了蒙古军队的胜利之箭！夺得浮桥后，完颜石柱率两千探马赤迅速渡过浮桥，大将忽都紧随其后，率部踏着浮桥过江，直扑江南岸的宋军大营。

看到完颜石柱和忽都渡江成功，纽璘令旗一挥，率部向张实发起了最后的总攻，石抹按只驾驶战船，率部前来助战，对张实进行两面夹击。看到防线已经被突破，张实率领的水军完全没有了斗志，在蒙军的冲击下很快兵败如山倒，豪情万丈的张实，也成了纽璘的俘虏。

击破张实后，纽璘迅速率部登岸，与完颜石柱、忽都等人合力向岸上的宋军发起攻击，宋军抵挡不住，节节败退。宋军一路退，蒙军一路追，最后在叙州附近的老君山追上了宋军，一场激战，宋军被击溃，几乎全军覆没。

在马湖江击溃张实部宋军后，纽璘令旗一挥，金军兵不血刃攻下叙州城，随后，纽璘率蒙军长驱直入，所向披靡，最后把目光瞄准了下一个目标：泸州。泸州是宋军在长江上游的最后一个据点，若是泸州丢失，则蒙军封锁马湖江、截断京湖路宋军的战略目的就将达成。

蒲择之闻讯大惊，急忙调集四川境内的各路宋军拦截蒙军。此时的纽璘已经杀红了眼，率领蒙军一路势如破竹，神挡杀神佛挡杀佛，直杀得宋军丢盔弃甲、血流成河。击溃了蒲择之的援军后，面对兵微将寡的泸州城，蒙军一攻即下。至此，蒙军已经完全控制了自叙州到泸州的马湖江水面，宋军困守东川，形势极为不妙。

在宋蒙第二次马湖江之战中，纽璘率领的蒙古水军利用张实的轻敌情绪，成功引诱宋军与自己进行正面决战，结果，宋朝精锐的叙州守军在马湖江畔损失殆尽，张实也成了蒙军的俘虏。纽璘，这位将门虎子，也为在马湖江惨遭败绩的兀良合台和自己病死于川蜀的父亲，成功一雪前耻。

攻克泸州后，纽璘向蒙哥呈上捷报，蒙哥乐得合不拢嘴，心说：马湖江被封锁，宋朝的援军就无法救援四川了，此时，东川已经被我军完全控制，宋军困守东川，既没有援军，又没有退路，已经成为瓮中之鳖。朕此次亲征，只要再攻克合州，四川就会成为我军的囊中之物，到时候朕率军顺流而下，来个"楼船下益州"，临安城中的赵家小子，除了乖乖肉袒出降，已经别无选择了！传朕旨意，亲征四川！

蒙哥汗怀着激动的心情，开启了自己的亲征之路。他不知道的是，他的这条亲征之路，不仅漫漫又长远，而且沿途布满了荆棘，这些荆棘将把他绊倒，让他摔得头破血流，直至失去生命。

第十八章
上帝折鞭：
宋蒙钓鱼城之战

大汗亲征

随着蒙古军队在四川战场上连连获胜，蒙哥认为灭亡宋朝的时机已经到来，为此，他召开忽里勒台大会讨论灭宋的可行性。在大会上，诸王、诸将纷纷赞成全面攻打南宋的计划，大家纷纷叫嚷道："宋朝离我们这么近，又多次与我们作对，如果不攻打他们，如何对得起成吉思汗的在天之灵呢？"

见诸王、诸将全都支持自己，蒙哥顿时心花怒放，因为攻灭南宋，建立万世基业，正是他毕生的夙愿。蒙哥当即调兵遣将，宣布诸王随军出征，准备对宋朝发动进攻。按照计划，蒙哥派塔察儿担任东路军主帅，率领也松格、察忽剌等蒙军将领，以及史天泽、王安国、胡进、宋演等汉军将领南下，将进攻的目标对准了荆襄地区。

西路军由蒙哥亲自率领，随军出征的有合丹、忽失海、末哥等人，大军共计四万人，再加上四川境内的汪德臣、纽璘、刘黑马等将领统率的军队，兵力合计近十万人。为了造势，蒙哥号称有六十万大军，浩浩荡荡杀奔四川。此外，蒙哥还派驻守云南的兀良合台挥军北上，寻找战机，伺机渡过长江。三路军队完成既定目标后，于鄂州会师，合攻临安，打算彻底埋葬赵家王朝。

塔察儿指挥的东路军是最早出发的队伍。塔察儿是铁木哥斡赤斤（成吉思汗的弟弟）的孙子（注意，与蔡州之战的塔察儿并非一人），当时二十岁左右。塔察儿自小养尊处优，并无治军之才。他率领的东路蒙军甫一出发，就暴露了严重的问题——军纪败坏。东路军行至东平府时，塔察儿竟纵容将士劫掠百姓的牛羊，因此遭到了益都行省李璮（tǎn）的弹劾。蒙哥闻言大怒，亲自颁下诏书，严厉斥责塔察儿。

虽然受到了大汗的斥责，但塔察儿并没有收敛，依旧我行我素。队伍渡过汉水，进入宋境时，塔察儿命令大军就地安营扎寨，既不攻城，也不备战，每日饮酒作乐。他手下的大兵无事可做，只能四处劫掠，俨然发展成了一股土匪武装。

就这么混了几日，最后实在过意不去了，塔察儿才发动军队，装模作样地开始攻打城池，结果自然是寸功未立。此时，京湖路的宋军一方面要防备上游的纽璘，一方面又要防备南面的兀良合台，并不敢轻易出击，自然也乐得静静地看着塔察儿的表演，双方就这么一直对峙。

此时正是秋季，荆襄地区多雨，不久后就下了一场瓢泼大雨。塔察儿看到下雨了，乐得合不拢嘴，心想：终于不用继续在前线受苦了，天降大雨，正是本王回去的理由！他令旗一挥，率领蒙古大军原路返回。

蒙哥闻讯，气得暴跳如雷，但此时正是攻宋的关键时刻，他也不便对前线的塔察儿太过相逼。于是在严厉责骂一番后，蒙哥还是对塔察儿进行了安抚，并且给他派了一个帮手——益都行省李璮。

李璮，是前红袄军首领李全之子，李全当初在宋、蒙、金三方势力之间左右摇摆，反复无常，最后在投降蒙古后被宋军杀死。李全死后，他的儿子李璮继承了他的职位，被任命为益都行省，继续为蒙古效力。

李璮此人野心勃勃，只想在山东保持割据状态，并不愿意听从蒙哥的派遣。蒙哥南征时，一开始打算让李璮率部去西线，跟随蒙哥攻蜀，但李璮以山东地处要冲，不可离开为由，拒绝了蒙哥的征召。恰好此时塔察儿擅自撤军，蒙哥顺水推舟，命令李璮自山东南下攻打两淮，同时以李璮部牵制宋军为理由，命令塔察儿率军南下攻荆山（今安徽怀远）。

李璮率军南下后，进展顺利，一路攻克通州、泰州、东海（今属江苏连云港），对宋朝构成了很大的威胁。塔察儿却在继续自己的无能表演，他率军先攻荆山，再攻涟水，全部失败。连续碰壁后，塔察儿鼓足余勇进攻颍州，结果再次遭到宋军的暴打。塔察儿感觉自己受到了伤害，于是再次率军原路返回。

看到塔察儿返回，李璮乐得合不拢嘴，他本来就不想攻宋，只想在山东做土皇帝，现在塔察儿都撤军了，他也就有了撤退的理由。于是李璮紧随塔察儿之后，原路退回山东，攻下的城池也很快被宋军收复。

看到塔察儿实在是烂泥扶不上墙，蒙哥无奈地摊了摊手，觉得还是把他招到西线来做绣花枕头合适。于是蒙哥颁布诏令，将塔察儿征调到四川，东路军的军事行动暂时告一段落。塔察儿被撤换对宋朝来说并不是什么好事，不久后，蒙哥将派一位大人物来到东线，他将给宋朝制造巨大的麻烦，这个人就是忽必烈。

再说南线的兀良合台，接到蒙哥的诏令后，兀良合台自云南出发，进攻岭南。宋朝的湖南安抚大使兼节制广南李曾伯一直对兀良合台严加戒备，当兀良合台来攻时，岭南守军在李曾伯的统一指挥下顽强抵抗，使得兀良合台处处碰壁。兀良合台久战无功，愤懑不已，以致气出了病，只得灰头土脸地返回云南。东路、南路大军都无功而返，蒙哥对此倒不是太在意：只要打下合州、重庆，再顺流而下，朕仍然可以建立不世之功！

蒙哥汗八年七月，蒙哥率领蒙古大军自六盘山出发，经陇州、陈仓，南下大散关。谋士游显劝说蒙哥："大汗明鉴，川蜀水势湍急，地势崎岖，乃穷山恶水之地，向此处进军，舟车行驶风险极大，战马又难以奔驰，并不是个好办法。不如绕到大散关东面进军，直接攻打江汉。"蒙哥心说：你早干吗去了，朕的大军都要过关了，你来放这马后炮有啥用啊？"朕意已决，无须多言！"蒙哥摆摆手拒绝了游显的建议。

蒙哥率领大军浩浩荡荡南下，自汉中经金牛道前往利州。在利州，蒙哥接见了守将汪德臣，对其大加赞赏。走过了蜿蜒崎岖的金牛道，蒙哥心里明白，如果不是汪德臣据守利州，而让宋军扼守金牛道，那么自己的大军要想过关，势必难如登天。

蒙哥重重赏赐了汪德臣后，任命他为先锋官，蒙军逢山开路、遇水搭桥，渡过嘉陵江、白水河，直扑苦竹隘。苦竹隘，位于剑门关西面，地势陡峭，东、西、北三面皆为悬崖峭壁，只有南面有一条宛如天梯一般的小路，小路极其狭窄，只能容纳一人攀爬，真称得上是"一夫当关，万夫莫开"了。正所谓"蜀道难，难于上青天"，李白诚不欺我！蒙哥在心里暗暗呐喊道。

蒙哥率蒙古大军浩浩荡荡杀奔苦竹隘，宋朝守将杨立率守军厉兵秣马，做好了迎击蒙军的准备。

势如破竹

攻取苦竹隘，是一项长期而艰巨的工作，蒙哥深知很难速战速决，所以他先派偏将李忽兰吉引兵趋长宁山（今四川剑阁境内），截断了宋军的粮道，准备与宋军打持久战。随后，蒙哥亲自擂起战鼓，指挥蒙军攻关。大汗亲自擂鼓助战，蒙军将士无不以一当十，奋勇冲锋。

蒙军将士只愿逆关而上，一览关顶风光，无奈前有险关，道路也崎岖不堪。蒙军使出了九牛二虎之力，始终未能攻破关隘。蒙哥集思广益，让大家商量夺关之法，最后决定架天梯。

苦竹隘道路太窄，只能容纳一人之身，蒙军将士有劲儿使不上，如果多架几座天梯，那不就是生生造出无数条天路吗！

"万万不可！"就在大家跃跃欲试之际，一道洪亮的声音响起，蒙哥循着声音望过去，正是大功臣汪德臣。

对于这位大功臣，蒙哥还是十分尊重的，他望着汪德臣，问道："汪爱卿有何高见？"

"大汗，架天梯不切实际，臣愿意担任先锋，率军攻关！"汪德臣道。

"爱卿所言极是，天梯照样架，先锋爱卿照样做。"蒙哥和了个稀泥。

如此险峻的关隘，自下往上架天梯，怎么可能成功？蒙军将士几番试验，全部宣告失败，充分印证了汪德臣的看法是正确的。见搭天梯失败，汪德臣早已按捺不住，一声令下，率所部直扑苦竹隘。

一年前，汪德臣曾经采用突袭战术成功攻下过苦竹隘。当时蒲择之刚刚到任，尚未熟悉川蜀情况，前任的余晦又不作为，因此宋军并未重视对苦竹隘的防守。蒲择之在苦竹隘下苦战两个月，方才驱走汪德臣，之后开始重视苦竹隘，并派了一万余名精锐将士镇守此关，现在的苦竹隘可以说是固若金汤。汪德臣用尽浑身解数，攻打半天，苦竹隘依旧岿然不动，这不禁让他有些气馁，最终，在丢下无数具尸体后，只好垂头丧气地退了下来。

"大汗，要不，让末将来试试？"一道颇具磁性的男中音响了起来，蒙哥抬眼望去，说话的正是在马湖江被纽璘俘虏的宋将张实。张实被俘后，被纽璘当作战利品送到蒙古，此次蒙哥率大军南下，特地带了张实，以备不时之需。

"大汗，末将与苦竹隘守将杨立同殿为臣，颇有交集，让我以老友的身份劝降他吧！"张实诚恳地说道。蒙哥别无他法，只好抱着死马当作活马医的心态，答应了张实的请求。

张实来到苦竹隘后，对杨立说道："张某世受大宋皇恩，岂能为鞑虏效力，杨兄若是怕死，就砍下我的脑袋，投降蒙哥吧！"杨立十分感动，斩钉截铁地说道："张公何不砍下杨某的脑袋投降？"二人当即焚香为盟，结为生死之交，宣誓共抗蒙军。蒙哥不仅未能成功说降杨立，反而让张实乘机脱身，气得七窍生烟，他派人将一块绢帛射入隘中，上书几个大字：攻破此关，必将张实碎尸万段！

蒙哥派出一队身手敏捷的士兵，攀上高处观察苦竹隘的地形，很快就得到了汇报："启禀大汗，关隘东南处防守薄弱，似乎有机可乘。"蒙哥大喜，一边继续攻打南面，一边悄悄派一队将士摸到东南面，发动突袭。

蒙军这次的攻势终于奏效，东南面的宋朝守将赵仲武见蒙军来势汹汹，吓得魂飞魄散，当即率军投降。成功打开缺口后，蒙军一拥而入，攻上了苦竹隘。

杨立、张实率部与蒙军展开巷战，最终杨立英勇殉国，张实被蒙军生擒。蒙哥对张实恨之入骨，残忍地将其肢解，张实临刑前面不改色，大骂不止，端的是一条好汉。

苦竹隘陷落时，杨立部将王佐、徐昕率部退守长宁山，据险力守，继续与蒙军对抗。蒙哥率蒙军直扑长宁山，又是一番血战。宋军作战相当顽强，蒙军猛攻三天，长宁山依旧岿然不动。可惜，宋军的堡垒每次都是从内部被攻破，上次是赵仲武，这次是王仲。正当王佐、徐昕率军浴血奋战之时，王仲偷偷打开寨门，向蒙军投降，并接应蒙军攻入山顶，王佐被俘后遇害，徐昕战死。

连续攻克苦竹隘、长宁山后，蒙军的前进之路就顺畅多了，蒙哥率大军沿着嘉陵江顺流而下，连续攻克大获城、运山城、青居城等宋军据点，扫荡阆州、隆州（今四川仁寿）、雅州（今四川雅安）等城池，附近城池纷纷遣使来降，形势一片大好。蒙哥踌躇满志，他令旗一挥，传下诏令：全速出击，目标重庆！

若要进攻重庆，必须先攻钓鱼城。钓鱼城位于重庆北面一百余里处，地处嘉陵江、渠江、涪江三江交汇处，是合州的治所所在地，地势险峻，易守难攻。嘉熙四年，四川制置使彭大雅为了抵御蒙军的入侵，在合州的钓鱼山上开始修建山寨。到余玠主政四川时，将合州的治所迁到钓鱼山，并在此修筑山城，铸造了一座坚固的堡垒。余玠在钓鱼城储备粮草，加固城防工事，使得钓鱼城成为重庆最坚固的屏障。

钓鱼城刚建成时，余玠感慨地说道："有了这座钓鱼城，川蜀就固若金汤了！"名将余玠的话当然毋庸置疑，而到蒙哥攻蜀时，钓鱼城的坚固程度比余玠时期又大大加强了，这有赖于一个人——合州知州王坚。

王坚，邓州人，出生于宋宁宗庆元年间，此时已经是一位六十多岁的老将了。在金宣宗重新对宋开战时，王坚就响应镇守荆襄的孟宗政的招募，入伍当了一名宋兵。在宋军中，王坚作战勇敢，足智多谋，跟随孟宗政、孟珙父子南征北战，逐渐成长为一名出色的将领。后来，王坚跟随孟珙入川，孟珙去世后又供职在余玠部下，余玠去世后，王坚被任命为兴元府都统兼知合州，奉命驻守钓鱼城。在这里，他将建立不世之功，名垂青史。

王坚来到钓鱼城后，采取了四项措施，一举将钓鱼城的防务升级。首先，加固城墙。王坚发动合州境内军民十余万，以渠江、涪江为起止点，将钓鱼城的城墙加长加固，把两条江用城墙连在了一起。江水与城墙相连，过了天堑是人堑，即使敌人插了翅膀，也难以飞进这钓鱼城中。

钓鱼城西门之内因为江水倒灌，有一些天然的水沟，人们美其名曰"天池"。王坚采取的第二项措施是派人将天池挖深，又另外开凿十三个小天池，用以蓄水，以备战时之需。除此之外，王坚还派人在天池中养鱼，这样就可以解决战时的粮食问题，可谓是一举两得。

第三，王坚在合州境内采取"保民习武"的策略，号召辖区百姓农闲时节操练武术，以备战时之需。此举大大增强了合州境内的武装力量，等于为守军培养了一支预备役。

第四，王坚派人在江边修建码头，派遣数百艘战船沿江巡视，以加强钓鱼城的警备力量，阻击突然来袭的蒙军。

经过王坚的苦心经营，钓鱼城兵精粮足，工事稳固，成了一座坚不可摧的江上堡垒，这座堡垒将击碎蒙哥的灭宋美梦，并让他魂归天国。

兵临城下

蒙哥汗九年（南宋开庆元年，1259 年）正月，蒙哥率大军抵达合州附近的重贵山。在这里，蒙哥与众将士欢度春节，同时商量攻打钓鱼城的策略。

蒙哥显得忧心忡忡，他问道："如果我们不能快速攻下钓鱼城，那么耗到夏季，天气变热，大家忍受得了吗？"大将脱欢、八里赤等人纷纷表示没问题：

"有大汗的英明领导，即使是酷热的夏季，我们也可以克服！"蒙哥深以为然，诸王、诸将也纷纷表示赞同。

就在这一片祥和中，一名叫术速忽里的谋士忧心忡忡地提出了不同意见："大汗明鉴，如今我们已经攻下了整个西川，东川也已攻下大半，整个四川，我们已经控制三分之二了。宋军蜗居在合州、重庆等十几个州中，凭险据守，我们强攻的话，未必能讨到便宜。不如派一部分兵力牵制合州之敌，另一部分兵力转而向东，攻打忠州、万州、涪州后，顺流东下，与我方东路军会合，当可一举扫平赵宋政权。"

术速忽里的这一招可谓是釜底抽薪。你钓鱼城不是兵强马壮吗？我绕过不打，直接让你变成摆设。但是此时的蒙哥汗早已被连番的胜利冲昏了头脑，在他看来，打下钓鱼城和重庆不过是举手之劳，因此蒙哥拒绝了术速忽里的意见，率军直扑钓鱼城。

来到钓鱼城下，蒙哥决定发挥大蒙古国礼貌待人的优良传统，对王坚来个先礼后兵。他派遣晋国宝担任使者，前往钓鱼城劝降王坚。面对满脸堆笑的晋国宝，王坚摇了摇头，冷冷道："办不到，你走吧！"晋国宝碰了一鼻子灰，满怀失意地原路返回。

还未走出钓鱼城，王坚突然反悔，派人将晋国宝抓了回来，然后当着全军将士的面将他斩首。蒙哥气得暴跳如雷：好你个王坚，说好的两国交战，不斩来使呢！你也太不讲原则了吧！蒙哥呀蒙哥，你犯人家国土，人家斩你使者，礼尚往来，两不相欠，你有什么可抱怨的？

蒙哥迅速做出了攻城部署，他派遣诸王末哥、曳剌秃鲁雄攻略钓鱼城四周的城池，又派遣降将杨大渊攻打合州旧城，同时派驻军马湖江的纽璘攻击忠州、涪州，威逼夔门，彻底切断宋军自水路入援四川的道路。

面对蒙军的进攻，宋四川制置使蒲择之决定来个"围魏救赵"，引兵攻打成都，以迫使蒙哥派军救援。但所谓"理想很丰满，现实很骨感"，蒲择之率部围攻成都数日，非但没能破城，反而损兵折将。蒲择之连成都守军都对付不了，就更别提吸引蒙哥大军回救，为王坚减轻压力了。

此时四川的局势对宋军极为不利，宋军困居钓鱼城、重庆，周围诸城的联系都已被蒙哥派人切断，纽璘率重兵封锁了江面，水路也被堵死，王坚和蒲择之该如何摆脱困境呢？宋廷得知四川的危局后，对蒲择之十分不满，于是派遣吕文德率军赶赴四川，取代蒲择之。

此时，钓鱼城的大战正在上演。王坚在渠江、涪江上安排了数百艘战船，以及实力不俗的水军，对于蒙军的攻城是个巨大的威胁。为了干掉宋军的水军，蒙哥派偏将李忽兰吉率蒙军水师向宋朝水军发起进攻，经过一番激战，蒙军击溃宋军水师，夺得粮船、战船数百艘。同时，蒙军将领张立率部攻破涪江与渠江之间的城墙，让王坚的人堑化为乌有。

张立和李忽兰吉获胜后，早已枕戈待旦的史天泽率部封锁江面，掩护李忽兰吉在江面上架设浮桥。浮桥很快架成，蒙哥令旗一挥，蒙古大军迅速过江，兵临钓鱼城下，王坚苦心构筑的天堑、人堑就这样轻而易举地被蒙军破解了。蒙哥率军包围钓鱼城后，先派李忽兰吉率部攻打重庆，又派汉军将领郑温率领三千骑兵沿着钓鱼城巡逻，以防宋军突围逃走。打点好一切后，蒙哥令旗一挥，攻城正式开始。

蒙军从二月初开始攻城，昼夜不停地奋战了两个多月，在此期间蒙军使尽浑身解数，攻城梯、攻城炮、撞城锤全用上了，钓鱼城的各个城门更是挨个攻了一遍，却毫无效果，钓鱼城依然稳如泰山，蒙哥只能下令暂停攻城。

蒙哥攻城不顺，天公也开始和他作对，四月的天气说变就变，下起了滂沱大雨，大雨一连下了二十天。在这期间，蒙哥如坐针毡，眼瞅着就到盛夏了，天气越来越热，不耐酷暑的北国将士如何能忍受？宋朝吕文德率领的援军已经沿着长江进发了，纽璘能否把他拦住？

大雨终于停了，蒙哥令旗一挥，攻城继续进行。歇了二十天的蒙军将士战斗力显著提高，这一次，蒙军成功从东北面攻上了城头，宋军一时失察，吃了大亏，被蒙军杀伤者众多。危急时刻，王坚亲自前往东北面督战，鼓舞宋军将士的士气，宋军终于再次击退了蒙军的进攻。成功攻上城头，却在最后关头功亏一篑，蒙哥懊恼得直拍大腿，却也只能在城下干瞪眼。

时间来到农历五月，此时已经是盛夏时节，酷热折磨得蒙古大兵苦不堪言。钓鱼城依山而建，城墙高耸入云，蒙军的架云梯只能架到半腰，攻城炮炮击也只是打打空气，攻城器械的效果全部大打折扣。蒙哥望着钓鱼城高耸入云的城墙，愁眉紧锁，唉声叹气。

这天夜里，蒙军停止攻城，早早进入了梦乡，蒙哥却躺在床上翻来覆去地睡不着。连日攻城无果让他身心俱疲：唉，想不到啊想不到，难道朕平定宋朝的壮志雄心，竟要在这小小的钓鱼城下破灭吗？

就在蒙哥无限惆怅时，王坚却没有睡觉。宋军刚吃完晚饭，王坚就召集全军，召开紧急会议。会上，王坚发表了一番慷慨激昂的讲话："将士们，蒙军连日攻城无果，正是士气最为沮丧之时，当此良机，我们应该反客为主，主动出城袭击他们，必能一击奏效！将士们，活捉蒙哥，建立不世之功，就在今日，大家跟我上啊！"王坚挑选数千名身手敏捷的将士，偷偷打开城门，鱼贯而出。此时，蒙军将士正呼呼酣睡，殊不知一场灾难即将降临。

王坚率宋军将士借着月色杀入蒙军大营中，无数蒙军士兵在睡梦中稀里糊涂地就身首异处。蒙哥心事重重，正准备入睡，就听到大营中传来一阵阵惨叫声，蒙军士兵乱作一团，用蒙语大声叫嚷："宋军来劫营啦！"

蒙哥不愧是蒙古大汗，危急关头并没有慌乱，他迅速披挂整齐，指挥蒙军将士进行抵抗。蒙军将士很快就恢复了镇定，并凭借兵力上的优势，慢慢夺回了战斗的主动权。敌众我寡，王坚此时也不恋战，见好就收，率宋军将士撤回城内。

宋军的这次突袭，让蒙军损失不小，蒙哥窝了一肚子火。到了白天，蒙哥怒气冲冲地再次率军攻城，誓要报昨晚被劫营的仇，却再次无功而返。从此以后，每当蒙军休息，宋军便时不时地前来劫营，搞得蒙军将士不胜其烦。时间在一天天流逝，蒙军的处境也越来越不利。就在此时，传来了一个更加不利的消息：宋朝吕文德率领的援军，突破纽璘的封锁，正杀奔钓鱼城而来！

蒙哥之死

吕文德，字景修。这个人的名气相当大，可以说比同时期所有的宋将名气都大，这还得归功于金庸先生的武侠名著《神雕侠侣》。在小说中，吕文德担任大宋的襄阳知府，胆小如鼠，毫无能力，全靠郭靖率军对抗蒙古。然而在真实的历史中，吕文德却是一位很有才能的将领，是南宋的一位名将。

吕文德出身贫寒，原本只是一名樵夫，后来被南宋名臣赵葵看中，投入宋军中。吕文德智勇兼备，在宋军中混得风生水起。他先后在两淮、荆襄地区多次参与对蒙军的战争，做到了鄂州知州、常德知府等位置，是京湖路一位独当一面的名将。

吕文德擅长治军，在任上励精图治，训练出了一支强大的水军。在钓鱼城受到蒙哥围困，危在旦夕之际，吕文德临危受命，被任命为四川制置使，代替指挥不利的蒲择之主持四川的战事。

但此时吕文德尚在荆襄，马湖江水面又被纽璘封锁，吕文德要想进入四川，首先得击败纽璘。为了阻击吕文德，纽璘早已做了妥善准备，他设下了"双保险"来对付吕文德。

纽璘知道自己的水军不是宋军的对手，想出了一个变水战为陆战的办法，他派人在涪州水面架设了数道浮桥，派蒙军将士在浮桥上列阵来阻截吕文德。吕文德率宋军浩浩荡荡杀奔涪州，双方在江面上展开了一场浴血搏杀。纽璘指挥蒙古军列阵于马湖江两岸，对着江中的宋军舟师万箭齐发，再配合浮桥上部队的阻击，一度杀得宋军连连败退，一筹莫展。

正当吕文德苦苦思索对策之时，由于连日大雨，江水暴涨，蒙军架设的浮桥被淹没。吕文德看准战机，命令大将刘整、曹世雄奋勇出击，终于冲破了对方的浮桥阵，成功突破了蒙军的阻截。望着宋军舟师远去的背影，纽璘嘴角露出一丝坏笑："吕文德，下一关你可就没这么幸运了。"

吕文德率宋军来到重庆东面的铜锣峡时，已是黑夜，大地一片沉静。突然，一阵号角声打破了午夜的沉寂，两岸随即燃起了熊熊篝火。借着篝火的光亮，吕文德看见了江面上密密麻麻排列的蒙军战船，以及两岸严阵以待的蒙军士兵。这正是纽璘设下的第二关，由大将来阿八赤指挥的蒙军精锐水军在江面截击，由一队擅射的士卒埋伏于两岸，宋军一到，马上点起篝火，邀击宋军。

兵临险境遇埋伏，只有拼死力战了！吕文德令旗一挥，率宋军将士顶风前进，双方展开了浴血搏杀。来阿八赤一声令下，两岸蒙军射出的箭如连珠炮一般飞向宋军船队。宋军被箭雨压制后，来阿八赤从岸上来到船上亲自指挥冲锋。在蒙军组合拳的连番打击下，宋军扛不住了，吕文德指挥宋军船队结成方阵靠在江边，谋划进取之策。

此时，双方已经激战一夜，东方出现了鱼肚白，宋军的黎明也随之到来。吕文德正站在船头思索对策，大风吹过，吹得他打了个趔趄。只见他突然兴奋起来，大喊道："有了！有了！三军将士，听我军令！"

原来，是风向突然变了！顶风作战了一夜的宋军，风向在这时一下子变成了顺风。吕文德指挥宋军船队借着风势冲入蒙军阵中，一下子就突破了蒙军的封锁线。望着身后捶胸顿足的来阿八赤，吕文德哈哈大笑道："再见了来阿八赤，若是有缘，咱们钓鱼城再相见！"

吕文德率领舟师抵达重庆后，未做任何停留，马上率军沿着嘉陵江溯流而上，救援钓鱼城。

此时，钓鱼城的攻防战已经到了白热化阶段，汪德臣再次请缨担任攻城先锋。汪德臣不愧是蒙军中的一员骁将，双方昼夜激战，打得难分难解，胜负未分。汪德臣战至酣处，有点飘飘然了，他骑着高头大马只身来到城门前，对着城头大喊："王坚，快点投降吧，我可以保证你一城军民的性命安全！"

话音未落，一块飞石不偏不倚，正好打中汪德臣！

汪德臣一声惨叫，落下马来，部下们七手八脚把他救回阵中，汪德臣就此负伤，被送回后方养伤，不久便死去。就在这时，传来了吕文德部水军来援的消息，蒙哥在心中咒骂了纽璘无数次后，派史天泽率舟师截击吕文德援军。

连续行军千里，又经过与纽璘部的两场大战，吕文德的水军已经相当疲惫了。史天泽利用机动灵活的水上战术，与吕文德交战三场，三战三捷。此时蒙哥弃钓鱼城不顾，亲自前来给史天泽部督战，蒙军将士越战越勇，终于击退了吕文德。吕文德率军暂时退到重庆，重新谋划营救钓鱼城之策。

蒙哥离开后，王坚率宋军打开城门，突袭蒙军。蒙军对此早有准备，在大将李忽兰吉的指挥下，挫败了宋军的攻势，王坚为了保存实力，及时率宋军撤回钓鱼城中，关闭城门继续死守。

此时已经到了农历的七月份，骄阳似火，酷暑难当。蒙军将士难耐酷暑，再加上水土不服，纷纷得病，蒙军中爆发了大规模的瘟疫。蒙哥命令蒙军将士大量饮酒，企图用酒来对抗瘟疫，结果瘟疫未消除，蒙军将士先被酒精摧残，战斗力大减。

宋军的情况则恰好相反，王坚在城中的储蓄足够坚守一年，天池中的鲜鱼则能让宋军将士随时大快朵颐。王坚派人将两尾重达三十斤的大鱼、几十张面饼抛到城下，并在其中用绢帛写道："今赠上鲜鱼两尾、面饼数十犒劳贵军，我们的粮食、鲜鱼多得吃不完，再吃十年，也毫无压力。"到了这时候，蒙军其实除了撤退，已经别无他途了，但蒙哥不甘心就这样无功而返，他命蒙军暂缓进攻，并将钓鱼城团团围住，与众将谋划攻城良策。

多次谋划也未找到良策，蒙哥心急如焚，他亲自骑马绕着钓鱼城游走，期待能发现钓鱼城的破绽。所谓"常在河边走，哪有不湿鞋"，一天，蒙哥在绕城观察时，被宋军的炮石击伤，连日的劳累再加上受伤，蒙哥的身体一下子就垮掉了，病得很严重。到了这个时候，蒙哥只能下令撤退了。

回军途中，蒙哥为了缓解伤口的疼痛，开始大量饮酒。酒精摧毁了他体内仅存的元气，他的病情越来越重，身体越来越差，走到半路，蒙哥便一命呜呼，统一天下的美梦也随之消散。临死前，蒙哥充分显露了自己残暴的本性，他对部下说道："我的病，全是因为钓鱼城而起，若是你们以后能攻破此城，一定要把城中的人全部杀光，为我报仇！"

蒙哥死后，部下护送他的尸体返回蒙古，沿途的宋朝军民却遭了殃。为了泄愤，蒙军对赵宋百姓大开杀戒，共有两万多无辜百姓死于蒙军的屠杀。战争，给劳动人民造成了巨大的痛苦。

钓鱼城之战的胜利，使得南宋岌岌可危的四川形势重新变得明朗。王坚在自己的暮年时期，依然有雄心壮志，他爆发出巨大的能量，在钓鱼城下重创蒙军，率领宋军将士一举击杀蒙古大汗，以及宋军的心腹之患汪德臣。

第十九章

和战之间：

宋蒙鄂州之战

军中闻惊变

蒙哥全力围攻钓鱼城时，在漠北的开平（今内蒙古自治区锡林郭勒盟正蓝旗境内），有一个人的内心正惴惴不安，他就是蒙哥的弟弟——忽必烈。鉴于之前出现过察合台、铁木哥斡赤斤等人夺位的事件，蒙哥对忽必烈这个弟弟并不放心。

忽必烈沉稳有谋略，气度不凡，能得人心，一直受到蒙哥的猜忌，所以，忽必烈攻破大理国都后，马上就被蒙哥调回漠北，从此被弃之不用。此次蒙哥亲征四川，忽必烈留在漠北，内心却感到一阵恐惧，因为被君王猜忌实在是一件非常危险的事情。于是，忽必烈找来自己的谋士商量对策。

谋士康里燕真建议："大汗早就对殿下不放心了，现在大汗领兵在外，身涉险境，殿下却安居于内，这是一件十分危险的事情。殿下应该主动向大汗请缨，统军伐宋，为大汗排忧解难。"

忽必烈听得连连点头，于是派人前往四川面见蒙哥汗，主动申请南下攻宋。此时，合州攻城已经到了最激烈的阶段，由忽必烈南下牵制宋军，自然可以为蒙古大军分解压力，蒙哥立即同意，命令忽必烈代替塔察儿统率东路军，南下攻宋。

蒙哥汗八年十一月，忽必烈自开平出发，前往邢州（今河北邢台），忽必烈在这里与东路军将士会合后一路南下，进至相州。忽必烈征召当地汉族隐士杜瑛，向他请教进取之策。杜瑛道："殿下应该攻取荆襄，那样则可以顺流而下直取临安，天下唾手可得。"谋士宋子贞、刘秉忠等人也力劝忽必烈，在攻下来的地方实行仁政，不劫掠百姓，不屠杀降卒，忽必烈一一遵从。另一位谋士商挺说得更加露骨："大汗亲征川蜀，蜀道艰险，难比登天，川中又多瘴气，一定不会成功！我们理应攻略襄樊，徐图后举。"可以看出，此时的忽必烈集团已经有了谋取天下之心，即以行仁政赢民心，以军事打击宋廷，坐观蒙哥失败，然后图谋天下。

有了这些汉族谋士的筹划，忽必烈的大军与塔察儿、阔出、阔端甚至蒙哥的军队，就有了本质的区别。在忽必烈军中，很少有劫掠百姓的现象，忽必烈还派人专门负责后勤补给，解决军队的给养问题，与以前那些以劫掠为军资的蒙古军队大相径庭。

蒙哥汗九年七月，忽必烈自蔡州南下，渡过淮河，击垮了南宋的守界部队后，从被俘的宋军士兵口中得知了一个惊人的消息：蒙哥汗于钓鱼城驾崩。军中闻此惊变，忽必烈惊喜交加，大汗驾崩，这可是个千载难逢的良机，但他刚刚进入宋境，寸功未立，如果此时返回，自己的威望难以树立，怎么办呢？忽必烈紧急召集谋士商量对策。

经过一番讨论，忽必烈很快就确定了应对之策，他召集将士，大声宣布大汗之死乃是谣言，命人将"传播谣言"的几名宋军俘虏斩首示众。杀死了这些"妖言惑众"的宋人后，忽必烈率蒙古大军继续南下，做出了攻宋的下一步部署。忽必烈令张柔率汉军进攻虎头关（今湖北麻城东北），自己则率蒙军主力攻打大胜关（今河南罗山境内），双方分兵南下后，在鄂州城下会合，共同渡江攻打鄂州。

张柔率军直扑虎头关，守城宋军毫不畏惧，主动出城迎战。张柔令旗一挥，其子张弘彦率前锋部队奋勇出击，一举击败宋军。宋军慌忙撤退，欲回关死守，却已经来不及了。张柔挥军掩杀，迅速攻占虎头关，此时，忽必烈的蒙军也攻破了大胜关。两关一破，宋朝构筑的淮西防线顷刻间土崩瓦解。

忽必烈与张柔分路突击，长驱直入，蒙军连续攻占黄陂、蕲州后，在长江北岸会师。蒙军进展顺利，忽必烈却望着滔滔江水犯起了愁，蒙古骑兵虽然天下无敌，却不习水战，仅有的数百艘战船也都在四川随蒙哥汗征战。没有船只，攻打鄂州就是一句空话，怎么办呢？正在忽必烈愁眉不展之际，当地百姓送来了温暖。

黄陂的渔民驾驶着渔船前来面见忽必烈，表示愿意主动献出船只给蒙军使用。忽必烈摆手制止他们："你们误会了，本王率领的是仁义之师，不扰百姓。""殿下，我们是自愿献出渔船的，只盼您打胜仗，抓住袁玠那个王八蛋，将他斩首示众，也就不枉费我们的苦心了。"渔民满脸诚恳。忽必烈细问之下，才知道了缘由。

原来，宋军指派的沿江制置使袁玠是奸臣丁大全的党羽，他驻军江州，对当地渔民盘剥勒索，甚至绑架富户进行敲诈，渔民们对其恨之入骨。忽必烈的大军自进入宋境以来，一改蒙古军队往日的作风，几乎是秋毫无犯，得到了当地百姓的认同，大家遂自发组织向蒙军献船，以期忽必烈为自己报仇。

正所谓"得民心者得天下"，这实在是一个亘古不变的真理。忽必烈之所以能灭宋统一天下，就是因为他得了民心，而之前的蒙古大汗们，得不到民心，自然也得不到天下。同理，窝阔台时期能够灭金，也是因为木华黎在河北、河东的经营得了民心。

得到渔民馈赠的船只，忽必烈又派人剥树皮做成木筏，终于拼凑起了一只船队，简单训练几日后，开始准备渡江。谋士刘秉忠劝说忽必烈道："所谓'重赏之下，必有勇夫'，我们的大军这次南下，因为不允许劫掠，将士都有些囊中羞涩。大王如果派人重重赏赐将士，大家打起仗来也就有精神多了。""准！"忽必烈向来都是从善如流，这次也不例外。

得到忽必烈的赏赐后，蒙军将士群情激昂，士气大振，恨不得马上渡过长江，将鄂州夷为平地。忽必烈看到军心可用，开始着手准备渡江作战。正在这时，军中来了一位使者，是在合州跟随蒙哥作战的末哥所派。使者带来了末哥的信，确定了蒙哥的死讯，并请忽必烈即刻返回漠北，商议继承人的问题。

忽必烈没做任何思索，立即拒绝了返回的命令。渡江工作已经准备得差不多了，万事俱备，只欠东风，只要自己攻下鄂州，就可以南下扫平宋廷，在这个时候撤军，岂不是前功尽弃？忽必烈不仅拒绝返回漠北，还遣使前往云南，请兀良合台引兵北上，对宋朝进行南北夹击。一切准备就绪后，忽必烈令旗一挥，命令全军全速出击，渡江！

九月围城

忽必烈经过勘察，选择了最佳渡江地点——阳逻堡（今湖北武汉汉阳东）。宋军对此早有防备，派了数万大军驻守于此，另外还派出上千艘战船堵截在江面上，水陆配合，严阵以待。

忽必烈登上阳逻堡附近的香炉山，俯瞰大江，指挥蒙军作战。就在蒙军准备渡江时，天气突然转阴，风势渐渐变大，一场暴风雨眼看就要到来。忽必烈心里打起了退堂鼓，蒙军将士不习水战，船只也只是渔民临时赞助的渔船和木筏，在这么恶劣的天气下渡江，实在是没有多少胜算。

就在这时，汉军将领董文炳主动请战，他说道："长江天险，是宋朝立国倚仗的根本。如果我们能够一举渡过长江，宋军的士气将会受到沉重打击，胆气尽丧，攻下鄂州，灭亡宋廷，就是轻而易举之事了。文炳愿担任先锋，殿下就看我破敌吧！"忽必烈深受鼓舞，就此下定了渡江的决心。

董文炳与弟弟董文忠、董文用率领数百汉军将士担任先锋，如下山猛虎般扑向宋军船队，连胜三阵，打得宋军节节败退。忽必烈见董文炳得手，令旗一挥，蒙军大军一拥而上，向宋军发起总攻。

此战中，忽必烈手下水战经验更为丰富的汉军发挥了重要作用，除了董文炳兄弟外，汉军将领张荣、朱国宝、张禧等人纷纷奋勇争先，率领部下冲锋陷阵，与宋军展开浴血搏杀。张荣部汉军利用小船机动灵活的优势，在宋军船队中来回穿插，夺得了宋军二十艘大船，俘虏敌军数百人，还击杀了宋朝的水军将领吕文信。

　　吕文信，是南宋名将吕文德的亲弟弟，他的战死，令宋军为之丧胆。汉军将领朱国宝更是神勇，他率领所部前后与宋军大战十七次，全无败绩，令宋军闻风丧胆。以汉军为主力的水军大获全胜，攻击阳逻堡的蒙古士兵深受鼓舞，很快就攻下了阳逻堡。蒙军在水路战线全线飘红，宋军抵挡不住，遭遇了一场溃败。

　　董文炳率部下一舟当先，率先登上南岸，渡江成功。踏上江南的土地，董文炳不由得豪情万丈，他派遣弟弟董文用驾驶渔船过江，向忽必烈报捷，并请示下一步作战计划。忽必烈乐得合不拢嘴，对董文炳大加赞赏，并马上传下军令："全军不得休息，全力出击，攻打鄂州！"

　　鄂州地处长江与汉水的交汇处，有"九省通衢"之称，自古以来都是兵家必争之地。当初岳飞北伐时，就将鄂州作为自己的大本营。史嵩之主政荆襄时，在鄂州设府，布置重兵镇守，使得鄂州成为长江防线上的重要据点。坐镇鄂州，西进可以救援川蜀，东下可以救援苏浙，战略地位至关重要。但此时的鄂州，守备力量极为空虚。

　　蒙哥率领大军攻打四川，京湖路的主力部队一部分由吕文德率领救援合州，一部分则由贾似道率领驻守江陵府，以作为吕文德的后援。由于宋军布置在阳逻堡的重兵已被蒙军击破，因而此时的鄂州城内仅有万余名步卒，由都统张胜暂时主事，军事力量薄弱，形势万分危急。

　　忽必烈来到鄂州城下后，首先传下将令：蒙军将士如果有擅自闯入民家者，全部军法从事！随后，忽必烈决定对鄂州来个先礼后兵，他派遣王冲道、李宗杰等人为使者，前往鄂州城劝降。王冲道一行人刚来到城下，张胜一声令下，守军一阵箭雨袭来，王冲道中箭落马，成了宋军的俘虏，李宗杰等人眼疾手快，掉转马头，跑得无影无踪。

　　李宗杰返回蒙军军营向忽必烈赴命，忽必烈大怒道："既然你们敬酒不吃吃罚酒，那就别怪本王无礼了！"忽必烈令旗一挥，蒙军将鄂州城围得密不透风，随后开始挥军攻城。张胜一边组织抵抗，一边派人向宋廷请求援兵。

鄂州城内仅有万余将士，哪里抵挡得住蒙军的攻势。几个回合下来，鄂州城已是摇摇欲坠，顷刻间就将陷落！张胜登上城头，向蒙军喊话："殿下请暂停攻城，我投降！但贵军应当先撤去，待我收拾好细软、玉帛便出城请降。"忽必烈心说反正你跑得了和尚跑不了庙，破城只是举手之劳，我就暂且撤军，看你作何打算。蒙军撤走后，张胜将城外的民居全部焚毁，坚壁清野，做好了与蒙军长期对抗的准备。忽必烈左等右等，一直没等到张胜来降，这才意识到上当了，不由得大怒。他令旗一挥，蒙军大张旗鼓，欲将鄂州城毁灭。就在此时，宋廷派遣的援军到了！

张胜的诈降，为宋廷援军的及时赶到创造了条件，就在忽必烈等待宋军投降的当口，由襄阳守将高达率领的宋朝援军及时赶到，重新组织起了防线。面对蒙军的再次来攻，高达主动率部出击，遇到了蒙军将领巩彦晖率领的前锋部队，一番激战后，巩彦晖兵败被俘。险胜一阵后，高达见好就收，率部退回鄂州城中，闭城死守。

有了襄阳军的加入，宋军的守备力量大大增强，忽必烈先后组织了多次冲击，均未奏效，战场一时陷入僵局。此时，宋廷任命贾似道前往鄂州，统一指挥各路人马，组织守城。贾似道接到任命，马上从江陵府赶往汉阳，再经汉阳进入鄂州城中。

贾似道是南宋著名将领贾涉之子，曾长期跟随孟珙征战，军事经验丰富，在当时，算得上是一员非常出色的将领。虽然贾似道以后的人生争议不断，声名狼藉，但我们必须承认，在他人生的前半段，作为一员武将，他的功绩还是值得肯定的。贾似道进入鄂州后，守军有了主心骨，同心合力，与蒙军死战，忽必烈用尽浑身解数，依然毫无进展。为了表彰贾似道，宋理宗火线派人任命其担任右丞相，贾似道得到提拔，守城更加卖力了。

屡次进攻无果后，忽必烈组织敢死队，由张禧、张弘纲父子率领，向鄂州城的东南角发起进攻。在蒙军的强大攻势下，东南角的形势危在旦夕。高达火速率军助阵，与张禧展开了拉锯战。张柔看到高达被张禧缠住，见缝插针，派遣部将何伯祥营造鹅车（一种鹅形的攻城器具），用鹅车在城墙上撞出了一个大洞，成功攻破了东南角。高达一声怒吼，率领宋军将士奋力死战，成功击伤张禧。宋军士气大振，将张禧部驱出城外，就在双方激战的当口，宋军重新修好了被攻破的墙角，再次构筑起坚固的防线。

看到蒙军鹅车的威力后，贾似道命人用城中储存的木材，很快又在城墙里面建造起了一座木城墙，给鄂州城上了双保险。见贾似道将鄂州城防部署得井井有条，忽必烈对其大加赞赏："要是我手下有贾似道这样的人才就好了！"但是对于忽必烈而言，当前的首要任务不是寻找贾似道这样的人才，而是先解决自己的燃眉之急——四川制置使吕文德率领的援军，已经顺流而下，赶赴鄂州而来了！

兀良合台出击

闻听吕文德来援的消息，忽必烈急忙派遣张柔率水军赶赴岳州，阻击吕文德。吕文德的大军已经在重庆休整多时，以逸待劳，张柔的疲惫之师自然拦截不住。双方在岳州江面上一番激战，吕文德率部击退张柔，成功进入鄂州城中，鄂州城的守备力量大大增强。就在忽必烈的大军在鄂州城下一筹莫展之际，兀良合台打开了局面。

蒙哥汗九年八月，兀良合台率数万大军进攻静江府境内的横山寨（今广西田东县平马镇）。此时宋朝在广西地区仅有一万余人的总兵力，分散在各处驻守，根本无法组织起有效的抵抗。广南制置使李曾伯紧急向宋廷求援，却没得到任何回应，静江府的形势十分危急。

兀良合台击破横山寨后，又连克数道关卡，逼近静江城（今广西桂林）。李曾伯组织守军奋力抵抗，兀良合台连攻数日，见未能奏效，马上改变策略。他派遣一支偏师佯攻静江，自己率蒙军主力攻打义宁（今属广西临桂区）、灵川（今广西灵川县）、全州，试图抄小路进入湖南。

李曾伯很快就发现了兀良合台的阴谋，于是调遣各地军队沿途阻截，并亲自率领静江府军队追击，却无力阻止蒙古骑兵。兀良合台很快就攻入湖南，连续攻克沅州、辰州，渡过湘水，直扑潭州。

宋廷任命向士璧担任湖南安抚使、潭州知州，前往潭州主持军务。向士璧来到潭州后，率领守军浴血奋战，在击退兀良合台之子阿术的前锋部队后，挥军进击，结果被兀良合台的大部队击败，损失惨重。向士璧迅速率败军退入潭州城中，据城死守，从此不敢轻易出战。面对宋军的死守，兀良合台也没太多办法，他遣使前往鄂州面见忽必烈，商议下一步策略。

接见完兀良合台的使者后，忽必烈陷入了沉思：本次我军自南北两路夹击宋朝，前期进展顺利，但是推进到京湖战区后却开始止步不前了。本王屯兵鄂州城下，一筹莫展，兀良合台又被阻截在潭州城外，如果长期这么僵持下去，我军粮草不继，可就麻烦了！该如何是好呢？

审时度势之下，忽必烈决定开辟新的战场。他派遣大将郑鼎率军进攻江西，以牵制鄂州的宋军主力，分散贾似道的注意力。宋朝在江西的兵力极为薄弱，郑鼎率蒙军一路势如破竹，连续攻占武宁（今江西武宁县）、分宁（今江西修水县），击杀宋将桑太尉、张兴宗，直扑隆兴府（今江西南昌）。

宋朝江西宣抚大使赵葵不敢应战，退入隆兴城中，闭城防守。驻守信州（今江西信州区）的宋将崔彦良率军急赴隆兴救援，与蒙军在赣江岸边的生米渡相遇。在崔彦良的指挥下，宋军奋勇冲杀，渡过赣江，直扑蒙军，经过一番激烈的搏杀，才将蒙军击退。被崔彦良击退后，蒙军不敢再进攻隆兴，于是沿着赣江北上，进攻临江军（今江西武宁县清江乡）。临江军兵力薄弱，无力抵挡蒙古大军，知临江军事陈元桂闻听蒙军来攻，一面组织防御，一面派人前往隆兴府求援。

赵葵急令隆兴守军徐敏子驰援临江军，但是隆兴府兵力有限，徐敏子又是个贪生怕死之辈，面对临江军的求援，徐敏子畏缩不前，坐观成败。蒙军风驰电掣般杀向临江军，部下劝陈元桂逃走，陈元桂斩钉截铁地说道："既然事情已经无法挽回了，那么为国捐躯总比死于盗贼之手强多了！"陈元桂约束家属，不许他们逃走，誓与临江军共存亡。

左右见劝说陈元桂无效，纷纷四散逃走，蒙古大军很快就攻破了临江军，陈元桂被蒙军杀害。在此之前，陈元桂已经生病，身体非常虚弱，但是临死前却一直大骂不止，实在是一条不怕死的好汉。

攻破临江军后，郑鼎率蒙军在江西境内横冲直撞，连破瑞州、南康、兴国（今江西兴国县）、抚州等城池，将江西搅得天翻地覆。郑鼎仅仅以一支偏师，就能让宋朝疲于奔命，可见当时的宋军已经腐化堕落到了何种程度。守城将领大都是徐敏子这样的贪生怕死之辈，靠这些人保卫国土，无异于天方夜谭。

忽必烈兵临鄂州，兀良合台围攻潭州，郑鼎则扫荡江西，面对这种局面，宋理宗君臣心惊胆战。宋廷征发民夫，加固平江、绍兴（今浙江绍兴）、庆元（今浙江宁波）等城池的城墙，并招募新兵，严加操练，以抵御蒙古的进攻。

部署完这些，宋理宗仍然觉得不安心，他召集群臣，召开会议，商讨应对之策。宦官董宋臣力劝宋理宗迁都宁海（今浙江宁海县），暂避锋芒。宰相吴潜的内心虽不赞成迁都，却又不敢明着反对，就对宋理宗说："陛下理应暂避危险，微臣愿意留下来，拼死护国！"有了宰相带头，其余大臣也纷纷站出来反对迁都，就连皇后谢道清也劝宋理宗打消迁都的念头，为此，她不惜危言耸听，吓唬宋理宗道："陛下离开临安，就不怕吴潜效仿张邦昌吗？"宋理宗闻听此言，深有感触，方才打消迁都之念。

时间推进到开庆元年的腊月，鄂州虽然地处江南，但是凛冽的北风吹过也十分寒冷。忽必烈屯兵鄂州城下已三个月，他多次组织蒙军将士向鄂州城发起冲击，均无功而返，心中不由得万分焦急。忽必烈不知道的是，鄂州城的宋军此时的日子也并不好过。

经过连续三个月的苦战，宋军将士阵亡一万多人，连大将张胜也为国捐躯，再这样下去，鄂州城势必凶多吉少。为了解除危机，贾似道派人赴临安向宋廷求援，期待宋理宗能派兵增援。宋理宗再次召集群臣商量对策。监察御史饶应子建议："既然增援鄂州非常困难，我们不如从鄂州分兵出来，再构筑一道防线！"宰相吴潜觉得饶应子言之有理，经过反复讨论，最终采纳了这个意见。

宋理宗派人给贾似道传令，命贾似道从鄂州突围，前往黄州，以便利于指挥全局。鄂州本来就兵力不足，再分兵黄州，相当于给了蒙军各个击破的机会，况且，忽必烈围城甚紧，贾似道要想突围去黄州，又谈何容易？但是君命难违，接到命令后，贾似道马上打点行装，向黄州出发。

吕文德与贾似道长期在荆襄共事，对贾似道的安全极为上心，遂派遣大将孙虎臣率领七百精锐将士护送贾似道。一路上多次遇到蒙古骑兵的袭扰，孙虎臣率部下奋力死战，终于掩护贾似道安全抵达黄州。贾似道抵达黄州后，派遣宋京担任使者，前往忽必烈军营，向蒙军请和。忽必烈则派遣赵璧为代表，与宋京洽谈。

宋京提出了贾似道的议和条件："如果蒙军退兵，宋廷愿意与蒙古划江为界，并且每年送给蒙古白银二十万两，绢帛二十万匹。"赵璧对这个条件嗤之以鼻，他嘲讽宋京道："我方大军刚渡过黄河时，你提出这些条件还可以商量，现在我军已经渡过长江，马上就要攻破鄂州了，你说这些还有什么用？你回去告诉贾似道，晚了，太晚了，除非他开城投降，否则，没得商量！"

就在双方在鄂州城下杀得昏天黑地时，漠北出大事了，忽必烈马上将面临艰难的抉择。

真假难辨的议和

冷风呼啸，大地一片萧索。忽必烈独自站立在牛头山上，思绪万千。自统率大军南下以来，他经历了四个多月的鞍马劳顿，早已身心俱疲。自己倾尽全力，却一直未能攻下鄂州城，长此以往，该如何收场？大汗已经驾崩，不知道漠北的情况怎么样了？那个阿里不哥，一直觊觎汗位，他会不会乘虚而入，登上九五至尊之位？自己的妻子察必独自在漠北，能不能应付突发状况？

突然，一声叫喊打破了忽必烈的思绪。一名信使以百米冲刺的速度冲上牛头山，手持一封书信递给忽必烈："殿下，王妃来信！"忽必烈的手不由自主地颤抖了一下，莫非漠北有变故？怀着忐忑的心情，忽必烈用颤抖的双手拆开了妻子的信，脸上的表情顿时变得凝重起来。漠北果然出事了，阿里不哥，他出手了！

阿里不哥是拖雷之子，忽必烈同父同母的弟弟。当初蒙哥统领大军伐宋，按照蒙古"幼子守灶"的原则，阿里不哥留守漠北，主持政务。蒙哥驾崩的消息传来后，阿里不哥迅速行动，派心腹脱里赤控制漠南各部兵马，直扑燕京（今北京），另一名心腹阿蓝答儿则控制漠北诸部，兵发开平。等彻底控制了这两大政治中心后，阿里不哥就会名正言顺地即汗位了。

忽必烈的妻子察必正在开平，当即手书一封，派心腹脱欢日夜兼程前往鄂州前线，向忽必烈报信。接到察必的来信，忽必烈陷入了沉思：我军在鄂州已经连续攻城三个多月了，如果此时撤军，前面付出的努力就全部付诸东流了。但如果继续屯兵鄂州城下，等阿里不哥彻底控制了局势，自己的处境就很微妙了，必须得想个万全之策。

忽必烈召集部下，召开会议，商量应对之策。谋士郝经自发兵以来就不赞成攻宋，这次直接劝说忽必烈退兵："现在我军并没有攻下四川，却屯兵在这鄂州城下，南面潭州，西面重庆，东面隆兴，宋廷全部驻有重兵，我军长期停留在这坚城之下，后果不堪设想。而国内的形势也不乐观，李璮野心勃勃，阿里不哥更是司马昭之心，路人皆知，再不退兵，我军就要陷入内外交困的危险局面中了。"

郝经的意见得到了与会众人的一致赞成，忽必烈这才下定决心，班师回朝。至于蒙古大军如何安全撤回国内，忽必烈也是动了一番心思的，他派大将拔都儿率一部分将士继续围城，自己率余部前往黄州（今属湖北武昌区），忽必烈命令大军就地休整，并告知将士六天后撤军北返。同时，忽必烈派人散布谣言，声称要攻打临安，以震慑宋廷。就在忽必烈即将撤军之时，蒙军大营来了一位客人，这个人就是蒙军的老熟人——宋京。

前不久，贾似道曾派宋京担任使者来跟忽必烈议和，表示如果蒙古撤军，宋朝愿意送出岁币，当时蒙军攻城正急，于是一口回绝了贾似道。此时，贾似道再次派宋京前来议和，主张退兵的郝经就劝说忽必烈暂时答应贾似道，反正白捡的便宜不占白不占。本就准备撤军的忽必烈按理说应该没有不答应的理由，但奇怪的是，忽必烈再次拒绝了贾似道的请求。

面对宋京，忽必烈正襟危坐，一脸严肃地说："议和乃是两国之间的事，本王并非国主，无权做主。你为了保全百姓，前来与本王议和，出发点是值得肯定的，但是本王正准备进攻临安，岂能停止？"就这样，宋京只得再次灰头土脸地原路返回。

得知忽必烈不愿议和，贾似道心中颇为紧张，若是忽必烈真的攻打临安，自己该如何应对？就在贾似道心惊胆战之时，合州守将王坚派使者前来，带来了一个好消息：蒙哥驾崩了！贾似道深深地长吁了一口气，蒙哥驾崩，忽必烈必将返回漠北争夺汗位，鄂州城，保住了！临安，保住了！大宋，保住了！

忽必烈返回漠北后，马上在开平即汗位。阿里不哥针锋相对，在和林召集诸王，召开忽里勒台会议，宣布自己才是合法大汗。双方多次洽谈，未达成一致，大打出手，最终，忽必烈战胜阿里不哥，成了蒙古草原上新一代统治者。忽必烈雄才大略，胸怀天下，不是蒙哥、阿里不哥等人能比得上的，他的上位，将是赵宋朝廷的灾难。

忽必烈北返时，派大将铁迈赤南下，接应兀良合台部退兵。在友军的接应下，兀良合台从潭州撤军，自岳州至江夏（今湖北鄂州），打算踏着以前架好的浮桥渡江北返。兀良合台、铁迈赤刚渡过浮桥，背后突然杀出一队宋军，袭击了蒙军的后卫部队，斩杀数百人。兀良合台急于北返，此时也无心恋战，急匆匆地率领大军一路北返，吃下了这个哑巴亏。

这支宋军的首领叫作夏贵。当初贾似道连续两次主动向蒙军求和被拒，感觉自己的心灵受到了伤害，于是决定给蒙军点儿颜色看看。但此时忽必烈的大军早已北返，贾似道就将目光瞄向了兀良合台。他派遣夏贵率领一支数千人的队伍前往江夏截击蒙军。等夏贵赶到时，蒙军早已渡江而去。于是夏贵率军渡江追击，袭击了蒙军的后卫部队，小胜一场，总算为贾似道挽回了一点儿颜面。

随着忽必烈、兀良合台先后撤军北返，忽必烈的这次伐宋行动至此结束。在这次战役中，宋军由于部署不当，被蒙军长驱直入，不费吹灰之力就推进到了鄂州。幸好鄂州守将张胜率军顽强抵抗，并采用诈降战术，熬到了高达、吕文德等部援军的到来。

随着贾似道入城主持军务，鄂州城的城防变得固若金汤，反而让蒙军经受了严峻的考验。但奇怪的是，在局势对宋军有利的情况下，贾似道竟然主动派人向忽必烈求和，这实在令人费解。

关于贾似道的主动议和，笔者认为史籍的记载中有值得商榷的地方。贾似道当时充其量只能算是一位封疆大吏，他有何资格又有何胆量自作主张去和忽必烈议和呢？

贾似道在日后声名狼藉，也被泼了不少脏水，甚至他镇守荆襄时表现出的杰出才干也被人们忽略了。而事情的真相很可能是，贾似道在鄂州城压力重大之时，用假装议和的方式来拖延时间。因为蒙哥早已驾崩，贾似道在王坚的使者来到鄂州前得到消息，也不是没有可能。吕文德早已进入了鄂州城，他怎么可能不把这个消息带给贾似道呢？

虽然宋朝成功守住了鄂州，但由于淮南防线被突破，宋朝面临的形势不容乐观。在日后的战争中，蒙军可以轻而易举地把战火烧到荆襄，直接攻击宋朝的长江防线。襄樊地区，也就成了日后双方争夺的重中之重。

第二十章

门户大开：

宋元襄樊之战

刘整的大礼

蒙古忽必烈汗至元四年（南宋咸淳三年，1267 年），雄踞北方的蒙古终于又一次拉开了大举南征的序幕。自从蒙哥战死钓鱼城后，蒙宋双方已经好几年没有进行过大战了，而这一次之所以展开进攻，一个很重要的原因就是蒙古的作战策略发生了很大的转变。

蒙哥曾经挥军进攻四川，虽然取得了一定的战果，但成效不大，蒙哥最终也死在了钓鱼城下。这一次，忽必烈不打算再从四川进攻，也不打算走金国昔日重兵进攻江淮的老路，而是打算从宋国中部的襄樊地区实现突破。比起川陕地区或者两淮地区，襄樊地区的优势太过明显了，川陕地区到处都是崇山峻岭，两淮地区处处河网密布，都不利于蒙古骑兵的驱驰，而襄樊地区位于江汉平原，正是骑兵的用武之地。

其实早在端平年间蒙古南下攻宋时，就曾有人提出过攻略襄樊的计划。当时蒙古军队刚刚占领襄阳不久，蒙古将领李桢便建议贵由汗经略襄樊，作为未来攻宋的基地，只可惜贵由没有采纳。蒙古的不重视便给了宋军可乘之机，他们很快就在名将孟珙的率领下夺回了襄樊。此后的时间里，宋国一直致力于经营襄樊地区，终于构建了一条以襄阳、樊城为依托的重要防线。

早在忽必烈南征鄂州时，他就已经有了重点攻略襄樊的想法。当时，他手下有一个叫杜瑛的谋士提出过先下襄樊，再顺流灭宋的想法，只可惜当时蒙古的重点还在四川方向，根本没有意识到襄樊的重要性。忽必烈登基以后，名将郭侃也说道："现在我们最好的破敌之策，就是集中全力打下襄阳，然后从襄阳顺流而下直奔临安。只要攻下了临安，其他什么江淮、巴蜀都会不攻自破。"忽必烈听后十分高兴，很快就定下了攻打襄樊的计划。

这一年八月，忽必烈正式派出大军南下攻打襄阳，他选择了蒙古名将阿术作为军队的主帅。阿术出身将门世家，是蒙古开国功臣速不台的孙子、都元帅兀良合台的儿子，从小就擅长骑射功夫，成年后又跟随父亲一起南征北战，立下了很多战功。忽必烈登基以后，阿术参加了平定李璮的战斗，深受忽必烈信任，所以这一次南征他选中了阿术。

阿术果然没有辜负忽必烈的信任，他南下后很快就攻入了南郡，一连夺取了仙人、铁城等要塞，俘虏了五万多名宋军。取得胜利之后，阿术没有再继续进攻，只在襄阳前面溜达了一圈便向北撤退了。阿术这一撤，倒让宋军兴奋了，他们立刻派出人马前去追击，想要捞一点儿好处。只可惜阿术早有准备，他从安阳滩渡过汉水时，提前在牛心岭埋伏下了五千精锐骑兵，然后在汉水边建了一座空荡荡的营寨。

宋军到达后，看到营寨里点满了篝火，还以为真有蒙古军队，于是放心大胆地杀了过去，结果自然是中了埋伏，白白赔了一万多人。虽然再胜一场，但宋军毕竟在襄阳、樊城经营已久，并不是一下子就可以攻克的，所以无论是忽必烈还是阿术，都没有继续进攻的想法，准备下次再来，以不停消耗襄樊地区。

就在这时，一个人忽然进皇宫找上了忽必烈，他坚决反对就此撤兵。这个人不是别人，正是蒙古将领刘整。说起刘整，那实在是尴尬，这一位不仅是汉人，还是从宋国投降到蒙古的汉人。

刘整，字仲武，出生于金国的邓州，后来因为金国内乱，他南下投到了当时的荆湖制置使、名将孟珙麾下。在孟珙手下，刘整很快就展现出了才能。当时孟珙率领宋军攻打金国的信阳，刘整带着十二个勇士，连夜翻墙入内，攻下了信阳城。对这一表现，就连孟珙都大吃一惊。唐末猛将李存孝曾经率领十八个骑兵攻下过洛阳城，刘整率领的人更少，所以孟珙便亲自给刘整写了一个旗号——"赛存孝"。

按说有了孟珙的赏识，刘整往后肯定会飞黄腾达才对，只可惜刘整的运气实在是不好，孟珙没过几年就死了，转而由吕文德上位。到了吕文德时期，刘整的日子就难过了，他是北方人，又非常有才能，所以深受吕文德猜忌。吕文德为了打击刘整，将刘整的死对头俞兴任命为四川制置使，刘整正好在俞兴手下。这之后，刘整的日子就更难过了，差点儿被诬陷得连命都丢了。眼看在宋国混不下去了，刘整无奈之下只得北投蒙古。

到蒙古后不久，刘整就给老冤家吕文德送了一份"大礼"。他向忽必烈建议："宋人倚仗的将领只不过是一个吕文德罢了，吕文德这个人虽然有些才能，但为人贪图小利，我们可以以利诱之。"忽必烈一听就来了兴趣："怎么个利诱法呢？"刘整回答道："我们可以送一些礼物给吕文德，向他表明我们想在襄阳城外设置榷场。吕文德收了钱财，又觉得和我们交易马匹占了便宜，肯定会同意。只要能够修建榷场，我们便可以继续在襄阳外围修筑土墙，以逐步断绝襄阳外围的支援。"忽必烈听后大喜，立刻依计而行。

不出刘整所料，吕文德果然同意了。修好榷场后，忽必烈便开始了下一步计划，他派遣使者告诉吕文德："很多南人没有信义，我们建在安丰等地的榷场经常被强盗抢掠，希望能让我们修筑土墙保护货物。"吕文德也不傻，他当然不愿意让蒙古人跑到襄阳来修墙，于是毫不犹豫就拒绝了。不过很快他手下就有人不同意了，说："修筑榷场做交易可以让我们换来不少马匹组建骑兵，这对我们实在是大有好处，这样的机会千万不能轻易放弃。"吕文德心里一算，也觉得有便宜可占，便同意了蒙古人修建土墙。

很快，蒙古人就在鹿门山、白鹤等地建起了土墙，表面上是保护榷场，实际上是在里面修筑防御工事。这样一来，襄阳、樊城和外围的联系便逐渐被切断了。吕文德心里也知道上当了，只可惜覆水难收。

这一次刘整入宫，当然是为了继续送吕文德"礼物"了，他希望蒙古能继续攻打襄阳。忽必烈对此却很犹豫："宋国在襄樊一带经营已久，只怕一时之间难以攻克，还是要从长计议才行。"

刘整却不同意，他说道："襄阳本来就是我朝以前占领的地盘，只不过当时没有用心经营才让宋国占了个便宜，现在我们好不容易在外围逐渐断绝了襄阳的外援，正应该一鼓作气拿下襄阳。襄阳防守虽然牢固，但只要我们长期围困，城中早晚会顶不住。如果不抓住机会，只怕时间久了会出现其他变故。只要我们能攻下襄阳，就可以从汉水直接进入长江，一鼓作气打下宋国。自古以来，帝王都是以四海为家，没有统一天下都不好意思叫正统。我朝现在已经有天下的十之七八，为什么还要放着宋国不过问呢？这简直是让我们放弃正统地位。"

忽必烈听后，觉得刘整说得有道理，马上表态："我决定了，我们就此全力进攻襄阳！"

这年十一月，忽必烈让刘整与阿术开始进行准备工作，以求能够一举拿下襄阳。随着蒙古不断在襄樊一带调兵遣将，宋廷也意识到即将爆发大战，于是走马换将，将吕文德的六弟吕文焕调到了襄阳担任襄阳知府兼京西安抚副使。

吕文焕年少从军，久经沙场，又是吕文德的弟弟，正是合适的人选，更何况吕文焕还非常有才能。早在蒙古要求建设榷场时，他就意识到蒙古人要开始打襄樊的主意了，于是写信给吕文德，让他不要答应，只可惜吕文德没有听从。吕文焕到达襄阳后，深知蒙古很快就会发动战争，于是开始加紧构筑防御工事。

蒙古至元五年（咸淳四年，1268 年）九月，刘整正式以都元帅的身份赶到阿术军中，两人就下一步如何行动进行了探讨。刘整说道："我军骑兵精锐，面对的敌人没有不被击破的，唯一不如宋人的地方就在于水战。我们如果想战胜他们，就必须要先消灭他们的优势，也就是要建造战船、编练水军。如此一来，想要攻破襄阳，轻而易举。"

阿术点头道："我蒙古军擅长陆战，遇到山水阻挡很难发挥出威力，如果有水军相助，肯定能大获全胜。不过在此之前，我认为可以先做好长期围困襄阳的准备。之前，我在虎头山一带驻军，发现汉水东面的白河口很适合构筑营垒。要是我们在那里修筑营垒，就可以轻松断绝襄阳的粮道。"

刘整对襄阳非常了解，听后立刻表示赞同："不光是白河口，鹿门山一带也可以修筑营垒，以断绝襄阳的外援。"两人一拍即合，很快就派出大军，在白河口、鹿门山一带修起了营垒。

襄阳围城

吕文焕接到消息后大吃一惊，他知道蒙古军队要来了，于是立刻写信给吕文德，希望他能够早点派人前来一起对抗蒙古人。没想到的是，吕文德不仅死活不相信，反而骂了使者一顿："我看你们只是夸大军情想要邀功，就算真有这回事，也不过是蒙古人装装样子吓唬人而已。我们在襄樊一带经营已久，襄阳、樊城城坚池深，里面储备的粮食、物资可以用十年有余，让吕文焕带人坚守就足够了。刘整要是真的敢来，等明年春天，我亲自率军去收拾他。怕只怕我到达时，他已经提前逃跑了。"

吕文德的大意让蒙古人大笑不已。阿术自然不会放过这等良机，他立刻又让人在汉水江心建了一座实心石台，然后在上面放置弩炮，与江边各处堡垒遥相呼应，以断绝襄樊的水陆援军。吕文焕当然不能任由这种情况发生，他不断派出军队想要击破蒙古军队的封锁线，但都没有成功。

转眼就到了第二年，蒙古军队依旧没有进攻，只是一边在外围不断围困襄阳，一边由阿术率军袭扰抢掠各地。吕文德自然也没有率军前来救援，倒是蒙古这边再添强援，史天泽和枢密副使忽剌出率领大军前来增援。史天泽带来了大批汉军，他在万山到百丈山一带筑起了长围，将襄樊一带的南北连接切断，又在岘（xiàn）山、虎头山修筑一字城，与周围各堡垒相连。自此，蒙古军队已经做好了长期围困襄阳的准备工作。不久后，阿术亲自率军从白河口赶到鹿门山驻扎，开始了对樊城的围困。

面对蒙古军队的步步紧逼，大宋再也不能无视了，终于开始做起了战争的准备工作。这时候，宋国缺少领兵将领的劣势就暴露出来。最先增援襄樊的是京湖都统制张世杰，只可惜他不但没有打破蒙古军队的包围，反而在赤滩浦（一作赤滩圃）被杀得大败。

第一次解围失败后，朝廷这边也有不少人提出了建议，他们希望能够起用老将高达作为主帅救援襄阳。昔日襄阳失陷后，正是高达率军将襄阳夺了回来，可以说对襄阳一带的情势极为熟悉，他又是久经沙场的老将，十分适合担任救援襄阳的任务。可惜的是，当权的贾似道不同意，他的理由很简单："我要是起用了高达，那吕氏怎么看我？"所谓的吕氏就是吕文德一家，昔日高达正是在吕文德的打压下才沦落到被贬的地步，吕文德又是贾似道的盟友，他自然不可能重用高达。

不光是贾似道，就连已经困守襄阳的吕文焕也不愿意让高达前来。为此，吕文焕不急于讨论军情，反而召集部下讨论起这事来："我听说朝廷想要派高达率军前来救援，他要是来了，还有我吕家什么事？你们可有什么办法阻止高达前来？"其中一个门客建议："这个很简单。朝廷之所以要派高达前来，只不过是因为襄阳的局势危急而已，只要您向朝廷奏称打了胜仗，朝廷肯定以为襄阳其实并不危急，也就不会派高达前来了。"

说来也巧，这时候刚好襄阳守军抓住了几个蒙古探子，吕文焕就借此向朝廷奏报，声称自己打了大胜仗。宋度宗一听襄阳大胜，还以为襄阳局势真的不危急，也就不再提救援襄阳的事了。

吕文焕的小手段虽然成功阻止了高达被起用，但终究难以挽回襄樊的颓势。借着吕文焕送上的这个机会，阿术等人加紧修筑堡垒，终于将襄阳和樊城围困住了。这种情况下，吕文德也意识到襄樊真的危险了，他立刻派出大军沿江西进，企图为襄阳解围。这一次，吕文德派出的将领是他手下的猛将——沿江制置使夏贵。夏贵人称"夏旗儿",是当时宋军的著名猛将,他曾多次击破蒙古军队,可谓是战功赫赫,只可惜这一次他注定要吃亏了。

夏贵久经沙场,深知襄阳已经陷入重重包围中,想要正面进攻解围极为困难。他接到命令后,先是趁着汉水涨水的机会,带着船运送大批粮食、物资,从还没有被蒙古切断的水路到达襄阳城下。因为蒙古军队的强大,所以夏贵没敢贸然攻击,只是和吕文焕交谈了几句就返回了。通过这一次的试探,夏贵对蒙古外围的防线进行了观察,心中有了新的战略计划。

不久后,夏贵趁着秋季大雨的机会,再次率领大批船队沿江而上,不断出没在东岸的山林河谷之间,摆出了一副要进攻的姿态。蒙古众将一看夏贵前来送死,纷纷表示愿意出战送夏贵一程。没想到的是,阿术却不同意:"夏贵久经沙场,摆出这么明显的攻击姿态,肯定是虚张声势,我们要是出击就正好中了他的圈套。我敢断定,他真正想进攻的是新城,我们应该提前在新城做好防御准备。"

果不其然,第二天夏贵就率领大军猛攻新城,只可惜面对早有准备的蒙古军队,宋军注定讨不了好。在蒙古水军万户解汝楫等人的反击之下,夏贵大败而逃,五十多艘战舰被击沉,无数人掉进汉水中被淹死。随后前来增援夏贵的范文虎也不济事,走到灌子滩一带就被杀得大败,只得狼狈逃回。

一连串的失败后,宋军不但没能打破蒙古军对襄阳的围困,反而还让蒙古军在汉水西岸也站稳了脚跟。忧愤之下的吕文德再也没有了要去生擒刘整的气势,并在接连不断的打击下很快就病死了。吕文德死后,宋廷鉴于此前屡屡救援失败,便任命李庭芝为京湖制置大使,让他率领各路宋军救援襄樊。没想到,这道任命一出,马上就有人不愿意了,这个人不是别人,正是此前吃了败仗的范文虎。

范文虎虽然能力不行,又经常吃败仗,但他的后台非常硬,他是贾似道的女婿。为了不受制于李庭芝,范文虎特意写了封信给贾似道:"我自己带着几万大军就可以进入襄阳,一战灭掉蒙古军,只希望不要听命于李庭芝,以免他和我抢功。要是我成功了，功劳肯定是要算给恩相的。"这么一番胡吹的话，贾似道居然信了，他立刻将范文虎任命为福州观察使，直接受命于朝廷。

范文虎得到任命后，不但没有出兵救援襄阳，反而整天和姬妾们饮酒作乐，根本不管前线的战事。到最后，李庭芝实在坐不住了，只能不断派人前去找范文虎，希望他能够一起出兵，但范文虎每次都推脱说没有圣旨，不能出兵。

朝廷里面，当权的贾似道对救援襄阳也并不热心，他虽然迫于压力，不得不将高达任命为湖北安抚使，却根本不愿调派一兵一卒前往襄阳。左丞相江万里屡次请求出兵未果之后，一怒之下直接辞官还家；吏部侍郎王应麟请求救援襄樊，结果被贾似道免了职。这样一来，朝廷里再也没有人敢提出兵救援襄阳之事了。

没有了朝廷的援兵，襄阳就只能靠吕文焕自救了。经过吕文焕的长期观察，他发现蒙古军在万山一带的防御力量非常薄弱，宋军一旦攻破万山，就能在襄阳西面的封锁线中打出一个通道。于是吕文焕集结步骑兵一万多人、战船一百多艘，率领他们一起向万山发起了猛烈的攻击。遗憾的是，吕文焕失算了，因为蒙古这边早就已经有人察觉到了万山的重要性，并亲自带人驻扎于此，这个人就是张弘范。

将门虎子

张弘范是蒙古名将张柔的第九子，早在平定李璮之乱时就有亮眼表现。当时张弘范在济南西面驻扎，李璮每次率军出击，从来不进攻张弘范防守的这一面。张弘范一看就猜到李璮是想要麻痹他，之后肯定会出兵前来偷袭，于是偷偷在营地里挖掘了多重战壕，又暗中埋伏士兵，就等李璮前来。果然不出张弘范所料，李璮真的来了，结果被杀得大败。济南之战后，张弘范逐渐开始在年轻一代将领中崭露头角，并受到了忽必烈赏识。

各路蒙军赶赴襄阳时，张弘范也在其中，他得知阿术等人准备长期围困襄阳后，立刻给出了建议："现在国家派我们前来攻取襄阳，肯定是想长期围困，坐待敌人坚持不下去自己灭亡。然而此前夏贵趁着江水上涨的机会，派人从汉水送了大批物资进入襄阳，我军却毫无阻拦的能力。襄阳南面又与江陵、归州、峡州接壤，商旅军队往来不绝，如此下去，我们什么时候才能困死襄阳？我觉得可以在万山修筑堡垒断绝襄阳西面，在灌子滩一带架设栅栏，以断绝襄阳东面，这样一来肯定可以加速襄阳的败亡。"阿术等人听后也觉得有道理，不但依计而行，还直接让张弘范率领一千人驻守在万山。

说来也巧，宋军前来攻打时，张弘范正好带着众将在东门外打猎。众将一看宋军来势汹汹，吓得纷纷建议："宋军来势凶猛，我军人数又少，不如先退回城中坚守。"张弘范不同意："我和你们一起到这里来是为了什么？还不是为了击破宋军。现在他们既然主动送上门来，我们怎么可以不出战呢？谁敢再说后退，立斩不饶！"

随后，张弘范便让偏将李庭率军在前面列阵，其他将领率军绕到后面进攻，他自己则率领两百名骑兵在后方列阵，并且下令："听到我的鼓声就进兵，没有听到就不要动。"有张弘范压阵，蒙军无不拼死抵御宋军的进攻，宋军居然一连打了几次都没能突破蒙军的防线。张弘范心知宋军士气已经衰竭，便立刻下令让前后军队一起出击，最终大破宋军。

吕文焕大败之后，宋军折损严重，一时之间再也抽不出兵力出击了。借着短期没有战事的机会，阿术和刘整便开始了下一步动作——编练水军。很快，他们就建造了战船五千艘，又招募了水军七万人，日夜不停地训练，就等用来击破襄阳了。在这种情势下，襄阳的局面越来越危急，然而当权的贾似道却置之不理，整天忙着饮酒作乐。就连宋度宗问起前线的战事，贾似道也声称蒙古军队早已经撤退了。

转眼间，蒙古军已经围困襄阳差不多三年了。在朝廷给出了一百五十万赏钱过后，范文虎终于在至元八年（咸淳七年，1271年）四月率领两淮各军沿江西进，前去增援襄樊。只可惜范文虎实在是不争气，他率军走到湍滩附近就被阿术率军击败，宋军统制朱胜等一百多人全成了俘虏。

为了防止宋国从其他地方调遣军队增援襄樊，忽必烈也重新做了部署。他让阿术等人率领东道兵继续围困襄阳，同时命赛典赤、郑鼎率军水陆并进，直逼嘉定，再以汪良臣、彭天祥率军从重庆出击，札剌不花率军从泸州出击，曲立吉思率军从汝州出击：诸路蒙军从各个方向压向宋国，以牵制四川、两淮地区的宋军。

然而宋廷也知道襄樊的重要性，即便面对各路蒙军的压力，依然让范文虎率领禁军和两淮军队十万人水陆并进，救援襄阳。阿术也知道到了关键时刻，他很快率军在汉水东西两岸列阵，又派出一支偏师驻守丹滩，以阻挡宋军前锋。与此同时，阿术还让蒙古水军沿着汉水而下，猛攻宋国水军。这一次，范文虎依然作战不力，很快就被杀得大败而逃，连旗帜、战鼓都扔掉了，不少宋军士兵成了蒙古的俘虏。

到了第二年，樊城首先坚持不住了。在阿术等人的猛攻下，樊城外城最终被攻下了，蒙古军队再度沿着外城修筑长围围困内城。当时樊城有一名守将叫张汉英，他眼看局势危险，只好招募擅长泅水的勇士，让他们藏在草堆下面，再将草推入汉水，希望能够顺水漂出重围，前往荆州、郢州等地求救。只可惜蒙古军队也不是傻子，一看那么多草，一下子就起了疑心，等他们把草拉上来后，泅水的勇士全部被擒，求援算是指望不上了。

实际上不用张汉英求援，外围的宋军也知道襄樊的危局。就在这一年，李庭芝率军前往郢州驻扎，时刻想要击破蒙军，但力量微弱，实在无力杀入重围，就连想要派人进入襄阳都非常困难。无奈之下，李庭芝出重赏，招募勇士三千人，让他们杀入襄阳。

关于如何进入襄阳，李庭芝早已经有了办法。他探知襄阳西北面有一条河叫作清泥河，发源于房州、均州，他便提前在这两地建造了一百艘快船。

这些船还有讲究，都是三船为一组，中间一船用来装载人员、物资，其他两船则空着以增加浮力，借此来加快船行的速度。

李庭芝知道潜入襄阳之行九死一生，还特意告诉招募的民兵："此行前往襄阳有死无生，你们如果不愿意前往，可以直接离开，千万不要坏了我的计划。"这些民兵勇士的首领分别叫张顺和张贵，张顺外号叫"矮张"，张贵外号叫"竹园张"，两人都是智勇双全的忠义之士，在他们的率领下，众民兵都愿意前往襄阳。

襄樊失守

不久后，汉水再次涨水，张顺和张贵便乘机率领民兵乘坐船只，满载着物资顺水而下，直往襄阳而去，各艘船上都布置了火枪、火炮、火炭、巨斧、劲弓等装备，就是为了防备蒙军。当天晚上，张顺等人以红灯为号，向襄阳进发。

他们以张贵先行，张顺殿后，一路乘风破浪，很快就到达了磨洪滩，在这里，他们遭遇了蒙古水军的封锁。在张贵等人的奋力拼杀下，众人转战一百二十多里，终于进入了襄阳城。遗憾的是，在杀入重围的过程中，张顺身中四枪六箭，不幸身亡。

襄阳断绝外援已经很久了，在张贵等人进入后，守军士气大振。张贵到襄阳后，吕文焕原本想要张贵一起守城，但张贵有雄心壮志，他自恃骁勇，想要派人返回郢州，找来宋军里应外合击破蒙军。然而襄阳在重围之中，想要出城并不容易，还是张贵自己想出了办法，他招募了两个能在水中潜游几天不吃饭的勇士，让他们携带蜡书从水下出城前往郢州。

这两人确实厉害，他们竟然在水下连续突破蒙军的数道封锁线，顺利到达了郢州。在郢州，他们俩见到了范文虎，便将张贵的事告诉了范文虎。范文虎倒也非常爽快，立刻答应派出五千军队驻守在龙尾洲等张贵前来会合，以便一起破敌。两位勇士大喜，立刻原路返回襄阳，将消息转告给张贵。

到了约定的日子后，张贵便率领所部人马从襄阳顺水而下，直往龙尾洲而去。遗憾的是，在张贵等人出发前，事情便泄露了出去，一个犯了错被打的士兵偷偷逃到了蒙军中，向蒙军报告了张贵将要出城的消息。张贵点算人数时，发现少了一个人，料知事情有变，他不敢再耽搁，立即率军连夜顺江而下。果不其然，张贵到达小新河时便遭到了蒙古水军的阻挡。不过在张贵等人的奋力拼杀下，终于到达了勾林滩，这里离龙尾洲已经不远了。

但是张贵并不知道，拍胸脯表示要派兵前来的范文虎早在两天之前就望风而逃，狂退了三十多里，把龙尾洲的事抛到了九霄云外。等张贵等人接近龙尾洲时，远远望去只见战船林立，还以为是宋军，便立刻举火为号，让对方前来会合。对方见到信号后真的来了，只可惜来的全是蒙军，张贵等人猝不及防之下陷入重围，再也无法脱身。

大战之后，张贵所部全部阵亡，张贵本人负伤被擒。被生擒之后，张贵没有选择投降，很快就被处死，阿术派人将张贵的尸体送到襄阳城下，对着城头大喊："你们认得张贵张都统吗？"襄阳守军自然认识张贵，他们见张贵战死，皆丧气不已。

张贵死后，李庭芝在无奈之下使用了反间计，派一个和尚携带书信、告身等前往蒙古境内，声称刘整已经投降了宋国，被宋度宗封为卢龙节度使、燕郡王。只可惜在刘整亲自前往大都解释的情况下，忽必烈并没有相信李庭芝。

此次大都之行，刘整不但没有受罚，反而还得到了一样新式武器——回回炮。回回炮是阿拉伯人阿老瓦丁等人发明的巨型投石机，更加省力，而且射程更远。在阿里海牙的建议下，忽必烈决定先集中力量攻破樊城，借此打破襄阳、樊城的掎角之势，于是让刘整将回回炮带回襄阳军中。

为了充分发挥回回炮的威力，刘整在鹿门山修筑新的炮台用以放置回回炮。樊城守军当然不能坐看蒙古人修筑炮台，于是派出人马拼死阻挠，只可惜在蒙古千户隋世昌等人的奋力反击下，蒙军被击退，蒙古军队还是安置好了回回炮。有了回回炮之后，蒙军的火力更加凶猛，然而在京湖都统制范天顺和部将牛富的奋力坚守下，樊城守军依然死死顶住了蒙军的攻击，就连张弘范也在进攻樊城时被一箭射中了手臂。

张弘范虽然负了伤，却看出了一些门道。他只匆匆包扎了一下伤口便前往求见阿术，告诉他："襄阳在汉水南面，樊城在汉水北面，我军从陆上进攻樊城，襄阳必定会派水军前往救援。就因为这样，所以我军才始终攻不下樊城。如果想要拿下樊城，必须先截断水路，断绝樊城的救兵，然后我们水陆夹攻，肯定可以打下樊城。只要拿下樊城，襄阳就难以坚守了。"

阿术虽然同意张弘范的看法，但想要破坏襄阳、樊城的掎角之势谈何容易。当时吕文焕已经提前在汉水上建造了一座浮桥用以连接樊城，其下有巨木作为支撑，其上又以铁锁相连，极为牢固。樊城守军也倚仗着浮桥，觉得有襄阳作为外援，所以丝毫不惧怕蒙军。蒙军众将思考一番之后，还是水军总管张禧给出了建议："只要我们能断掉铁索，斩断巨木，浮桥肯定会坏，到那时樊城必下。"阿术听了他的意见，派出大军拼死猛攻，终于将浮桥破坏了。

没了浮桥以后，襄阳军队再也无法增援樊城了，就连水路也被张禧等人占据，阿术再次让张弘范率军猛攻樊城。这一次，樊城再也坚持不住了，很快就被攻陷。范天顺心知再也无力支撑，只得仰天长叹："生为宋臣，死为宋鬼！"随即自杀身亡。

范天顺是范文虎的侄子，但叔侄两人终究是不一样的。范天顺死后，牛富还在坚持，他带着一百多个死士与蒙军巷战，杀伤了不少蒙军。久战之下，牛富身负重伤，他自知无力再战，便以头撞柱，投入火中自杀了。牛富死后，副将王福叹息道："将军为国家大事而死，我又怎么能独自偷生呢？"说完后也投火自杀了。

樊城陷落后，襄阳的局势就更加危急了。此时襄阳被困已久，外援又已断绝，生活极为困难，甚至连生火用的薪柴都没有了，只能拆掉房屋当柴。

吕文焕每次巡城时，总是不由自主地望着南面痛哭，他希望朝廷能早日派出援兵前来解围，但他不知道的是，襄阳已经被贾似道放弃了。贾似道在朝中大耍手段，一面自请前往襄樊前线督师救援，一面却暗中指示手下上书反对，如此拖延之下，救援襄阳自然成了空谈。

襄阳终于也坚持不住了，阿里海牙等人携带回回炮猛攻襄阳，一炮就击毁了一座谯楼。回回炮的巨大威力成了压垮襄阳的最后一根稻草，城中守军心头大震，再加上没有援兵，很多人便开始偷偷出城投降，吕文焕也无法制止。

这种局势之下，蒙古一方便动了招降吕文焕的心思，只可惜吕文焕毫不理会，刘整前往襄阳城下招降吕文焕时，还被他叫人用弩箭射中一箭，差点儿当场身死，气得刘整想要直接破城收拾吕文焕。最终还是阿里海牙亲自到襄阳城下，与吕文焕折箭为誓，表示愿意赦免襄阳军民，吕文焕才选择了开城投降。

吕文焕的投降宣告历时近六年的襄樊之战结束。襄阳、樊城丢失后，宋国失去了长江中游最重要的屏障，蒙军得以顺汉水进入长江，发起猛烈的攻击，宋国再也无力阻挡蒙军前进的脚步了。

第二十一章

浮汉入江：
宋元鄂州之战、丁家洲之战

淮西之战

攻占襄樊之后，忽必烈君臣正式将灭宋提上了日程。根据忽必烈的构想，蒙军将从襄樊沿着汉水入长江，然后顺江而下攻占临安。这无疑是一个最省时省力的方法，但是，若是从水路进军，就需要一支强大的水军。自宋蒙开战以来，蒙古的军队在长期征战中，也锤炼出了一支不错的水军，但要想和宋军的水军对抗还远远不够，因此，操练水军就成了忽必烈的当务之急。

说到水军，元朝的将领中，头号专家应推刘整。刘整先后跟随过孟珙、吕文德等赵宋名将，对于水军的操练、战法自然了然于胸。忽必烈宣召刘整，向他请教水军问题，刘整如数家珍，讲得滔滔不绝，忽必烈直听得连连点头。

根据刘整的建议，元朝在襄阳、兴元府、金州、洋州、开封等地大肆操练水军，共练出了五六万精锐之师。有了强大的水军后，忽必烈顿时豪情万丈，是时候顺流而下，将赵宋小朝廷连根拔起了！

当时的赵宋朝廷，宋度宗已驾崩，年仅四岁的嘉国公赵㬎即位，是为宋恭帝，由太皇太后谢道清垂帘听政。谢道清祖孙毫无主见，宋廷的大权掌握在宰相贾似道手中。经过二十年的宦海沉浮，现在的贾似道已经不是当年鄂州城下那个令忽必烈刮目相看的能臣了，他已经堕落成了一个祸乱朝政的权奸。

此时的宋廷，在两淮、四川、京湖地区依然有相当多的军队。京湖制置使汪立信上书朝廷，请求派宗室中有才干的亲王分驻各地，加强防守，与元军决一死战。汪立信的奏书先到了贾似道手中，贾似道大怒："好你个汪立信，这是要分老夫的权啊！"贾似道不由分说，立即将汪立信革职，由朱祀孙取而代之。贾似道如此专断，纵使神仙也救不了宋朝了。

刘整是一位天才的战略家，他不仅帮助蒙元操练水军，而且提出了灭亡宋朝的策略——浮汉入江。所谓浮汉入江，就是沿着汉水南下，进入长江，一路攻略鄂州、建康等沿江城市，直扑临安。忽必烈对刘整的建议全盘接受，很快就制订了作战计划。

根据计划，元军兵分两路南下：一路由伯颜、阿术指挥，沿着汉水顺流而下，攻打鄂州；一路由博罗欢指挥，扫荡两淮。同时，忽必烈还派遣古不来拔都、翟文彬等人率领一万将士，攻略荆南，阻止宋军从江陵救援鄂州。一切安排妥当后，忽必烈一声令下，蒙元大军浩浩荡荡杀奔宋境，赵宋朝廷的命运即将走到终点。

博罗欢率领的东路军的任务主要是牵制宋朝在两淮地区的军队，以此来帮助伯颜。博罗欢在出发后兵分两路，由合丹、塔出、刘整主持攻略淮西，他则率部攻淮东。合丹、刘整等人接到任命后，并不急于行军，而是命董文炳前往正阳（今安徽霍邱县北），在淮水上筑城，准备以此为根据地，徐图后举。

正阳城建成后，犹如一把匕首抵在淮西的咽喉上，令宋朝寝食难安。宋廷急令淮西安抚制置使夏贵率领十万大军，水陆并进，进攻正阳。夏贵抵达正阳后，将城池团团围住，对正阳城发起了一波又一波的进攻。正阳守军在董文炳的指挥下，据城死守。董文炳亲自登上城池，指挥作战，连续打退了宋军的多次进攻，双方激战一天，斗得旗鼓相当。

天黑了，宋军暂时停止了攻城，元军长出了一口气。激战一天，将士们也确实是累了，吃完饭后很快就进入了梦乡，但董文炳并没有入睡，他一直对宋军保持高度警觉，并派遣将士轮流在城头巡视，防备宋军夜袭。

董文炳的小心是有道理的，到了晚上，夏贵果然率军前来攻城，董文炳迅速组织起军队，与宋军展开血战。黑夜中，董文炳站在城墙上指挥战斗，一时不察，被流矢贯穿左臂。董文炳不愧是一员猛将，他忍痛将箭拔出来，弯弓搭箭向宋军射去。随后，董文炳一顿连珠箭，向宋军猛射，一点儿也看不出受伤的迹象。双方激战一夜，宋军毫无进展，只能鸣金收兵。

第二日，夏贵采用水攻之策，挖开淮水，将水引入城中，企图来个水漫正阳城。水势淹没了大部分房屋，城中一片混乱，宋军乘势杀入城中，董文炳率领将士登上高处，负隅顽抗，双方在城中展开水战。

虽然董文炳骁勇善战，但毕竟宋军在兵力上占据着绝对优势，元军渐渐落了下风。眼看就要支撑不住了，就在这时，一支生力军及时赶到，挽救了董文炳。由大将塔出率领的援军及时赶到正阳城，与董文炳的守军同心协力，将宋军击退，元宋双方再次陷入僵局。此时天降大雨，为宋军攻城增加了难度，董文炳、塔出率元军坚守城池，闭门不出，夏贵一时也没有更好的办法，只能干瞪眼。

夏贵坐拥十万大军，没能速战速决拔掉正阳城，宋朝在淮西的局势已经不可挽回了。当夏贵在正阳城下束手无策之时，由刘整、阿塔海率领的元军淮西军主力已经兵分两路，风驰电掣般扑向正阳城了。

阿塔海和刘整沿着淮水顺流而下，杀奔正阳城，夏贵慌忙派出水军阻击。刘整与阿塔海互相配合，左右夹击，将宋军打得节节败退，一路退到了正阳城下。刘整令旗一挥，元军挥戈直击，犹如狼入羊群一般扑向夏贵。此时，城中的董文炳、塔出也打开城门，与刘整、阿塔海前后夹击宋军，宋军哪里经受得起这种冲击，一时间乱作一团，兵败如山倒。夏贵率领残兵败将退往安丰，阿塔海不依不饶，令旗一挥，率部紧追不舍。夏贵费尽九牛二虎之力方才逃进安丰城中，一颗心怦怦乱跳：这个阿塔海，可真是惹不起啊！

击溃夏贵后，阿塔海、塔出、董文炳等人率元军一路南下，扫荡淮西诸城池后，与伯颜的主力大军会合。淮东的博罗欢在攻克扬州后，与宋军主帅李庭芝展开对峙。淮西的夏贵被重创，淮东的李庭芝也被博罗欢拖住，没了两淮宋军的威胁，伯颜的浮汉入江之路就顺利多了。

鄂州之战

元世祖至元十一年（咸淳十年，1274年），伯颜、阿术率领的元军主力一路南下，水陆并进，进攻的目标首先指向了鄂州。鄂州城夹汉水而筑，分为东、西二城，依山傍水，地势险要。宋鄂州守将张世杰早已在此储备了大量粮草，做好了随时抵抗元军入侵的准备。张世杰令人将木桩打在江水中，以此阻挡元军的船只，还将数千艘战船布置在江面上，在两岸也埋伏下大军，借助木桩的助阵，部署得无懈可击。

面对张世杰精心布置的防线，伯颜不敢贸然进军。他派出小股部队进行试探性的攻击后，放弃了强攻的想法，决定另谋良策。伯颜经过多方打探，终于发现了宋军的漏洞：在鄂州以南有一个叫作黄家湾的地方，本来是一块洼地，但此时由于连日天降大雨，已经变成了一片湖泊。通过这片大雨造成的湖泊，元军船只可以绕开鄂州，进入汉江。张世杰对这个情况也有所了解，因此早已在黄家湾修筑据点，派兵把守。但黄家湾的守备力量难以和鄂州相提并论，所以对元军来说，这是个天赐良机。

伯颜屯兵鄂州城下，做出了攻城的姿态，暗中却派大将率军赶赴黄家湾，拔掉了宋军的据点。随后，伯颜率大军渡过黄家湾，进入汉水，张世杰的鄂州防线就此成了摆设。此时，诸将认为鄂州是战略要地，如果不攻取，将留下后患，力劝伯颜回攻鄂州，却遭到了伯颜的拒绝。

伯颜教育众将道："攻城，是用兵的下策，战争是为了夺取胜利，不应该将目光放在一座小小的城池上。"伯颜的战略思想可谓是非常超前了，可以做到不计较一城一地之得失。在那个时期，能具有这种眼光可谓是相当难得，但众将的担心也不是没有道理。

鄂州的张世杰果然派都统赵文义、范兴率领两千精兵前来追击，伯颜率元军回头应战，击杀赵文义，活捉范兴，一举击溃了宋军的追兵。张世杰的这个安排令人十分无奈，因为这纯粹是给元军送人头的，你区区两千人，竟敢去追击伯颜的大军，这不是去送死吗？

元军继续进军，下一个目标是沙洋（今湖北沙洋县），这一次，伯颜没有强攻，而是派人入城劝降。元军使者来到城下，宋沙洋守军王虎臣、王大用拒绝使者入城，对其破口大骂。遭到拒绝后，伯颜并没有气馁，他将在郢州活捉的宋军战俘放出来，向他们许以重赏，然后让他们带着自己的劝降书，以及赵文义的人头入城，对守军展开攻心战术。此举果然奏效，裨将傅益等人偷偷率军溜出城门，向元军投降。幸亏王虎臣及时发现了伯颜的阴谋，派人将混入城中的奸细斩首示众，方才阻止了伯颜的和平演变。

一计不成，伯颜又生一计，他派在襄樊之战中投降的吕文焕来到城下劝降王虎臣。王虎臣站在城头喊话："别白费心机了，想进城，就从俺老王的尸体上踏过去！"软的不行，只好来硬的了。伯颜派人架起十二口攻城炮，对着城中一顿猛轰，城中民舍被炮火点燃，顿时陷入一片混乱。伯颜令旗一挥，元军趁着炮火的余威杀入城中，王虎臣被俘，惨遭杀害，沙洋城就这样落入了伯颜的手中。伯颜命人将城中参与抵抗的将士全部屠杀，此举完全违背了忽必烈不准滥杀的嘱咐，令人遗憾。

攻克沙洋后，伯颜率军直扑复州，击杀宋军副将翟国荣，宋军守军翟贵吓得屁滚尿流，当即打开城门向伯颜投降。拿下复州后，伯颜走上了当年忽必烈的老路，渡过长江，进攻鄂州，而伯颜选择的渡江地点也和忽必烈一样——阳逻堡。

至元十一年十二月，伯颜率元大军来到阳逻堡西北的沙芜口，沙芜口连接长江、武湖、汉水，具有很重要的军事意义。夏贵在淮西攻正阳不力后，立即率军前往阳逻堡驻守，并在沙芜口安排了守军，以防元军来攻。

为了击破沙芜口，伯颜采用声东击西之计。他派人放出风声，扬言要进攻汉阳军，成功调动了夏贵的兵力，然后突袭沙芜口，一举攻克。攻克沙芜口后，伯颜先礼后兵，派人前往阳逻堡劝夏贵投降，结果被夏贵严词拒绝。夏贵调集水军，排列于阳逻堡一带的水面上，与阳逻堡内的守军水陆联合，做好了迎击元军的准备。

伯颜令旗一挥，元军首先攻击阳逻堡。虽然夏贵攻打正阳城时表现不佳，但他守城却是一把好手，伯颜指挥元军连续攻打数日，阳逻堡一直岿然不动。强攻无果后，伯颜并没有继续蛮干，而是召来阿术，商量进取之策。

伯颜道："宋人认为我军只有攻破阳逻堡方能渡江，所以集结了重兵屯守此地，我们不如弃之不攻，另寻出路。"阿术连连点头道："两军交战，攻城者，下策也。我们不如分出一部分军队，溯流而上，从青山矶（今湖北青山区）渡江。""此计正合吾意！"伯颜向阿术伸出了大拇指。

定下计策后，伯颜派阿里海牙继续留在阳逻堡，摆出一副强攻的架势，另派阿术率领一队元军溯江西上，来到青山矶。此时已是寒冬腊月，青山矶一带江水变浅，露出了水中的沙洲。良机不可错过！阿术令旗一挥，派万户史格率战船直扑对岸，而骑兵队伍则齐集沙洲，等待史格突破后坐船过江。史格初战不利，被宋军都统程鹏飞击败，身受重伤。阿术一看不拼命不行了，于是亲自登上战船，指挥元军向对岸奋力冲杀。经过一番激战，宋军败退，元军渡江成功，直扑鄂州城下。

渡江成功后，阿术马上派人前往阳逻堡向伯颜报信，伯颜闻讯，做出了一个出人意料的决定，他并没有引军向西从青山矶渡江，而是率部继续猛攻阳逻堡。夏贵此时已经得知元军从青山矶渡江成功的消息，正在懊悔呢，伯颜的大军就出人意料地向他发动了猛攻，宋军猝不及防，连连败退。

战斗中，伯颜亲自上阵冲杀，大大鼓舞了元军的士气，元军无不以一当十，三军齐心协力，阳逻堡被攻破，夏贵率领残兵败将惶惶如丧家之犬般逃走。左右主动请缨，要带兵追击夏贵，伯颜微微一笑道："本将军成功渡江，正愁没人做宣传呢，就让夏贵回去帮我们宣传吧！"

伯颜率大军渡过长江，与阿术会合后，将进攻目标指向了鄂州。面对巍峨的鄂州城，伯颜陷入了沉思：十四年前，陛下率领大军来攻此城，最终屯兵城下三个多月，一无所获。如今，我伯颜誓要将此城夷为平地，为陛下报仇雪恨！

十四年前，鄂州城坚不可摧，但如今的鄂州城，早已不是昔日的坚城了。本来夏贵驻军阳逻堡，朱祀孙驻军江陵，随时可以救援鄂州，但由于从江陵入援的水路已被伯颜派人切断，朱祀孙又是个无能之辈，远不能像当年的吕文德那样冲破对方的封锁驰援鄂州，所以此时的鄂州和一座孤城并无二致。而在两个月前，鄂州守将李雷奋被免职，现在主持鄂州城事务的，是权守张晏然以及都统程鹏飞，面对伯颜大军的进攻，他们无异于螳臂当车。

伯颜很快就做出了攻城部署：元军兵分两路，由他本人率军进攻鄂州，阿术率军进攻汉阳。汉阳守将王仪是个胆小鬼，阿术的大军刚刚抵达，还未发动进攻，他就竖起白旗投降了。失去了汉阳这个屏障，鄂州的陷落已经不可避免了。

伯颜率大军兵临城下后，按照惯例，依然想来个先礼后兵。他派遣吕文焕来到鄂州城前，对守将张晏然晓以利害。吕文焕话音刚落，张晏然马上在城头大喊："我投降，我投降！"就这样，这座当年让忽必烈无计可施的"金汤之城"，伯颜不费一兵一卒就拿下了。

攻下鄂州后，伯颜进城与鄂州军民约法三章，禁止元军劫掠百姓，并将宋军降卒编入元军，元军的武装力量得到加强。搞定了这一切，伯颜令旗一挥，将进攻的矛头对准了下一个目标——黄州。

贾似道亲征

鄂州陷落的消息传到宋廷后，满朝皆惊。临安的太学生和大臣纷纷上书，要求丞相贾似道亲征。贾似道早已没了当年死守鄂州的勇气，他表面上准备要亲征，暗地里却指使亲信上书反对，左右互搏，玩儿得不亦乐乎。

但是，要求贾似道亲征的奏章依然像雪片般飞入朝廷，贾似道知道，如果再不做做样子，可就堵不住悠悠众口了。于是，贾似道出任都督诸路兵马，下令在临安开都督府，由部将孙虎臣统一指挥各路大军。

国难当头，贾似道仍然不忘中饱私囊，他以补充都督府军费的名义，从国库中挪用金十万两、银五十万两、钱一万五千贯，赚了个盆满钵满。

军权拿到手，钱也赚到手了，贾似道却依然没有出征的意思，每日只在都督府花天酒地。正所谓"上梁不正下梁歪"，贾似道号令天下兵马勤王，共抗伯颜，却只有淮东的李庭芝响应，此时的贾似道和赵宋朝廷，真的成了孤家寡人。

这边贾似道在都督府中乱搞一气，那边伯颜的大军已经沿着长江向东进军了。十二月末，伯颜率大军沿江而下，直扑黄州。攻城之前，依然是老一套先礼后兵，伯颜派在鄂州投降的程鹏飞前往城中劝降，黄州守将陈奕是个贪心的人，他向伯颜提出了自己投降的条件："投降可以，但须赐给我爵位。"伯颜闻讯哈哈大笑："爵位而已，给他！"其实，伯颜哪有权力给他爵位，只不过答应是一回事，给不给，反正也不是他伯颜说了算。

拿下黄州后，伯颜依葫芦画瓢，再派陈奕前往蕲州劝降，蕲州守将管景模看了看城下的元军，又看了看一脸诚恳的陈奕，马上做出了决定：开城投降。劝降蕲州后，元军顺流直下，沿途城池纷纷开城投降，江州、池州、安庆等城池全部纳入了元军的掌握中，伯颜乐得合不拢嘴。

自渡江以来，伯颜连续占领鄂州、黄州、蕲州、江州等城池，未费一兵一卒，此时的赵宋朝廷已经完全失去了人心，将领纷纷投元，做了识时务者。临安的贾似道，你还能坐得住吗？

贾似道的确已经坐不住了，此时再不出征，恐怕就要等死了。但贾似道深深忌惮元军中的一个人，他与此人长期共事，深知对方的才能，因此始终没有与此人对抗的勇气，此人就是刘整。这时候，传来了一个对贾似道有利的好消息：刘整死了。

当初刘整坐镇淮南，忽必烈给他的任务是牵制宋朝在淮南的兵力，给伯颜浮汉入江创造机会。刘整在宋军时，与吕文德不合，后来吕文焕降元，跟随伯颜顺江而下，攻克了不少城池。刘整对吕文焕十分嫉妒，多次向忽必烈上奏，要求渡江参与对宋作战，都被忽必烈拒绝，因而内心闷闷不乐，又看到吕文焕屡建功勋，越想越气，就此一命呜呼。闻听刘整死去的消息，贾似道乐得合不拢嘴："真是天助我也！刘整这个心腹大患死了，俺老贾还有啥好担心的？来人，传本都督军令，出征！"

德祐元年（元至元十二年，1275 年）正月，贾似道装模作样地给宋恭帝上了一道奏章，在奏章中，他极力强调自己此次出征的忠心，并反复强调自己此前多次要求出征，却未获批准。同时，贾似道展望了自己出征的前景，表示自己将以"羸弱之躯"与元军血战，以死报国恩。

吹嘘了自己一番后，贾似道立即率军出发，前往芜湖迎击元军。出征前，贾似道任命王爚（yuè）、章鉴为左右丞相，陈宜中为枢密使，名义上执掌朝政，实际上贾似道却派心腹将领韩震掌握禁军，对陈宜中等人进行监视，贾似道依然把控着朝政大权，王爚等人只是他手中的提线木偶而已。

来到前线后，贾似道马上找来了自己的贴心人宋京，让他出使元营面见伯颜，提出议和的请求。宋京可谓是贾似道麾下的求和专家，当年忽必烈攻打鄂州，也是这位仁兄前后两次被贾似道派往敌营，向忽必烈求和，结果遭到了忽必烈的严词拒绝。这一次，伯颜会答应吗？

当年忽必烈攻鄂州不利，已经准备班师回朝时，都不同意与贾似道议和，现在元军正势如破竹，伯颜怎么可能又怎么敢答应贾似道的请求呢？伯颜连宋京的面都不想见，直接派人回复宋京："我军未过江时，你前来议和尚有商量的余地，现在我军已经势不可当了，你还想议和？做你的春秋大梦吧！你回去告诉贾似道，伯颜将军奉旨讨伐不臣，他贾似道要么献土投降，要么整军备战，自己选择吧！"

宋京灰溜溜地返回宋营，向贾似道转达了伯颜的态度，贾似道倒也没觉得意外。按照当前的形势，伯颜除非是脑子进水了，不然怎么可能答应议和呢？他之所以派宋京去议和，目的只有一个——拖延时间。

宋京赶赴元营时，贾似道已派人加急赶往庐州，命在庐州休整的夏贵率军前来芜湖与自己会合。宋京回到芜湖时，夏贵部也已赶到。有了夏贵的助阵，贾似道的胆子也大了起来，他令旗一挥，下了将令，大军全力出发，目标——丁家洲。

兵败丁家洲

丁家洲，位于今安徽铜陵东北，是从水路进入建康的一道咽喉。贾似道派夏贵、孙虎臣率两千五百多艘战船列阵于江中，耀武扬威，旌旗蔽日，威风十足。贾似道木然站立在江边，思绪万千：夏贵的水军、孙虎臣的禁军，这是大宋最后的家当了，如果这次不能挡住元军，那大宋朝的国运恐怕就到此为止了，到时候，自己必定会被钉在历史的耻辱柱上。回想我的一生，真是令人无限感慨啊，从孟琪帐下的少年才俊，到专制京湖的军中名将，再到声名狼藉的一代权奸，我的一生，已足够精彩，其实也没什么可遗憾的了。丁家洲，我来了！

伯颜此时已经拿下了池州，正欲一鼓作气干掉贾似道，却接到了忽必烈的圣旨：暂驻池州，按兵不动。伯颜顿时傻眼了，这马上就要生擒贾似道了，怎么陛下还不让进军了呢？

原来，看到伯颜进军顺利，忽必烈动了劝降宋廷的念头，遂派遣礼部尚书廉希宪、工部侍郎严忠范为使者，前往临安劝降。同时，忽必烈向伯颜传下圣旨，命他暂停进军，等待宋恭帝母子主动投降。

面对忽必烈的圣旨，伯颜犯了难。如今贾似道集结宋军主力与自己会战，正是一举制胜的最佳时机，只要一战击溃贾似道，天下就垂手而得了，何必多此一举，劝降赵宋小皇帝呢？但如果自己贸然进攻，违背了天子的圣旨，又恐天子龙颜大怒。怎么办呢?

伯颜找来好搭档阿术询问对策,阿术劝道:"自渡江以来,我军攻占城池,基本都没经过什么战斗,几乎都是传檄而定的。如果我们不快点解决贾似道,那么这些已经归降我们的城池就会有二心,到时候赵宋朝廷死灰复燃可就麻烦了。况且,宋人言而无信,之前贾似道遣使前来议和,却又派人偷袭我们,我们对他们何必讲信义呢?如果天子怪罪下来,就由我阿术承担好了。"

听了阿术的回答,伯颜最终下定决心,他马上调兵遣将,率军顺流而下进攻贾似道。此时的宋军,虽然表面上看起来兵强马壮,实际上却是各怀鬼胎,一盘散沙。贾似道重用自己的心腹孙虎臣,但孙虎臣是个无能之辈,没有什么军事能力。而夏贵由于此前在阳逻堡战败,深知元军的厉害,早已无心恋战,此时奉命前来,其实就是应付公事,战斗还没开打,他就已经在筹划逃跑之策了。这样的队伍,想抵挡伯颜的大军,无异于痴人说梦。

二月十六日,伯颜率元军抵达丁家洲。伯颜遥望宋军旗帜,发现宋军军容鼎盛,兵力远在自己之上,倒也不敢托大。反复思索之后,伯颜决定以智取胜。他派人砍伐江边的树木,做了十几条木筏,又取来很多薪柴,放到木筏上,声称要对宋军发动火攻。

听到元军要使用火攻之策,贾似道十分紧张,命令宋军日夜加强戒备。宋军全神戒备了数日,精神略显疲惫,元军却毫无动静,到了这时,贾似道才知道自己上当了,敢情这伯颜是虚张声势,让我军精神紧张呢!贾似道啊贾似道,你早干什么去了,现在才发现伯颜的计策,已经晚了!疲惫宋军的目的已经达到,伯颜马上指挥元军向宋军发起了进攻。

伯颜派水军集中全力,向宋军船队发起冲锋,骑兵则列阵于两岸,用攻城炮向着宋军的战船猛烈轰击。看到元军的阵仗,夏贵吓得肝胆俱裂,在正阳城,在阳逻堡,他已多次领教过元军的厉害,这一次,他不想再领教了!

夏贵驾驶一叶轻舟,一路向东顺流逃跑,经过贾似道的船旁边时,夏贵怕贾似道阻止,遂吓唬贾似道:"敌人十倍于我军,我军万万抵挡不住,我们已经败了，快跑吧！"贾似道听到夏贵的声音，正欲询问，一转头，夏贵已经逃到数里之外了。

听到夏贵的话后，贾似道不辨真伪，急忙下令鸣金收兵。宋军这一收兵，可就乱套了。阿术望见宋军后撤，驾驶战船疯狂追击，一边追击一边大喊："宋军败了！宋军败了！"宋军将士闻听此言，哪里还会去辨别真假，驾驶着战船就疯狂逃跑，宋军阵势大乱，兵败如山倒。

孙虎臣此时倒是展现了一定的组织能力，他率领自己的亲信部队且战且退，显得有条不紊。董文炳望见孙虎臣，挥军追击，将孙虎臣打得大败，孙虎臣一路退，董文炳一路追，一直追杀到朱金沙（今安徽繁昌区），孙虎臣被吓得抱头鼠窜，只恨爹妈少生了两条腿。

阿术一舟当先，与部将李庭、何玮等人率部对宋军穷追猛打，贾似道仓皇逃往扬州，十余万大军顷刻间作鸟兽散。就这样，宋朝的主力部队被元军轻松击溃，贾似道、夏贵等人拙劣的表演令人无话可说。

丁家洲之战胜利后，伯颜统领大军向芜湖进发，派一支偏师进攻饶州。饶州城内守军只有一千八百人，知州唐震又是一介书生，元军并没有把他放在眼里，按照惯例，只需派人招降，唐震一定会打开城门投诚。

谁知元军派人劝降时，却碰了一鼻子灰。唐震严词拒绝了元军的使者，一面派人向宋廷求援，一面亲自部署军队，据城死守。饶州通判万道同是个贪生怕死之辈，他暗地里与尚未出城的元军使者联络，向对方投降，并亲自劝说唐震："唐大人，自伯颜渡江以来，无数守臣不战而降，此为大势所趋也。赵家已经完了，何苦为他们枉送性命？"

唐震大怒，呵斥他："我像是那种忍辱偷生的负国之人吗？"部下深受感动，他们抓住元军的使者，将其一刀砍为两段，与唐震同心协力守城。唐震又派人揪出几名与元军使者暗通款曲的人，斩首示众，怀有二心的人被震慑住。在唐震的指挥下，饶州城内，将帅同心，共抗元军。

为了解决城中兵力不足的问题，唐震捐出家产，招募城中的热血青年帮助守城。元军开始攻城后，唐震亲自登上城头指挥作战，多次打退元军的进攻。但城中兵力毕竟有限，唐震对朝廷的援军望眼欲穿，却连援军的影子都未见到。

在坚持了数日后，饶州城最终还是沦陷了。唐震的仆人劝他出城逃走，唐震怒道："城中军民全是因为我才留下守城的，现在城池被攻破，我怎能丢下他们逃走？"元军进城后，手持降书劝说唐震签字，唐震大骂对方，坚贞不屈，最终被杀害。在赵宋各地的守臣纷纷打开城门，向伯颜屈膝投降之时，唐震可谓是一股清流，他的壮烈殉国，与张晏然、程鹏飞等贪生怕死之辈形成了鲜明的对比，令他们无地自容！

饶州城破时，有一位七十多岁的老人来到一处水池边，悲怆地说道："大势已去，大宋的国运已经不可逆转了，老夫虽早已不在其位，却也要为此负责，国家破败，我也应当离去了。"说完，纵身一跃跳入水池中，自杀殉国。这位老人叫作江万里，曾经是宋廷的丞相，虽然大宋的覆亡与他无关，但他却慨然赴死，与国家共存亡，相比贪生怕死的贾似道、夏贵等人，怎能不令人敬佩！

伯颜率大军继续东进，宋朝的芜湖、无为军守臣纷纷打开城门投降，伯颜不由得意气风发，将进攻目标指向了军事重镇——建康。建康是临安府的重要屏障，伯颜对此不敢大意，召集部下，商讨攻取建康的计划。

就在此时，传来了一个令伯颜目瞪口呆的消息。宋朝建康都统翁福派使者前来面见伯颜，对他说道："建康守臣赵溍（jìn）已经逃走了，请将军速速率军赶赴建康，翁大人已经处理好一切，就等着开门投降了。"伯颜哈哈大笑道："看来，我还是高估了赵宋朝廷的这帮人。"伯颜率大军耀武扬威地开进建康，兵不血刃地占领了这座六朝古都。金陵王气黯然收，临安，你还能撑多久？

临安城内，现在已经乱作一团。在贾似道兵败丁家洲后，枢密使、参知政事陈宜中并不甘心尸位素餐，他上书宋恭帝，要求治贾似道的败军之罪。谢道清哪里敢治贾似道的罪，当初贾似道率军出征时，派亲信韩震留在临安执掌禁军，监视朝中大臣，一切早已尽在他的掌控中。

陈宜中不是个受人摆布之人，他摆下鸿门宴，邀请韩震前来议事，韩震刚踏进门，就被陈宜中提前埋伏下的士兵用铁锤砸成了肉酱。杀死韩震后，陈宜中派人晓谕韩震手下却碰了壁，这些禁军只效忠韩震和贾似道，眼里根本没有国家法纪。在韩震部将李大明的率领下，禁军发动叛乱，攻打嘉会门，发誓要为主子报仇。

关键时刻，陈宜中沉着冷静，指挥临安军民击败了乱军。李大明见势不妙，护送着韩震的家眷，率领队伍前往建康向伯颜投降，并将临安城的虚实全部透露给伯颜。临安的情况已经尽在伯颜的掌握中，到了这时候，纵是岳飞、吴玠再世，也救不了大宋朝了。

清除了贾似道的势力后，在陈宜中、王爚等人的主持下，大宋朝廷开始问责贾似道，最终将其贬为高州团练使，抄没家产。虽然家产被抄，官职被夺，但贾似道保住了一条性命，也算是劫后余生了。但贾似道不知道的是，他的生命，马上就要到头了。

与贾似道有过节的福王赵与芮，找到负责押送贾似道的县尉郑虎臣，向其诉说了贾似道的诸般罪恶，郑虎臣听得义愤填膺，发誓不会让贾似道活着到达贬所。半路上，郑虎臣大喊三声"为民除害"，将贾似道杀死，一代权奸就这么走完了自己的一生。

贾似道弄权误国，对赵宋的灭亡负有非常大的责任。作为将领，他是合格的，但到了宰相的高位，他就只会弄权误国。贾似道的经历充分说明了一个道理：没有那个金刚钻，你就别揽瓷器活。

丁家洲之战中，贾似道率领的南宋主力大军共十三万人，几乎全军覆没，元军顺流而下攻取建康、饶州，切断了宋朝淮东、江西等地方军队入援临安的路线，谢道清、宋恭帝祖孙困守临安，叫天天不应，叫地地不灵，已经处于坐以待毙的局面了。赵宋的君臣们，丧钟已经敲响，你们听到了吗？

第二十二章

临安落日：
南宋灭亡

逼降江陵府

伯颜逼降鄂州后，亲自率领主力大军东下灭宋，派阿里海牙率四万将士驻守鄂州，阻断宋朝江陵府军队的东下之路。虽然伯颜的东进势如破竹，沿江城池传檄而定，但宋朝此时在江陵府、四川尚有战斗力不俗的军队，如果他们联合东进，对元军是个极大的威胁。忽必烈对此极为重视，他派遣贾居贞为宣抚使，前往鄂州帮助阿里海牙镇守。同时，忽必烈还派遣勇将阔阔出率部赶往鄂州，受阿里海牙的节制，以加强鄂州城的防守力量。

伯颜东进后，阿里海牙并没有在鄂州死守，而是采取了积极进取之策。他派使者前往临近的寿昌、信阳等郡劝降，不费一兵一卒便平定了这些地方。阿里海牙的积极进取为鄂州的元军解决了后勤问题，大大改善了元军在鄂州的处境。

虽然如此，元军在鄂州的形势依然不乐观，此时宋朝在荆襄地区依然有着不少生力军，其中，张世杰驻军郢州，高世杰驻军岳州，高达则驻军江陵，三方军队由坐镇江陵府的朱祀孙统一节制，对鄂州形成了三面夹击之势。对这种不利情况，忽必烈也极为重视，他曾派出使者前往郢州劝降张世杰，结果遭到了对方的拒绝。既然招降不成，那就打吧！贾居贞找到阿里海牙，商议进取之策。

贾居贞担忧地说道："江陵是战略要地，又与四川连成一片，如果宋军两处合兵，顺流东下，我军的处境可不妙啊。将军有何妙策吗？"阿里海牙道："江陵宋军兵力雄厚，若他们东进，的确是个难题。不如我们先下手为强，主动进攻，将其一举解决！"贾居贞深以为然。元军开始调兵遣将，准备发动对宋军的进攻。

元军尚未进攻，宋军却先开始行动了。在朱祀孙的命令下，岳州守将高世杰集结了战船一千六百艘、将士两万人，驻军荆江口（洞庭湖与长江交汇处），窥伺鄂州。元军经过商量，决定由贾居贞留守鄂州，阿里海牙率领大军进军荆江口，迎战高世杰。

战斗中，阿里海牙将骑兵的侧击战术运用到了水战中，他将队伍分成三队，由中路军向宋军猛冲，左右两队从侧翼向宋军发动攻击。一场激战，元军冲散了宋军的阵形，高世杰见势不妙，掉头就跑，阿里海牙令旗一挥，率军直追。高世杰慌不择路，逃入了一处叫作桃花滩的死水中，在阿里海牙的压力下，竖起白旗投降。

阿里海牙以高世杰为向导，挥军直扑岳州，岳州知州孟之绍开城投降。攻下岳州后，阿里海牙令旗一挥，元军兵发江陵府。元军抵达江陵府南面的沙市镇（今湖北沙市区）时，遇到了麻烦。沙市镇距离江陵仅十五里，司马光后人司马梦求主动请缨，前往沙市镇监军，并在此处修筑了工事，与元军对抗。

元军抵达沙市镇后，司马梦求一面派人前往江陵求援，一面组织抵抗。在司马梦求的指挥下，都统程文亮、孟纪等人率部浴血奋战，多次击退元军的攻势。见久攻不下，阿里海牙决定采用火攻之策，他派元军将箭头绑上布，浇上猛火油点燃，射入宋军用栅栏做成的城防工事，宋军顿时陷入混乱。阿里海牙令旗一挥，元军趁着火势发动进攻，孟纪当场战死，程文亮被俘后投降。

沙市镇被攻破后，司马梦求穿上朝服，向着临安的方向跪拜，然后自缢而死。作为名臣司马光的后人，司马梦求的确没有给他的祖先丢脸。

由于在沙市镇遇到了顽强的抵抗，元军损失不小，为了泄愤，阿里海牙凶性大发，令人在沙市镇进行了惨无人道的大屠杀，无数无辜百姓身首异处。

忽必烈一直标榜以仁义取天下，阿里海牙却做出屠城这等惨无人道之事，可真是狠狠地打了忽必烈的脸呐！

就在沙市镇陷入苦战时，坐镇江陵的朱祀孙、高达始终没有发兵救援，坐观成败。此时沙市镇陷落，江陵已经完全暴露在元军的铁蹄下了，阿里海牙率军风驰电掣般攻向江陵，朱祀孙恐惧不已，吞药自杀。赵宋朝政腐败，造出的毒药质量更差，朱祀孙吞了毒药后，痛得满地打滚，却始终不死，不由得长叹一声："看来是老天不收俺，俺老朱阳寿未尽呐！"成功说服自己后，朱祀孙遂打开城门，率领高达、李湜（shí）等将领向阿里海牙投降。

朱祀孙是宋朝在京湖战区的一把手，他投降后，宋朝的荆襄防线全线瓦解。阿里海牙命朱祀孙发布告示，劝说各地守将投降，一时间，归州、峡州、常德等地守军纷纷投降。此时，鄂州的张世杰已经前往临安勤王，留守的赵孟也遣使向阿里海牙递上降书，阿里海牙迅速略定江陵府，为伯颜解除了后顾之忧。

忽必烈得到阿里海牙逼降江陵的消息后，乐得合不拢嘴，对左右说道："伯颜领军东进时，阿里海牙孤军守鄂州，朕一直对此十分担忧，若是宋朝集结江陵府和四川的兵力东进，击破鄂州，那伯颜将陷入腹背受敌的窘境，到时候局面可就不好收拾了。现在阿里海牙逼降江陵，宋朝的江浙地区闻言势必人心惶惶，伯颜略定东南，已经是举手之劳了！"

此时，贾居贞主政鄂州，招抚流民，积蓄粮草，将鄂州治理得井井有条。阿里海牙看在眼里，随即上书忽必烈，请求派一名有才能的文官前来治理江陵，为元军西进巴蜀建立一个稳定的大后方。忽必烈对此事极为重视，他将名臣廉希宪召来，对他说道："阿里海牙虽然略定江陵，但人心初附，并不稳固，朕现在派先生前往江陵开府，先生肩上的担子，可是重得很呐，还请先生不要推辞。"廉希宪哪敢推辞，当即一口应承下来。

廉希宪是一位能臣，他来到江陵后，开办书院，教化当地百姓，并带领江陵府百姓努力发展生产，将江陵建设得井井有条。廉希宪的名声很快传播开来，一些偏远地方的蛮族也纷纷遣使到江陵，向廉希宪表示归附。忽必烈闻讯乐得合不拢嘴，说道："这些以前需要举兵征讨才能获得的地方，廉希宪竟然能让他们主动归附，这全是他的教化之功啊！"

廉希宪稳定了江陵的形势，为日后元军西进四川提供了一个稳定的大后方。江陵稳定后，阿里海牙立即返回鄂州，他还要解决宋朝在长江中游的最后一块地盘——湖南。

要攻略湖南其实很简单，只要攻下政治中心潭州，周围各州基本上就会望风而降了，但是潭州并不是那么好对付的。当初兀良合台屯兵潭州城下数月，损兵折将，却依然未能越雷池半步，此次阿里海牙能够超越前辈吗？

潭州之战

潭州的守臣叫作李芾（fú），字叔章，衡州人，原来是临安府知府，天子脚下，位列中枢，李芾在任职期间，由于为人正直，执法公正，得罪了奸相贾似道，被罗织罪名投入大狱。伯颜攻江南，朝廷缺人之际，李芾重新被起用，前往湖南担任湖南提刑。贾似道在丁家洲战败后，宋廷人心惶惶，潭州知州留梦炎弃城逃走，李芾临危受命，被任命为湖南安抚使、潭州知州，率领城中军民担负起守城的重任。

李芾前往潭州赴任时，有人劝他："现在元军已经攻占了湖北，湖南命悬一线，大人这个时候前去赴任，和送死有何区别？还是不要去了吧！"李芾涕泣道："李某世受国恩，国家危难之际岂能只想到自己？既然国家让我担此重任，那我除了肝脑涂地死而后已外，别无选择。"

潭州原本是一座坚城，当初兀良合台攻潭州，向士璧率守军坚守数月，令兀良合台束手无策。襄樊战役时，汪立信担任潭州知州，派人将潭州的城墙再次加固，使得潭州成了湖南地区的一座坚固堡垒。但是，大宋朝的堡垒基本都是被自己人从内部攻破的，潭州也不例外。阿里海牙逼降江陵时，潭州知州留梦炎自称要率军赴临安勤王，带着城中的大部分守军逃走了，只留下四百多名老弱残兵。李芾在这个时候前往潭州，面临的困难可想而知。

李芾来到潭州后，为了解决兵力不足的问题，散尽家财，招募青壮年男子参军。以赵宋朝廷当前的处境，参军和送死并没有多大区别，李芾费尽九牛二虎之力才勉强凑到两千人，但这点儿兵力对于潭州城来说，依然是杯水车薪。

阿里海牙来到潭州后，派大军将潭州围得密不透风，切断了潭州与外界的联系。阿里海牙派人将劝降书射入城中，劝说李芾投降，并威胁道："如若继续负隅顽抗，城破后，就将你们杀得片甲不留！"面对威胁，李芾面无惧色，他亲自登上城墙，指挥守军与元军展开血战。面对元军的疯狂进攻，李芾一声令下，守军万箭齐发，元军士兵被射成了刺猬，惨叫着跌下云梯。

就这样，双方你来我往，杀得难分难解，阿里海牙几次组织攻城，都被李芾指挥守军击退。其间，阿里海牙再次派人进城劝降，李芾这次更不客气，直接将使者斩杀。阿里海牙气得七窍生烟，恶狠狠地叫道："等本将军攻破城池，一定将城中杀得片甲不留！"

发狠话对攻城没啥用处，阿里海牙啊阿里海牙，你的当务之急是想办法破城！久攻不下后，阿里海牙观察到潭州城的西北角防守力量稍显薄弱，立即派士兵架起云梯向城内猛攻，同时架起十几架大炮，向守军猛轰。正在城头指挥作战的宋将刘孝忠被大炮击中，身受重伤，但他仍然带伤坚持指挥，李芾迅速派人增援西北角，再次击退元军的进攻。

望着杀红了眼的元军士兵，很多宋军将领动摇了，有人劝说李芾道："李大人，为国家死没问题，但是如果继续抵抗，一旦城破，全城百姓的性命可就完了，不如开城投降，还可以保全百姓。"李芾大怒，斥责道："有再言投降者，杀无赦！"

看到元军的攻势一次次被打退，阿里海牙急了，他亲自赶到城下，督促元军将士加紧攻城。阿里海牙一门心思都放在指挥攻城上，不知不觉就进入了宋军弓弩的射程中，一名宋军将领对准阿里海牙，弯弓搭箭，阿里海牙大叫一声，跌落马下。阿里海牙也真是一条硬汉，不等部下来救，立即翻身上马，带着箭伤继续指挥元军攻城。

阿里海牙命令百夫长、千夫长冲在最前面，并专门派出一队士兵，手持大刀在后面督战，有退缩者，直接就地斩首。在这种惨无人道的战术下，元军犹如发狂的野兽一般向潭州城猛冲，宋军虽然顽强抵抗，多次打退对方的进攻，自身却也伤亡不小，城中兵力逐渐捉襟见肘。

谋士崔斌在城下观察了数天，想出了一个破城之法，他在阿里海牙耳边讲述了一遍，阿里海牙听得连连点头。根据崔斌的建议，阿里海牙命人携带柴草，从角楼底下的视角盲区偷偷爬了上去，将柴草点燃，扔进角楼中。就在宋军前往角楼救火时，元军从四面架起云梯，发动进攻。城中守军本就所剩无几，再加上有一部分前去救火，根本挡不住元军四面发起的进攻。宋军左支右绌，元军成功爬上云梯攻入城中，潭州城就这样陷落了。

潭州城破后，李芾回到府中，摆起宴席，一边喝酒，一边等待元军的到来，元军到来后，李芾正襟危坐，慷慨就义。潭州参议杨霆在城破后率领守军与元军展开巷战，失败后投水自杀殉国，他的妻子见丈夫自杀，也自杀殉国，一门皆忠烈，令人赞叹。李芾、杨霆殉国后，湖南转运判官钟蜚英、都统刘孝忠等人率部向元军投降，潭州城彻底被阿里海牙掌控。

元军在潭州城下伤亡惨重，阿里海牙想起之前李芾拒不投降，还斩杀使者的行为，越想越气，于是决定屠城，元军将领也纷纷赞成。大将和尚（名字叫和尚，并非出家的和尚）反对道："和我们作战的是宋朝的将士，与潭州城的百姓有什么关系？现在他们投降了我大元，就是大元的子民了，你们忍心屠杀自己的子民吗？况且如果大开杀戒，其他尚未平定的地方必然会殊死抵抗，这不是给我们平定天下增加难度吗？"

阿里海牙觉得和尚言之有理，说道："既然这样，就饶过城中百姓吧，但士兵不能饶恕，必须将他们全部杀死。"

崔斌反对道："宋军抵挡我们，只是因为各为其主而已，又有什么过错呢？杀降不祥，将军慎重考虑啊！"阿里海牙觉得崔斌也言之有理，这才放弃了屠城的念头。和尚、崔斌以一念之仁保全了潭州一城军民，算得上是功德无量了。

当然了，没有在潭州屠城，对阿里海牙百利而无一害。正如和尚所说，阿里海牙饶过潭州军民后，湖南其他地方的守军完全没有了抵抗的意志，阿里海牙一纸文书传下，各地将领纷纷递上降表，就这样兵不血刃地平定了湖南全境。

阿里海牙进驻鄂州，原本只是伯颜东进后为了阻击宋朝荆襄援军的一步棋，他却以区区四万兵力，先破江陵，再克潭州，扫平了荆襄、湖南的各个州郡。阿里海牙的战功，与古之名将相比，也绝对是不遑多让的。

泸州之战

在荆襄、两淮、江浙战场捷报频传的同时，元军在攻打四川的战争中也取得了辉煌的战果。元军攻略四川的军事行动，是在两位"将二代"的指挥下进行的，一位是纽璘之子也速答儿，一位是汪世显之子汪良臣。

至元十一年，在忽必烈的命令下，也速答儿、汪良臣、石抹不老等人统率大军攻打嘉定。宋嘉定守将昝（zǎn）万寿主动率军出城，阻击援军，双方在眉江边的夹江（今四川夹江县）展开激战，宋军战败。也速答儿等人率元军一路追击，昝万寿率军退入嘉定城中，据城死守，再也不敢轻易出战。

昝万寿虽然野战不是元军的对手，在守城方面却是一把好手。元军连续攻打城池数月，一直到第二年的二月份，仍然未能攻破嘉定城。此时，贾似道在丁家洲战败，宋廷召集各路军马进京勤王，昝万寿被任命为保康军节度使，也在勤王之列。在嘉定城生死存亡的关键时刻，宋廷不抓紧征调兵马救援，反而欲征调守将赴援临安，其胆小又短视的本性暴露无遗。

昝万寿顾不上理会宋廷的召唤，日夜枕戈待旦，率领嘉定军民守城。嘉定攻防战一直打到六月份，天气逐渐炎热，元军难耐酷暑，开始做起了退兵的打算。就在这时，汪良臣主动请缨攻城。

汪良臣首先率部在城外的崇山峻岭中展开地毯式搜索，将昝万寿部下的伏兵全部消灭，然后故意示弱，引昝万寿出城交战。昝万寿并不知道自己的伏兵已经被消灭，还打算与伏兵联合，先灭掉汪良臣。于是他打开城门率军出战，汪良臣与元军将领速哥联合作战，将昝万寿打得大败，昝万寿只得再次退回城中死守。

在与汪良臣的交战中，宋军损失过半，已经无力再坚守城池了。在元军又发动了几次攻城后，昝万寿万般无奈，被迫开城投降。元军拿下嘉定，旗开得胜，也速答儿、汪良臣率元军从岷江顺流而下，沿江的宋军据点纷纷投降，在兵不血刃占领叙州后，元军将下一个进攻目标对准了泸州。

泸州守将梅应春早就有意投降，却遭到部将李丁孙、唐奎瑞等人的反对。元军大兵压境，梅应春勾结赵金、吴大才等心腹，设计杀死李、唐二人，打开城门向元军投降。占领泸州后，也速答儿命令梅应春继续镇守泸州，令其部下赵金、吴大才等人做向导，直扑重庆。

此时，宋四川制置使张珏正驻守钓鱼城，万万没想到泸州竟然不战而降，元军拿下泸州，钓鱼城顿时失去了屏障作用。也速答儿派人切断钓鱼城与重庆之间的联系，开始组织大军攻城。

主将不在，重庆的形势非常危急，张珏困守钓鱼城，心中也是万分焦急。他多次派遣死士潜入重庆，对守军进行安抚，并向暂时主持重庆军务的赵定应保证，一定会想办法解重庆之围。但张珏不知道的是，赵定应是个贪生怕死之辈，他早已派人跟也速答儿暗通款曲，表示了归降之意，只是眼下部下们一心守城，他也不敢贸然投降。

张珏不在，赵定应又居心叵测，重庆的局面可以说是相当危险。张珏愁眉不展，日日苦思良策，却毫无办法。

就在张珏苦苦思索对策时，一个天赐良机出现了。当初，泸州守将梅应春降元，得以继续主政泸州。梅应春的厚颜无耻令人唾弃，有两位义士更是义愤填膺，他们聚集一群热血青年，打算在城中起义，干掉梅应春，重新与元军对抗，这两位义士分别是刘霖、先坤朋。

刘霖亲自赶往钓鱼城面见张珏，说出了自己的计划。根据计划，由张珏派合州兵进攻泸州，刘霖和先坤朋则率众义士在城中接应，而后再一举除掉梅应春。

面对这从天而降的良机，张珏却犹豫了。如果刘霖是元军派来的奸细，自己率军贸然离开钓鱼城的话，元军乘虚而入，钓鱼城必将陷入万劫不复之地。见张珏没有回应，刘霖大急，蹲在地上放声痛哭："我等只想报效国家，为国家诛除奸贼梅应春，大人何故不相信我？如果大人不放心，我可以留在大人身边做人质。"

张珏深受感动，赶紧上前扶起刘霖，慨然道："壮士忠心可鉴日月，是我多心了。"二人促膝长谈，很快就制订了作战计划。张珏决定，由刘霖先回泸州，向先坤朋等人通报计划，张珏派遣大将赵安、王世昌率军赶赴泸州。赵安等人抵达泸州后，刘霖与先坤朋率领义士杀死门卫，打开城门放宋军进城。

先坤朋与刘霖都是泸州土著，对城中的情况了如指掌，在他们的指引下，宋军在城内逐巷逐街搜索，将城内元军全部歼灭，然后挥军杀向梅应春的府邸，将其抓获。刘霖等人召集城中百姓，召开公审大会，在历数梅应春的罪恶后，将其一刀砍为两段。可怜梅应春本以为投元可保一生富贵，却不料转眼间就丢掉了性命。

宋军收复泸州，给正在围攻重庆的元军将士造成了沉重的压力。元军进攻重庆，泸州作为重要后方，负责为攻城元军输送粮草，如今粮仓没了，攻城的元军只能喝西北风。更要命的是，很多元军将士的家眷也留在泸州，泸州被宋军收复后，元军将士哪还有心情攻城。也速答儿、汪良臣等人审时度势，只得率军撤出战斗，重庆的围城局面一下子就解除了。元军撤围后，张珏抓住机会，迅速率军展开反击，东川境内被元军攻占的城池又重新回到了宋军手中。

张珏虽然保住了东川，但此时伯颜的大军已经进入临安，赵宋朝廷就此宣告灭亡。纵使如此，张珏依然坚守东川，拒不投降，他派人前往广州寻找小皇帝赵昺（bǐng），向其宣誓效忠，同时在东川构筑防线，决心与元军斗争到底。

至元十五年（1278年），忽必烈再次派人进攻重庆，元军迅速扫平东川境内的各大城池，直逼重庆。张珏主动率军出击，在扶桑坝被元将也速儿击败，元气大伤，只得率残部返回重庆，继续死守。元军将重庆团团围住，等到城中弹尽粮绝之时，张珏部将赵安、韩忠显等人打开城门向元军投降，并引领元军攻入城中。张珏率部在城中与元军展开巷战，再次失败，他返回府邸，欲取出毒酒自杀，不料毒酒被部下藏了起来。

不愿做元军俘虏的张珏驾船逃出重庆，半路上又想跳江自杀，结果被家人拦住。张珏用斧头猛砍船只，打算将船凿沉，与家人共沉江底，却再次被阻拦。就在张珏多次寻死不成之际，元军的追兵赶到，张珏就这样成了元军的俘虏。

元军欲将张珏押到大都，在押解途中，张珏趁上厕所的机会，自缢而死，壮烈殉国。张珏是南宋最后的名将，是中国历史上的民族英雄，他的气节、他坚守东川的功绩，都值得我们称赞。张珏自杀后，正在东南坚持抗元斗争的文天祥对其钦佩不已，遂作诗纪念之，曰："气战万人将，独在天一隅。向使国不灭，功业竟何如？"

火烧战船

占领建康后，伯颜派董文炳率军进攻镇江，镇江守将洪起畏弃城逃走，副将石祖忠对当烈士没有兴趣，于是打开城门向董文炳投降。伯颜派阿塔海、董文炳在镇江建立行枢密院，留守镇江，自己则率军继续东进，将矛头对准了扬州。

宋朝在扬州的军务由李庭芝主持，李庭芝坐镇扬州，指挥淮东各个城池的防守，手底下握有重兵。当初伯颜开始渡江时，忽必烈便派遣博罗欢率部停留在淮东来牵制李庭芝，以免他南下拦截伯颜的大军。现在伯颜已经扫荡两湖，直扑江浙了，李庭芝自然是他要拔去的一颗钉子。

伯颜派阿术率军渡过长江，与博罗欢合力攻略淮东。阿术渡江后，在真州击败宋将苗再成，前往瓜州（今江苏扬州南）安营扎寨。在这里，阿术积蓄粮草，修筑据点，将瓜州建成了自己的战略后方。

根据部将阿塔海的建议，阿术派人在瓜州到扬州之间竖立木栅栏，隔断了宋军救援扬州的道路。做好了攻打扬州的部署后，伯颜却接到了忽必烈的圣旨，这道圣旨令他目瞪口呆。忽必烈在圣旨中说："天气马上就要变热了，不利于进军，诸军立即原地休整，切勿再继续进军，主将伯颜立即返回上都（今内蒙古自治区锡林郭勒盟正蓝旗境内）汇报军情。"

伯颜百思不得其解，马上就要将宋廷连根拔起了，天子何故在这时候召自己回去？怀着满腹疑惑，伯颜踏上了返回漠北的路程。伯颜到达上都后，才了解事情的来龙去脉。原来，此时的忽必烈虽然击败了阿里不哥登基称帝，但统治根基并不稳固，海都发动叛乱，与忽必烈相互对抗。为了避免陷入两线作战的困境，忽必烈令伯颜暂停进军，并召伯颜赴上都，向其询问对付海都的策略。

忽必烈对伯颜攻宋的战绩大为赞赏，于是想让伯颜暂停攻宋，先领军平定海都的反叛。伯颜对此表示反对，劝说忽必烈："陛下，灭宋就差最后一口气了，我们应该一鼓作气，迅速干掉对手。如果停止进军，让赵宋朝廷缓过劲儿来，再想灭掉它可就很难了。海都的事情，是我们大元的内部矛盾，可以徐徐图之，灭宋，才是目前头等重要之事啊！"经过伯颜的劝说，忽必烈最终改变主意，重新派伯颜前往江南。随着伯颜的去而复返，赵宋朝廷的灭亡重新提上了日程。

在伯颜返回江南前，阿术、阿塔海、董文炳、张弘范等人已经率军在与宋军的屡次交战中取得了不俗的战绩。此时，赵宋朝廷急令各地守军勤王。鄞州守将张世杰接到命令后，日夜兼程，迅速赶赴临安。江西安抚副使文天祥接到诏令后，涕泣良久，招募了一支万余人的队伍，也迅速往临安进发。文天祥、张世杰等人赶到临安时，以陈宜中等人为首的主和派，主张遣使向伯颜求和，文、张二人强烈反对，坚决要求与元军斗争到底。

看到这两人在朝中如此碍事，陈宜中等人立即将文天祥派往平江驻守，又派张世杰率军增援扬州。赶走了主战派后，陈宜中等人开始谋划向伯颜的求和事宜。

得知张世杰来援的消息，扬州的李庭芝信心大增，他派出两万大军，由姜才、张林指挥，反击元军，进攻元军位于扬子桥的木栅栏。驻守栅栏的元军将领史弼不敢怠慢，派人向阿术告急。阿术闻讯立即率军前往扬子桥救援，双方隔着邘（hán）河列阵，大战一触即发。

战斗中，阿术手下大将张弘范率领十余名骑兵踏河而过，向宋军发起冲击。姜才根本没把这几个虾兵蟹将放在眼里，令旗一挥，宋军发动反击，将张弘范打得落荒而逃。姜才哪里能让他逃脱，大喊一声"小贼，哪里走"，便率军过河追击张弘范，张弘范向阿术连连挥手，阿术顿时心领神会。

张弘范突然掉转马头，率部重新杀向宋军，阿术见状立刻命弓箭手向宋军放箭，同时令骑兵冲入宋军阵中。在箭雨和骑兵的联合冲击下，宋军被打得大败，争相过河时遭到元军痛击，张林被活捉，姜才率领残兵败将光着屁股逃回扬州，再也不敢轻易出战了。

李庭芝部兵败扬子桥时，张世杰正在调兵遣将，准备与元军大战一场。张世杰打听到元军主帅伯颜并不在军中的消息，集结了数万水师，与刘师勇、孙虎臣等人于镇江江面会合，并与驻军常州的禁军将领张彦约定，由他率禁军迅速赶赴镇江，控制长江南岸，同时派人赴扬州联络李庭芝，请他派兵赴江北。江北、江南、江中三线合力，张世杰决定在伯颜返回之前，给元军致命一击。

在决战前，张世杰命人用铁索将船只连起来，将士踏在上面，稳如泰山，如履平地。望着自己的杰作，张世杰内心十分满意，阿术，今天本将军就让你尝尝这铁索横江的威力！很可惜，张世杰没有晚生两百年，没法看到《三国演义》，你用铁索把船连起来，不正是给人家火攻提供靶子吗？

阿术当然也没有看过《三国演义》，但他一眼就看出了敌人的弱点。望着宋军用铁索连成的船阵，阿术笑着对阿塔海说："可以烧而走之。"阿术与阿塔海、董文炳、张弘范等人迅速确定了火攻的策略，调兵遣将，准备对宋军发动进攻。

宋军这边，张世杰遇到了巨大的困难，他约定的两支援军都没有按时到达战场。扬州的李庭芝刚刚在扬子桥被阿术打得惨败，又受到元将博罗欢、史弼等人的牵制，不敢轻易出城。常州的张彦更是胆小如鼠，宁愿躲在常州当缩头乌龟，也不愿响应张世杰。就这样，张世杰策划的三面协同作战计划流产。虽然友军没来，但由于发明了铁索连船的"天才"方法，张世杰对此战还是颇有信心，任你蒙古人多能冲，也别想突破本将军的铁索阵！

双方交战后，元军乘着小型战船，在张世杰的铁索船中来去如风，与宋军展开周旋。激战半日后，阿术决定亮出底牌，他挑选了千余名射术高超的弓箭手，乘坐小船冲入宋军的阵中，将火箭射入宋军的船阵，宋军的船只被点燃。由于船只都被连成一体，无法分散逃跑，宋军顿时陷入一片火海中。

阿术令旗一挥，张弘范率突击队犹如猛虎下山一般杀入宋军阵中，战斗变成了一场单方面的屠杀。为了逃命，宋军纷纷跳进长江，被淹死的、烧死的、被元军杀死的，不计其数。宋军的鲜血染红了滔滔江水，血红色的江水一路向东，流进了浩瀚的大海中，宋朝的国运，也即将随着这血色江水流尽了。

这场宋元水军之间的大战，是在镇江附近的焦山脚下进行的，史称"焦山之战"。焦山之战后，宋廷人心惶惶，迁都的想法蠢蠢欲动。听说朝廷的迁都之议后，文天祥坐不住了，他从平江迅速赶回临安，强烈反对迁都，并提出了自己的意见：由谢道清、宋恭帝祖孙坐镇临安指挥，将江南划分为四个战区，分兵驻守，反攻失地，与元军长期对抗。

文天祥的气节固然可嘉，但他的这个建议也就是纸上谈兵而已。眼下，宋朝大势已去，伯颜的大军马上就要开进临安了，哪里还有时间收复失地。而朝廷的大臣们也没空理会文天祥的雄心壮志，此时的他们正在为了争权夺利而明争暗斗。

张世杰兵败焦山后，平章军国事王爚上书弹劾陈宜中，指责他指挥失误，让张世杰败光了家底。陈宜中也是个急性子，遭到弹劾后，直接挂冠而去，你们指责本大人，本大人还不陪你们玩了呢！谢太后妇道人家，毫无主见，看到陈宜中撂挑子，赶紧罢免了王爚，重新请回陈宜中。大敌当前，宋廷君臣还在为了争权夺利搞内斗，岂能不亡国？

伯颜入临安

就在宋廷为了争权夺利闹得不可开交时，伯颜已经重新来到了江南，看到阿术等人取得的辉煌战果，伯颜乐得合不拢嘴。但扬州的李庭芝并未被歼灭，是个心腹大患，进军临安前，须得把他看紧了，伯颜派博罗欢率所部驻军湾头堡，随时监视李庭芝的行动。

此后，伯颜召集阿术、阿塔海、董文炳、张弘范等将领开会，确立了进军临安的策略。为了便于指挥，伯颜秉承忽必烈的旨意，建立统帅部，由伯颜担任主帅，阿塔海、阿术、董文炳副之，统一指挥全军的行动。经过讨论，伯颜决定分三路进攻临安。

西路军由阿剌罕、奥鲁赤指挥蒙古骑兵主力，自建康出发，出广德，经独松关，进攻临安；东路军以汉军为主，由董文炳、张弘范、范文虎指挥，沿着长江出海后，从海路南下，进攻海盐（今浙江海盐县），占领澉浦（今浙江钱塘江入海口，澉音gǎn），切断宋军从海上退走的后路，防止赵宋君臣从海上逃走；中路军由伯颜指挥，从镇江出发，水陆并进，攻打常州、平江。

阿剌罕、奥鲁赤等人指挥的西路军是元军的主力部队，全部由蒙古骑兵组成，意在发挥骑兵的速度优势，抄近道第一时间赶到临安。西路军出发后，先是在溧阳（今江苏溧阳，溧音lì）击溃守军，之后乘胜追击至伍芽山，在这里，蒙古骑兵与溧阳守军，以及就近前来增援的部队展开了一场激战，最终击溃宋军，歼敌两万余人，一举扫清了东进的道路。

伍芽山之战后，阿剌罕率军迅速推进，攻克广德，直扑独松关。独松关是通往临安的咽喉地带，宋军对此却并不重视，只派了数千军士镇守。得到阿剌罕兵临独松关的消息后，宋廷大惊，急派文天祥从平江增援独松关。文天祥将平江的防务交给副手指挥，迅速率军前往独松关，还没等他到达，独松关就被攻破了，守将张濡在率军突围时战死。攻破了独松关，临安已经在阿剌罕的眼皮底下了。

伯颜的中路军在进攻常州时，遭到了守军的顽强抵抗，伯颜在常州城下屯兵半个月，付出了不小的伤亡，最终用大炮轰塌城墙，攻入了常州城中。进入常州后，伯颜为了报复，在城中进行了惨无人道的大屠杀，常州城内血流成河。

攻下常州后，伯颜命人前往临安，晓谕宋恭帝君臣，命令他们放下武器，束手就擒。不等宋廷回应，伯颜立即兵分两路，攻打无锡、平江，无锡守将王邦杰打开城门投降。伯颜向平江进军时，主将文天祥已经率主力离开平江，救援独松关了，平江守军由文天祥的部下王榘之率领，兵力薄弱，想起常州屠城的惨状，王举之哪里还敢抵抗伯颜，元军尚未攻城，王举之就直接打开城门，向元军投降了。

攻下平江后，伯颜坐镇无锡，开始处理各种善后事宜。其间，宋廷多次遣使请求议和，伯颜的回答始终只有一个意思：缴枪不杀。伯颜坐镇无锡期间，西路军、东路军纷纷传来捷报，伯颜乐得合不拢嘴，对部下大加赞赏。西路军、中路军的战略目的已经全部达到，那东路军的战况如何呢？

元东路军以水军为主，在董文炳、张弘范的率领下直扑江阴。来到城下后，董文炳并不急于攻城，而是先遣使入城劝降，江阴守将李世修此时早已山穷水尽了，只得乖乖出城向董文炳投降。拿下江阴后，董文炳率部顺流而下，在路上招安了由朱清、张瑄率领的一支水上武装，由朱、张二人为向导，迅速从长江出海，然后从海路南下，控制了海盐、澉浦。元军的天罗地网已经结成，就等着伯颜入临安了！

至元十三年（南宋德祐二年，1276 年）正月十六日，阿剌罕率领的西路军与伯颜的中路军在临安东北的皋亭山会师。望着富丽堂皇的杭州城，蒙古大兵们哈喇子直流，江南的无限繁华，已经尽在他们的掌握中了。

此时的宋廷已经乱作一团。丞相陈宜中放声大哭，请求谢道清和宋恭帝出城逃跑，却被谢道清拒绝；文天祥、张世杰等人跃跃欲试，依然在盘算着与元军决一死战。谢道清心里明白，元军早已截断了出逃的退路，想逃跑，多半是九死一生，还不如开城投降，也许还能保全性命。在谢道清的安排下，由陆秀夫、杨镇等人保护宋恭帝的弟弟赵昰（shì）、赵昺逃走，以图东山再起，谢道清、宋恭帝祖孙率群臣留在临安，向伯颜投降。张世杰、陈宜中等人不愿投降，各自率一部分军队出城逃走。

至元十三年正月十八日，谢道清、宋恭帝派文天祥为使者前往元军大营，向伯颜递上降表。伯颜对宋廷的降表并不满意，认为其字里行间对大元缺乏尊敬，双方几经洽谈，最终达成一致。同日，谢道清、宋恭帝率文武百官匍匐在大殿上，向元军主帅伯颜跪拜投降。自赵构于建炎元年在应天府称帝起，历经一百五十年的南宋政权，至此落幕。

虽然谢道清、宋恭帝已经投降，伯颜也控制了临安，但此时宋朝各地尚有不少残余势力。陆秀夫、杨镇等人保护二王逃往温州；张世杰、陈宜中也率部逃走；文天祥则逃出临安，继续组织抗元斗争。在地方上，扬州的李庭芝、姜才、重庆的张珏等人依然拥有不少军队，他们拒绝向元朝投降，元朝的统一之路还得继续。

第二十三章

海上孤忠：
元朝扫灭南宋残余势力的战争

李庭芝之死

伯颜灭亡南宋后，战争还远未结束。虽然元军占领了临安，但江北的两淮地区尚有两支南宋的残余势力未被收服，被伯颜视为心腹大患，他们就是驻军庐州的宋淮西制置使夏贵，以及驻军扬州的淮东制置使李庭芝。

自从在扬子桥之战中，李庭芝的部将姜才被阿术击败后，李庭芝一直坚守扬州，与元军对抗。谢道清、宋恭帝投降时，伯颜以宋恭帝的名义给李庭芝下诏书，命他打开城门，向元军投降。李庭芝接诏后十分悲愤，怒道："自古以来，哪有作为君王给臣子下诏书让臣子奉诏投降的？"李庭芝毫不理会宋恭帝的诏书，拒绝向伯颜投降。

李庭芝是个硬骨头，伯颜对其十分头疼，但淮西的夏贵就好对付多了。自从在丁家洲之战中被元军迎头痛击后，夏贵就知道了元军的厉害，逃回淮西后，他就缩在庐州城中当起了缩头乌龟，对友军的求援毫不理会，坐观成败。

伯颜入临安前，夏贵就派人向伯颜递上书信，对伯颜说道："庐州就不劳烦您老来攻了，只要我们君王投降，我夏贵立马递上降表。"宋恭帝投降后，夏贵果然没有食言，迅速向伯颜递上了降表。伯颜喜出望外，急派部将昂吉儿率部进驻庐州，与夏贵做交接工作。

夏贵一投降，淮西诸城池自然就跟着投降，但有一个人不愿屈服，他叫作洪福。洪福，夏贵的僮仆出身，长期跟随夏贵征战，深受夏贵器重。但洪福是个忠义之士，夏贵投降后，洪福与儿子洪大源、洪大渊率领一队不愿投降的有志青年，一举攻占了镇巢，将此地作为根据地，与元军对抗。得知洪福不愿投降，昂吉儿朝着夏贵大发雷霆，夏贵赔笑道："将军不必生气，只需如此这般，必可以生擒洪福。"

夏贵带着昂吉儿来到镇巢城下，向着城头的洪福喊话道："福啊，是老哥我，你打开城门，放我进去，我有话对你说。就我一个人进去，绝不多进去一兵一卒。"洪福信以为真，刚打开城门，夏贵就带着元军一拥而入，洪福与两个儿子全部被俘。

洪福被俘后，对着夏贵破口大骂："无耻老贼，贪生怕死，我从未见过如此厚颜无耻之人！"听着昔日部下对自己的痛骂，夏贵只是一个劲儿地讪笑，心说：嘿嘿，俺老夏只要能活着，不比你做亡魂好多了？傻瓜。昂吉儿派人将洪福父子押赴刑场，处以极刑。洪福真是一条好汉，一直到死，都对元军大骂不止。相比起夏贵的厚颜无耻，洪福虽然死了，却还活着，夏贵虽然活着，但他已经死了。

洪福被杀后，淮西全部被元朝纳入版图中，于是伯颜把目光投向了淮东的李庭芝。李庭芝盘踞淮东，一直以来都是伯颜的心腹大患，伯颜初渡江时，就派博罗欢主持淮东事务，以此牵制李庭芝。宋恭帝投降后，面对宋廷让自己投降的诏书，李庭芝虽悲愤莫名，却拒绝投降。后来，元军押解谢太后、宋恭帝北上，路过瓜州，伯颜再次命令谢太后晓谕李庭芝投降。使者来到扬州城下，大喊道："老李啊，谢太后说了，'现在我们祖孙都投降了，大宋都没了，你还在为谁守城呢？'"李庭芝派人射杀了使者，依然拒绝投降。

不仅拒绝投降，李庭芝还与部下姜才共谋，率大军出城劫夺谢太后和宋恭帝。元军大惊，连夜押着谢太后等人北上，姜才率军穷追不舍，吓得押送谢太后一行的元军将士出了一身冷汗。

至元十三年三月，阿术率大军兵临扬州城下。元军在城下排好阵势，一员将领来到城下，扯着喉咙向城上喊话："老李，投降吧，元军会给你大大的优待。"

李庭芝向城下望去，就看到了一张令人作呕的老脸，正是老匹夫夏贵。

李庭芝弯弓搭箭，向夏贵射去："老匹夫，李某不过一死而已，岂能像你一般不要脸！"阿术派人将扬州城团团围住，分兵攻略淮东各地，各地守军纷纷开城投降，只有真州守将冯都统拒不投降，他亲自率军前往扬州，打算增援李庭芝。

阿术派大将阿答赤率军迎击冯都统，在瓜州将其击败，冯都统不愿做俘虏，投水而死。此时，淮东诸城池都已被元军攻下，扬州已经成为一座孤城。纵使如此，李庭芝和姜才依然坚守扬州城，拒不投降。

虽然李庭芝率领守军打退了元军一次次的进攻，但随着时间推移，城中的粮食已经消耗得差不多了。为了解决粮食问题，姜才亲自率军出城运粮，结果被元将史弼撞见，一场激战，史弼不敌。就在此时，阿术率领大军赶到，将姜才击退，姜才辛苦运送的粮食也被元军夺去。

此时已经到了七月份，城中的粮食已经耗尽，阿术派人在城下喊话，表示如果李庭芝开城投降，射杀元军使者的事情就可以不追究。李庭芝的信心有点动摇了，多次想开城投降，却被姜才劝阻。最后，李庭芝终于放弃了投降的念头，誓与扬州共存亡。

为了解决粮食问题，李庭芝与姜才商量后，决定派部将朱焕留守扬州，李庭芝与姜才率军出城，取道泰州，走海路前往福州，投奔赵昰小朝廷。岂料李庭芝和姜才刚离开扬州，朱焕就打开城门投降了元军。

阿术进入扬州后，将宋军将士的妻女全部抓住，押解着他们追击李庭芝，李庭芝和姜才进入泰州城，继续据城死守。长期的征战，姜才早已身心俱疲，刚进入泰州城，他就病倒了。趁着姜才不在军中，部将孙贵、胡惟孝偷偷打开城门，接应元军攻入城中，泰州就这么陷落了。闻听元军攻入城中的消息，李庭芝投水自杀，却由于水位太浅未死成，元军一拥而上，将李庭芝、姜才俘虏，五花大绑押往扬州。

阿术非常欣赏姜才的勇武，打算对其劝降，姜才破口大骂，只求速死。阿术又呵斥李庭芝道："你拒不投降，对抗我朝大军，你可知罪？"李庭芝毫不理会，闭目待死。姜才回答道："拒不投降的人是我姜才。"阿术派人残忍地将姜才千刀万剐，姜才虽然仍在病中，却非常强硬，一直到死，连眉头也没皱一下，李庭芝也一并被杀害。

李庭芝、姜才独守扬州，慷慨赴死，他们的气节，足以令夏贵、孙贵等无耻之徒感到惭愧了。

坎坷逃亡路

伯颜兵临临安城下时，宋恭帝的两个弟弟，年仅七岁的赵昰、四岁的赵昺分别被封为益王、广王，在陆秀夫、杨镇等人的保护下溜出临安，一路南逃。由于丞相陈宜中也出城逃走，伯颜误以为二王是与陈宜中一起逃亡的，遂派五千兵马追杀陈宜中。陈宜中的逃跑技术相当厉害，成功摆脱了追兵，逃往温州。

伯颜的判断失误，给了二王逃走的机会，在陆秀夫等人的保护下，他们逃到了婺州（今浙江金华）。伯颜追杀陈宜中不及，才知道了二王的真实逃跑路线，急忙派范文虎率军前往婺州追击。迫于元军的压力，婺州知州刘怡开城向元军投降。

为了掩护二王逃走，杨镇主动留在婺州，假装向范文虎投降。等范文虎入城后，二王已经在陆秀夫、杨亮节等人的保护下成功逃走。杨亮节、陆秀夫保护二王逃往温州，与陈宜中、张世杰会合，众人集结残兵败将，开始商量立新君之事。

众人商量后，决定立赵昰为新主，号为天下兵马都元帅，四岁的赵昺为天下兵马副元帅，像模像样地建起了小朝廷。此时，伯颜命令谢道清向赵昰传下诏书，晓谕他们立即投降，陆秀夫等人将诏书烧毁，将传诏太监杀死，以示自己的抵抗决心。

至元十三年四月，陈宜中、陆秀夫、张世杰等人护送二王迁往福建。福建众将得知赵昰要来，驱逐试图投降元朝的黄万石，迎接赵昰集团进入福建。福建各路兵马齐集赵昰麾下，一时间倒也颇为兵强马壮。

赵昰集团成立后，陈宜中等人满怀壮志，开始策划北伐。这年夏天，赵昰集团派出三路大军北伐，将目标指向江西、浙南等地区。具体的进军计划是这样的：吴浚部宋军自广昌出发，攻打南丰、宜黄；翟国秀部攻打秀山（今广东虎门）；傅卓部攻打衢州、信州。

元江西都元帅宋都带闻听宋军来攻，倒也不敢怠慢，遂向元廷请求增援。忽必烈派遣李恒领军赴江西，支援宋都带。李恒是西夏皇族，他的曾祖父即是夏神宗李遵顼。投元后，凭借出色的军事能力，李恒在元军中混得风生水起。此次忽必烈派李恒支援江西，独当一面，不仅是对他能力的肯定，也体现出对他的足够信任。

李恒没有辜负忽必烈的信任。进军广西后，李恒先在南丰击溃吴浚，然后再接再厉，与宋都带联手击败傅卓。傅卓倒是颇识时务，未做太多抵抗，直接向李恒投降。吴浚、傅卓两路大军全部失利，翟国秀哪里还敢继续进军，不等李恒出手，他就率军匆匆返回。赵昰集团成立后的首次军事行动，就这样虎头蛇尾地结束了。

宋军三线失利，可气坏了张世杰，心说：我军拥兵十余万，竟然被一个西夏人分头击破，岂能咽下这口气？张世杰将赵昰集团压箱底的兵力全部集结起来，拼凑出了十万大军，由张文虎率领，连同刚刚败退回来的吴浚部，再次北上，试图给李恒点颜色看看。

张世杰太小看李恒了，李恒作为一个西夏人，能在元军中混到独当一面，没有点能力怎么行。张文虎、吴浚领兵北上后，在一个叫作兜零的地方与李恒的元军遭遇，一场激战，宋军再次大败，十万大军一哄而散，张文虎和吴浚光着屁股逃往宁都。经过这次惨痛的失利，张世杰再也不敢主动招惹李恒了，心说：这个瘟神，俺老张还是躲着点吧！

这边张世杰的北伐军被李恒打得大败亏输，那边阿剌罕、董文炳率领的元军已经从浙东南下直扑温州了。当时，赵昰集团内部存在不少矛盾，陈宜中、杨亮节位列中枢，为了打击异己，他们屡屡排挤意见与自己不合的将领。文天祥因为和陈宜中的矛盾，被排挤出朝廷，只好前往地方发动军队，坚持斗争。宗室赵与檡（zhái）也与杨亮节多有龃龉，杨亮节遂动用权力，将赵与檡排挤出中枢，派往温州驻守。

不久，阿剌罕、董文炳引军攻温州，赵与檡倒是一条硬汉，率领城中守军顽强抵抗，拒不投降。双方激战数日，部将李雄偷偷打开城门，接应元军入城。赵与檡率守军与元军展开巷战，最终力竭被俘。董文炳劝赵与檡投降，赵与檡大义凛然道："我是国家近亲，为国捐躯是我的本分，你就不要多费口舌了。"说完之后就慷慨赴死。赵与檡这样的忠义之士，却因为自己的忠贞被杨亮节排挤，赵昰集团刚刚成立就开始腐化了，怎能成事？

攻陷温州后，阿剌罕、董文炳挥军攻入福建，赵昰集团急派王积翁率军抵御，岂料元军刚到福建，王积翁就跑得无影无踪。到了这个时候，摆在赵昰集团面前的就只有一条路了：逃跑。

杨亮节、陈宜中等人簇拥着赵昰逃往泉州（今福建泉州）。泉州商人蒲寿庚是阿拉伯人，后来被宋廷任命为闽广招抚使。陈宜中等人觉得蒲寿庚作为大宋一方的封疆大吏，值得信任，但他们不知道的是，蒲寿庚早已与元军互通款曲，准备投降了。

赵昰集团来到泉州时，蒲寿庚关闭城门，拒绝让他们入城。在城外一连等了三日后，张世杰大怒，派人抢夺蒲寿庚的船只，并劫掠了蒲寿庚不少财物。蒲寿庚怒火冲天，派兵在泉州城中大肆搜捕赵宋宗室子弟，将他们全部杀害，并引军出城，攻打赵昰集团。此时元军的追兵越来越近，陈宜中、张世杰等人哪敢与蒲寿庚交战，急忙护着赵昰，惶惶如丧家之犬般逃往潮州（今广东潮州）。

赵昰集团前脚刚离开，董文炳率领的追兵便抵达泉州，蒲寿庚未做任何思索便开门引元军入城，向董文炳投降。

赵昰集团喘息未定，元军的追兵就扑向广东。赵昰集团只得一路流亡，从潮州逃往惠州（今广东惠州），又从惠州逃往广州。赵昰集团众人还未抵达广州，就得知广州被元军占领的消息，吓得魂都丢了，只得逃往沿海的官富场（今香港九龙东部），过起了沿海流浪的生活。

就在赵昰集团流亡南海之时，宋廷在岭南的形势却有了起色。张世杰收复泉州，宋将张镇孙收复广州，赵时赏则攻进赣南，文天祥等人率部反攻元军也取得了一些进展。但是宋廷的进取马上就遭到了元军的反击，忽必烈派出三路大军出击岭南，欲将赵昰小朝廷连根拔起。

元军的三路大军是这样的：唆都部骑兵精锐攻打泉州，对付张世杰；名将塔出率部翻过南岭，收复广州；也的迷失率部进攻福建。三路合击，将赵昰政权在岭南的据点全部拔除。同时，忽必烈还派水军将领刘深率军进攻官富场，争取活捉赵昰。

张世杰闻听唆都大军到来，不敢撄（yīng）其锋芒，乃率军退往浅湾（今香港荃湾），唆都不费吹灰之力便收复泉州，将闽地重新纳入元朝的掌握中。此时，塔出部大军已经攻入广州，唆都闻讯后，立即遣其子百家奴率精锐骑兵赴广州，与塔出一起南下官富场，捉拿赵昰。

此时，宋军全线溃败，只有张世杰部尚保存了一定实力。张世杰退到浅湾后，与刘深部水军相遇，双方一场激战，张世杰败退，退往官富场与赵昰会合。此时，塔出的大军已经南下，与刘深部形成合击官富场之势，张世杰等人保护赵昰逃往秀山，渡过珠江口经香山（今广东中山）逃往海上。

刘深穷追不舍，一直追到海上，双方一场激战，张世杰先胜后败，继续逃往南海深处。刘深遥望大洋无计可施，只得率军返回。张世杰等人遂保护赵昰逃往硇洲岛（今广东湛江市东南，硇音náo）。由于长期的海上漂泊，赵昰得病，很快便去世。

赵昰去世，众人一下子失去了主心骨，就欲分头散去。陆秀夫挺身而出，大声道："度宗尚有一子在人间，老天还没有抛弃大宋，为何大家要散伙？"
在陆秀夫的主持下，众人乃立赵昰之弟赵昺为帝。此时，丞相陈宜中谎称前往
占城（今越南）借兵，结果一去不回，陆秀夫与张世杰获得了执掌朝政的机会。

　　赵昺在硇洲岛即位，马上就被一个人盯上了，这个人就是元朝名将阿里
海牙。当时，阿里海牙已经平定了广西，即将派军队攻打雷州。宋雷州守臣
曾渊子抵挡不住，渡海逃往硇洲岛投奔赵昺。雷州如果丢失，那么赵昺集团
就只能在海上喝西北风了，张世杰审时度势，决定派大将张应科、王用率军
收复雷州。

　　元军将领刘仲海率部迎击宋军，连胜三阵，张应科战死。识时务者为俊
杰，王用直接跪下向刘仲海投降。王用投降后，将赵昺集团的虚实全部向刘
仲海透露，刘仲海乐得合不拢嘴，于是调兵遣将准备攻击硇洲岛。

　　此时，元将刘仲海控制了雷州、高州，史格则控制了钦州、廉州等地，
赵昺集团困守硇洲岛，坐以待毙。雪上加霜的是，名将阿里海牙在这时候亲
自赶赴雷州前线，来指挥攻略硇洲岛的行动，赵昺集团的末日到了。

一片丹心照汗青

　　就在赵昺集团风雨飘摇之时，一名宋臣向赵昺递上了一封奏书。在奏书
里，这名宋臣对赵昰的去世感到自责，为自己没能保护君主痛哭流涕，他还
主动请求入朝，要来硇洲岛保卫赵昺。这位宋臣就是文天祥。

　　当初，文天祥因为与陈宜中不合，被排挤出赵昰集团中枢，来到了汀州。
此时，由于漠北发生了海都、昔里吉的叛乱，忽必烈从江南调集大批元军北
上平叛，元军对岭南地区无法全面掌控，这就给文天祥的发展创造了机会。

　　文天祥起初在汀州的发展并不顺利，很快就在元军的进攻下失败，被迫
逃往梅州。在这里，文天祥对所部队伍进行了整顿，将几个嚣张跋扈的兵痞

明正典刑，队伍的纪律性得到提高，很快就焕然一新。

经过几个月的休整，文天祥率军北上，攻略赣南地区，一路收复会昌县（今江西会昌）、雩都（今江西于都）、兴国等地方，声势大振。文天祥在兴国开都督府，号召四方势力起兵抗元，一时间，赣州、吉州、抚州境内各县纷纷响应文天祥，整个赣州、大部分吉州完全纳入宋军的掌控之中，大有席卷江西的趋势。

江淮、湖南等地区的民众也起兵反元，与文天祥相呼应。在淮西，原宋军将领刘源、张德兴等人在野人原（今安徽潜山西北）聚众起兵，起义军攻破黄州、寿昌，进逼鄂州。刘源等人遣使前往兴国，表示愿意接受文天祥的节制。驻守鄂州的元将郑鼎率军迎战起义军，结果在鄂州城外的樊口被义军击败，郑鼎也被义军击杀。击败郑鼎后，义军挥军攻打阳逻堡，打算渡江进攻鄂州。

主持鄂州政务的贾居贞大惊，急忙调集精兵阻击义军，双方在阳逻堡展开激战，义军战败，被迫撤退。击败义军后，贾居贞采用剿抚并用之术，一面派军队对义军穷追猛打，一面又宣布若义军主动解甲归田，则既往不咎。在贾居贞的计谋下，义军将士纷纷离开军队，重归乡里。张德兴拒不屈服，率领余部与元军周旋于司空山，最终兵败被杀。

平定义军后，贾居贞派人在乡间大肆搜捕，将为首的义军将领毛遇顺等人抓获，押往鄂州处死，起义的烽火至此完全被扑灭。

在湖南，爆发了响应文天祥的张虎起义，张虎率义军起兵于邵阳，一度攻占了益阳、兴化等县城，与淮西的刘源、张德兴遥相呼应；在湘乡，爆发了赵璠等人领导的起义；在袁州，爆发了刘伯文等人领导的起义。这些起义军在攻城略地的同时，纷纷遣使向文天祥递上书信，表示愿意接受文天祥的领导，共同兴复宋室。

但是，面对绝佳的机会，文天祥并没有及时北进，与起义军相呼应，而是一直屯兵赣南，试图稳固地盘后再北进，这就给了元军分兵平定义军的机会。忽必烈急令李恒、塔出、张荣实、程鹏飞等分兵进讨，在元军主力部队的重重打击下，各路起义军纷纷落败。

平定了各路义军后，李恒率军南下赣南，将进攻的矛头对准了文天祥。李恒的进军速度极快，文天祥猝不及防，被打得大败，被迫放弃兴国南退。李恒率军穷追不舍，追至方石岭，文天祥的部将巩信率部借助地形之利，拼死阻击元军。李恒无法攻上岭顶，遂指挥弓箭手对着方石岭猛射，万箭齐发之下，巩信中箭牺牲。

凭借巩信的舍命掩护，文天祥率部退至空坑，由于一路溃退，文天祥身边的将士纷纷四散逃走，兵力逐渐减少。文天祥率军来到了一位叫作陈师韩的义士家中，饱餐一顿后即席地而睡。就在宋军将士与周公探讨人生之时，李恒率追军杀到了，幸好陈师韩十分警觉，发现元军的踪迹后马上叫醒文天祥，文天祥借着月色率军逃走。

李恒岂能让文天祥从他眼皮底下溜走，他令旗一挥，率军直追。追至天明，天降大雾，文天祥部将赵时赏假扮成文天祥的模样，乘坐轿子在大雾中徐徐而行。元军追兵很快追上了赵时赏，呵问道："见没见过文天祥？"

赵时赏掀开轿帘，平静地回答道："我就是文天祥。"就这样，赵时赏被俘，文天祥再次逃过一劫。元军见赵时赏不是文天祥，大怒，残忍地将其杀害。赵时赏舍己为人的品格值得敬佩。

空坑之败，让文天祥军队遭受了致命打击，部将赵时赏、张汴、吴文焕等人遇害，许由、谢杞失踪，缪朝宗自杀殉国，文天祥的妻子欧阳氏，以及一对子女全部被俘，文天祥的抗元运动即将走到终点。

文天祥逃到汀州，又辗转来到惠州、潮州等地，继续组织抗元斗争。此时，赵昰病死，赵昺被立为新君，文天祥为之涕泣，并上书赵昺集团，要求前往硐洲岛护卫新君，结果遭到陆秀夫等人的拒绝。此时，张弘范、李恒等人率领的讨伐大军，已经杀奔岭南而来了。

文天祥有一个叫作陈懿的部将，原本是个巨盗，后来被文天祥招安。陈

370

懿此人匪性不改，多次劫掠潮州百姓，遭到了文天祥的处罚，陈懿对此怀恨在心，很快就背叛文天祥，窜入山间重新当了强盗。

张弘范大军进军岭南时，陈懿主动投靠，向张弘范透露了文天祥部的虚实，并自告奋勇担任向导，引导元军捉拿文天祥。于是张弘范派弟弟张弘正为先锋，挥军直扑文天祥。闻听张弘正大军来袭，文天祥匆忙率军撤退，走到五岭坡（今广东海丰县北）时，被驻军俘获。文天祥饮药自杀未能成功，被元军押往张弘正处。

岂料张弘正见到文天祥后十分惊讶，直呼："怎么又来了个文天祥？"原来，当初五岭坡兵败时，文天祥的部下刘子俊并不知道文天祥已经被俘，他自称是文天祥，打算用赵时赏的方法再次掩护文天祥逃走。元军不辨真伪，立即将刘子俊押往张弘正处。就在这时，真正的文天祥也被送来，于是让张弘正有些迷糊。

文天祥大怒，马上揭穿了刘子俊的身份，请求张弘正处死自己，放刘子俊走人。岂料刘子俊死不承认自己是冒充的，反而怒斥文天祥冒充自己。就这样，两人争相赴死，张弘正一时左右为难，只得把他们押往潮州，由哥哥张弘范辨别真伪。

张弘范与文天祥相识，见面后马上揭穿了刘子俊的谎言。虽然是冒充的，但刘子俊也未能逃过一死，被张弘范残忍地扔进油锅烹死。张弘范命文天祥跪下，文天祥怒道："文某只求一死，不懂什么叫跪拜。"张弘范对文天祥十分佩服，遂拱手向文天祥施礼。

在此前，东川的张珏已经兵败重庆，在押解途中自缢而死。现在文天祥也被击破，南宋的残余势力只剩下困居碙洲岛的赵昺集团了，在陆秀夫和张世杰的辅佐下，风雨飘摇的赵昺小朝廷还能撑多久呢？

文天祥被押往大都，在路上，他不吃不喝，只求速死。但文天祥的体格实在是太硬朗了，一连八天水米不进，居然一直没死，就这样抵达了大都。投元的原宋臣王积翁对忽必烈说道："宋国的大臣中，要论才能，文天祥当居第一，陛下应该对其加以重用。"

求贤若渴的忽必烈自然没有不答应的道理，于是派王积翁前往劝降文天祥。文天祥说道："国家灭亡了，我岂能苟且偷生？如果接受了元廷的官位，我又有何面目苟活于天地间呢？我可以出家，为国事做下顾问，但大元的官位，我是断然不能接受的。"

王积翁回报忽必烈，建议忽必烈让文天祥出家为道士，留梦炎在一边进谗言道："陛下，文天祥此人不能放，如果他逃到南方继续与大元对抗，后患无穷啊！"

忽必烈虽然喜欢人才，却也不想给自己树立一个大敌，最终下定决心，处死文天祥。在被关押的日子里，文天祥写出了气势恢宏的《正气歌》，他在其中写道："天地有正气，杂然赋流形。下则为河岳，上则为日星。"

是啊，纵观文天祥的一生，他的所作所为无处不体现了"正气"这两个字，文天祥无愧是一身正气的南宋孤忠，无愧是中华民族的民族英雄！

文天祥被元军俘虏时，从潮州被押往大都，在走到珠江口时，他感怀身世，无限惆怅，遂写下了流传千古的《过零丁洋》。"辛苦遭逢起一经，干戈寥落四周星。山河破碎风飘絮，身世浮沉雨打萍。惶恐滩头说惶恐，零丁洋里叹零丁。人生自古谁无死，留取丹心照汗青！"

"人生自古谁无死，留取丹心照汗青"，他是这样说的，也是这样做的。至元二十年（1283 年），文天祥于大都被处死，终年四十七岁。临刑前，文天祥向南面跪拜，表示自己自始至终都是大宋的臣子，誓不做二臣。

文天祥死后，他的妻子欧阳氏被忽必烈赦免，在宫中为奴。欧阳氏收拾文天祥的遗物时，发现了其口袋中的最后遗言："孔曰成仁，孟曰取义，唯其义尽，所以仁至。读圣贤书，所学何事？而今而后，庶几无愧。"

崖山海战

骄阳似火，照射在硇洲岛上，将这小小的海岛变成了一个蒸笼，火一般的炙热。张世杰木然站立在海岛边，望着茫茫大海怅然若失。此时的赵昺集团风雨飘摇，大宋的国运已经走到尽头了。

在东川，张珏百折不挠，与元军血战到底，最终以一根弓弦，结束了自己的生命；在潮汕，文天祥屡败屡战，几乎力挽狂澜，却难挡李恒、张弘范的铮铮铁蹄，最终被俘于五岭坡；在淮东，李庭芝困守扬州，始终不屈，最终落得个身首异处的下场，做了大宋朝的殉葬品。大将江万载葬身大海。丞相陈宜中以借兵为借口，音讯全无。茫茫大地，我们还有谁可以依靠？没有了，一切都没有了，没有奇迹了。我张世杰除了以身报国，已经别无选择。

此时，张弘范率领的蒙元大军已经来到了雷州，正欲对硇洲岛发起最后的攻击，张世杰不想坐以待毙，与陆秀夫商量后，决定带赵昺前往崖山（今广东新会区南）躲避。崖山地处大海，也许张弘范会知难而退。

来到崖山后，张世杰清点所有人员，老弱病残皆算在内，一共二十万人。张世杰率男女老少屯驻崖山，等待未知的命运。此时，元军已经在张弘范、李恒等人的率领下，杀奔崖山而来了。

虽然宋军已是穷途末路，但由于张弘范、李恒追击过急，还没来得及调集大军，宋军实际上在兵力上占有优势。元军张弘范部有两万余人，李恒部大约有一万人，一共只有三万人左右。宋军虽然鱼龙混杂，但能战的将士差不多也有十万，以三敌一，胜算还是很大。

但是，我们纵观张世杰的军事生涯就会发现，此人虽然忠勇可嘉，但其实是个军事门外汉。当初伯颜大军过郢州，他竟然派出两千精锐追击伯颜的大军，结果被打得全军覆没，白白给伯颜送上大礼。焦山之战时，他又使出了铁索连船的蠢招，被阿术一把火烧得精光，葬送了宋朝的水军主力。本次崖山之战，他的表现依然没有什么进步，昏招迭出。

元军尚未到达时，有谋士劝张世杰派兵守住崖门，占领海口，这样的话，如果交战不利，还可以从崖门退走。张世杰反驳道："我正欲率大军与敌人死战，岂能留下后路让将士生二心？"

张世杰还将船队沿着山脚一字排开，摆出了长蛇阵。稳妥起见，张世杰派人用铁索把船连起来，军士走在上面，如履平地，十分稳当。张世杰可真是记吃不记打，上次铁索连船被火攻，这次又来，这样指挥，能打胜仗才怪。

张弘范率军赶到崖山后，马上抢占了崖门海口，截断了宋军的撤退路线。张弘范打听到小皇帝赵昺在崖山的西山后，派兵截断了小皇帝的取水之路，让其活活困死在山上。做好了这一切准备，张弘范挥军攻向张世杰的长蛇阵，一场关乎宋军命运的大战爆发了。

还别说，张世杰的长蛇阵确实有一定威力。双方刚交战，张弘范就率元军发动冲击，却犹如撞到了铜墙铁壁。铁索连成的长蛇阵足够坚固，在元军的冲击下岿然不动，张弘范只得率军暂退，思索破敌之策。

此时，张世杰并没有趁元军后退乘胜追击，而是结成大阵坐等元军来攻，也因此丧失了最后的获胜机会。张弘范看到这种情况，也不急于进攻，只是死守住海口和宋军的取水之路，企图耗死宋军。

宋军饮水用完后，陷入了困境，将士们为了解渴，纷纷取海水饮用，结果很多将士喝海水中了毒，呕吐不止，战斗力大大降低。

看到时机差不多了，张弘范与李恒商量破敌之策。李恒建议待涨潮之时发起攻击，张弘范连连点头。大战终于到来了，张弘范、李恒等人率元军猛攻长蛇阵两端，宋军的长蛇阵首尾不能相顾，一时之间陷入混乱。就在这时，张弘范令旗一挥，元军将火箭射入宋军船阵中，被铁索连接的船只着火后，顿时陷入一片火海，宋军将士纷纷跳海逃命，死伤殆尽。

张弘范、李恒挥军掩杀过去，扫荡宋军的残余势力，张世杰的二十万大军全部被歼灭。得知崖山战败的消息，陆秀夫心灰意冷，抱着赵昺跳入了茫茫大海。张世杰从乱军中成功突围，欲前往占城借兵继续抗元，结果途中遇到飓风，落水而死。

崖山海战是宋元战争史上的最后一战，在此战中，张弘范、李恒利用张世杰的连续失误，一举将赵宋最后的抵抗力量全部歼灭。从此，赵宋王朝彻底进入了历史的"纸篓"中，中华大地进入了元朝统治时期。

在崖山海战中，还有一个小插曲。张世杰部下有一名姓陈的士兵，在长蛇阵起火后跳入茫茫大海，游水上岸重获生机，奇迹般地逃过一劫。侥幸逃生后，陈士兵隐姓埋名，在民间娶妻生子。陈士兵的女儿长大后，嫁给了一名叫作朱五四的贫苦农民为妻。后来，陈氏生下一个婴儿，这位婴儿骨骼惊奇，长相怪异，当时的汉民子弟并没有资格取名字，朱五四与陈氏按照惯例，以婴儿的出生日期给他取名叫作重八。

朱重八长大后，参加了红巾军，取名朱元璋。朱元璋将元顺帝驱逐到漠北，建立了大明朝。朱元璋，也就是明太祖。朱元璋登基后，追封他的外公为扬王，人称陈扬王。当年崖山海战中那个侥幸逃出生天的陈士兵，恐怕做梦也想不到自己的后代竟然能扫灭大元，实现张世杰、文天祥等人梦寐以求的愿望吧！历史，就是这么奇妙。

写到这里，我们的这本南宋战争史也该告一段落了。由于立国时的先天不足，南宋政权的历史算得上是一部屈辱史，被金人欺负，被蒙古攻灭，赵匡胤、赵光义的脸都被这帮子孙丢光了。但就是在这种恶劣的环境中，南宋政权依然涌现出一批可歌可泣的名将，书写了一首首英雄的赞歌。岳飞、吴玠、吴璘、刘锜、毕再遇、曹友闻、孟珙、杜杲、余玠、王坚……他们的赫赫战功彪炳史册，他们的光辉事迹被代代传颂，人生如此，夫复何求？

参考文献

[1]（明）宋濂. 元史 [M]. 北京：中华书局，1975.

[2]（清）毕沅. 续资治通鉴 [M]. 长沙：岳麓书社，1992.

[3]（元）脱脱. 宋史 [M]. 北京：中华书局，1989.

[4]（元）脱脱. 辽史 [M]. 北京：中华书局，1999.

[5]（元）脱脱. 金史 [M]. 北京：中华书局，1975.

[6]（清）吴广成. 西夏书事 [M]. 扬州：广陵古籍刻印社，1991.

[7] 龚世俊. 西夏书事校正 [M]. 兰州：甘肃文化出版社，1995.

[8]（民国）戴锡章. 西夏纪 [M]. 银川：宁夏人民出版社，1988.

[9]（明）冯琦原. 宋史纪事本末 [M]. 长春：吉林出版社，2005.

[10]（民国）柯少忞. 新元史 [M]. 上海：开明书店，1935.

[11] 段玉明. 大理国史 [M]. 昆明：云南民族出版社，2003.

[13]（朝）郑麟趾. 高丽史 [M]. 重庆：西南师范大学出版社，2014.

[14]（宋）宇文懋昭. 大金国志 [M]. 北京：中华书局，1986.

[15]（明）陈邦瞻. 元史纪事本末 [M]. 北京：中华书局，2015.

[16]（清）李有棠. 金史纪事本末 [M]. 北京：中华书局，2015.

[17] 佚名. 蒙古秘史 [M]. 石家庄：河北人民出版社，2001.

大事记

1127 年

五月一日，赵构在应天府登基。

十月，金军在完颜宗翰、完颜宗辅率领下侵宋。

1128 年

八月，完颜宗翰、完颜宗辅、完颜娄室率军伐宋。

1129 年

三月，苗刘兵变。

七月，金军攻克汴京。

1130 年

三月，宋金黄天荡之战。

九月，宋金富平之战。

1131 年

十月，宋金和尚原之战。

1133 年

二月，宋金饶凤关之战。

1134 年

四月，宋金仙人关之战。

六月，岳飞收复襄阳六郡。

九月，宋金大仪镇之战。

1136 年

十月，藕塘之战。

1140 年

五月，宋金顺昌之战。

六月，岳飞率岳家军北伐。

七月，宋金郾城之战、颍昌之战。

1161 年

十月，宋金唐岛之战、采石之战。

1163 年

四月，隆兴北伐。

五月，金国纥石烈志宁败宋将李显忠、邵宏渊于符离。

1206 年

四月，开禧北伐。

1211 年

八月，金蒙野狐岭之战。

1213 年

三月，耶律留哥称辽王，建元天统。

1214 年

五月，金宣宗迁都汴京。

1215 年

十月，蒲鲜万奴在辽阳府自立，国号大夏。

1219 年

正月，金宣宗兴兵伐宋。

1232 年

正月，金蒙三峰山之战。

1233 年

十月，宋将孟珙率军伐金。

十二月，孟珙、塔察儿合攻蔡州。

1234 年

正月，宋蒙联军攻破蔡州。

六月，端平入洛开始。

七月，全子才收复汴京。

八月，宋军在河南战败，端平入洛失败。

1236 年

九月，宋蒙阳平关之战。

1252 年

兀良合台灭大理国。

1258 年

七月，蒙哥命丧钓鱼城。

九月，忽必烈攻鄂州。

十一月，鄂州和议达成，忽必烈退兵。

1273 年

二月，南宋襄阳守将吕文焕举城降元。

1274 年

十一月，伯颜屠常州。

1275 年

二月，宋元丁家洲之战。

1276 年

正月，伯颜入临安，南宋亡。

1279 年

二月，崖山海战。